U0492750

Studies on the History of Modern Sino-Foreign Relations Vol.11

中国社会科学院近代史研究所中外关系史研究室
浙江大学蒋介石与近代中国研究中心　主办

近代中外关系史研究（第11辑）

Studies on the History of
Modern Sino-Foreign Relations Vol.11

张俊义（执行）　陈红民　……　主编
……………　侯中军　肖如平　副主编

社会科学文献出版社
SOCIAL SCIENCES ACADEMIC PRESS (CHINA)

编委会名单

编委会主任：王建朗

编委会成员（按照拼音排序）

　　　　　　陈红民　　侯中军　　李少军　　李育民

　　　　　　李兆祥　　王　栋　　王建朗　　吴义雄

　　　　　　肖如平　　袁成毅　　臧运祜　　张俊义

主　　　编：张俊义　　陈红民

副　主　编：侯中军　　肖如平

卷首语

　　本辑收录的大多数论文选自 2018 年 10 月 13～14 日在武汉举办的第七届近代中外关系史国际学术研讨会与会学者的参会论文,另有少量征选论文。第七届近代中外关系史国际学术研讨会,由中国社会科学院近代史研究所中外关系史研究室与武汉大学历史学院联合举办,是近代史研究所近代中外关系史学科自 2006 年起连续举办的每两年一届的近代中外关系史主题系列国际学术研讨会中最新的一场。会议组织者为本次会议设定的主题是"区域视域下的近代中外关系",其中一个主要考虑是,借此回应近年来学界在近代中外关系史研究领域的诸多热点,进而推进相关领域的研究。本辑所收录的论文基本反映了近期海内外学者们最新研究动向与旨趣,粗读这些论文不难发现,作为一个跨学科的学科门类,多元化依然是近代中外关系史学科的一个最大特征,这一点无论在选题还是研究视角与方法方面,均有突出的表现。近年来,受海外学界的影响,全球史视野与方法开始风靡中国学界,一些研究者开始尝试突破传统的民族、国家、主权的界限和传统政治史、外交史的框架,以"跨国史"的视角,强调非民族—国家因素在各国人民交往中所产生的影响,并就有关专题进行了研究,在一定程度上拓展了本学科研究的视域与主题。然而,就目前对中国学界的整体观察可知,从传统政治史、外交史视角出发,继续拓展近代中外关系史研究的领域与范围,仍然是多数学者坚持的目标。可以预见,坚守传统和寻求创新仍是未来中外关系史学科发展的常态,如何因应现实需求,在既有基础上提升史学研究的深度与广度,将是广大史学同人的共同追求。

　　本辑共收录论文 17 篇,其中,专题论文 13 篇,海外学人最新研究译作 2 篇,另有学术会议与研究综述 2 篇。下面分专栏逐次稍作简介。

　　"近代中外关系专论"专栏收录论文 3 篇,其中,刘本森的论文《"一沙一世界":威海卫与英帝国的远东战略(1898～1930)》梳理了英国对威海卫从租占到放弃的决策过程，从中透视英帝国远东战略的调整以及地区性危机与英国外交的相互作用。作者分析指出，租占威海卫的决策反映出英国政府在列强竞争时代，外交行动反应迟缓、指导思想不一以及在远东外交的无力；其后随着国际形势的变化，英国采取战略收缩政策，建设海军基地的计划流产使威海卫地位尴尬；在放弃威海卫的过程中，英国政府将归还问题置于其远东外交政策之下，以谋求利益最大化。刘爱广的论文《大革命后的国家、主权与生命个体——1929 年上海“张学亮案”研究》，以 1929 年英国水兵在上海鸡奸殴毙张学亮一案为研究对象，认为在“革命外交”迫切要求收回领事裁判权的背景下，中国朝野各方相互配合，以不同的方式参与推动该案的解决，显示出近代国家、社会与个体生命在民族主义的纽带下被编织和被书写的复杂面相。刘传旸的《王世杰与中苏关系（1945～1947）》则从王世杰个体研究的视角，梳理了从 1945 年《中苏友好同盟条约》谈判，到 1947 年接收东北期间中苏两国关系的发展脉络，评判国民政府的得失，阐述王氏在其中所扮演的角色。

“晚清中外关系”专栏收录 4 篇论文。其中，侯中军的《西方视野中的近代东亚宗藩关系：基于琉球及朝鲜的分析》以琉球和朝鲜为例，聚焦了西方视野中对近代东亚宗藩关系的认识变化。作者认为，从强迫琉球订约开始，西方各国已经开始接触并处理以中国为宗主国的东亚宗藩关系。在处理中国与琉球、中国与朝鲜之间的关系时，西方脱离宗藩关系的东亚环境，机械套用其自身的经验和知识，形成诸多误解。就中国而言，在 1894 年之前，清政府处理中朝关系上，曾有意引入国际法调适宗藩关系，但并未形成一套让欧美诸国认可的概念。直到甲午战争爆发，清政府仍以维护宗藩关系为由加强了对朝鲜的行政干预。从形式上而言，清政府的干预加强了中国的宗主权，但从本质上而言，这种干预背离了中朝宗藩关系的本质，进一步破坏了宗藩关系。徐高的《国家荣誉与条约权利：同治初年中美关于白齐文案件的交涉》重点关注了中美就白齐文案件的处理，尤其是其中涉及的国籍问题所产生的争议；指出“白案”的处理不可避免地涉及美侨在华地位及国家荣誉，故而加剧了中美两国围绕“白案”交涉的复杂性。即便如此，双方兼顾彼此的利益诉求，对“白案”的处理采取了变通办法。“白案”可视为中国与列强奉行“合作政策”的体现。李启彰的《日本驻华公使森有礼“特约案”交涉（1876～1878）再检讨》，则聚焦了 1876～1879 年中日关于日本驻华公使森有礼提出的两国互免特定土产进出口税的“特约案”交涉，认为“特约案”交涉反映了明治初期日本对华政策的典型面相，即标榜"双务"和"对等"，实则以自我利益为出发点，并在交涉失败后归咎于清朝的守旧和不知变通。任天豪的《晚清"皇族外交"的东亚史意义——以 1907 年溥伦、1910 年载振的访日行程为例》，比较分析了 1907 年和 1910 年日本先后接待来访的清政府皇族成员溥伦与载振的方式差异及其原因，并讨论了清末中日"皇族外交"的东亚史意义，认为日本借此笼络满族皇族亲贵，以实现稳固自身在满洲和朝鲜利益的目标，而随着清季满汉关系的演变，日方高规格礼遇地位相对较低但与汉族重臣袁世凯关系密切的载振，也有在文化上竞夺东亚国际秩序领导权的考量。

"民初中外关系"栏目收录论文 3 篇。其中，唐启华的《1918 年 12 月陆征祥的美国之行》通过重点考察陆征祥赴巴黎参加和会途中停留美国 8 天的外交活动，对北洋政府的对外政策从"亲日联美"转向"联美制日"的经过进行了细致入微的历史还原；指出陆征祥的 8 天美国之行，对于北京政府确定"联美制日"和直接促使中国代表团在巴黎和会上改变原定对日方针，具有重要的历史意义，而陆在其间所发挥的作用值得肯定。吴翎君的《一战爆发后美国在华商会的演变与文化转型（1915～1941）》则以跨国史和国际史的视野及方法，对一战爆发后"中国美国商会"（American Chamber of Commerce of China）和"美国亚洲协会"（American Asiatic Association）中国分会在中国的活动及其对中美关系的影响进行了考察，认为这两个商人团体自 1926 年合并后，"美国亚洲协会"中国分会在中美政治和经济关系上的意义已不重要，取而代之的是文化活动的交往；其演变过程展现了中美关系中多元触角和活络的关系网络，也印证了《华盛顿条约》秩序下民间力量对远东和平秩序的发声及与政府力量的相互推进。裴京汉的《20 世纪 20 年代初期的中韩关系——中韩互助社的成立及其活动》通过挖掘相关史料，细致考察了 20 世纪 20 年代为应对日本帝国主义侵略而产生的中韩互助社的成立及其活动，指出国民党人吴山是该社成立过程中的核心人物，该社为流亡中国的韩国志士提供了实质性的帮助，并以恢复国家主权和独立这一中韩双方的共同目标为依归，其活动具有代表 20 世纪前半期中韩关系基本内容的特征。

"战时中外关系"栏目收录 3 篇论文，何铭生（Peter Harmsen）的《"不寻常的经历"：外人对淞沪会战中城市战的评论（1937 年 8～11 月）》从军事史的视角，分析比较了西方军事专家对 1937 年淞沪会战过程中的空中战术支援、炮兵、坦克和防御工事等的观察和评论，指出当时一些西方军事家的结论不仅各不相同而且往往相互矛盾，他们在某些方面也误解了所见内容，因而未能理解淞沪会战对即将到来的世界大战的真正影响。左春梅的《华北之变局："何梅协定"与 1935 年中日外交关系的转折》，利用日本防卫省防卫研究所藏《岛田史料》，并结合中文档案、日记等资料，考察 1935 年"河北事件"前后中日双方的交涉互动，重新探讨了"何梅协定"对华北政局和中日关系的影响，认为华北在不受中央管控且人事频繁更迭的情况下，日本、地方长官和中央派员之间的互相角力加剧了地方"外交"的不稳定性；同时中日两国外交政策皆有所调整，其中尤以日方谋求与蒋介石直接交涉的倾向最为突出。张晓辉的《全面抗战爆发前后香港的对外贸易》对全面抗战爆发前后香港的对外贸易状况进行了系统考察，指出香港"中立"和"自由港"、中转港的性质和地位，使其在对外贸易的东方地缘空间内发挥了多元作用，被交战各方所利用，但总体上有利于反法西斯阵线。

本辑"海外学人研究"专栏特别选录了两篇海外学人关于一战华工的最新研究成果，期望推动中国学界对该专题的关注与研究。2018 年底，受国家哲学社会科学工作办公室委托，中国社会科学院近代史研究所中外关系史研究室承担了国家社科基金重大项目"华工与一战研究"，按照项目规划，课题组将在世界范围内广泛收集有关一战华工的档案文献与图片，整理出版一套关于一战华工的大型档案文献汇编，同时开展系列专题研究和出版研究专著。截至目前，该项目整体运转顺利，我们期望学界有识之士给予热心支持与帮助。专栏收录的第一篇论文为比利时弗兰德斯战地博物馆馆长邓杜文（Dominiek Dendooven）的《一战华工与全新中国的缔造》，该文以宏观视野论述了一战华工作为一个群体对中国的社会与文化影响，指出对于 20 世纪上半叶中国社会的文化转型，一战华工以及翻译们事实上承担了隐蔽和间接的角色，他们在破除"西方是知识分子的思想明灯"的观念和改变人们对"白人"的看法方面发挥了重要作用。当华工团的成员归国时，他们不仅带回了"新的民族意识"，而且还有改变自己和国家的决心。第二篇论文为西方研究一战华工的权威、《华工团（1916 ~ 1920）》［The Chinese Labour Corps（1916 – 1920）］一书的作者、英国学者詹恪礼（Gregory James）的论文《"潘兴的中国部属"：另一类华工团》，该文披露了一段一战期间美军在北美征用 400 名中国劳工从事后勤服务的隐秘故事，这批"另类劳工"虽有别于一战期间被欧洲征用的华工，但在搜寻一战期间为协约国服务的各类华工团时，他们的故事也应该被铭记。

《近代中外关系史研究》集刊自创办之日起，一直得到学术界众多前辈、同人与青年学者的鼓励、支持，在本辑编选过程中，一众海内外学术名家如唐启华、吴翎君、裴京汉等先生更是惠赐大作鼎力相助，足令本辑活色生辉，在此我们谨致最诚挚的谢意。最后，感谢社会科学文献出版社多年来对本辑刊一如既往的支持，感谢责任编辑吴超对本专辑付梓所做的种种努力与贡献。

编者

2020 年 9 月 8 日

CONTENTS

CONTENTS

目录

近代中外关系专论

"一沙一世界"：威海卫与英帝国的
远东战略（1898～1930）

刘本森[*]

摘要：威海卫是可以窥知甲午战后英国远东战略的一粒沙子。在"争夺海军基地"的远东危机中，英国被迫选择最不愿意采取的占地制衡方式，租占了威海卫。这反映出英国政府在列强竞争时代外交行动的迟缓和指导思想的不统一，表明了其在远东外交的无力。租占威海卫之后，随着"英俄协定"的签署、英日同盟的达成，远东形势大变，威海卫在英国远东战略中的地位急剧下降，成为海军基地的计划泡汤。英国采取战略收缩政策，在威海卫的投入非常少，使威海卫处于一个尴尬的地位。在放弃威海卫的过程中，我们看到了英国政府如何将威海卫归还问题置于远东外交政策之下以谋求利益的最大化。

关键词：威海卫 租借地 英国远东外交

英国诗人威廉·布莱克（William Blake）有诗云"一沙一世界，一花一天堂"[①]，意思是说，从一粒细沙中可以窥探世界，在一朵野花里可以寻觅天堂。1898～1930 年的威海卫，就是这样一粒可以窥探英国远东战略的沙子。

---

[*] 刘本森，山东师范大学历史与社会发展学院讲师。

[①] 该诗名为《天真的预言》（"Auguries of Innocence"），这两句的原文为"To see a world in a grain of sand, and a heaven in a wild flower"。

19 世纪末 20 世纪初，随着德日等新兴资本主义国家的扩张，资本主义世界开始从英国的垄断时代向列强的竞争时代过渡。具体到中国问题或者远东问题上，在甲午战争之前，英国在华势力一直在列强中稳居霸主地位。甲午战争后德占胶州，引发了 1897～1898 年的远东危机，这宣告列强在华竞争时代的来临。在"争夺海军基地"中，德占胶州、俄租旅大，为了与之抗衡，英国租占了威海卫。而后，随着英日同盟、日俄战争、一战后日占青岛等事件的发生，威海卫的战略价值不断降低，最终于 1930 年被英国政府彻底放弃。

对英国政府租占威海卫这段历史，学界已经有了较为深入的认识，其代表性成果有孙任以都的论文《租占威海卫》①、尼什的论文《皇家海军与占领威海卫（1898～1905）》②、杨国伦的著作《英国对华政策（一八九五—一九〇二）》③、帕梅拉·艾特威尔的著作《英国统治者与中国改革者：英租威海卫及归还始末（1898～1930）》④、李恩涵的论文《中英收交威海卫租借地的交涉（1921—1930）》⑤、克拉伦斯·B. 戴维斯与罗伯特·J. 高尔的论文《英国人在威海卫：帝国非理性之个案研究》⑥、奥托的论文《"Wee-ah-wee"：英国人在

---

① 孙任以都认为，威海卫可能是中国政府主动让与英国的，并将其与张之洞、盛宣怀等人的联英之议联系起来。她所关心的是谁向赫德透露了让与威海卫的消息。E-Tu. Zen. Sun, "The Lease of WeihaiWei," *Pacific Historical Review*, 19 (1950), pp. 277 - 283.

② 尼什讨论了"海军部在租占威海卫问题中的角色"，认为"占领威海卫的决定是一个政治决定，而不是海军圈的决定"。I. H. Nish, "The Royal Navy and the Taking of WeihaiWei, 1898 - 1905," *Mariner's Mirror*, 54 (1968), pp. 39 - 54.

③ 杨国伦认为，在德俄分占胶州、旅顺之后，英国政府采取了"守势"；他重点论述了英国内阁中对租占威海卫的不同意见。〔英〕杨国伦：《英国对华政策（一八九五—一九〇二）》，刘存宽、张俊义译，中国社会科学出版社，1991，第 44～80 页；该书英文版出版于 1970 年。

④ 她首次系统使用了英国国家档案馆馆藏的大批英租威海卫档案史料，论述了英国租占及归还威海卫的概况，叙述了 1898～1930 年英国在威海卫的统治，并且对中国收回威海卫后的统治与英国人的统治进行对比。Pamela Atwell, *British Mandarins and Chinese Reformers: The British Administration of WeihaiWei (1898 - 1930) and the Territory's Return to Chinese Rule*, Oxford: Oxford University Press, 1985.

⑤ 作者运用英国外交档案，研究了英国租占威海卫、英国在威海卫的统治、中英交收威海卫的概况，重点关注了中英双方交收威海卫的谈判。李恩涵：《中英收交威海卫租借地的交涉（1921—1930）》，《中央研究院近代史研究所集刊》第 21 期，1992。

⑥ 该文认为，1898 年英国决策者无明确理由占领威海卫以及其后 30 年拒绝归还都是非理性的举动，以此为例表明帝国非理性现象在 20 世纪早期的英国政府内部非常流行。C. B. Davis and R. J. Gowen, "The British at WeihaiWei: A Case Study in the Irrationality of Empire," *The Historian*, 113 (2000), pp. 87 - 104.

威海卫（1898～1930）》①及其著作《中国问题：列强竞争与英国孤立（1894～1905）》②。这些成果已经将英国政府在租占和归还威海卫一事上的行为交代得非常清楚。然而，略显遗憾的是，上述成果大多忽视了甲午战后列强在华势力从英国的垄断时代向列强竞争时代过渡这一时代背景，也较少关注到威海卫问题所彰显出的英国远东战略的变化。

实际上，英国人租占威海卫（1898～1930）的这段时间，对英国政府而言具有特殊性，因为这段时间是英国在远东从垄断时代到竞争时代再到战略退却时代的调整期。面对列强的竞争，英国在竞争时代将如何捍卫垄断时代所得到的利益？又如何走上远东战略退却的道路？我们如何认识英国政府在与列强竞争中的作为和决策？解决这些问题，将有助于我们更清楚地认识19世纪末20世纪初的英国对华政策和远东国际关系。"一沙一世界"，透过威海卫这粒沙子，笔者试图揭示竞争时代下英国远东政策的战略调整以及地区性危机与英国外交的相互作用。

一 远东危机与英国租占威海卫

英国租占威海卫发生在甲午战后的远东危机期间。1897年11月1日，山东境内发生巨野教案，两名德国传教士被杀。对胶州湾觊觎已久的德国政府立刻采取行动。6日，德皇威廉二世谕令在中国的德国海军"全部舰队驶往胶州，占领那边适宜的地点与村镇"③。14日，"德舰队占领胶州湾，夺据青岛炮台"④。这拉开了远东危机的序幕。

德国占领胶州湾的行动立刻引起了列强的反应。德占胶州两天后，俄国外

---

① 作者认为，英国占领期间威海卫一直处于"被忽视的身份"中，并因"战略过于孤立"而发展受限，"威海卫凸显了英国的无能"，威海卫的发展表明了"英国在远东战略上和体系上的限制"。T. G. Otte, "'Wee-ah-wee?': Britain at WeihaiWei, 1898 – 1930," in G. Kennedy (ed.), *British Naval Strategy East of Suez, 1900 – 2000: Influences and Actions*, London: Frank Case, 2005, pp. 4 – 34.

② 奥托该书探讨了列强在中国问题上的竞争以及英国的孤立政策，他详细论述了英租威海卫作为英国远东"地图慰藉"这一政策出台的始末。他认为"德国和俄国掠取中国北方的胶州和旅顺两个海军基地，增强了英国政府的脆弱感"。T. G. Otte, *The China Question: Great Power Rivalry and British Isolation, 1894 – 1905*, Oxford: Oxford University Press, 2007, pp. 74 – 132.

③ 《德国外交文件有关中国交涉史料选译》第一卷，孙瑞芹译，商务印书馆，1960，第144～145页。

④ 郭廷以：《近代中国史事日志》，中华书局，1987，第974页。

交大臣穆拉维夫（Muravev）"训令柏林俄使，反对德占胶州湾"①。因为俄国一直想把中国北方变成自己的势力范围，不愿别国插足。英国首相兼外相索尔兹伯里（Salisbury）则采取了安抚和静观的态度，其依据在于德占胶州将有利于打破俄国独霸北中国的局面，②英国的过早介入会引起列强"对中国的瓜分"③。瓜分中国是在华最大利益国的英国不愿看到的，英国希望维持中国的完整和开放，因为其"在中国的利益不是领土方面的，而是商业方面的"④。12 月初，德国向清政府索取在山东筑路和开矿的特权，对此，英国政府称将会"根据最惠国待遇条款要求同等待遇"⑤。这是德国占领胶州湾一个月后，英国政府在远东问题上的唯一反应。此时，英国政府还没有认识到"列强所追求的政策包含着对于英国优越地位的威胁"⑥。

然而，俄国接下来的举动使英国不得不采取积极措施。12 月 15 日，俄国军舰以助中抗德为名驶入旅顺。不仅如此，俄国还拟向清政府提供一份"年息四厘、九三扣，以田赋和厘金作保的 1600 万镑贷款"；据此，俄国可以得到"在东北和华北投资权、修建和控制铁路权以及下一任海关总税务司的职位"⑦。贷款本身并不重要，但背后的政治利益是列强争夺的焦点。因为如果俄国得到这一贷款，就会"严重地损害"英国在华贸易和地位。这迫使索尔兹伯里考虑采取积极的应对措施。

不过，究竟该采取怎样的措施，英国政府内部的意见并不统一。不同部门之间甚至同一部门内部，都存在较为严重的意见分歧。海军方面，皇家海军学院认为，德占胶州对英国毫无损害，因为胶州是"一头白象（无用而又累赘的东西）"⑧；而中国舰队则建议效仿德国在中国北方占领一个有驻防工事的出

① 郭廷以：《近代中国史事日志》，第 975 页。

② Min. Salisbury, 18 Nov. 1897, The National Archives (UK), FO 17/1330；《德国外交文件有关中国交涉史料选译》第一卷，孙瑞芹译，第 171 页。

③ Minute Salisbury, 24 Nov. 1897, The National Archives (UK), FO 17/1330.

④ *The Times*, 11 Jan., 1898.

⑤ The Marquess of Salisbury to Sir C. MacDonald, 8 Dec. 1897, China, No. 1 (1898), Correspondence Respecting the Affairs of China, p. 7.

⑥ 〔英〕伯尔考维茨：《中国通与英国外交部》，江载华、陈衍译，商务印书馆，1959，第 251 页。

⑦ Tel. Sir C. MacDonald to the Marquess of Salisbury, 22 Dec. 1897, China. No. 1 (1898), Correspondence Respecting the Affairs of China, pp. 9 – 10.

⑧ Bertie to Salisbury (private), 30 Dec. 1897；cf. T. G. Otte, *The China Question: Great Power Rivalry and British Isolation, 1894 – 1905*, p. 95.

煤港①。在中国拥有巨大利益、熟悉中国情况的中国协会内部也存在不同意见：一方建议不要效仿俄国人和德国人的行动；② 另一方则指出，一个北直隶湾入口处的海港，加上在山东的排他性铁路特权，将"从政治和经济上对北京施加主导性影响"，这种影响可能会导致英国"处于一个新的离开远东的门槛上，这种离开包含严重的政治后果"③。外交部内，时任驻华公使的窦纳乐建议在华北建一个军事化的出煤港；④ 前公使欧格讷（O'Conor）则建议英国政府应该声明其在华利益，"实际上明确其势力范围"⑤。这些意见的分歧充分表明，在已经到来的竞争时代，英国人在对如何维护于垄断时代获得的利益时很彷徨。有些人希望延续旧传统，有些人则希望采取新的积极措施。在华拥有最大利益的英国，需要的是在远东保持局势稳定，而新兴列强则希望在远东改变局势以获得更多利益。

在内外交织的压力下，索尔兹伯里于 12 月 22～23 日召开内阁会议。会议认为，英国的"首要利益是在所有地方自由贸易"，不能效仿俄国向中国北方近海派遣舰队去过冬，这很可能引起法国等其他国家效仿。⑥ 但是为了对中国政府施加影响，可以在烟台附近建立一个"过冬港"，"或者我们的舰队经常在那里出现"⑦。英国政府对于占领中国北方沿海个别港口的领土特权并不积极，因为他们更重视在中国的商业利益，更重视海关总税务司的职位。⑧ 内阁会议的召开，表明索尔兹伯里已经意识到了英国在华地位的降低，他表示"为了维持我们的地位，我们在与巨大的困难做斗争"⑨。这次会议还标志着英

---

① Tels. MacDonald to Buller, 21 Nov. , and vice versa, 22 Nov. 1897, The National Archives（UK）, FO228/1244；Tel. MacDonald to Salisbury（private）, 23 Nov. 1897, The National Archives（UK）, FO 17/1313.

② Min. Salisbury, on Smith to Bertie, 27 Dec. 1897, encl. in Bertie to Salisbury（private）, 28 Dec. 1897；cf. T. G. Otte, *The China Question: Great Power Rivalry and British Isolation, 1894 - 1905*, p. 95.

③ China Association to Salisbury, 1 Dec. 1897, The National Archives（UK）, FO 17/1330.

④ Min. Salisbury, n. d. , on tel. MacDonald to Salisbury（private）, 23 Nov. 1897, The National Archives（UK）, FO 17/1330.

⑤ Memo. Sanderson（on conversation with O'Conor）, 23 Dec. 1897, The National Archives（UK）, FO17/1330.

⑥ Memo. Bertie, 23 Dec. 1897, The National Archives（UK）, FO 17/1330.

⑦ Memo. Sanderson, 23 Dec. 1897, The National Archives（UK）, FO 800/2.

⑧ Tel. Salisbury to MacDonal, 23 Dec. 1897, The National Archives（UK）, FO 17/1314.

⑨ Memo. Salisbury, n. d. , encl. in Salisbury to Cross（private）, 30 Dec. 1897；cf. T. G. Otte, *The China Question: Great Power Rivalry and British Isolation, 1894 - 1905*, p. 99.

国政府开始思考应对远东危机的办法。正如有研究者指出的那样：进入 1898年，"索尔兹伯里面前有三条路：他可以采纳窦纳乐的建议，向中国要求领土补偿，迎合国内满怀期待的民众；他可以与俄国达成谅解，以一个东亚的临时协定为基础，充分理解更广泛的各国差异；他可以选择与美国一起执行'门户开放'政策"①。英国政府分别尝试了这三条路。

第一，获得领土"迎合"国内民众。随着俄国的介入，英国民众的激进情绪越来越高涨，早在 1897 年底，索尔兹伯里就担心激进民众手中的选票，"我们不得不怀着纯粹的感情去做的一件事，'公众'需要在华的一些领土作为安慰"②。基于这种考虑，英国开始寻找"平衡德国占据胶州"的小海港。③1 月至 2 月，执政党失去了"议会选举中原以为安全的 3 席"④。在竞选演说中，索尔兹伯里"软弱的"外交政策成为"每一个激进的演说者的话题"⑤。不管是反对派，还是社会舆论，都毫不客气地对政府外交政策进行了指责，即便有保守倾向的舆论，也对"阁员们的踌躇、摇摆、胆怯"表示不满。⑥ 在这种情况之下，英国政府内部的决策天平开始向获得领土方倾斜，以安慰情绪激进的民众。

第二，谋划与俄合作战略。因为俄国有对中国的贷款计划，英国曾谋求与俄合作一起对华贷款。1 月 17 日，索尔兹伯里指示驻俄英使欧格讷"就英俄能否在中国合作询问维特先生（Witt，时任俄国财政大臣——引者注）"，称英俄双方的目的"不是严重敌对，如果那样做，双方都会遭到很大损失"，因此双方"最好达成一项谅解"，即俄国放弃进占旅顺，英方则"助推俄国在华北实现商业目标"⑦。两日后，欧格讷与俄国外交大臣穆拉维夫商讨对华合作问题，穆拉维夫赞同"将各自利益扩展到广大区域"这一合作意见，不过他更关心确定俄国在华北势力范围的问题。⑧ 22 日，欧格讷与维特再商对华合作，

---

① T. G. Otte, *The China Question: Great Power Rivalry and British Isolation, 1894 – 1905*, p. 104.
② Chamberlain to Salisbury (private), 29 Dec. 1897, SalisburyMSS; cf. T. G. Otte, *The China Question: Great Power Rivalry and British Isolation, 1894 – 1905*, p. 100.
③ Tels. Salisbury to MacDonald, 28& 31 Dec. 1897, FO 17/1314.
④ T. G. Otte, " 'Wee-ah-wee?': Britain at WeihaiWei, 1898 – 1930," in G. Kennedy (ed.), *British Naval Strategy East of Suez, 1900 – 2000: Influences and Actions*, pp. 7 – 8.
⑤ Sir Howard Vincent letter to The Times (31 Mar. 1898); cf. T. G. Otte, *The China Question: Great Power Rivalry and British Isolation, 1894 – 1905*, p. 126.
⑥ H. W. Wilson, "Front-Bench Invertebrates," *National Review*, 31 (Apr. 1898), pp. 300 – 301.
⑦ Tel. Salisbury to O'Conor, 17 Jan. 1898, BD I, p. 5.
⑧ Tel. O'Conor to Salisbury, and despatch, 20 Jan. 1898, BDi, pp. 6 – 7.

维特主张"英俄同盟瓜分中国，长江流域归英，直隶、山西、陕西、甘肃归俄"①。双方的诉求显然不同，索尔兹伯里所指的是"商业目标"，而不是政治瓜分。所以，索尔兹伯里致电欧格讷，称："我们期望不要违反现有的权利。我们不会容许侵犯现有权利的任何条约，或者损害中国和土耳其的完整。……我们的目标不是分裂其领土，而是划分势力范围。"② 两国的谈判并不怎么愉快，"更广范围的讨论"暂时搁置。③ 这意味着英俄合作谈判失败，英国未能成功说服俄国放弃对旅顺、大连的占领。

第三，联美的合作意向。殖民大臣张伯伦（Chamberlain）于 1 月 11 日提出英美联合"阻止其他列强割占中国沿海"的想法。当 2 月 19 日俄国明确表示会"不惜一切保住"原来借款条件中"租借旅顺大连 20 年"的规定之后，④23 日的内阁会议上，英国决定尝试张伯伦的联美提议。此时，英俄谈判还没有完全破裂，因此索尔兹伯里的副手贝尔福（Arthur Balfour）并未认真实施内阁的决定（索尔兹伯里生病，贝尔福代其处理事务）。当英俄谈判彻底失败之后，贝尔福于 3 月 7 日致电英国驻美大使庞斯福特（Pauncefote），指示其就"门户开放"政策争取美国总统麦金莱（McKinley）的支持。然而，直到一周之后，麦金莱才在 3 月 15 日给出了模糊的答复。对此，庞斯福特做出如下报告："目前，封闭文明世界在华贸易或获取商业特权的意图尚未出现。他没有任何理由放弃美国的外交传统：尽量避免同列强结盟、干涉欧洲纠纷。"⑤ 可见美国并未同意英国的请求。对于英国而言，"门户开放"提议的尝试浪费了 3 月前半个月的时间。20 多年后，英国政府曾再次提及："英国在 1898 年租占威海卫之前，曾建议美国，双方联手阻止或限制在华租借地制度，但是美国拒绝合作。"⑥

联俄、联美的尝试相继失败之后，英国政府能够继续尝试的途径只有占领某个港口获得领土安慰。1898 年 3 月初，当德国公使海靖向窦纳乐表示"从商业上来说，德国想把山东变成他们的一个省"之时，英国人才意识到德国

---

① Tel. O'Conor to Salisbury, 23 Jan. 1898, BD I, p. 8.

② Tel. Salisbury to O'Conor, 25 Jan. 1898, BD I, p. 9.

③ Quotes from O'Conor to Salisbury, 3 Mar. 1898, BD I, p. 22.

④ Tel. O'Conor to Salisbury, 19 Feb. 1898, BD I, p. 18.

⑤ Pauncefote to Salisbury, 16 Mar. 1898, The National Archives（UK），CAB 37/46/29. 另可参见〔英〕杨国伦《英国对华政策（一八九五—一九〇二）》，刘存宽、张俊义译，第 70～71 页。

⑥ Mr. Balfour to the Marquess Curzon of Kedleston, 14 Nov. 1921, BDFA, Part 2, Series E, Volume 26, p. 78.

人"将要建立一个'国中之国'"①。这一消息极大地刺激了伦敦，英国在乎的
是商业利益，获得商业利益的前提是中国的独立和完整。显然，德国"垄断
山东"的做法是对英国在华建立的"一体均沾"秩序的极大挑战。英国已经
意识到，为了维持商业利益，必须要阻止德国垄断山东的野心，能采取的办法
只有占领山东的某个出海口，别无他途。英国政府的首选是位于胶州与旅大之
间的且"从海军观点看，不次于其他任何港口"②的威海卫。

3 月 14 日，英国召开关于威海卫问题的第一次内阁会议，但会上并未能
达成一致意见。会后不久，外交副大臣寇松（Curzon）和伯蒂（Bertie）分别
起草了一份备忘录在内阁中传阅，两份备忘录都建议占领威海卫。寇松指出，
俄国占领旅顺迫使英国不得不"取得一个相应的位置"，他坚称"我们不能将
中国北方的土地拱手让给竞争对手"③，否则"我们在北京和整个中国的声望
将会彻底丧失"④。伯蒂表示，英国需要一个在中国北方能对抗俄国和德国的
战略点，"在威海卫，我们应该面对俄国，也将会对德国的扩张有所制止"，所
以"必须与德租胶州和俄租旅大同时期内，以租借的方式得到它（威海卫）"⑤。

然而，英国的首选并不是租占威海卫，而是阻止俄国占领旅顺。3 月 18
日，英国再次释放出信号：只要俄国"同意不夺取在商业上没有用途的旅顺
口。作为交换，英国保证不进行报复而去占领某个北部港口，只要它的条约权
利受到尊重，也不去干涉满洲的事情"⑥。俄国没有对此进行回应。这表明俄
国肯定会占领旅顺，并且将其用作封闭的、设防的港口。对此，贝尔福考虑了
两种选择：

> 一种是同意俄国租借旅顺口，但要俄保证保留现有的条约权利，且不
> 在旅顺口设防（虽然未必能实现），同时我们租借威海卫来作为补偿。另
> 一种是要求俄国人不要租借旅顺口，同时我们保证不在北直隶湾占领港

① Memo. BaxIronside, 26 Feb. 1898, The National Archives (UK), FO 17/1333.
② Tel. MacDonald to Salisbury, 10 Mar. 1898, The National Archives (UK), FO 17/1338.
③ Memo. Curzon, "Memorandum on the Advantages of a British Lease of WeihaiWei, " 14 Mar. 1898; cf. T. G. Otte, *The China Question: Great Power Rivalry and British Isolation, 1894 - 1905*, pp. 115 - 116.
④ Memo. Curzon, 14 Mar. 1898; cf. T. G. Otte, *The China Question: Great Power Rivalry and British Isolation, 1894 - 1905*, p. 126.
⑤ Memo. Bertie, 14 Mar. 1898, BDI, No. 24, p. 17.
⑥ 索尔兹伯里致欧格讷私电，3 月 18 日；转引自〔英〕杨国伦《英国对华政策（一八九五——一九〇二）》，刘存宽、张俊义译，第 71～72 页。

口，并且不对满洲进行干涉。①

　　很显然，贝尔福的两个选择方案，代表了两种不同的外交方式。前者是一个被迫做出的选择，在俄国租借旅顺口并将其作为封闭港似乎已成定局的情况下，英国会租借威海卫作为补偿，这并不是英国的最佳选择。因为英国方面对威海卫的价值还持保留意见：海军部认为该港不够深，不能满足近代海军的需要；贝尔福则认为在该港设防代价巨大，不设防则毫无意义。② 但是如果不租占威海卫，中国北方再无更合适的港口；此外，如果英国不租占威海卫，德国就很可能进占。威海卫成为一个鸡肋。后者是一个主动做出的选择，暗含使用武力的意思。贝尔福认为，这是唯一能够遏制俄国和防止中国被瓜分的方案，但这可能有全面战争的危险。③

　　3 月 22 日，内阁再次召开会议。阁员们对是否占领威海卫分成两派："威海卫派"与"反对威海卫派"。"威海卫派"认为，俄国租占旅顺已经不可避免，英国没有能力阻止它，但是可以通过占领威海卫与其抗衡。④ 很显然，租占威海卫是在继续索尔兹伯里的联俄尝试，也就是与俄国达成关于中国问题的临时协定。因为如果不租占威海卫，就意味着反对俄国租占旅顺，这几乎等同于宣战。"反对威海卫派"的核心成员是殖民大臣张伯伦、索尔兹伯里的副手贝尔福、海军部的戈申（Goschen）和陆军部的兰斯多恩侯爵（Lord Lansdowne）。他们将俄国看成英国在亚洲的主要对手，认为俄国不该在中国取得领土，英国也不该在中国取得领土，希望维持中国的完整。张伯伦是其中最为激进的一个，他认为"必要的话，我们应该将其舰队驱离旅顺，让俄国人离开"。"反对威海卫派"是一个"杂乱的团体"，"其成员也没有严格的或者一致的对外政策观点"⑤，他们只是根据各自的现实情况而暂时站到了同一阵营。会上，内阁大臣和海军部专家首先讨论了伯蒂和寇松的备忘录。根据寇松的备

---

① Tel. Balfour to MacDonald, 19 Mar. 1898, BDI, No. 32, p. 21.

② Tel. Balfour to MacDonald, 19 Mar. 1898, BDI, No. 32, p. 21.

③ Tel. Balfour to O'Conor, 18 Mar. 1898, Tel. O'Conor to Balfour, 19 Mar. 1898, The National Archives (UK), FO 17/1338.

④ Memo Curzon, "Memorandum on the Advantages of a British Lease of WeihaiWei," 14 Mar. 1898; seeing Otte, "Great Britain, Germany, and the Far Eastern Crisis, 1897 - 8," *English History* 10, 1995, p. 172 - 174.

⑤ T. G. Otte, *The China Question: Great Power Rivalry and British Isolation, 1894 - 1905*, p. 117.

忘录，大臣们"在战略依据上有所犹豫，但是很清楚在政治依据上的明智性"①。经过索尔兹伯里、寇松和伯蒂的努力协调，"威海卫派"最终战胜了反孤立主义者——"反对威海卫派"。在只有张伯伦不同意的情况下，内阁会议决定租占威海卫。②

3 月 25 日下午，全体内阁会议召开，正式通过了租占威海卫的决定。内阁会议一结束，索尔兹伯里就指示驻华公使窦纳乐："由于总理衙门接受了俄国租借旅顺口的要求，渤海湾内的均势已经发生重大的变化。因此，必须用你认为最有效和最迅速的办法，取得在日军撤退后占领威海卫的优先权。占领条件必须和俄国占领旅顺口的条件相同。英国舰队已经从香港出发，开往渤海湾。"③ 英国的要求得到了清政府的同意。5 月 24 日，威海卫正式转租给英国。

英国内阁对是否租占威海卫的意见分歧，并不在威海卫本身的价值上。这一决定的做出，考虑国内的政治利益更多，而考虑远东的外交和军事意义则相对较少。这几乎注定了这一将被占领地的命运，其价值在于占领决定的做出和公布本身，而非实际占领之后。列强竞争时代已经到来，英国不可能以"不惜一战"来保存整个中国市场。资本主义的扩张本性决定了各国势力注定会进一步深入中国；在这种情况下，对英国而言，适时调整政策，做出取舍，维护最大利益，才是顺势而为的"正确"外交策略。当然，英国对华外交政策愈"正确"，将意味着其对中国加害愈严重。

二 平静的远东与尴尬的威海卫

尽管对威海卫的占领决定"并不是海军圈做出的"④，但英国政府仍选择了威海卫；之所以如此，是因为它是中国北方仅剩的能与胶州、旅顺抗衡的军港。英国政府看重的是其作为海军基地的潜力，因此，租占达成之后的交接和占领均由海军部完成。1898 年 5 月 24 日，英国海军部的中国舰队总司令西摩尔（Seymour）率舰队正式接收威海卫，并将军舰停在威海卫海湾内，舰队人

---

① T. G. Otte, *The China Question: Great Power Rivalry and British Isolation, 1894 - 1905*, p. 126.

② Min. Salisbury, 22 Mar. 1898, BDI, No. 34, p. 22.

③ The Marquess of Salisbury to Sir C. MacDonald, China, No. 1 (1898), Correspondence Respecting the Affairs of China, 1898, p. 54.

④ I. H. Nish, "The Royal Navy and the Taking of WeihaiWei, 1898 - 1905," *Mariner's Mirror*, 54 (1968), p. 54.

员驻扎在刘公岛上。[1]

接下来一年多时间，威海卫由中国舰队任命的一名海军中校冈特（E. T. A. Gaunt）担任临时行政长官。[2] 从 1898 年 7 月到 1899 年 9 月，海军部在威海卫做的事情并不多，其中有档案记录的只有海道疏浚工程。[3] "海军部一直关注的威海卫电报问题"一直没有解决，香港和威海卫之间仍然没有电报线路。[4] 当初租占威海卫是将其作为海军要塞，可新任海军大臣塞尔伯恩伯爵（Lord Selborne）的观点却是："每一处距离我们这个国家成千成万英里的要塞都是恶魔。"[5] 他直言威海卫在海军战略中并不重要，完全是资源浪费。因为中国舰队的开支大大超出了海军部的预算比例，威海卫成为海军部愿意放弃的一个财政麻烦。[6] 就这样，无论威海卫的管理和投入问题，还是威海卫在远东的未来战略角色问题，都悬而未决，英国政府始终没有明确指示，也无实际举动。

围绕威海卫的各种争论尴尬地安静了下来。在某种程度上，这种安静反映了 1899 年远东事务的相对平静。对英国来说，这一种平静源于正在谈判、马上签署的"英俄协定"。"英俄协定"名义上是对中国铁路修筑权范围的划分，实际上是英俄两国对各自势力范围的认可。双方达成和解有助于安定中国的形势。[7] 英俄达成协议之后，双方发生正面冲突的可能性骤降，英国政府如何定义威海卫在英国战略中的地位就显得不再迫切。威海卫的地位也就不再那么重要。

1899 年 10 月 1 日，冈特将威海卫的行政管理权移交给陆军部的铎沃德（Arthur Robert Ford Dorward），威海卫进入了陆军部管辖时期。然而，陆军部对威海卫的投入也非常有限。他们认为，威海卫只需保持"海军飞地……以便在与中国或其他没有海军的国家作战时使用"即可。戍守部队削减到 3 个步

---

[1] Captain Hall and Consul Hopkins to Vice-Admiral Sir E. Seymour, May 21, 1898, China. No. 1 (1899), Correspondence Respecting the Affairs of China, p. 196.

[2] To and from WeihaiWei 1899, The National Archives (UK), FO228/1317.

[3] Goschen, "Navy Estimates," 31 Jan. 1899, The National Archives (UK), CAB37/49/7；另见罗丰禄致总署《沙候面称威海港澳须挖深并英兵部已派员履勘测量由》，台北中研院近史所编《外交档案》，档案号：01-18-019-01-017。

[4] 该问题的最终解决是在义和团运动时期；参见 Goschen, "Telegraphy Communication between Wei-hai-Wei and Taku," 11 July 1900, The National Archives (UK), CAB 37/53/58。

[5] The Times, 19 Mar. 1902.

[6] The Times, 19 Mar. 1902.

[7] 〔苏〕波波夫：《英俄瓜分中国的协定（1899 年）》，李嘉谷译，《海外中国近代史研究》第一辑，中国社会科学出版社，1980，第 3～30 页。

兵连，就足以执行海军仓库和医院的放哨职责。此外，陆军部还停止修筑有关威海卫防御工事的所有工程。① 其中更有甚者宣称，不应该在威海卫投入一分钱。② 他们认为，威海卫是可以在战时放弃的一个据点。陆军部管理威海卫时期，组建了华勇营。该营编制为 1000 人，实际人数最少时仅 500 余名，最多时达 1300 余名；其主要任务是负责租借地内的防务与治安。在义和团运动期间，该营作为英国军团一部参加了八国联军侵华战争。1902 年英日同盟条约签订，1905 年日俄战争后日本取得旅大租借地，对英国而言，威海卫已丧失抗衡俄国的战略价值，再加上英国执行以最小代价统治殖民地的策略，遂不再积极经营华勇营。于是华勇营于 1902 年起酝酿解散，于 1906 年彻底解散。③ 华勇营的解散意味着威海卫被军事部门彻底放弃。

1901 年 1 月 1 日，租借地被正式移交给殖民部进行民政管理。④ 7 月 24 日，《1901 年枢密院威海卫法令》颁布实施，这成为租借地的宪法性法令。该法令是"议会根据国外司法条例签署的"，这意味着威海卫并未被宣布为皇室财产，不属于皇家殖民地（这与 1898 年英国租占的新界的待遇不同），也就是说"中国可继续保留其主权，当地居民保留中国国籍"⑤。9 月 4 日，根据该法令，"国王欣然任命铎沃德爵士担任威海卫行政长官"⑥。

至此，英国租占威海卫已经 3 年多，威海卫也先后从海军部流转到陆军部、殖民部管辖之下。然而，无论哪个部门管辖，它们对威海卫的未来和战略定位都没有详细的政策，陆军部"没有任何政策，海军部和殖民部也都没有"⑦。

1902 年 1 月 10 日，海军部、陆军部、殖民部对威海卫的防御进行会商，

---

① Ward to Colonial Office (No. 266/WHW/110), 3 Aug. 1901, The National Archives (UK), CO 521/2. Dreging Continued until Early 1905, York to Noel (No. 8), 25 Jan. 1905, and Minute Noel. 27 Mar. 1905, The National Archives (UK), ADM 125/126.

② Minute Roberts, 13 Mar. 1901, Selborne Mss. 26; cf. T. G. Otte, "'Wee-ah-wee?': Britain at Weihai-Wei, 1898 – 1930," *British Naval Strategy East of Suez, 1900 – 2000: Influences and Actions*, p. 16.

③ 参见拙文《清末威海卫华勇营研究，1899—1906》，《中央研究院近代史研究所集刊》第 87 期，2015。

④ Lucas to War Office, 9 Oct. 1900; FO 881/7471X, Wei-hai-Wei Order-in-Council, 25 July 1901, The National Archives (UK), ADM 125/110.

⑤ Pamela Atwell, *British Mandarins and Chinese Reformers: The British Administration of Weihaiwei (1898 – 1930) and the Territory's Return to Chinese Rule*, Forward.

⑥ *The London Gazette*, No. 27352, 6 Sept. 1901, p. 5875.

⑦ Brodrick to Selborne, 11 Jan. 1901, Selborne Mss 26; cf. T. G. Otte, "'Wee-ah-wee?': Britain at WeihaiWei, 1898 – 1930," *British Naval Strategy East of Suez, 1900 – 2000: Influences and Actions*, pp. 15 – 16.

讨论结果是："第一，刘公岛现在不需要任何防御部队；第二，维护岛上和陆上治安的责任在殖民部；第三，在殖民部组织起维持治安的当地力量之前，陆军部应在未来 12 个月中保持不少于 300 人的兵力，但一旦上述治安力量组织完毕，威海卫将不再需要任何军队；第四，陆军部的土地和建筑都转交给殖民部。"① 如果说，1898 年英国租占威海卫时向德国保证不修建铁路，基本扼杀了威海卫成为经济中心的可能性，那么这次联席会议就最终决定了威海卫的命运。陆军部停止在威海卫修建工事和海军部关于一旦开战就立刻放弃威海卫的决定，意味着威海卫的军事价值大大降低。这次会议标志着将威海卫变为合适的海军基地的计划全部失败，英国人"花了这么长的时间（超过两年）才决定这儿不适合海军用途"②。这次联席会议最终决定了威海卫的命运。

1902 年 5 月，香港政府辅政司兼华民政务司司长骆任廷（James Stewart Lockhart）受英王委派出任威海卫首任文职行政长官。骆任廷到任后，根据殖民部的现行经验建立了规范性的制度，并着手发展威海卫经济。然而，命运似乎注定威海卫不会成为"大英帝国环绕世界的耀眼缎带上的珠宝"③。威海卫一切步入正轨之后不久，1904 年 2 月日俄战争爆发，随着战局的日益明朗，远东局势发生了新的变化。英国政府各部门又面临新的威海卫问题：日本占领旅顺之后，与俄租旅顺租期相同的威海卫，是续占还是归还？

殖民部的卢卡斯（Lucas）支持保留威海卫，并建议与北京谈判，取得从 1898 年算起的 99 年租期。④ 不过，外交部却不同意这一分析，外交大臣兰斯顿（Lord Lansdowne）并不同意在目前远东形势下改变威海卫的租期。⑤ 这对从租占之初就叫嚷"租期未定"将会制约威海卫发展的殖民部是一个打击。他们提出的租占 99 年的提议也遭到漠视。这对威海卫行政公署和在华商人而言，同样是一个打击。这降低了人们对这一港口未来前景的商业信心，也几乎决定了威海卫不会有什么发展的未来。

其一，经济发展无力。1902 年骆任廷到威海卫时，曾试图发展经济。他

① Proposed Reduction in Numbers in Chinese Regiment, The National Archives (UK), WO 32/6795.

② Report by Major Pereira, 12 Feb. 1902, The National Archives (UK), FO228/1546.

③ Tai Foo, "The Neglected State of WeihaiWei," *Fortnightly Review*, 75 (1904), pp. 406 – 414.

④ T. G. Otte, "'Wee-ah-wee?': Britain at WeihaiWei, 1898 – 1930," *British Naval Strategy East of Suez, 1900 – 2000: Influences and Actions*, p. 19.

⑤ Foreign Office to Colonial Office, 2 July 1904, Further Correspondence Respecting the Affairs of China (1904.7 – 1904.9), Confidential, The National Archives (UK), FO881/8484, p. 3.

计划利用威海卫免税港的优势，① 将其发展成"一个优秀的丝绸制造中心、水果种植中心和葡萄园，以及建立一个豆饼和白蜡的贸易中心"②。遵循经济专家的建议，威海卫行政公署希望发展水果种植业，将"从英国运来多种果树"进行栽培试验，希望"使威海卫成为上海和其他大量需求水果的地区的果物供应中心"③。然而，试验成功后，因为租借地内"没有资本家在此居住"，"上海的富商不愿在此投资"，再加上"租借地的租期不定，所以无法筹集到所需的小额资本"④。种植水果计划失败了。行政公署还先后试图发展多种手工业，并曾试图利用免税口岸的优势，建设保税仓库，以存储煤、石油、棉纱、匹货，然而，由于不仅缺乏费用，而且交通不便，商人们对此不抱信心。⑤ 外贸方面，因为威海卫不通铁路，所以贸易转向了青岛、烟台等其他口岸，威海卫发展缓慢。总体来说，威海卫的经济发展举步维艰。

其二，英国政府经费投入少。威海卫划归英国殖民部之后，自 1901 年至 1921 年（1921 年后，英国表态归还威海卫，此后取消补助金），殖民部共为威海卫行政公署提供补助金 14.45 万英镑⑥，约合每年 7000 英镑。和青岛比较的话，这些投入真的非常少。德国于 1898～1913 年 16 年间，对胶州湾投资 2 亿马克（来自德国国内者 1.6 亿马克，租借地的收入 4000 万马克）。⑦ 仅就来自德国国内的资金来看，平均每年投入 1000 万马克，而英国政府的拨款，平均每年仅为 7000 英镑。根据当时的汇率，1 英镑大概折合 20 马克，照此来算，德国在青岛的年投资约是英国在威海卫的 71 倍。更为尴尬的是，这些经费里面，公共事业投入所占比例极小。根据庄士敦 1929 年末的报告，自 1922 年以来，仅有 5.275 万元用于本地区的改建工程，且全部来自地方税收，而不是来自殖民部的补助金。1922～1929 年，威海卫行政公署的总支出约为 185.237 万

---

① Pamela Atwell, *British Mandarins and Chinese Reformers: The British Administration of WeihaiWei* (1898-1930) *and the Territory's Return to Chinese Rule*, p.67.
② WEIHAIWEI, 1904, p.14.
③ WEIHAIWEI, 1904, p.14.
④ WEIHAIWEI, 1908, p.6.
⑤ Memorandum Regarding the Future Prospects of the Leased Territory of Wei-hai Wei as a Commercial Centre, in Relation to the German Dependency of Kiao-chau and the Province of Shantung in General, The National Archives (UK), FO881/8284, p.6.
⑥ 根据 1901～1921 年威海卫年度报告中的数据相加而得；亦可参见《威海卫账目问题》，威海市档案馆藏，档案号：229-001-271-1342。
⑦〔日〕菅原佐贺卫：《青岛攻略小史》，第 12 页；转引自张玉法《中国现代化的区域研究：山东省，1860—1961》，台北：中研院近代史研究所，1982，第 205 页。

元，5.275 万元的公共支出所占比例约为 2.85%。① 这一数字让人难堪。那么经费都去哪儿了呢？以 1917 年的预算为例，该年预算中个人薪俸为 93259 元，支出总预算为 175652 元，预算中个人薪俸约占 53.09%。② 根据 1919 年的决算可知，是年个人薪俸为 11.976 万元，总支出为 218174 元，个人薪俸约占总支出的 54.89%。③ 1925 年预算中，个人薪俸 110907 元，总支出 208581 元，比例约为 53.17%。④ 不需要更多的数据就可知个人薪俸约为政府总支出的 53%，这应该是个常态。如果再加上办公经费，那么威海卫行政公署总支出中的约 85% 经费就用于职员薪金和办公经费。从发展威海卫的角度来看，英国殖民者对威海卫的投入少、行政开支庞大，在发展威海卫上做得非常差。在英国殖民部看来，威海卫就是可有可无的，"现在威海卫看不到立即繁荣发展的任何迹象，它的花费对财政部来说也是无足轻重的"⑤。

在这种情况下，威海卫殖民当局只能采取"尽量维持现状"的统治政策。首先，在骆任廷的主持下，威海卫建立了一个权力集中、机构精简的殖民政府。威海卫于 1906 年形成了以行政长官为首，以政府秘书、南区官兼治安官（华务司）、医官长为主要属僚的管理体系。⑥ 1916 年，华务司改称正华务司，政府秘书改称副华务司。此后这一体系一直存在到威海卫交还。⑦ 威海卫行政公署的欧洲职员一直维持在 12～14 人，巡捕总数由 1903 年的 10 多人发展到 1930 年的近 200 人。其次，英国人在威海卫乡村维持并发展了村董制度，华务司庄士敦认识到"村董是中国乡村生活自然演变的结果"，"如果取消村董制……将不得不建立一支耗资巨大的警力队伍"，且得不到村民的感激。⑧ 因此，他决定维持并发展村董制度。他将全区村庄划分为 26 个小区，每一个小区辖十几个村庄，从村董中选派一人担任总董；同时将租借地分成南北两个行政区，南区辖 17 个小区，北区辖 9 个小区，各设华务司管理，行政长官由英国人担任。1906 年总董制全面推行，威海卫的村庄形成了村董—总董—华务

① Johnston to Lampson, 15 Nov. 1929, The National Archives (UK), CO521/56.
② Wei-Hai-Wei: 1918, The National Archives (UK), CO521/19.
③ Wei-Hai-Wei: 1920, The National Archives (UK), CO521/21.
④ Wei-Hai-Wei: 1925, The National Archives (UK), CO521/27.
⑤ Colonial Office to Foreign Office, 16 Feb. 1915, BDFA, Part 2, Series E, Volume 22, p. 35.
⑥ WEIHAIWEI, 1906, p. 6.
⑦ 威海市政协科教文史委员会编《威海文史资料（第 10 辑）·英国租占威海卫 32 年专辑》，内部印刷，1998，第 55 页。
⑧ WEIHAIWEI 1904, p. 27.

司的三级管理体系。① 这极大节省了管理成本。英国统治威海卫 30 余年，英国人"尽可能维持现状"的政策使威海卫的农村很少受到干涉，威海卫的乡村仍旧藏在"传统的保守主义的城墙后面"。不干涉主义下的威海卫，似乎更缺乏存在感。

到了 1910 年，威海卫华务司庄士敦在他的书中写道："大英帝国的礼服十分灿烂，色彩斑驳绚丽……但在这华贵礼服的边缘，也有色彩单调的缎带，它随时都有沾上泥土或被践踏在脚下的危险，常常遭受无礼嘲讽。威海卫就是大英帝国礼服上这条色彩单调的缎带。"② 威海卫，从计划中的帝国海军战略基地，变成了"大英帝国的灰姑娘"。正如威海卫助理行政管理专员赫尔（George Thompson Hare）所预料的：威海卫或许将成为"欢迎中国舰队避暑的口岸，是一个在中国北方的外国人于炎热夏天的两三个月中前来休闲的口岸"；此外，它还是"国库的一个小负担"。因此他建议将此地作为一个海军休养所，并将管理开支缩减到最小，以便英国威海卫行政公署自给。③ 威海卫，最终就是按照这一思路尴尬地存在着。

三　英国放弃威海卫

英国人第一次提及放弃威海卫，是在日俄战争期间。1905 年 6 月，随着日俄战争局势的明朗，英国政府开始关注威海卫的前途。6 月 2 日，外交部致信殖民部，征求对威海卫租期的意见。外交部表示，即便俄国失去了旅大，英国也要租完威海卫 25 年的租期（因为俄租旅顺为 25 年）。④ 殖民部的卢卡斯（Lucas）则表达了将威海卫按照胶州和九龙新界的标准获得 99 年租期的想法，⑤ 而帝国防御委员会却"非常渴望从威海卫撤离"⑥。刑事调查局的克拉克

---

① 邓向阳：《米字旗下的威海卫》，山东画报出版社，2002，第 59 页。

② 〔英〕庄士敦：《狮龙共舞：一个英国人笔下的威海卫与中国传统文化》，刘本森译，江苏人民出版社，2014，第 2 页。

③ Memo Hare, "The Political and Commercial Importance of WeihaiWei," 31 Mar. 1902, The National Archives (UK), CO 882/6/75.

④ Foreign Office to Colonial Office, 2 June 1905, Further Correspondence Respecting the Affairs of China (1905. 4 – 1905. 6), Confidential, The National Archives (UK), FO881/8678, pp. 86 – 87.

⑤ Minutes, Harding and Lucas, 6 June, and Lyttelton, 15 June 1905, on Campbell to Colonial Office, 2 June 1905, The National Archives (UK), CO521/8/19367.

⑥ T. G. Otte, "'Wee-ah-wee?': Britain at WeihaiWei, 1898 – 1930," *British Naval Strategy East of Suez, 1900 – 2000: Influences and Actions*, p. 20.

受首相贝尔福的委托进行了调查，他认为：目前来说，远东的环境已经有了明显变化，俄国在这一地区除了海参崴（今符拉迪沃斯托克的旧称）外，已经没有其他海军基地；而英日联盟的达成使得英国在这一海域的控制压力得到极大缓解，因此威海卫"从战略上讲毫无价值"，建议在此保留一个疗养院，放弃所有领土特权。① 这引发了英国政府内的新一轮争吵。政府各部门之间的争论，使威海卫命运的决定再一次难产。1905 年底，贝尔福的保守党政府垮台。新上任的殖民大臣格鲁（Sir Edward Grey）和贝尔福一样怀疑租借地的战略价值，但是他鉴于"保留威海卫的观点是日本人的强烈主张"② 而未对租借地"采取任何行动"③。威海卫租期就这样耽搁下来。这种耽搁也是一种决定。换个角度考虑，这种耽搁意味着威海卫对英国真的不怎么重要，否则，英国政府不会这样无视它的前途。

日俄战争后，旅大易手。清政府认为英国已无必要驻守威海卫，计划趁机收回。1906 年 10 月 3 日，中国驻英公使汪大燮向英国外交大臣格鲁（E. Grey）表示，中国政府迫切希望知道英国是否会将威海卫交还给中国。④ 对此，英国外交部征求了海军部、殖民部、陆军部和驻日大使的意见。

英国驻日大使窦纳乐认为，英国留在威海卫是日本的"殷切希望"，如果归还威海卫，将会给日本留下非常糟糕的印象，会损害英国在远东的影响力和声望。⑤ 英国驻华公使代理朱尔典也认为，如果归还威海卫，将会助长中国盲目的、否定条约义务的爱国主义运动。⑥ 海军部认为，保留威海卫有非常重要的价值，威海卫将会成为有用的"飞地"，对于分遣舰队的效能和海军人员的健康来说，在华北地区占有一块适当的地方以供休养及训练是必要的。另外，只要德国人还留在胶州，英国人放弃威海卫将会使英国名望受损。⑦ 殖民部则认为"放弃威海卫的后果将会是极度灾难性的"⑧。陆军部表示，威海卫是

---

① Memo Clarke, "Wei-hai-Wei," 7 Oct. 1905, The National Archives (UK), CAB11/59.

② Minute Grey, 1 Jan. 1906, on MacDonald to Lansdowne, 6 Nov. 1905, BD IV, p. 117.

③ Question Asked in the House of Commons, 22 Feb. 1906 and Answer, Further Correspondence Respecting the Affairs of China (1906. 1 – 1906. 3), Confidential, The National Archives (UK), FO881/8726, p. 130.

④ Foreign Office, "Memorandum on Wei-hai-Wei (8Jan. 1907)," in Nish, Hill (ed.), BDFA, Part I, Series E, vol. 13, p. 592.

⑤ Foreign Office, "Memorandum on Wei-hai-Wei (January 8 1907)," p. 594.

⑥ Foreign Office, "Memorandum on Wei-hai-Wei (January 8 1907)," p. 595.

⑦ Foreign Office, "Memorandum on Wei-hai-Wei (January 8 1907)," p. 593.

⑧ Foreign Office, "Memorandum on Wei-hai-Wei (January 8 1907)," p. 593.

"我们向天津和北京进发的基地，是我们在山东省的飞地，它将会成为我们占据山东省内有价值的口岸、给敌人施压的极好基地"①。各方均不同意归还威海卫。

由此，英国外交部答复汪大燮，称：既然我们已经租占了威海卫，且已与日本结盟，因此需要履行相应的责任；我们将保证中国不受其他列强的侵害，这不是对中国的损害，而是对中国的保护。为了履行我们与日本结成同盟而形成的义务，我们使用威海卫是合理的；当然，考虑到远东恢复正常局势，将威海卫还给中国是自然的。② 对此，汪大燮回复称，如果中国真正拥有一支海军力量的时候，是否能收回威海卫。英国外交部表示：如果中国拥有一支强大的海军，并且能够完全保护它自己，远东事务获得一个正常秩序，这将会使收回威海卫成为可能。汪大燮再次向英国外交部发出照会，称中国政府希望得到一个协议，当"一支力量尚可的海军"形成之时，双方可以协商收回威海卫一事。英国外交部答复称：定义何为"一支力量尚可的海军"将非常困难，因为这很大程度上须依赖于届时的国际环境，因此，希望得到威海卫归属的准确时间的要求都会被拒绝。③

交涉就此告一段落，英国人不赞同归还威海卫，外交大臣格鲁的一句话可以代表英国的态度：1898 年外国侵占的三个海军基地"并排在一起，没有任何一个可以单独放弃"，现在提出威海卫地位的问题是"不合适的"，"我们已经顺其自然，一言不发"④。后来，英国政府称，当时做出这一决定的因素有三："最重要的是日本希望我们能留在那里制衡德国所租占之胶州；另外还有两个原因：一是退却并不能从中国得到任何好处，二是我们的声望。"⑤英国政府的态度表明，它希望通过归还威海卫这一外交行为获得一定的好处，而此时不归还的最大价值在于满足盟友日本的意愿，巩固英日同盟。

威海卫问题的再次提出，是在 1914 年第一次世界大战导致远东国际局势变化的时候。一战爆发后，日本借日英同盟之利对德宣战，于 11 月 16 日攻占青岛。战争结束后，日本在青岛建立军政统治，提出"二十一条"，并在山东

---

① Foreign Office, "Memorandum on Wei-hai-Wei（January 8 1907），" p. 594.

② Foreign Office, "Memorandum on Wei-hai-Wei（January 8 1907），" pp. 595 – 596.

③ Foreign Office, "Memorandum on Wei-hai-Wei（January 8 1907），" p. 596.

④ Grey to Jordan, 3 Dec. 1906, The National Archives（UK），FO 371/35/40949.

⑤ British Occupation of WeihaiWei, 22 July 1918, The National Archives（UK），CO521/19/35726.

大肆掠夺，直至 1922 年。①

威海卫和青岛都是在 1898 年远东危机中成为列强租借地的。日军将德国人逐出青岛后，中日关于青岛问题的谈判可能会影响威海卫的继续占领，鉴此，英国外交部征求了各部门的意见。陆军部、海军部、殖民部和驻日大使、驻华大使一致认为，交出威海卫是不利的。②

因此，英国政府最终决定继续占领威海卫。其原因有三：第一，继续占领威海卫的花费并不多，1915 年英国政府对威海卫的资助预算只有 3500 英镑；第二，虽然威海卫目前没有什么作用，未来能有什么作用也令人怀疑，但是占有威海卫就能拥有一个可与中国讨价还价的东西，尽管中国政府不可能提供多少补偿，不过中国政府很可能愿意英国继续留在威海卫，以制衡日本在山东的行动；第三，英国政府已经减少了在威海卫的职员，以后解决剩余职员的出路也不会有太大困难。③

一战结束后，大概在 1918 年 11 月份，英国政府就已为战后和谈中可能会整体解决威海卫问题作准备。早在一战结束之前，在威海卫"工作已经 14 年"的代理行政长官庄士敦便致信殖民部，建议英国归还威海卫陆地，保留刘公岛作为度假地和疗养院。这样可以取消威海卫行政公署，租借地管理权由殖民部转交海军部，设海军官员管理刘公岛，在爱德华码头设领事，在海军官员与中国官员之间协调。④

对此，外交部征求各部门意见。海军部认为："刘公岛和威海卫陆地都应该保留。"⑤ 他们在威海卫拥有疗养院和训练场，且不需要什么支出，保留威海卫对他们有利无害。驻华公使朱尔典建议，彻底改变列强以往对华政策，放弃在中国的所有租借地、势力范围和一切特权，所以"威海卫应该归还中国"⑥。他强调，没有牺牲就无法解决 1898 年远东危机的后遗症。⑦ 殖民部认

① 可参见刘大可、马福震、沈国良《日本侵略山东史》，山东人民出版社，1991；黄尊严《第一次世界大战期间日本帝国主义对山东的侵略》，《齐鲁学刊》1984 年第 3 期；宋志勇《1914—1922 年日本在山东的军政殖民统治》，《抗日战争研究》1998 年第 1 期。

② Foreign Office to Colonial Office, 5 Feb. 1915, The National Archives (UK), CO521/16/6117.

③ Tenure of WeihaiWei, 12 Feb. 1915, The National Archives (UK), CO521/16/6251.

④ Johnston to Colonial Office, 23 May 1918, The National Archives (UK), FO228/3459/1.

⑤ C. W. Campbell, Memorandum on WeihaiWei, 3 Mar. 1921, BDFA, Part 2, Series E, Volume 24, p. 202.

⑥ C. W. Campbell, Memorandum on WeihaiWei, 3 Mar. 1921, BDFA, Part 2, Series E, Volume 24, p. 205.

⑦ Return of Leased Territory to China, 30 Jan. 1919, The National Archives (UK), CO521/20/6764.

为，威海卫不具备一流的价值，但是反对无偿交还，希望归还它时能"得到回报"，能"有价值"地归还。不过，他们担心威海卫会波及香港，因此，英国希望不要主动提出租借地问题。如果列强提出放弃在华租借地和特权，英国的应对是放弃威海卫，保留香港，① 对于香港，则"绝对不能放弃"②。外交大臣寇松同意殖民部的意见，对于香港则"完全不考虑归还"③。

此时英国政府内部对归还威海卫存在分歧：在威海卫拥有直接利益的海军部不同意归还；殖民部、外交部的意见也以不归还为主，不过他们都认识到威海卫的实际价值并不大，他们对于保留威海卫的出发点都在于将其作为一张牌，在需要"得到回报"时打出。因此，英国政府最后做出的决定是：不主动提出威海卫和租借地问题。

租借地问题的提出是在华盛顿会议上。1921 年 8 月，英国外交部已经意识到"基本可以确定，华盛顿会议上肯定会提出中国的租借地问题"，这将会涉及威海卫问题。外交大臣寇松认为，如果放弃威海卫能够促成列强放弃在华租借地，总体解决租借地问题，"在适当的环境下，英国很乐意考虑将其（放弃威海卫）作为一个手段"④。殖民大臣米尔纳也持相似意见："如果放弃威海卫能得到一个'筹码'，那就可以放弃，否则便不能放弃。"⑤ 在华拥有直接利益的商人和军方则明确表示拒绝归还威海卫。中国协会强调威海卫是"疗养胜地"，希望延长威海卫租期。⑥ 帝国防御委员会强调威海卫作为舰队休养地的作用，认为"维持远东的租借地现状最符合大英帝国的战略利益"⑦。

不过，真正能够决定威海卫命运的只有少数几个人。英国华盛顿会议代表团团长、老资格政治家贝尔福便是其中之一。他力主归还威海卫。在他看来，"德国和俄国的威胁"已经不复存在，英国没有任何继续保有威海卫的战略和商业理由。⑧ 华盛顿会议召开之初，贝尔福希望从英国政府获得在威海卫问题

---

① Tenure of Territory, 6 Jan. 1919, The National Archives (UK), CO521/20/1484.

② Tenure of Territory, 6 Jan. 1919, The National Archives (UK), The National Archives (UK), CO521/20/1484.

③ Tenure of Leased of WeihaiWei, 24 Feb. 1919, The National Archives (UK), CO521/20/12649.

④ Foreign Office to Colonial Office, 22 Aug. 1921, BDFA, Part 2, Series E, Volume 25, p. 159.

⑤ Colonial Office to Foreign Office, 15 Sept. 1921, BDFA, Part 2, Series E, Volume 25, p. 203.

⑥ China Association to Colonial Office, 26 Oct. 1921, BDFA, Part 2, Series E, Volume 26, p. 51.

⑦ Extract from Minutes of Committee of Imperial Defence, October 1921, BDFA, Part 2, Series E, Volume 26, p. 80.

⑧ Naval staff Memo, 5 Oct. 1921, The National Archives (UK), CAB 4/7. 27 – B.

上较大的自由权，并主张归还威海卫。[①]不过，英国政府并不同意他的意见，认为："将任何租借地交给一个没有权威的、几乎破产的政府，似乎都是一种毫无意义的慷慨。"[②]在他们看来，既然归还威海卫毫无意义，那么，保留威海卫就有意义。

贝尔福并不认可威海卫有价值的说法，他驳斥说："我们已经占领威海卫将近四分之一个世纪"，"没有一个人提出过能改变此地的计划"，"没有人能成功地解释为什么我们要保留威海卫"。[③]他认为没有理由继续保留威海卫，并"希望得到授权，以在必要的时候提出同意交还威海卫"[④]。对贝尔福的授权要求，英国内阁并未表态。[⑤]

贝尔福将这种不表态理解成由他自行决定。12月3日，贝尔福在华盛顿会议上发言，表示英国早已充分准备好将威海卫交还中国，作为维护中国主权和"门户开放"的整体安排的组成部分。英国政府将毫不犹豫地通过归还威海卫来促成山东问题的整体解决。[⑥]得知消息的寇松非常不满，他认为"我们似乎从自己的慷慨中，一无所获"[⑦]。他强调了英国政府的观点："如果我们对中国政府做如此大的让步，中国应该给予一些回报。"[⑧]

1922年2月1日，贝尔福在华盛顿会议上公开宣布英国放弃威海卫。他声明说，只要能够作为一个英国使用的疗养院，"英国愿意将威海卫归还中国"，"威海卫之全部主权将归还中国"[⑨]。他认为英国公开放弃威海卫的姿态

[①] Mr. Balfour to the Marquess Curzon of Kedleston, 17 Nov. 1921, BDFA, Part 2, Series E, Volume 26, p. 80.

[②] The Marquess Curzon of Kedleston to Mr. Balfour, 24 Nov. 1921, BDFA, Part 2, Series E, Volume 26, p. 88.

[③] Mr. Balfour to the Marquess Curzon of Kedleston, 28 Nov. 1921, BDFA, Part 2, Series E, Volume 26, pp. 95 – 96.

[④] Mr. Balfour to the Marquess Curzon of Kedleston, 28 Nov. 1921, BDFA, Part 2, Series E, Volume 26, pp. 95 – 96.

[⑤] The Marquess Curzon of Kedleston to Mr. Balfour, 1 Dec. 1921, BDFA, Part 2, Series E, Volume 26, p. 101.

[⑥] Mr. Balfour to the Marquess Curzon of Kedleston, 4 Dec. 1921, BDFA, Part 2, Series E, Volume 26, p. 106.

[⑦] The Marquess Curzon of Kedleston to Mr. Balfour, 6 Dec. 1921, BDFA, Part 2, Series E, Volume 26, p. 121.

[⑧] The Marquess Curzon of Kedleston to Mr. Balfour, 6 Dec. 1921, BDFA, Part 2, Series E, Volume 26, p. 173.

[⑨] Mr. Balfour to the Marquess Curzon of Kedleston, 1 Feb. 1922, BDFA, Part 2, Series E, Volume 26, p. 265.

得到了"热烈的、普遍的支持"，并为英国赢得了声誉。正如一位美国代表注意到的："这一姿态非常优雅，但是所有人都知道英国不想再待在那里，那里也没有价值。"① 归还威海卫所需的前提是，保证英国在获得声誉的同时，还能保留其在威海卫的基本利益。另外，此时决定归还因 25 年租期到期，归还行为于英国的声誉无损。

通过中英政府谈判，英国同意归还威海卫陆上部分，保留续借刘公岛的权利，将刘公岛作为海军疗养院。英国政府在外交谈判中非常出色地贯彻了国家利益至上的原则，它在华盛顿会议上就威海卫问题的表态，成为"英国在外交上深谋远虑、机警明智的典型例子"②。1924 年 6 月 12 日，中英议定交收威海卫《专约草案》，但因 10 月份冯玉祥在北京发动政变，英国政府认为时局混乱，草案并未签字，威海卫仍未交收。③

一战之后，英国的实力、地位下降，对维护其庞大的海外殖民利益已经感到力不从心，担心世界范围内的各种摩擦或战争"会使英国的商业和金融利益遭受损失"④，将"保持我们所有的东西并平平安安地过日子"作为外交政策的目标。⑤ 具体到中国，英国政府当时继续保持和北洋政府的外交接触。

随着中国国民革命的兴起和政局的变化，英国开始调整对华政策。1926年 12 月 26 日，英国内阁公布了《英国对华政策备忘录》，因为圣诞节刚过，所以被称为《圣诞节备忘录》。在该备忘录中，英国声明其对华政策的原则是"保护中国之完整独立，增进中国政治、经济之发展，修复中国之财政"；承认"北京政府威权渐至低减，殆及于无"，而"广州有一强健国民政府"；声明在"中国内争期间"坚持"不干涉之政策"，"俟华人自行组成有权力之政府时，即与之交涉"。⑥ 在这一政策之下，英国对华外交采取了观望态度，既不承认北京政府的合法性，也不承认广州、武汉和南京国民政府的合法性，然而却承认南方"事实政权"的存在。随政局变化，1928 年 12 月 20 日，英国承认南京国民政府。

---

① Telegrams Curzon to Balfour（No. 81），6 Dec. 1921, and Alston to Curzon（No. 26），23 Jan. 1922, DBFP1 14, Nos. 475 & 561.
② 《顾维钧回忆录》第 1 分册，中国社会科学院近代史研究所译，中华书局，2013，第 333 页。
③ WEIHAIWEI, 1924, p. 1.
④ Anne Order, *Great Britain and International Security, 1920 - 1926*, London：The Society, 1978, p. 1.
⑤ 齐世荣：《二十年代英国的重整军备与绥靖外交》，《历史研究》1984 年第 2 期。
⑥ 复旦大学历史系中国近代史教研组编《中国近代对外关系史资料选辑（1840—1949）》下卷第一分册，上海人民出版社，1977，第 111～117 页。

自 1924 年与曹锟政府达成威海卫交收草案之后，英国政府一直想尽快完成威海卫的交接，无奈中国时局不稳，交收一直未能完成。1927 年 3 月，新任驻华公使蓝普森（Miles Lampson）建议与北京张作霖政府签订一项交收威海卫的条约，张作霖也愿意接受。然而不久后南京国民政府成立，于是英国放弃了与北京政府谈判的意愿。

南京国民政府成立后，在"厘正不平等条约"的外交政策之下，威海卫问题被再次提及。1929 年 1 月 9 日，外交部部长王正廷在与驻华公使蓝普森会晤时提及愿意就交收威海卫展开谈判。[①] 此时，民族情绪激荡高扬，威海卫处于混乱和动荡的包围之中，成为英国的负担，因此蓝普森对王正廷此举积极回应，他致电庄士敦与中国舰队司令，征求双方意见，并请中国舰队派卫生官员与庄士敦一道拟订刘公岛的医疗设备计划。[②] 威海卫行政公署长官庄士敦建议尽快谈判交接。[③] 英国政府各部门也赞同归还的意见：殖民部称在南京国民政府有效控制山东并保证当地居民安全的前提下，可以交还威海卫；[④] 陆军部也赞同归还，不过强调立即在威海卫建立疗养设施；[⑤] 外交部的意见仍是强调"在 1924 年协定草案的条款下归还"[⑥]。据此，蓝普森形成了与王正廷谈判的基本原则：其一，与中国政府的谈判应以 1924 年草案为蓝本；其二，租用刘公岛 10 年，期满可续租；其三，英人原有的土地产权证应换持为中国 30 年租契，期满可续租。[⑦]

中方以兴办海军为由，希望取消所有条款中将爱德华港（威海卫码头）提供给外国人居住和贸易的规定，[⑧] 并要求刘公岛上借给英国使用的海军设备期限缩减为 3 年，期满不得延期。[⑨] 双方并未谈妥。至 1930 年，中方作出让步，同意英方续租刘公岛 10 年，英方也在 10 年期满后的续租问题上让步。[⑩] 2

---

① Sir M. Lampson to Foreign Office, 4 Jan. 1929, Commissioner to Minister, 3 Feb. 1929, The National Archives (UK), FO228/4033.

② Sir M. Lampson to Commissioner, 3 May 1929, The National Archives (UK), FO228/6859.

③ Commissioner toSir M. Lampson, 1 Feb. 1929, Commissioner to Minister, 7 Feb. 1929, The National Archives (UK), FO228/4033.

④ Colonial Office to Foreign Office, 31 Jan. 1929, The National Archives (UK), FO228/584.

⑤ War Office to Foreign Office, 16 Mar. 1929, The National Archives (UK), FO228/4033.

⑥ Foreign Office to Sir M. Lampson, 12 Jan. 1929, The National Archives (UK), FO228/4033.

⑦ Sir M. Lampson to Commissioner, 3 May 1929, The National Archives (UK), FO228/6859.

⑧ Sir M. Lampson to Mr. A. Henderson, 21 June 1929, BDFA, Part 2, Series E, Volume 36, p. 429.

⑨ Sir M. Lampson to Mr. A. Henderson, 22 June 1929, BDFA, Part 2, Series E, Volume36, p. 431.

⑩ Sir M. Lampson to Mr. A. Henderson, 11 Jan. 1930, BDFA, Part 2, Series E, Volume37, p. 396.

月 13 日，双方互换专约。英国人认为他们得到了"能得到的最优条款"①。4月 18 日晚，王正廷与蓝普森在英文本的专约与协定上正式签字，在中文本上"草签"姓名，②协议达成。10 月 1 日上午 9 时，王正廷与英公使代表、驻南京领事许立德"在萨家湾外交官舍将双方批准书互换"③。同时，接收仪式在威海卫举行。威海卫正式交收。

　　英国人最终放弃了威海卫。他们虽然放弃了威海卫，但是在核心利益上寸步不让。他们使中国政府被迫同意英国继续租占刘公岛 10 年。其实，1898 年英方租占威海卫时，租占的重点就是刘公岛。与此同时，将威海卫归还给新成立不久的南京国民政府，是一种示好，也是一种"优雅"的姿态。

四　结语："一沙一世界"

　　英国租占威海卫只不过是大英帝国外交史上一件微不足道的小事。不过，这件小事所处的时间节点比较特殊。甲午战后，列强在中国进入竞争时代，出现了"争夺海军基地"的远东危机。英国应对远东危机与租占威海卫政策的出台过程，暴露了英国政府在列强竞争时代外交行动的迟缓和指导思想的不统一。英国处处受制于德占胶州和俄占旅大，其采取的所有措施都是"相应"的，完全被动。租占威海卫表明了英国在远东外交的无力。通过租占威海卫处理危机，虽然证明了英国仍然具备在全球范围内处理与俄国、德国等外交威胁的能力，但是先后尝试将胶州、旅顺开作商埠的失败，以及保持中国完整并对列强开放政策的失败，迫使英国政府选择最不愿意采取的占地制衡方式，这表明英国政府在远东影响力的下降。威海卫决定的出台，表明英国受远东战略和外交体系制约，已无力更进一步将触角伸向东北亚与俄国直接抗衡。

　　英国在租占威海卫之时，国内便对此举持有不同意见。在英国租占的最初 3 年多时间内，威海卫一直处于"被忽视的身份"中，英国政府对其未来和战略定位都没有详细的政策。威海卫的"被忽视"与当时远东国际形势的平静有关。远东的平静源于 1899 年开始谈判的"英俄协定"。英俄达成协议之后，双方发生正面冲突的可能性骤降，英国政府如何定义威海卫在英国战略中的地

---

①　Sir M. Lampson to Mr. A. Henderson, 13 Feb. 1930, BDFA, Part 2, Series E, Volume38, p. 28.

②　Sir M. Lampson to Mr. A. Henderson, 29 Apr. 1930, BDFA, Part 2, Series E, Volume38, pp. 196 – 197.

③　《中英交收威海卫典礼昨日举行》，《申报》1930 年 10 月 2 日，第 4 版。

位就显得不再迫切。随着 1899 年"英俄协定"签署、1900 年义和团运动之后联军驻扎天津、1902 年英日同盟达成等事件的进行，远东形势发生了较大的变化，此时列强在华更多的是采取合作态势。因此，1902 年 1 月 10 日，英国海军部、陆军部、殖民部召开了决定威海卫命运的联席会议。该会议的决定标志着将威海卫变为合适的海军基地的计划全部结束。因为租期不定，以及英国不在山东修建铁路的保证，威海卫的经济发展举步维艰。同时，面对一块没有战略价值、没有发展前途的租借地，英国人在威海卫的投入非常少，对威海卫也一直不重视，威海卫处于一个尴尬的地位。

英租占之后不久，英国人就考虑放弃威海卫。日俄战争后考虑到盟友日本的需要，英国拒绝归还威海卫；一战之后在华盛顿会议上，英国作出了归还声明；经过 1923～1924 年和 1929～1930 年的交还谈判，英国于 1930 年正式将威海卫归还给中国政府。关于威海卫的交涉反映了英国所秉承的一种外交思想：每一个决定的做出是为了获得更大的外交利益。即便归还对于英国来说意义不大的威海卫，也要符合这一外交思想。这些利益表现为盟友的意愿、国际姿态、中国政府的好感等。英国归还威海卫的每一个决定，都是将之置于其远东外交的宏大视野中来考虑的。

威海卫的收交，对于英殖民帝国及其外交来说，只是一个很小的局部问题。然而，如将其放置在一个更大的视野下的话，那么通过威海卫问题，我们就可看到如下两点：一是英国政府在面对列强竞争时代时，外交反应迟缓且政策具有不一致性；二是英国政府如何将威海卫归还问题置于远东外交政策之下以谋求利益的最大化。"一沙一世界"，威海卫就是一粒可以窥知英国在 1898～1930 年远东战略的沙子。

大革命后的国家、主权与生命个体

——1929 年上海"张学亮案"研究

刘爱广[*]

摘要：在近代中外纠纷交涉中，1929 年上海的"张学亮案"无疑是典型的个案之一。英国水兵泼赖斯鸡奸、殴毙张学亮所引起的中国方面的反抗，既有"革命外交"下收回领事裁判权的考量，也有国民政府借民族主义强化自身合法性的因素；此外，此案件还成为各方势力借此表达各自诉求的场域。各类报刊舆论、社会组织、政府力量相互交织，以不同方式参与并推动"张案"的解决，充分显示了近代国家、社会与个体生命在民族主义的旗帜下被编织、表达的复杂面相。在高度开放与现代化的上海这一特殊地域，"张学亮案"得以迅速传播到全国，这为考察张学亮生命史的意义提供了可能。

关键词：张学亮 领事裁判权 泼赖斯 徐谟

1929 年 5 月，上海发生英国水兵鸡奸、殴毙张学亮（一说"张学良"）一案，[①] 此惨案立即引发沪上及全国的极大抗议，[②] 认为这是帝国主义用特权屠戮我同胞的又一铁证。各界民众团体及党、政官员纷纷提请南京国民政府严重

---

[*] 刘爱广，华中师范大学中国近代史研究所硕士研究生。

[①] 张学亮家以开老虎灶供应热水为生，雇佣个别工人，具体概况可参考蓝翔《上海老虎灶寻踪》，《农业考古》1995 年第 4 期。

[②] 对于惨案发生后交涉的情景，当时舆论认为："张学亮于五月十九日被英兵惨杀，各界人士至为奋激，一月以来各法团各级党部函电纷驰，彼帝国主义抨击不遗余力。"《各界十五日举行追悼大会壮怀激烈势必收回租界》，《华北日报》1929 年 6 月 20 日，第 7 版。

抗议，达到惩凶、赔款、废除领事裁判权、撤退驻兵等目的；此外，国内反对势力亦借此向南京国民政府施压。但因为当时"中东路事件"发生、中原大战正在酝酿中，南京国民政府疲于应付，最后以英方赔款5000元、监禁殴毙张学亮凶犯泼赖斯（T. J. Price，或译作"拨辣司""泼赖司"）一年而了结。"张学亮"作为一个国耻的代名词被载入各式各样的民族运动中，化作记忆符号。张学亮也成为个体生命飘荡于时代浪潮中的典型。

1920年代的中国，到处弥漫着革命的气息，其时外交领域推行的"革命外交"便是这种革命情结的极佳映照。由此而言，1929年的中国社会其实正处于大革命后期，被"五卅运动"激起来的民族主义浪潮依然裹挟时代向前推进。此外，1929年也被国民政府定为收回领事裁判权的一年。[①] 由此背景我们似可管窥以下问题：第一，"张学亮案"（以下或称"张案"）何以由一起地方涉外案件一变而成为全国性的反英运动，其背后有什么政治因素与现实关怀。第二，"张学亮案"在国民政府收回领事裁判权的运动中起到了什么样的作用。第三，借由"张学亮案"考量近代中国民族主义运动有什么样的历程及其时代特征。第四，反思个体生命与历史发展潮流之间存在怎样的关系。

一　收回领事裁判权运动与"张学亮案"的发生

1927年，南京国民政府建立后，内外形势严峻。就内部而言，党内反对势力联合地方实力派抗衡中央的现象不断出现，处于转型期的中国社会，秩序

[①] 关于国民政府建立后推行的"革命外交"及收回领事裁判权运动，学界已有较多研究。李恩涵认为，以王正廷出任外交部部长为界限，可将南京国民政府初期的外交分为"激进型"与"温和型"两种；所谓的"温和型"外交是将传统型外交手段与不屈不挠的攻击性精神相结合，在有理有节的情况下，适当利用相应的威胁式手段与措辞。透过本文的这一案件，笔者大体认同李恩涵的观点，只是李恩涵较多从宏观层面上考量，未能考虑到这种"温和型"外交的具体实践尤其是在微观个案中的体现。申晓云则对南京国民政府"革命外交"多持负面看法，认为其未能很好地维护国家主权与相应的利权，反而错失了相应的机遇。王建朗和李育民的研究则更为细致考察了近代中国废除不平等条约的历程。当然，相应的研究已经非常丰富，本文所列只是一部分代表性著作及其观点。透过以上简单的梳理可以发现，从个人与国家互动的角度来考察收回领事裁判权运动的研究，还相对缺乏。以上研究见李恩涵《北伐前后的"革命外交"（1925—1931）》，（台北）《中央研究院近代史研究所专刊》，1993；《南京国民政府"撤废不平等条约"的交涉述评——兼评王正廷"革命外交"》，《近代史研究》1997年第3期；申晓云《国民政府建立初期"改订新约运动"之我见——再评王正廷"革命外交"》，《南京大学学报》（哲学·人文科学·社会科学版）2001年第1期；王建朗《中国废除不平等条约的历程》，江西人民出版社，2000；李育民《中国废约史》，中华书局，2005。

较为混乱。就外部而言，则要应对国民革命时期许多仍待解决的外交纠纷，如"宁案""济案"等；加之需收回各项外交权益，与世界上主要国家的矛盾纠纷影响了南京国民政府的政权稳定。国民党在 1929 年 3 月召开了第三次全国代表大会，并形成重要决议案；该决议认为："良以八十余年来，我国备受帝国主义者政治的经济的威力之压迫，已陷于次殖民地之地位。"① 该决议也认识到，殖民地位对内限制了国家的发展，对外则成了帝国主义的护身符，究其本源则"厥为一切不平等条约"，那么今后的行动策略便是废除不平等条约，使得中国恢复独立自主的地位。废除不平等条约必备条件则是"惟全国之真实统一。即全国人民之思想，必须统一于三民主义之下；全国之内政，围剿，军事，财政，必须统一于国民政府之下"②。显然，国民政府将对外废除不平等条约与对内统治有机结合在一起了。③ 借助废除不平等条约的契机，为政权增强合法性提供支持，并顺理成章地巩固统治。在所有不平等条约中"最关重要、足制吾国命脉、损害吾国主权者，则尤在协定税则与领事裁判权"④。在"革命外交"理念的指导下，南京国民政府将 1929 年视为收回领事裁判权的关键一年，收回的方法如关税一样，按照条约期满与否进行逐个谈判，并在前期取得了一定的成果。

时任外交部部长的王正廷对此也做了一定的准备工作：一方面，与司法院院长王宠惠、立法院院长胡汉民合作，努力提高中国的司法水平，以回应外国人对中国司法存在种种问题的指责；另一方面，任命得力干将出任关键地域的对外交涉专员，其时外交部欧美司司长徐谟被任命江苏交涉专员（江苏交涉署设在上海）便是一例。江苏交涉署管理上海这个外国人领事裁判权较大的地方，上海领事裁判权能否顺利收回实则关系全局。故呈请国民政府任命徐谟为江苏交涉员的报告称："窃本部特派江苏交涉员金问泗业经另有任用，所遗之缺，职务重要，自应遴员接替，查有本部欧美司司长徐谟，学士宏通堪以充

---

① 中国第二历史档案馆编《中华民国史档案资料汇编》第五辑第一编（政治）（二），江苏古籍出版社，1991，第 89 页。
② 中国第二历史档案馆编《中华民国史档案资料汇编》第五辑第一编（政治）（二），第 89 页。
③ 正如刘超所言："近代中国经历了清朝和南京临时政府、北京政府、南京国民政府，政权变更较为频繁。如何证明自己的正统性与合法性，是各个政权需要面对的问题。"刘超：《历史书写与认同建构：清末民国时期中国历史教科书研究》，社会科学文献出版社，2016，第 7 页。
④ 《外交部长王正廷呈国民政府为呈报业正式照会英美等六国撤废领事裁判权祈鉴核示遵》，1929 年 5 月 1 日，台北："国史馆"藏，典藏号：001 - 064410 - 00001 - 001。

任，除该员履历已呈送有案外，理合呈请鉴核转呈。"① 同时，王正廷在给徐谟等地方交涉专员的函告中，要求他们努力收集外领法庭裁判有失公平的案件，以作为交涉凭借。"收集关于领事裁判权之种种资料，从事宣传，俾收得事半功倍之效，查华洋诉讼外领法庭每有因领事裁判权致故偏袒其本国人民，曲解枉法，有失公允者数见不鲜，合亟令该交涉员所属范围内各外领法庭办案情形及各项判决有失公允之案件始末详情到于文，到日三星期之内一律汇齐，呈报以资宣传。"② 综上来看，当时南京国民政府外交部为收回领事裁判权做了较为充分的准备；由此也可以明了为何"张学亮案"能够引起那么大的关注及反响，其背后关注的是领事裁判权存废问题。

那么作为特权享有者如英、美等国家又是如何因应的呢？我们从当时的一些资料中可以窥见一斑。中国要求收回领事裁判权的照会发出以后，英方基本态度是同情理解中国处境，但是对于收回领事裁判权一节则认为时机尚未成熟。且为了避免刺激中国，英方"更可取的做法是尽可能避免在各种复杂的回复中用完全相同的措辞"③。在这一理念指导下，5 月 9 日，英、法、荷、美等国公使提出指导方案，大致归为五条，内容如下："1. 将内地所有民事和刑事案件的审判权移交中国。2. 保留条约口岸同一国籍外国人单纯案件的领事裁判权。3. 条约口岸所有混合的案件审判权移交设有外国协助法官的中国特别法庭。4. 在哈尔滨、天津、上海、汉口及广州设立这种特别法庭。5. 中国法律和法规适用于在全中国的外国公民（通过中国法庭或领事法庭）。"④ 从这一方案来看，表面上英、法等国似乎做出了让步，放弃了内地治外法权，实则是避重就轻，因为列强主要商业利益多集中于沿海、沿江的口岸，这些地方才是国民政府收回领事裁判权的核心所在。在后面回复的照会中基本延续了这一思路。

对于南京国民政府收回领事裁判权的要求，英、美等国基本采取敷衍的态

---

① 《行政院长谭延闿函国民政府文官处为外交部呈请以欧美司司长徐谟兼特派江苏交涉员请转陈任命》，1929 年 5 月 8 日，台北："国史馆"藏，典藏号：001 - 032130 - 00003 - 015。1929 年 5 月 13 日《国民政府公报》正式发布任命公告："外交部任命徐谟兼任江苏交涉员：外交部因原任江苏交涉员金问泗擢驻荷兰公使，已予免职。另任命第三司司长徐谟任江苏交涉员。"《国民政府公报》1929 年 5 月 13 日，第一六四号。

② 《各地交涉员呈报外领法庭办案情形等》，民国十八年六月二十六日，台北："国史馆"藏，典藏号：020 - 070600 - 0017。

③ 《张伯伦致英格拉姆（北京）》，载王建朗主编《中华民国时期外交文献汇编（1911—1949）》第五卷（下），中华书局，2015，第 653 页。

④ 《兰普森致张伯伦》，1929 年 5 月 15 日，收于 6 月 11 日，载王建朗主编《中华民国时期外交文献汇编（1911—1949）》第五卷（下），第 657 页。

度，但是慑于中国民众强烈的民族主义情绪，因此亦不愿意刺激中国。恰在此时，上海发生的英兵殴毙"张学亮案"，为双方角力提供了契机。案件的经过大致如下。以经营老虎灶为生的张学亮在 1929 年 5 月 19 日晚让次子小毛去买柴，但是柴店已经关门，小毛回来经过英兵营时被英兵泼赖斯呵斥并拖进军营试图鸡奸，小毛奋力挣扎逃出营外呼救，住在附近的张学亮闻声赶来与英兵交涉，不料被英兵殴打。小毛则向巡捕房报案，自称："我到戈登路捕房报告，始派中西探捕同我到老虎灶内查看，其时我父已由家人抬回家中，气息奄奄，探捕即以车送至同仁医院。"① 当天晚上，巡捕带着张小毛去英兵营搜查，发现了张学亮遗落的鞋只和洋钱，可见所说当属事实。不幸的是，第二天上午 9 时张学亮伤重不治离世。一天之间，一个完整的家庭就此破碎。此案于中方来说，是列强用特权杀害中国同胞的又一罪证，同时也为当时正在进行的领事裁判权交涉提供了正当理由与突破口；而对英方来说，显然不愿意看到这样事件的发生，只是事已至此，则不得不坚持已见，轻判罪犯维护特权。因此，发生在此时的"张学亮案"，其所具有的特殊意义已经不言而喻了。

二　"张案"交涉及各方态度

惨案发生后的第二天，上海租界临时法院②派推事陈恩普会同美国领事前往同仁医院进行尸检。据陈恩普的报告称："张学良（亮）头皮破裂、脑盖骨破碎、脑部呈震激现象，于二十日早九点四十分毙命。"③ 接着陈恩普详细陈

---

① 《交署为张案致英领第二次抗议书》，《申报》1929 年 6 月 6 日，第 13 版。
② 1926 年，在孙传芳主导下，江苏省政府与领事团签订《收回上海会审公廨暂行章程》；该章程规定：上海公共租界会审公廨改为临时法院，除享有领事裁判权国家的侨民为被告案件外，租界一切民刑案件均归临时法院管理；中国现在适用之法律以及将来公布的法律均适用于临时法院；领事观审案件限于与租界治安有关、洋泾浜章程规定的刑事案件，以及享有领事裁判权国侨民所雇佣华人为刑事被告案件；领事观审对于证人、被告，非经中国法官许可，不得提出诘问，且不得干涉中国法官的判决；临时法院设上诉院，办理租界治安相关刑事案件以及华洋刑事诉讼案件。该暂行章程没有提及外国律师在临时法院的地位问题，但补充文件规定，外国律师在以下三种情况下可以在临时法院出庭：一是领事旁听中国法官审判；二是上海公共租界工部局为被告；三是享有治外法权的外国人与没有治外法权的外国人的诉讼。按此规定，临时法院派推事会同美国领事共同处理该案件。对于上述章程的介绍见李严成、赵睿《捍卫司法主权的斗争：上海律师公会与领事观审制度的废除》，《湖北大学学报》（哲学社会科学版）第 45 卷第 4 期，2018，第 98 页。
③ 《呈为赴验张学亮被英兵殴毙身死经过情形函诘交涉署严重交涉由》，中华民国十八年五月二十三日，上海市档案馆藏，档案号：Q179 - 1 - 113。

述了惨案的经过，并要求巡捕房立刻缉拿凶手，以法论处，但"惟会同莅验之美领事，仅于解单上批明张学良（亮）系受伤身死，而于惩办英兵一节，未置一辞"①。因为此案涉及外国人而且是在租界内发生，陈恩普意识到该案变得复杂起来，因而提请临时法院院长向江苏交涉署转达对英方抗议的意见，"以维法纪而重人命"②。临时法院院长当即将此案案情转达至江苏特派交涉员徐谟处，并提请他向英方抗议。在接到临时法院函后，徐谟迅速拟定抗议函，并于 5 月 24 日正式向英国驻沪总领事提出抗议。该函称："英兵驻沪任意横行，凶案跌出，今又英兵殴毙张学亮案发生……本特派员特抗议，严惩凶手，对于死属从优抚恤，并保证以后不得再有此等案件的发生。"③ 他还要求英国撤回驻沪英兵。江苏交涉署同时将此案报告给外交部，请"外交部长与英蓝公使接洽驻沪英务即查照我方要求迅予办理各案……如彼方无确实答覆，当再继续进行相应函复"④。由此可见"张学亮案"本为租界内涉及洋人的刑事案件，理应由临时法院审理，但是因领事裁判权的存在使得捕凶惩罚难以进行，而不得不提请江苏交涉署向英方提出抗议。不过在多事之秋的 1929 年，徐谟等人的介入方式是讲究技巧的，即借由社会舆论表达早已存在的诉求。

除了外交当局交涉抗议外，社会舆论等力量也被动员起来。较早对惨案进行报道的是天津《大公报》，该报在 1929 年 5 月 23 日以短讯形式简要介绍了惨案的发生情况；该报道说："沪西英兵鸡奸幼童未遂、将其父张学亮殴伤。"⑤ 交涉署以陈恩普的报告为底本，于 24 日向英国方面提出抗议，此后陈恩普的报告开始流向社会。最早根据陈的报告进行报道的应是上海的《申报》。5 月 28 日《申报》以《陈恩普检验英兵殴毙张学良经过、美领批词之含混》为题详载"张案"。⑥ 上海租界纳税华人会除了向南京国民政府外交部提请抗议

---

① 《呈为报告赴验张学亮被英兵殴毙身死经过情形函请交涉署严重交涉由》，中华民国十八年五月二十三日，上海市档案馆藏，档案号：Q179 - 1 - 113。

② 《呈为报告赴验张学亮被英兵殴毙身死经过情形函请交涉署严重交涉由》，中华民国十八年五月二十三日，上海市档案馆藏，档案号：Q179 - 1 - 113。

③ 《面呈英兵殴毙张学亮案之函英总领事提出严重抗议情形由》，五月二十四日，上海市档案馆藏，档案号：Q179 - 1 - 113。

④ 《面呈英兵殴毙张学亮案之函英总领事提出严重抗议情形由》，五月二十四日，上海市档案馆藏，档案号：Q179 - 1 - 113。

⑤ 《大公报》1929 年 5 月 23 日，第 4 版。

⑥ 该报道其实是陈恩普报告的复制本，基本内容与陈的报告较为一致，此后各界引述"张案"经过及抗议的陈词基本延续了这一脉络。《陈恩普检验英兵殴毙张学良经过、美领批词之含混》，《申报》1929 年 5 月 28 日，第 13 版。

外，① 亦向英国驻沪领事表示抗议。英国方面对此事作了正面回复，其意思大致是，英方对此表示歉意，并谓"英司令部对此事已注意"②。19 日"张案"发生后，江苏交涉署于 24 日提出抗议，上海租界纳税华人会也于当天提出抗议，但英方直到 28 日才有回应，可说英方在有意拖延且不愿意将它的影响扩大。除了南京国民政府及社会力量相互配合对英方施压，要求惩凶、赔款外，由中共领导的上海总工会也借机发表宣言。与单方面批判英国不同，上海总工会将"张案"视为国民党新军阀与帝国主义相互勾结屠杀中国民众的罪证。该宣言说："帝国主义何以敢如此横行无忌呢？因为国民党反动卖国，破坏中国革命，屠杀工农群众，所以帝国主义在同胞面前又凶残起来！"③ 该宣言还要求工友们拿起"五卅"的精神去回应帝国主义及其代言人的残杀行为，"收回上海各租界，驱除一切帝国主义驻华海陆军！废除一切不平等条约，撤销领事裁判权！"④

　　"张案"发生在中国民族主义高潮时刻，而且在"五卅运动"纪念即将来临之时，该案所具备的凝聚力、震慑力也就非比寻常了。5 月 29 日，上海特别市民众训练委员会（简称"市民训会"）在小西门少年宣讲团召集各团体代表召开"张案"后援各界代表大会，会议决定市民训会、市妇女协会、市商人团体整理委员会、报界工会、南货业工会、酒行业工会、闸北水电工会七团体负责后援会的运作。6 月 3 日，后援各界代表大会再次召开，此次会议正式将后援各界代表大会定名为"上海各界援助张学亮惨案委员会"⑤。当天大会的决议内容是：向市党部请求拨款 50 元接济张学亮家属；拟定三天召开一次会议；讨论了商联会的宣言。具体内容如下："今又惨杀张学良（亮）事起，藐视我国，莫此为甚，凡我同胞，无不痛心疾首，敝会代表商界，唤起群众，

① 上海租界纳税华人会自 1905 年开始便要求参与租界的政治管理，并先后发起各种运动，据日学者小浜正子研究，公共租界华人参政运动指的是能够使华人获得平等参政权的运动，并且要求创立能够代表华人利益的制度，其性质是一场民族主义运动，运动的主体是纳税华人会的核心——资本家。此类运动从 1905 年开始，一直延续到 1930 年代，按照运动内容来看，可以分为三个阶段，即华商公议会时期、华人顾问委员会时期和华董重入工部局时期。华人参政运动与租界反增税运动结合开展，显示出上海华人社会公共性的另一个侧面。1929 年纳税会议参加者只有外国人，因此纳税华人会在"张案"中的积极作为或许包含着对自身利益的考量。〔日〕小浜正子：《近代上海的公共性与国家》，葛涛译，上海古籍出版社，2003。
② 《大公报》1929 年 5 月 23 日，第 3 版。
③ 《为英帝国主义残杀张学亮告全上海工友书》，上海市档案馆藏，档案号：D6 - 8 - 95。
④ 《为英帝国主义残杀张学亮告全上海工友书》，上海市档案馆藏，档案号：D6 - 8 - 95。
⑤ 《各界援助张案委员会会议记》，《申报》1929 年 6 月 3 日，第 13 版。

誓死力争，愿为后盾，盼各界本大无畏精神，一致起来援助，以雪耻辱而强国权，特电外交部严重交涉外，敬此宣言。"① 至于英国方面，因担心此案过分激起中国人民的反英情绪，加之"五卅运动"纪念即将到来，因此对于江苏交涉署的抗议作了回应。② 英方表示："对于惩凶一层，现正由本国军事当局，会同工部局侦查，倘英国兵士确应负责，自当依法严惩。又英国军事当局，对于张学亮之家属准备抚予相当满足之抚恤金，其额数俟调查后，再行决定，现先给予葬殓费五百元，随函送由交署转交。英国司令并面称，肇事之英兵，已经看管。"③ 这里基本上回应了徐谟在抗议书中要求的惩凶、赔款一节，对于后续如何办理，则未能提供详细的办法，只是表明了基本态度。关于要求撤退驻沪英兵一节，在函复中并没有明确回答，但"驻沪英军司令部因张学亮案颇引起华人愤激特于前日通令各队士兵于'五卅'前后一二日内一概不准外出并不得请假，以免发生事故，故前昨三日市街上不见英军踪迹"④。与此同时，上海学、军两界也发出了抗议的声音，"五卅运动"纪念日当天，在复旦大学举行的纪念会上，集会学生将反对英兵杀害张学亮的宣言书进行散发。持志大学附属中学学生会也对此发表了援助宣言，该宣言除了历数英军的残暴行为外，还要求"严重交涉，予以相当之惩戒……收回帝国主义之护符租界，及领事裁判权"⑤。学界之外，淞沪警备司令部政训处主任伍椿樟也要求外交部，向英国驻沪领事抗议，其要求基本上未超出惩凶、赔款、撤兵、收回领事裁判权等内容。⑥

---

① 《各界援助张案委员会会议记》，《申报》1929 年 6 月 3 日，第 13 版。
② 这种担心是由于"五卅运动"纪念即将到来，而徐谟在交涉中也一再提醒英方"适值五卅期近，若因此发生暴动应由贵方负责"。同时他派张星联"赴英总领事署，要求必于二十九日答复，以徐交涉员，于是日夜车，必往首都累加奉安，任招待外宾之职，康总领事乃命秘书即时草答，由张星联科携返交涉署，其时各报及通讯社之记者。"以上两则材料分别出自《特派江苏交涉员呈为英兵殴毙张学亮一案英国法庭审判情形报请》，民国十八年七月十一日，《外交部公报》第 2 卷第 4 期，1929；春风《英领答复张学亮案抗议经过》，《福尔摩斯》1929 年 6 月 2 日，第 1 版。
③ 《张案英领已有答复、先给丧殓费五百元》，《申报》1929 年 5 月 30 日，第 13 版。
④ 《驻沪英军司令部迁移》，《申报》1929 年 6 月 1 日，第 14 版。
⑤ 冰：《学生会通电援助张学亮惨案》，《持志》1929 年第 6 期。
⑥ 国民政府文官处将伍椿樟致电国民党中央及国民政府的电文转外交部的时间是 1929 年 6 月 4 日，那么伍的电文则应早于此。伍椿樟电文如下："中央党部、国民政府总政治训练处钧鉴：上海英兵殴毙张学亮案兽性人道全无，以同胞生命为儿戏，视我国家体面若无，有此而不争，民何以存，国何以立，应请我外交部严重抗议，不达惩凶赔款道歉不止。淞沪警备司令部政训处主任伍椿樟叩陷印。"《国民政府文官处公函伍樟樟为上海英兵殴毙张学亮一案请严重抗议等情谕外交部抄送查照由》，《外交部公报》第 2 卷第 4 期，1929。

"五卅运动"纪念日前后，围绕"张案"的抗议达到了一个高潮，这些抗议所提的要求，大致分为两类：一是要求对"张案"惩凶、赔款；二是谋求问题的根本解决，要求取消领事裁判权、撤退驻兵等。随着事态的发展，抗议者越来越意识到"张案"发生的根本原因是领事裁判权的存在，进而要求废除帝国主义特权的呼声变得越来越高；但是在这一系列抗议的背后，隐约约可见国民党的影子，或是说国民党政权很好地借用了这种情绪并将自身意志渗透其中。

借着这拨给英国方面带来压力的抗议，徐谟于第一次抗议后向英国方面就赔款问题提出了 5000 元的具体数目，并酝酿向英方提出第二次抗议。6 月 5 日，徐谟回到上海后正式致函英领提出第二次抗议；① 抗议中除了陈述案件发生基本经过外，还将张学亮家属到交涉署所做的笔录交由英方。关于赔偿 5000 元的说法，徐谟则给予否认："至报载徐交涉员曾向英领表示私人目光以为最低限度非五千金恐难满足各界之望，记者援悉此说全属子虚，现交署正在详细调查张学亮家庭状况，俾向英方要求相当满足之恤金。"② 为了配合交涉署，上海特别市党部执行委员会也要求"为定期开张学亮追悼会，请准予通知各团体各机关推派代表参加案（决议）交民训会"③，以加强对运动的指导与控制。面对中国方面的要求，英国迟迟未能给出答复，这反过来又成为刺激社会情绪的催化剂。上海报界工会在《申报》上刊登的宣言便指出，"英国兵士在上海的惨杀案件又发生了，而事至今日仍旧听不到有什么解决的办法"，因而要求："（一）打倒帝国主义；（二）收回租界租借地；（三）撤退驻华海陆军；（四）要凶手偿同胞张学亮的命；（五）英政府须向中国政府道歉，并保证以后没有同样事件的发生。"④ 6 月 13 日，江苏交涉署外政科科长张星联到英国驻沪领事馆催促英国早日提审犯人，并给出抚恤，⑤ 但直到 6 月 15 日英国方面才给予回应，英国领事康斯定（C. F. Garstin）在回函中表示："至于被

---

① 就在抗议发出的当天，英国方面先期送来了 500 元丧葬费。"驻沪英兵殴毙华人张学亮案，经交涉后，前日英方送来五百元丧葬费，今日提出二次抗议，内容望英方加重拨恤将肇事英兵重办。"《张学亮案英人送五百元交署二次抗议希望惩肇事兵》，《京报》1929 年 6 月 5 日，第 3 版。

② 《张学亮案交涉署提二次抗议英军司令侦讯凶手》，《大公报》1929 年 6 月 8 日，第 7 版。

③ 《市执委会第二十六次会议记》，《申报》1929 年 6 月 9 日，第 14 版。

④ 《上海报界公会对张案的宣言》，《申报》1929 年 6 月 10 日，第 14 版。

⑤ 相较于政府的政治考量，英国驻沪律师认为"张学亮案"损害了英国的形象和声誉，要求起诉凶手。"英兵殴毙张学亮案，沪英皇家律师，因英兵举动，有损国誉，将提起公诉，至向军法或司法方面起诉，现正在进行。"《英兵殴毙张学亮案》，《京报》1929 年 6 月 13 日，第 2 版。

拘之本国兵士，数日后即当开审，一俟确定日期，另再函达。"① 此后江苏交涉署与英国驻沪领事就审定日期的通知形式、审判场所内中国代表的座位等问题进行了协商交涉；最后确定，将于 6 月 24 日在愚园路英国军营的军事法庭正式开审，"英方出庭法官为驻沪英军司令及上校克拿唐等五人、英方法律顾问一人、检察官及被告律师，均为英军营军官"②。中国方面因徐谟正在参加收回威海卫租借地的谈判，而派江苏交涉署上诉处帮审官盛振为（《大公报》称"盛振纬"，实指一人）出席观审。③ 其座位是"交署观审代表座位，与法官同一列，惟位较次，英领署观审副领克梳斯，则更较交署代表次一座"；权限则是"不能当庭发表言论，完全为观察审判顺序是否合法，如不同意及认为不合法时，可于退庭后报告徐交涉员以外交手续解决之"④。由此不难看出这场审判主导权基本操于英方手中。

　　审判从 6 月 24 日到 26 日，历时三天，中国方面给予了极大的关切，上海《申报》、天津《大公报》《益世报》、北平《华北日报》等具有全国影响力的报纸，都对案件的审判做了跟踪报道。6 月 24 日上午 9 时 30 分，在愚园路英国兵营的军事法庭审理"张学亮案"，该案件主要分为两部分：一是殴伤张学亮；二是杀害张学亮。《申报》报道称："为被告泼赖司于五月二十日勤务时谋杀男子张学亮，又于勤务时用棒殴击一华人，欲令重伤二项。"⑤ 笔者认为，这则报道实际上出现了偏差，所谓泼赖斯杀人和殴伤两案实则是把张学亮死亡的因果进行了分离，这在后续报道中可以得到证实："就本案所得证据可以推定死者所受之殴击，必出于营中人所为。"⑥ 因为殴击张学亮并非一人，泼赖斯因是祸首而成了唯一被告，而且殴击、杀害张学亮的时间应是 5 月 19 日而非报道所说 5 月 20 日。第一天的审理只是了解了案件的大体情况，并未取得实质性进展。第二天即 6 月 25 日审判中，传讯了张家的伙计蒋庆元，蒋称："仅见两兵打死者，一持长竿推死者跌入沟内，余遂喊救命，又见四兵站立稍远未曾加入殴打。"蒋证明张学亮被两个英兵殴毙而非张小毛所说 6 人，这一点被英国方面的律师视为漏洞而加以诘问。英国士兵的供词则称，"此孩破篱

① 《张案将开军法审判》，《申报》1929 年 6 月 16 日，第 13 版。
② 《交署派定张案观审人》，《申报》1929 年 6 月 23 日，第 13 版。
③ 盛振为曾经留学美国获法学博士学位，擅长法学证据法，1926 年归国后任职江苏交涉署，负责华洋案件的上诉工作，后任国府立法委员、东吴大学法学院长，二战后参与东京审判。
④ 《交署派定张案观审人》，《申报》1929 年 6 月 23 日，第 13 版。
⑤ 《英军法庭昨日开审张案》，《申报》1929 年 6 月 25 日，第 13 版。
⑥ 《英军法庭昨日讯毕张案》，《申报》1929 年 6 月 27 日，第 13 版。

而人（英国兵营被篱笆围住）"，"闻篱笆有声，似有人钻入者，然予见一华童在营中厕所后面，予爬至其背后而扭住之，彼足上无鞋，彼被扭住后大声呼喊，未几两英兵至，将华童自予手中携去决定放之"，"予见华人一小群行至，予将门关闭，予头旁适棒击，予不能认清何人，予拾起竹竿还击"①。由此可知，英士兵认为，并非他们主动殴击张学亮，而是张氏父子妄图到英国军营中偷窃起引起冲突所致，殴击是出于防卫的目的。英方把责任推的一干二净，实际上英兵营的篱笆并未损坏，陈恩普在最初的报告中称："虽据泼赖司供称，因张小毛从篱笆洞内爬进营房，所以我将它捉住，惟据当时调查两探述称，营房四面是篱笆编成，除通外之小浜外，并无有洞，其为饰语可见。"② 由此可见英兵的供词并不成立，其伤害罪应当成立。但是实际情况并非所想的那样，因为英方有意祖护，所以当时的舆论对审判结果普遍并不看好。在6月25日辩论后，《大公报》评论这场审讯时认为："续审讯证人，多英下级军官，语祖凶手惟多不符，凶手不承势将被开脱。"③《申报》也认为："被告律师温泰高详加驳诘异常苛细。"④ 此外，"案中华证人皆苦力之辈，智力薄弱，一旦涉足公堂，自不能无心怀惧畏，语言失次之处，且其证辞中之矛盾语或出于翻译之不善，亦非不可能者。"⑤ 国民党中央直属的《华北日报》同样报道说："据外界某君言，此案英方恐将判决被告无罪。"⑥ 凡此种种已经预示该案的审判结果。事实也正是如此，在6月26日的宣判认定伤害罪不成立，至于杀人一节则需将具体案情呈报给英军司令后再做定夺。

至此喧闹一时的"张学亮案"未能达到惩凶目的，如果杀人一节成立，则泼赖斯难逃法网，故对于"张案"的交涉与抗议在6月26日的宣判后继续进行。

三　交涉再起与"张案"了结

6月26日，英国军事法庭关于伤害罪不成立的审判结果出来以后，江苏

---

① 《英军法庭昨日续讯张案》，《申报》1929年6月26日，第13版。
② 《呈为报告赴验张学亮被英兵殴毙身死经过情形函诘交涉署严重交涉由》，中华民国十八年五月二十三日，上海市档案馆藏，档案号：Q179-1-113。
③ 《大公报》1929年6月26日，第3版。
④ 《英军法庭昨日讯毕张案》，《申报》1929年6月27日，第13版。
⑤ 《英军法庭昨日讯毕张案》，《申报》1929年6月27日，第13版。
⑥ 《张学亮案昨日续审今日辩论》，《华北日报》1929年6月26日，第2版。

交涉署及社会各界随即就此案再次表达抗议。观审官盛振为因事关重大，"遂由张科长以长途电话，报告徐交涉员，并请示对付方针"①。同时，远在天津的《大公报》就此宣判结果报道称："今日辩论终结，判决伤害罪不成立，尚有杀人罪部分待书面判决，宣判无期。"② 由此来看，英国方面似乎在有意拖延。当时的《益世报》也对判决结果进行了报道，陈述了审判的大致经过："辩护律师认为张子入营为行窃，死张系正当防卫，华证人不可靠，复证明该兵在营平日性情温和，昨日系饮酒所致，经四十分钟讨论，正式宣告行凶英兵泼赖斯殴人部分无罪，杀人部分由英军司令宣判，法庭无权审理。"③ 既然舆论普遍认为这次判决不公，那么已经被点燃的大众怒火势就会持续燃烧。

其一，江苏交涉署方面，它首先就判决结果表明态度。因为徐谟此时正在南京，由外政科科长张星联接受记者采访，他表示："惟此案根本问题，实因领事裁判权尚未收回之故，交署惟有本民众之意，据理力争。"④ 这是江苏交涉署方面在此案的交涉过程中首次提到领事裁判权问题。随后，徐谟在南京接受《申报》记者的采访时亦表示："按此事实际不若领判权重要，如领判权能实时取销，此事或珂不成问题。" 到此，我们似乎可以说"张学亮案"只是作为收回领事裁判权的衬托而已。但也不能否认徐谟所说的领事裁判权一旦取消，类似的刑事案件就能够很好处理。在审判权不为中方掌握的情况下，"杀人者当付领事审查，将来究竟如何判决难逆料，如不公平时，我方当再提抗议，绝不让步"⑤。在秩序相对稳定的情况下，决定外交走向的多为国家实力，这个时候，中国政府显然没有足够的力量收回领事裁判权；且采取的外交策略较为温和，除了开会发表宣言外，其他手段也未能实施。即便如此，交涉仍未停止，先是国民党上海一区、六区党部发表宣言表达奋激之情。"不但使中国国民更深刻认识不平等条约、租界地领事裁判权为中国人民唯一的铁链，在张案判决上，更可明了所谓大不列颠文明法治之精神者，扫地以尽，其帝国主义之真面目，更形暴露无遗矣。"⑥ 这份宣言除了批判领事裁判权外，还将英国

---

① 关于用电话向在南京的徐谟报告一节，张星联此后给予否认："至传以长途电话报告徐交涉员云颇不确，盖此事将由交署书面报告徐交涉员并非由予个人报告。"《张星联谈张学亮案》，《申报》1929 年 6 月 28 日，第 13 版。

② 《张学亮案嫌犯竟判无罪》，《大公报》1929 年 6 月 27 日，第 3 版。

③ 《张学亮案恐无从伸（申）冤》，《益世报》1929 年 6 月 27 日。

④ 《张星联谈张学亮案》，《申报》1929 年 6 月 28 日，第 13 版。

⑤ 《张学亮案如不公平当再提抗议》，（北京）《新中华报》1929 年 7 月 1 日，第 3 版。

⑥ 《各区党部张案不平判决》，《申报》1929 年 6 月 28 日，第 13 版。

人标榜的所谓"文明法治"进行痛斥，将看待问题的高度上升到"文明法治"的层次，这似乎预示了历史发展的某些走向。相较于一区党部深刻、理性的批判，六区党部则认为："尚望全国民众，同以被发缨冠之义愤，来纠正此虎冠狼视之英兵暴行。"①

其二，社会力量方面，报界公会在第一判决后发表的宣言中，除了历数英国对中国的暴行外，还要求"必须达到赔偿、抚恤、道歉，及惩凶诸端，我们尤其反对英帝国主义者的片面判决，我们只有大众起来，督促政府废除一切不平等条约，及收回全国租界"②。而上海商总联会则致函徐谟，要求他积极交涉，但在致徐的书函中也道出了其中无奈："无可否认，乃以有领事裁判权之掩护，其审理之结果，当然不利于张学亮一造。但敝会以为即使其审理之结果，有利于张学亮一造，则在撤销领事裁判权之进行中，我国断难承认其审理为合法。"③ 这样的口号与要求表达了当时国人基本诉求，也确实对英国方面产生了一定影响。7 月 1 日，英国方面宣布"张学亮案"杀人部分于 7 月 5 日宣判。按之前《大公报》推测，英国方面可能会将此案无限期拖延，但是不出一周，英国即确定对于杀人罪部分的宣判日期，其中细节颇具玩味。从 7 月 2 日报纸上的徐谟谈话中可以得到一些信息，徐说："中英会议收回威海卫问题，我方已将原则提交英使，英使称无权过问，须向政府请训，下次中英会议，并未定期；但英使派奥物灵代表驻京，来往京沪间，接洽各种问题，我方可随时与之接洽。"值此之际，中英就收回威海卫租借地的交涉正处于关键交涉阶段，显然双方都不愿意在"张案"上进行过多纠缠，希望能够尽快了结。④ 即

---

① 《各区党部张案不平判决》，《申报》1929 年 6 月 28 日，第 13 版。

② 《报界公会之英兵杀张案宣言》，《申报》1929 年 6 月 29 日，第 13 版。

③ 《商总联会之电函》，《申报》1929 年 7 月 2 日，第 14 版。在"张学亮案"交涉的过程中，除了工人之外，商界是另一支重要力量。在民族主义情绪高涨的情况下，商界一方面要顾及民族感情及民众情绪；另一方面要与政府配合。自外交部发出收回领事裁判权的照会后，上海外商积极反对，在与上海商总联会有竞争关系的上海特别市商民协会已经发声的情况下，该商总联会自然不甘落后。关于外商反对中国方面收回领事裁判权的问题，当时外交部已经注意到，具体可见《上海特别市商民协会电外交部为报载上海外侨商会竟有反对我国撤销领事裁判权之决议等情请将撤销此项特权之理详加说明分送各国报纸刊登并积极交涉以达成功》，台北："国史馆"藏，典藏号：001 - 064410 - 00001 - 004；《中华民国商会联合会主席冯少山等电国民政府等为请反抗英美日法驻上海商会提请各国拒绝中国取消治外法权并积极主张取消领事裁判权》，台北："国史馆"藏，典藏号：001 - 064410 - 00001 - 011。

④ 台北"国史馆"档案中藏有中英双方关于"张学亮案"交涉的官方材料，但是并未开放阅览，因此这里提出的解释只是一种猜测。《英人在华肇事及教士遇害案》，台北："国史馆"藏，典藏号：020 - 041107 - 0036。

便如此，徐谟仍表示若裁判结果有失公平仍将提出抗议。然审判的结果却不尽如人意，英兵杀人罪虽然成立，却是"凶手英兵歌（五日）晨经英军司令部判决押禁一年，在沪即行执行，俟下次有舰到沪，押解回英"[①]。

判决一出，各界哗然，江苏交涉署接到判决的书面通知后，表示判决太轻将再次提出交涉，且于 7 月 9 日发出第三次抗议，要求英方解释"张案"罪犯审判如此之轻的理由；[②] 并历数以往在上海发生的英兵殴毙华人案件的判决结果，如"英兵劳勃生枪杀西崑詹林来一案，英兵赫勃脱劳强奸佣妇李孙氏一案，英捕却勃伦枪杀大司务杨家祥一案，英国当局审判结果被告均系无罪开释"[③]。"张案"凶犯虽判处监禁一年，但处分仍较轻，而通过"张案"亦表明收回领事裁判权的刻不容缓。上海租界纳税华人会方面在 7 月 8 日致函徐谟表示判决不公，若援用中国的法律则应判决无期或 10 年以上，要求徐谟再次向英国方面进行严重交涉。前文提到的上海各界援助张学亮惨案委员会也表达了类似的意见，不过其呼吁对象是广大民众，号召大家奋起反抗以恢复民族应有地位，存民族一线生机。汉口商会则直言"张案"凶犯有悖人伦，必须严惩，"内有鸡奸杀人，已属穷凶极恶，此而无罪，同深愤慨，万望党政诸公，严重抗议……"[④] 此外，上海商总联会、江西地方党部等则径直向南京外交部及中央委员会发电，要求转令江苏交涉署提出抗议。[⑤] 上海商总联会表示："如不达到重惩凶手从优抚恤撤退驻沪英兵之目的，敝会当秉历来之革命运动精神，以为再接再厉之举，对于领事裁判权之撤销亦请积极进行。"[⑥] 面对上海商总联会的要求，外交部表示，该案已经要求江苏交涉署进行交涉，废除领事裁判权也正在进行。当时的舆论亦通过"张学亮案"将个人命运、外交前景、国家生存有机地联合起来。"是用革命的外交手段，无条件的取消不平等条约。我们的生命安全，系于外交的胜利与否；因此，我们应快快的奋起，作外交的后盾。"[⑦] 这样的评论较为完整地将"张案"涉及的核心问题串联了起

---

① 《张学亮案凶手定罪押禁一年》，《益世报》1929 年 7 月 6 日，第 2 版。

② 当时报载第三次抗议，其"内容系以英兵泼赖斯犯罪行为与所处罪行不当，在中国情形，亦为或有之事，但为一种特别情形，此次英兵泼赖斯判决如是之轻，其理由安在，应请英方即日答复"。《张学亮案判决后提出抗议》，（南昌）《宣传周报》1929 年第 26 期。

③ 《徐交涉员谈张案》，《申报》1929 年 7 月 29 日，第 14 版。

④ 《张学亮案将抗议》，《京报》1929 年 7 月 7 日，第 2 版。

⑤ 上海商总联会将相同的意见同时函请外交部和江苏交涉署。

⑥ 《商总会为张案电请严重交涉》，《申报》1929 年 7 月 14 日，第 14 版。

⑦ 心白：《张学亮案的结果》，《训练旬刊》1929 年第 6 期。

来，即"革命外交"与个体生命已经密切相关。

其三，社会名流方面，在最终判决后社会各界名流也就此案表达了自己的看法，如邹韬奋①在以《我们只得佩服文明②国家的法律》为题的文章中说，以文明所标榜的英国在文明的上海却干了一件很不文明的事情。在批判英帝国主义的时候，邹韬奋亦将矛盾对准了国民党政权，他认为："一个文明人可以随意杀死二三十个中华民国的国民，我们所得于国家保护者是何等的稳固，大家何必再想什么发愤图强，何必再想什么万众一心的把国家弄好。"③邹韬奋对"张案"的看法与那些只注意到英国领事裁判权的危害且过度依赖政府交涉的观点不同，他看到了在此事件中国家的软弱，但并未就此和上海商总联会那样要求打倒国民政府，总体而言是较为持中的看法。邹韬奋还认为，国家的强大是个人的最好保护。所以他呼吁"万众一心的把国弄好，就是自己，就是家族里的父母妻子兄弟姐妹儿女及其他所亲爱的人，都有享受文明的好机会"④。透过此事我们也可以发现，在国民党政权力图借社会上弥漫的民族主义情绪转移国内矛盾，提升民众对国家政权认同的时候，类似于邹韬奋等城市中的中小知识分子也在国家对外交涉的一次次失败中体悟到国家的不可靠。个人的生命之于国家而言得不到可靠保障，亦即不断地感到失望，在一次次失望的背后是知识分子与当局的疏离及日渐激化的政治要求。

就在社会各界为"张案"最终判决而抗议的时候，徐谟则将张学亮案件的经过及其个人对案件的分析呈报给外交部。他认为"张案"的发生及交涉

---

① 有学者认为，以 1930 年代为界，可以窥探邹韬奋思想的变化；在 1926 年接办《生活周刊》之初，邹韬奋还是一个倾向于自由主义与个人主义的温和改良主义者，到了 1930 年代，随着国族危机的日趋加深与社会、经济状况的逐步恶化，城市小知识分子迭遭现实的挫败，他的思想日趋激化，慢慢演变为具有高度政治内涵的"进步青年。"若延此思路，1929 年"张学亮案"发生时正是国族危机日益加深的前夕，这也为邹韬奋等知识青年左化埋下了伏笔。相关研究见沈松侨《中国的一日、一日的中国——1930 年代的日常生活叙事与国族想像》，（台北）《新史学》第 29 卷第 1 期，2009。

② "文明"一词在清末由西方传入，一开始与"文化"相混用，自身含义几经流传，到了 1920 年代，"文明"大致意涵是物质与精神方面的先进，且较为偏向法律跟物质的方面。对于其在近代中国的内涵及其演变，已有学者进行了深入研究，具体可见黄兴涛《晚清民初现代"文明"和"文化"概念的形成及其历史实践》，《近代史研究》2006 年第 6 期；俞祖华《对异国异族关照下的文明再造——近代中华民族复兴思想对"列国经验"的借鉴》，《南国学术》2017 年第 3 期；黄克武《从"文明"论述到"文化"论述——清末民初中国思想界的一个重要转折》，《南京大学学报》（哲学·人文科学·社会科学版）2017 年第 1 期；等等。

③ 韬奋：《我们只得佩服文明国家的法律》，《生活周刊》第 4 卷第 33 期，1929 年 7 月 14 日。

④ 韬奋：《我们只得佩服文明国家的法律》，《生活周刊》第 4 卷第 33 期，1929 年 7 月 14 日。

的过程"足资证实我国人民对此横行同深愤恨，满望英国法庭以公正之观念作平允之判断，庶几情真罪当一方足慰死者之冤魂，一方足平社会之公愤"①。徐谟认为，在争取废除领事裁判权之际，"忽又发生张学亮一案，益证领判权之撤销有奋起直追之必要。他表示将对此案继续进行抗议，借由此案给国民政府废除领事裁判权找一个突破口。

此后"张案"沉寂了一段时间，直到 7 月 26 日《申报》发表对徐谟的采访。《申报》就"张案"的最新进展做了报道："英领对我抗议，表示英军法庭裁判不能更改，抚恤数目可以从长商议，交署方面仍要求对凶犯加重惩罚，并已提出抚恤遗族金额，预料对于抚恤一项可以达到圆满结果。"② 自此以后的具体交涉则未再见报，直到 8 月 31 日的一则《张案以五千元了结》为题报道宣告了争议一时的"张学亮案"到此结束；徐谟在给外交部的结案报告中用"坚持无益"表示放弃抗议。③

以众声喧哗开场的"张学亮案"最终以寂然收场，至于当初提出的废除领事裁判权、惩凶、抚恤、撤退驻兵、保证以后不得发生此事等要求中，也只有抚恤一项达成了相对合理的协议。惩凶一事，仅以判处行凶英兵监禁一年收场，对于其他要求则更是无从谈起。喧闹之后留下的只是一连串的叹息与一个破碎的家庭。当社会舆论的关注点转移之后，个体生命仍旧漂浮在时代的巨流之中直至湮没无闻。"张案"如此收场，以下几方面的因素可能起到作用。

首先是国内局势。国民政府虽在形式上统一了全国，正准备召开编遣会议；但是冯玉祥、阎锡山、汪精卫、李宗仁等各方势力正在酝酿更大规模的反蒋行动，中原大战的火药已在此时埋下，南京国民政府在内政不顺的情况下，难以全力以赴进行对外交涉。诚如蒋介石在 1929 年 8 月 4 日日记中所言："子文于此外交困难，编遣将始之时，辞职南京。政府中人有权相争，有责规避，一家如此，一国亦如此，国之不亡，其有日乎。"④ 蒋介石对于他人的指责或许未必中肯，不过言语中所透露出的政府困境却应是事实，由此而言，"张学亮案"在整个国民政府内政外交的大局中则显得微不足道。具体来看，当时

---

① 《特派江苏交涉员呈为英兵殴毙张学亮一案英国法庭审判情形报请》，民国十八年七月十一日，《外交部公报》第 2 卷第 4 期，1929。

② 《张学亮案交署正进行》，《申报》1929 年 7 月 26 日，第 13 版。

③ 《特派江苏交涉员呈为呈报张学亮一案办理结束情形由》，中华民国十八年九月三日，《外交部公报》第 2 卷第 5 期，1929。

④ 《蒋介石日记》（手稿本），1929 年 8 月 4 日，美国斯坦福大学胡佛研究所档案馆藏。

负责"张案"交涉的徐谟，多数时间停留在南京协助王正廷做收回领威海卫租借地的谈判工作，使得"张案"的交涉缺乏应有的力度和领导核心，且外交部正准备裁撤江苏交涉署等地方外交机构。

其次是国际局势。当时的国际局势也不利于"张学亮案"的交涉工作。因张学亮的最终审判涉及领事裁判权的坚守问题，这在许多国人的评论中已经有所揭示，享有领事裁判权的国家显然也意识到了这一点，所以，英国政府也就有了祖护凶犯的底气，当时中国对外的领事裁判权交涉阻力很大。在华拥有领事裁判权的列强要么对此敷衍塞责，不正面回应；要么明确第表示拒绝。中国方面虽然一再交涉，但 1929 年没有取得突破性进展。如 1929 年 5 月 11 日，"上海英商会邀集各国商会举行联系会议，一致反对国民政府废除领事裁判权"①；同年 7 月 8 日，"国际商会在荷兰阿姆斯特丹开会，中国代表提出废除领事裁判权问题，英、美、法、日等国代表反对"②。

最后是中国与世界上的主要国家的关系。当时中国与各列强及苏联的关系处于紧张状态，1929 年的中国政府不仅需要处理国民革命期间留下的许多外交悬案，而且新的外交问题层出不穷。如与苏联方面就因为收回中东路路权问题，两国关系已然破裂，且在东北发生了小规模的军事冲突；日本则隔岸观火，试图从中渔利。③ 中国难以从苏联、日本方面得到助力；相反苏、日在东北的矛盾使得中国不得不谨慎地应对与防范。德国内政不稳，无暇东顾；美国本身是反对废除领事裁判权的；英国虽对中国民众的反英情绪有所顾忌，但在既定的反对中国废除领判权方针指导下，英国也只是判处监禁泼赖斯一年，相较于刑罚本身而言，其象征意义更大一些。中英正在进行的威海卫交涉也使得双方认识到必须有所舍弃。④

综上来看，"张案"发生在中国废除领事裁判权轰轰烈烈开展之时，因其特殊性而引起民众及政府对英的极大反抗，不过因面临着内外交困的局面，南

① 《中华民国史事纪要（初稿）——中华民国十七年五月至八月份》，台北："国史馆"，1982，第 116 页。

② 韩信夫、姜克夫主编《中华民国史大事记（1928—1930）》第五卷，中华书局，2011，第 3414 页。

③ "中东路事件"爆发时，中国方面误以为苏联不过是虚张声势，后来局势的发展出乎了中国的预料，苏联动用了相当强的武装力量准备对中国进行还击，无奈之下，蒋介石向英美寻求调停。对于"中东路事件"中蒋介石的应对策略，杨奎松已有专文论述，见杨奎松《蒋介石、张学良与中东路事件之交涉》，《近代史研究》2005 年第 1 期。

④ 当时众多对外交涉中，收回威海卫对中国来说是一个意外收获，后来王正廷在回忆中对于此一时期的英国印象良好，这种良好的印象与收回威海卫应该有极大的关系。见宁波国际友好联络会编《顾往观来——王正廷自传》，柯龙飞、刘昱译，内部发行，2012，第 123 页。

京国民政府难有足够的实力与精力为"张案"争取公平裁判,"张案"的开始
与收场多受制于时局。

结　语

自清末以来,随着国人民族国家观念的不断提升,要求收复主权的呼声不
断出现,至 1920 年代达到一个高潮。发生在废除领事裁判权关口的张学亮惨
案,瞬间激发了原已高涨的民族主义浪潮,引发了全国性的对外交涉,社会各
界及外交当局纷纷向英国表达了反抗意见。这些行动"凝聚了全国的民族意
识,在完整意义上体现了中华民国具有近代意义的觉醒,反对、废除不平等条
约成为全国国民意识的联合点和全国联合的粘(黏)合剂"①。国民政府经由
废除领事裁判权运动将全国同胞一定程度上团结了起来,成为塑造民族主义的
重要因素;不过通过本文也可以看到,个人生命在历史发展的关键时期所产生
的推动作用。李恩涵认为,王正廷所主导的"革命外交"属于温和型,将说
理与威胁式的行动相互结合。② 透过"张学亮案"的交涉也可以看到这种特
点,既坚持正常的外交途径进行抗议,又动员社会力量向英方施压。只是囿于
内外交困的时局,"张学亮案"最终的结果并不如尽如人意,惩凶、赔款要求
未完全达到,至于废除领事裁判权、撤退驻兵也只是一阵喧嚣声而已。到了
1930 年代,日本的威胁日益加重,成为中国的头号敌人,英、美等大国成为
中国拉拢依靠的对象,"张学亮案"式的生命个体的历史书写不得不让位于更
加宏大的历史主题——民族矛盾,淹没于复杂的历史面相中。对于时代与个人
的关系,陈布雷在 1929 年纪念"五卅运动"时的文章深具启发意义,他说:
"即使惩凶赔偿,一一做到,然爱国运动者生命丧失,岂任何物质所能偿,岂
罪人受罚所能抵。"③ 诚然如此,无论怎样的抗争都不能使得鲜活的生命死而
复生,使破碎的家庭重归完整,究其根本则是近代中国主权的沦丧与民族的
衰弱。

---

① 李育民:《废约运动与中国近代的民族主义》,载郑大华、邹小站主编《中国近代史上的民族
主义》,社会科学文献出版社,2007,第 393 页。

② 李恩涵:《北伐前后的"革命外交"(1925—1931)》,(台北)《中央研究院近代史研究所专
刊》,1993,第 314 页。

③ 陈布雷:《第四度之五卅纪念》,《时事新报》1929 年 5 月 30 日。

王世杰与中苏关系（1945～1947）

刘传旸[*]

摘要：《中苏友好同盟条约》，乃抗战后期中国对外关系中颇为人诟病之一项。以外长身份代表中国与苏联签订此条约的过程，可谓王世杰一生中最受争议性的一段历史。王世杰等人签署此条约之所以遭抨击，绝大部分原因在于苏联日后的毁约。对国民政府而言，在此次中苏条约中，中国顺利订出苏联战后自东北撤退的时程表，也成功地将苏联在旅顺、大连的权利限定在最小范围内。虽然放弃了外蒙古，但换取对东北的实质控制，可见国民政府代表团也并非毫无收获。就当时的中国外交政策而言，实仍蒋介石一人专断，无论王世杰的主张或立场为何，都难以展其长才。

关键词：王世杰　《中苏友好同盟条约》　中苏关系

前　言

《中苏友好同盟条约》乃抗战后期中国对外关系中颇为人诟病之一项。该约的签订，虽须追溯至 1945 年 2 月的雅尔塔会议，此时距离日本投降尚有半年时间。中苏间针对该约之协商谈判，于 1945 年 7～8 月方始展开，两国正式签约时间适与日本通知盟国无条件投降日期相同（均为 8 月 14 日），且《中苏友好同盟条约》的签订，对战后中国政情乃至于世界局势皆有极大影响，

───────────

* 刘传旸，台北中国文化大学史学系助理教授。

故本文以《中苏友好同盟条约》之签订为起点，讨论王世杰对战后局势尤其是中苏关系之规划。

1945 年 8 月，王世杰正式接任国民政府外交部部长，王氏接任外长之主因中，中苏条约之商议乃最为重要一环。甫任外长即担此重任，进而代表中国签署该约，王氏之责任不可谓不大。有论者以为："这样一个丧权辱国的条约，宋子文拒签而签在他手中，这不是学识的问题，而是为人的问题。"① 王世杰承受之压力与遭受之攻讦和责难可以想见。然亦有为王世杰抱不平者，如时任驻华大使的赫尔利（Patrick J. Hurley）便认为"宋子文非常谨慎地避免其个人的责任"②；蒋介石亦抱有此种想法；③ 更有论者因此而认为王世杰乃代宋子文受过。④ 还有学者认为，宋子文所以推荐王世杰为外长，使其共赴莫斯科，乃有以王世杰协助谈判之意。⑤ 而宋子文早有以王世杰襄助办理外交之举，如顿巴敦橡树园会议前，时任外长的宋子文即曾提议，欲与时为国民政府军事委员会参事室主任的王世杰共同出席，即可为一例证。然无论对此次中苏条约抱持何种观点，均无法忽略王氏于该约谈判与签订过程中之重要性。

《中苏友好同盟条约》签订后，国民政府本寄望透过放弃外蒙古，而换回对东北的实际控制，并图借由该约之签订，阻绝苏联对中共军队的援助，减低苏联对东北的威胁。⑥ 然因苏联违约，国民政府迟迟无法接收东北。面对东北问题以及苏联对该地的强力控制，王世杰坚持其主张，并认为国民政府应在马歇尔的调停之下，在国内达成政治和解。但因马歇尔调停失败，王氏对国共争端和平解决之构想遂成泡影。

一　中苏条约之背景

《中苏友好同盟条约》的签订，虽直接源于《雅尔塔密约》（也称《苏联

---

① 黄养志、孙贡鉢、郭宣俊、史大昌：《外蒙独立的经过及其独立后对我国防之影响》，（台北）《明报月刊》第 100 期，1974，第 111～114 页。

② The Ambassador in China（Hurly）to the Secretary of State, Aug. 5th, 1945, Foreign Relations of the U. S.（FRUS）, 1945, Vol. 7: China, p. 955.

③ 《王世杰日记》第五册，1945 年 7 月 25 日，台北：中研院近代史研究所，1979，第 130～131 页。

④ 杨元忠：《我对王世杰先生的看法》，（台北）《传记文学》第 53 卷第 1 期，1988，第 106 页。

⑤ 陈立文：《宋子文与战时外交》，台北："国史馆"，1991，第 343 页。

⑥ Steven I. Levine, *Anvil of Victory: The Communist Revolution in Manchuria, 1945 – 1948*, N. Y. : Columbia Univ. Press, *1987, p. 41.*

参加对日作战协议》，原名为 "Agreement Regarding Entry of the Soviet Union In-
to the War Against Japan"），但 "冰冻三尺，非一日之寒"，盟国间的整体关系
亦须探究，始能了解该密约达成之背景。

1944 年 9 月史迪威（Joseph Warren Stilwell）事件发生后，中美关系顿生
波澜，罗斯福（Franklin Delano Roosevelt）逐渐显露对国民政府的失望之情，
罗斯福对孔祥熙表示：

> （1）军事问题：依据魏特迈亚（按：魏德迈，Albert C. Wedemeyer）
> 报告，中国军事前途悲观，军官多无现代军事智识，多半不能称职，部队
> 体弱多病，营养不足，军械陈旧，无法应用，补充兵源缺乏。罗（按：罗
> 斯福）谓本人向认中国人力充足，今如此大失所望，过去役政积弊甚大，
> 各省仍有一部分为军阀把持，鱼肉人民，对政令阳奉阴违，美国目的在击
> 溃日本，原拟利用中国人力，观察现情，实不可恃，颇觉忧虑。（2）统一
> 问题：所谓华北共党，实系农民，苏俄亦不认为共党，望政府设法容用，
> 此时如不团结，战后各自为政，伊实顾虑，周恩来既已来渝，望我善为解
> 决。（3）垫款问题：伊谓对华经济援助，伊可主张，惟须军事尚有良好表
> 现，否则，难以开口。……远东军事仅凭海、空军无法结束，必需陆军，
> 中国倘陆军无多贡献，再须自美调运，则费时更多，于中国亦属不利。[①]

此次谈话中，罗氏对国民政府的失望之情溢于言表。罗斯福以一国元首
之尊，对盟国指斥如此直接，极为罕见。导因在于对国民政府失望，罗斯福
随即将希望寄托于苏联。事实上，美国在 1942 年已逐渐开始其亲苏政策；
如当年 3 月间，罗斯福下令对苏援助必须准时到达，即使影响其他地区亦在
所不惜。[②]

美国前国务卿斯退丁纽斯（Edward R. Stettinius）在回忆中认为，美国亲
苏政策之因，在于看中苏联强大的人力、物力，以之为友则有利，与之为敌则

---

① 《行政院副院长孔祥熙自华盛顿呈蒋主席报告访罗斯福总统晤谈关于军事、中国统一、垫款及
　　驻华大使等问题之谈话情形电》，1944 年 11 月 16 日，秦孝仪主编《中华民国重要史料初
　　编——对日抗战时期（第三编）·战时外交》（以下简称《战时外交》）（一），台北：中国国
　　民党中央委员会党史委员会，1981，第 202 页。
② John. R. Deane，*The Strange Alliance：The Story Of Our Efforts at Wartime Co-Operation with Russia*，
　　New York：Viking Press，1950，p. 89.

贻害无穷。① 最初，美国重视苏联在欧洲之地位，故全力供应其所需；继之则希望其参加对日作战，减少美国在远东战场上的损失。② 但太平洋战争爆发之初，欧洲战事亦如火如荼，故苏联曾拒绝美方要求。至 1943 年 9～10 月，欧洲情势逐渐明朗，战事也接近尾声；亚洲方面，日本败象亦现，苏联为求在战后世界局势中取得更大控制权，曾主动向美国表示，同盟国一旦击败德国，苏联愿意参加对日作战，且不求任何报酬。③ 美国对苏联自愿对日作战自然喜出望外，为使苏联对日作战的决心更为坚定，尽管苏联虽未提任何政治要求，但美国急切地与苏联会商条件。④

1943 年的开罗会议，正值苏联表达对日作战意愿后不久召开，故美、英两国都曾有意邀请斯大林（Joseph Stalin）参加，但遭斯氏拒绝，故有后之德黑兰会议召开。当罗斯福和丘吉尔（Winston Churchill）飞往德黑兰与斯大林会晤时，名义上虽为讨论对德战事，实际上已有牺牲中国利益而换取苏联对日作战之初步构想。⑤ 德黑兰会议中，英、美、苏已谈及以大连作为条件，交换苏军对日作战。⑥ 因此，自德黑兰会议后，罗斯福接受斯大林的保证，并认为已赢得斯大林的信任。⑦ 至 1944 年，苏联一步步透露须以各种条件作为苏联参战的前提，美方因亟盼尽快结束战事，故逐渐落入苏联之计划中，与之进行交易。⑧

1944 年 6 月，美国副总统华莱士（Henry Wallace）访问中国时，已向中国提到罗斯福之最深切盼望者，便为中苏关系的改善，并转达苏联希望大连在战后成为自由港的意愿。⑨ 10 月，斯大林向美国驻苏大使提出具体条件，包括租借旅大及其周边地区、租借中东路与南满路，以及承认外蒙古之现状。⑩ 与

---

① Walter Johnson ed. , Edward R. Stettinius Jr. , *Roosevelt and the Russians：The Yalta Conference*, Garden City, N. Y. : Doubleday, 1949.

② 陈立文：《宋子文与战时外交》，第 192 页。

③ Cordell Hull, *The Memoir of Cordell Hull*, New York：Macmillan, 1948, pp. 1312 – 1313.

④ Herbert Feis, *The China Tangle*, New Jersey：Princeton Univ. Press, 1950, p. 101.

⑤ State Department of the U. S. , Conference at Cairo and Teheran, Washington DC：U. S. Government Printing Office, 1961, pp. 561 – 563.

⑥ State Department of the U. S. , Conference at Cairo and Teheran, pp. 565 – 568.

⑦ Anthony Kubeck, *How the Far East Was Lost：American Policy and the Creation of Communist China, 1941 – 1949*, Chicago：H. Regnery, 1963, pp. 56 – 57.

⑧ 陈立文：《宋子文与战时外交》，第 193 页。

⑨ 《王世杰日记》第四册，1944 年 6 月 23 日，第 341～342 页。

⑩ Herbert Feis, *The China Tangle*, pp. 230 – 233.

日后《雅尔塔密约》中之条件，几无差别，故雅尔塔会议事实上仅为美苏双方就苏联参战之交换条件再确定而已。

二　中苏关系的修补与《雅尔塔密约》

王世杰早已留意苏联在战后可能给中国造成的问题。1943 年 4 月，日本东条内阁改组，蒋氏认为日、苏大战之日已不远，故在国民政府军事委员会参事室会议中，主任王世杰与参事张忠绂均主张应该就日、苏大战的爆发进行必要的政治、军事准备行动。在应付苏联方面，张忠绂提议："1. 提议订立中苏同盟。2. 准备调大量军队至华北，务期我军能先苏军进入东北四省。"张忠绂提出意见时，已预料到苏联对中国东北的企图。王世杰则认为，张之第一点应改为提议实时订立协议，成立中、美、英、苏四强委员会，①日后对于中国在同盟国中的关系，王便极力主张此观点。

1944 年 4 月，中苏于新疆发生冲突，因新疆盛世才于新蒙边界附近追剿"哈萨克叛乱者"，苏联因而派飞机轰炸中国部队，并公开声明，因中国部队擅入外蒙古境内，故苏联将给予外蒙古以一切必要之协助及支持，中苏关系一时陷入紧张状态。蒋介石原欲公开反驳苏联说法，但遭王世杰劝阻。王世杰认为，即使苏联所言不实，亦不宜公开反驳，以免"抓破苏联面子"，事态更难收拾，故只应发表一篇苏联所言不实的声明即可，以避免事态扩大。②

1944 年 6 月，美国副总统华莱士访问中国，其访华目的之一，即在中苏关系呈现紧张状态时，敦促中国改善对苏关系。华莱士在公开演讲中，主动声明："远东未获自治之民族，须定期予以自治，中国之内之少数民族（王世杰注：此系暗指新疆及蒙古诸族）亦然。"③故王世杰为蒋介石拟定的与华莱士谈话要点中，对中苏关系更加注意。王氏认为：

> 罗斯福总统深以中苏关系恶化为虑，华莱士氏素为赞许苏联建设之人，华氏返华府后，对于中苏关系问题，势必有所报告或建议。因此在中苏关系方面，蒋氏应向华莱士表示：
>
> 一、中国对苏将坚持善邻政策；

---

① 《王世杰日记》第四册，1944 年 4 月 26 日，第 62 页。
② 《王世杰日记》第四册，1944 年 4 月 1、3 日，第 283～285 页。
③ 《王世杰日记》第四册，1944 年 6 月 21 日，第 338～339 页。

二、外蒙问题为中苏间悬案，但中国并无意于战事结束前求得解决；

三、去年新疆境内剿匪事件发生时，政府曾密令新疆当局勿令军队进入外蒙境，新疆当局确曾严格遵照中央命令，苏联空军飞入新境轰炸之种种事实，我政府均未对外发表；

四、罗斯福总统倘有任何适当方法斡旋中苏关系，望随时见告。①

华莱士表达了美国对中苏关系改善之高度期望后，参事室立即针对如何改善中苏关系之议题进行具体研究。参事室认为，中国应针对两国间之冲突与苏进行交涉，且在交涉前，中国应进行准备工作：

其一为新疆政治情况及人事之调整。倘无此种调整，苏方之猜忌必难冰释，甚或发生新事故，使其他努力归于泡影（据职所接罗家伦同志密讯，六月二十六日迪化又大捕教育界人员一百五十人，局势似益现不安）。其二为一适当方式发动中苏亲善言论。……似可指定三四人密主其事，以期造成有系统有分际之舆论。②

而在两国交涉的时间方面，参事室则认为：

利用美国召集英苏中三国会商国际组织之场合。缘该项会议之举行将在华盛顿，我如利用该会议，附带与苏方代表秘密交换关于改进中苏关系之初步意见，在苏方当不至有任何不便。窃计该会议之举行或在八九月，现时苏方似尚未答复美方关于该会议之邀请。假使苏方答复，拒绝中美英苏四国同时会议，则中苏两国之间暂时难举行任何谈判。假使苏方对于该会议之答复不拒绝中国参加，我方当不难利用该会议暨美国政府临时或会前之斡旋，开始中苏两国间之谈判。③

---

① 《签呈第三四三号：为遵谕拟就钧座与华莱士副总统谈话要旨一件裁核由》，1944年6月10日，《参事室经办要案录存》，中国第二历史档案馆藏，军委会参事室档案，761-20，第102页。
② 《签呈第三四八号：为呈报关于改进中苏关系意见乞查裁由》，1944年7月10日，《参事室经办要案录存》，中国第二历史档案馆藏，军委会参事室档案，761-20，第111页。
③ 《签呈第三四八号：为呈报关于改进中苏关系意见乞查裁由》，1944年7月10日，《参事室经办要案录存》，中国第二历史档案馆藏，军委会参事室档案，761-20，第112页。

只可惜顿巴敦橡园会议中，中国无法与苏联直接面对面进行交涉，参事室的计划并未成功。

除王世杰外，日后参加中国代表团同赴苏联谈判《中苏友好同盟条约》的熊式辉，也担心苏联日后对中国造成威胁。熊氏认为，一旦日苏开战，首先必须解决的就是中共问题，否则"日苏决裂后，政府纵欲进兵华北或东北，将因共军之阻挠而不能遂行此战略，或共军或苏军先行进入东北，前途之危机甚复不少，至于日苏决裂后，中国当力促中英美苏共同组织作战机构，并共定作战目的，以为异日同盟国合作立下基础，此则对中国是一种安全保障。"[1]不料，共同作战机构未成立，新国际组织亦尚在酝酿中，中国一向最为倚赖的美国，却将中国的利益作为换取苏联参战的条件。

《雅尔塔密约》签订后，美苏两国皆极力保密，中国虽一再透过宋子文、驻英大使顾维钧及驻美大使魏道明向美方相关人士探询，却仅能探知片段信息，对《雅尔塔密约》之具体内容，始终未能得知全面。据魏道明晋见罗斯福后发回国内的电文，罗斯福不仅语焉不详，而且只告知魏氏三项协议，且对苏联意图亦非完全了解。罗斯福表示：

> 关于远东问题，史（按：斯大林）提三点：（一）维持外蒙古现状。（二）南满铁路所有权属中国，但业务管理宜有一种委托制度。（三）苏联希望在海参威（崴）以南，获得一温水军港如旅顺或其附近之港。罗总统意见谓：（一）维持外蒙古现状，主权仍属中国，似无问题。（二）南满铁路要在主权属于中国，业务管理在增进效率。……关于第三点军港问题，……总统之意，或以旅顺长期借与苏联，主权仍属中国。[2]

然而美方虽对《雅尔塔密约》之具体内容严格保密，且严令驻华大使赫尔利不准在 1945 年 6 月 15 日前将该约内容告知中国，[3]但据王世杰日记中的记载，赫尔利早在 4 月 30 日，即在与蒋氏的谈话中将此密约内容通知告知中国，除上述两人外，当时仅王世杰一人在场。赫尔利在此次谈话中对苏联态度叙之甚详，故将王氏当日日记全文摘录如下，赫尔利表示：

---

[1] 《王世杰日记》第四册，1943 年 6 月 15 日，第 91～92 页。

[2] 《驻美大使魏道明自华盛顿呈蒋主席报告谒罗斯福总统承告斯大林在雅尔塔会议所提有关远东问题之内容及罗总统之意见电》，1945 年 3 月 12 日，《战时外交》（二），第 542 页。

[3] 《王世杰日记》第五册，1945 年 6 月 11 日，第 101 页。

罗斯福在雅尔塔与史坦林晤见时，史氏所提出关于苏联将来在远东方面之主张（其内容与魏道明大使日前报告微有出入，但赫氏云彼所报告，系根据罗氏口头及当时罗史谈话纪录，绝无错误），史氏对罗氏提出之主张如下：1. 桦太（即萨哈林半岛之南部）划归苏联；2. 千岛群岛划归苏联；3. 承认朝鲜之独立；4. 旅顺口租与苏联（赫氏云苏联原来要求割让，罗总统指述谓中国已经割让之香港尚应归还中国，旅顺势不能割让，因之苏联允用租借方式）；5. 大连湾辟为自由商港；6. 中东铁路与南满铁路之股权，中苏各半，中国并应承认苏联在该路的"特殊利益"（其意谓遇苏联与第三国作战时，仍应有权利用该路为进出口之苏联运输线）；7. 外蒙古维持现状。据赫氏言，史氏曾谓□某一事件将发生时（意指苏联加入对日作战之事），苏联将经美国之绍介，向中国提出以上主张，并与中国定一协议，以期双方同意以上主张。但史氏坚持当时尚不可通知中国，以防苏联意愿先行泄漏于日本，致令日本先发制人，苏联将蒙受不利。赫氏并谓彼此次赴莫斯科，即系密受罗氏之命，与史坦林续谈此事。赫氏询蒋氏对此事之意见如何，蒋氏谓"租借地"方法甚不好，但云容再详细考虑后再谈，故对以上主张可云未做答复。赫氏复云当前有两大事须于九十日内办好：1. 使中共参加中央政府，以免苏联于某一事件发生后借口承认中共；2. 与苏成立一个协议，解决以上各项问题。[①]

6月11日，赫尔利再度晋见蒋介石，正式告知已接获杜鲁门（Harry S. Truman）总统的命令，要求其于6月15日将内容通知中国，但赫氏仍于此日即将所有相关的完整内容告知，具体如下。

史坦林声明之部分共为七项：

1. 赞同促进中国在蒋委员长领导下统一。

2. 赞同此项领导在战后亦应继续。

3. 赞同中国之统一与安定，并赞同满洲全境为中国之一部，接受中国统治。

4. 史坦林对华无领土企图，其军队开入中国境内时，将尊重中国之

---

① 《王世杰日记》第五册，1945年4月30日，第77～79页；括号中之解释均为原文。

主权。

5. 史坦林欢迎蒋委员长派代表人员至史氏开入满洲境内之军队内，图以便利中国在满洲组织行政机构。

6. 赞同美国对华之门户开放政策。

7. 赞同中英苏美对朝鲜设立托治制度。

至于斯氏之要求共分 4 项，此要求如被接受，彼将于 1945 年 8 月对日作战：

1. 外蒙古，即"蒙古人民共和国"之现状应予维持。

2. 俄国在一九〇四年以前之旧有权利，因日本狡诈的攻击而被破坏者，应予恢复，即：

（1）南库页岛及其邻近岛屿，应归还苏联。

（2）大连商港应国际化，苏联在该港之优越利益应予保全。苏联租借旅顺口为海军军港之权应予恢复。

（3）中东铁路及通大连之南满铁路，应由中苏共同公司共同经营，苏联之优越利益应予保全，同时中国应保有满洲之完全主权。

3. 千岛群岛应划归苏联。

4. 苏联准备与中国订立友好同盟条约，以武力协助将获自日本势力下得到解放。赫氏函中并声明罗斯福及杜鲁门均赞同以上各项。①

直至 1945 年 6 月，杜鲁门方将《雅尔塔密约》之内容正式通知中国，并嘱咐宋子文至莫斯科，与苏联直接谈判。②

三　第一阶段谈判方针

雅尔塔会议举行前，王世杰已开始研究中苏关系问题。1945 年初，中国有意派宋子文访问苏联，苏联使馆代办向国民政府外交部询问宋子文访苏时将讨论之议题；宋子文约王世杰、王宠惠等人商讨，王世杰主张："现在不宜明

---

① 《王世杰日记》第五册，1945 年 6 月 11 日，第 101 页；项目符号为笔者所加。

② 陈立文：《宋子文与战时外交》，第 196 页。

白提出任何具体问题，但告以此行为友谊访问，并拟就加强中苏友好关系问题为广泛的意见交换。"但王世杰仍认为，对若干具体问题应准备方案，俟抵达苏联与斯大林晤谈后，观察当时情势及苏方态度后郑重提出，此类具体问题包括中苏同盟、东北、旅顺大连、中东路、中共、新疆等问题，中国均须有内定之态度或方案。① 但宋子文访苏之行，最后因苏方之建议而展延。②

国民政府得知苏联在雅尔塔会议中提出之要求后，王世杰对苏联颇感怀疑，认为苏联尚未对日作战，便已提出此种要求，日后其态度将更不可测，③因此向蒋介石建议，在与苏联谈判相关问题时，中国应坚持主权完整与领土完整两个原则，且不可轻易让步，并在宋子文首次前往旧金山参加旧金山会议时，更是对宋氏殷殷嘱咐此两项原则。④ 对中苏将订立之协定，王氏一则反对，一则忧虑。王世杰之所以反对者，因苏联表面上承认中国领土主权之完整，而实际上则破坏之；所以忧虑者，因斯大林对其之声明，未必切实履行。

为求苏联能切实履行协议中之义务，王世杰曾试图将美国拉进中苏签订之协议中。6月13日，蒋氏约王世杰与赫尔利前往讨论中苏问题，蒋氏询问美国是否愿意参加对旅顺之共同使用；王世杰进一步提出，中苏协议如经磋商修正，美国对于此一协议是否能保证双方切实履行其一切条款。三人最后商定以上两点由赫尔利电呈美国总统请示。⑤ 然而经美国务院讨论后，美方训令赫尔利，表示美国无法参与中苏对大连港的任何协议，因为美国高度怀疑苏联是否会同意此项原本仅限于中苏关系的协议成为三方或多方协议。⑥

美国明确表示拒绝参加中苏协议后，中国只得独力与苏联周旋，并派遣宋子文赴苏谈判。宋子文赴莫斯科前，曾与王世杰等人就与苏讨论内容及中国应持之原则进行商谈，大致结论为：（1）旅顺口在中苏拟订之同盟条约期内，可与苏联共同使用，其行政权仍归中国。（2）对于中东南满两铁路及大连湾之特殊利益问题，应明白规定其范围，不用特殊利益名词。（3）外蒙古问题暂不提出讨论。王世杰并提出另一解决旅顺口租借问题之办法，即："请朝鲜

① 《王世杰日记》第五册，1945年2月6日，第25页。
② 《王世杰日记》第五册，1945年2月11日，第27～28页。
③ 《王世杰日记》第五册，1945年3月17日，第49～50页。
④ 《王世杰日记》第五册，1945年3月29日、4月6日，第56、63页。
⑤ 《王世杰日记》第五册，1945年6月13日，第104～105页；The Ambassador in China（Hurley）to the Secretary of State, June 15, 1945, FRUS, 1945, Vol. 7：China, pp. 903 – 904.
⑥ The Acting Secretary of State to the Ambassador in China（Hurley）, June 18, 1945, FRUS, 1945, Vol. 7：China, p. 907.

以一海港租与苏联，中国以□岛之一部让与朝鲜。"宋子文虽认为此种建议恐不易提出，但蒋氏认为可作为备案。①

事后证明，外蒙古问题为此次中苏谈判中最重要之一点，亦为后遗症最大之问题。从《雅尔塔密约》开始，苏联就提出"外蒙应维持现状"；就中国的角度来说，所谓的"维持现状"，在蒋介石与苏联驻华大使彼得罗夫（Petrov）的谈话中表露无遗：

> 苏联在一九二四年之条约中曾经承认外蒙之领土与主权是应当属于中国的，吾人决不会用前清时代的武力政策来压制外蒙的，本人解决外蒙问题的方针，是赋予外蒙的高度自治领，即其外交、军事均可独立，而宗主权则应属于中国。但此系将来的事情，现在对外蒙问题最好不提，同时亦不提一九二四年的中俄条约，以免引起双方的误会。同时外蒙问题与西藏问题，有相互的联带关系，所以目前对外蒙问题，最好是不提。②

有学者认为，在苏联提出外蒙古"维持现状"的条件时，美国并不了解苏联所谓的"现状"，指的是所谓"蒙古人民共和国"，因此对外蒙古问题不甚在意，而苏联提出"维持现状"，亦为欺骗美国的话语，而中国受美方态度的误导，因此未对外蒙古问题多加注意，③ 然而笔者认为，其中蒋介石应负更大责任。

前文提及，6 月 11 日赫尔利已对蒋氏言明，"蒙古人民共和国"的现状应予保持。至 6 月 12 日，蒋介石与苏联大使讨论中苏条约事，苏联亦提出"缔结中苏友谊互助条约的先决条件"之文件，对于外蒙古问题，苏联声明"关于蒙古人民共和国问题，应保持现状，即蒙古人民共和国为一独立国家"④。可见，虽然中国事前并未留意外蒙古问题，但在苏联确实提出"蒙古人民共和国为一独立国家"的说法后，蒋氏仍未多加注意，而耗费心力于旅顺、大连之"租借地"与"租借"等名称上，此不能不认为是蒋氏的疏忽，致使外

---

① 《王世杰日记》第五册，1945 年 6 月 25 日，第 111~112 页。
② 《蒋主席在重庆接见苏联驻华大使彼得洛夫说明中苏之事应由两国直接商议谈话纪录》，1945 年 6 月 26 日，《战时外交》（二），第 570 页。
③ 陈立文：《宋子文与战时外交》，第 235~237 页。
④ 《蒋主席在重庆接见苏联驻华大使彼得洛夫讨论有关缔结中苏友谊互助条约之问题谈话纪录》，1945 年 6 月 12 日，《战时外交》（二），第 562 页。

交人员在相关问题上准备不足。①

1945 年 6 月 27 日，宋子文率胡世泽、蒋经国等人前往莫斯科，与苏联进行第一阶段的谈判。宋子文在莫斯科期间，与苏方前后共计进行 7 次会谈，所谈之问题包括东三省、外蒙古、苏联撤兵、接收东北、国共关系、新疆问题等，谈判时间自 6 月 30 日至 7 月 12 日，后因斯大林须赴波茨坦参加三国领袖会议，宋子文亦须返国请示相关问题，故结束第一阶段谈判。第二阶段谈判于 7 月 30 日开始，此次王世杰即以新任外交部部长之身份，随行政院长宋子文赴莫斯科，并于 8 月 14 日以外长身份与苏联外长莫洛托夫代表两国政府签字。

第一阶段谈判中，主要之争议点即为前述之外蒙古问题，各次谈判均谈及此问题，且几乎导致第一阶段谈判的破裂。苏联对外蒙古的态度相当强硬，除首次宋子文对斯大林进行礼貌性拜访外，正式谈判一展开，斯大林即直截了当地提出外蒙古问题，中方代表一再表示，蒋氏已告知苏联驻华大使彼得罗夫，外蒙古问题暂时无法解决，应予搁置。但斯大林完全不接受中国之意见，强调外蒙古在地理位置上控制苏联在远东的犄角，苏联对外蒙古领土如无自卫之法律权，将失去整个远东。② 斯大林甚至将胡萝卜与大棍并用，他对宋子文表示："（1）苏联对租借旅顺事让步，盼中国对外蒙事亦让步，外蒙独立，苏联军队可通过外蒙，钳制日本；（2）外蒙并无物产；（3）外蒙有若干人意图结合内蒙成立蒙古人区域，可能威胁中国北部。"③

苏联之说法不无破绽，例如外蒙古独立，苏联军队可通过外蒙古钳制日本；但一方面如外蒙古独立，苏联有何权力以军队干涉一独立国家内政；另一方面，中苏若成立同盟，外蒙古为中国领土，同样可以达到钳制日本的效用。形势比人强，中国对苏的妥协已是不得已的，故中方在外蒙古问题上一再妥协。亲身与斯大林进行谈判的宋子文，也感到苏联的强势，苦思打开谈判僵局的对策，并去电重庆征求同意。宋子文认为，要打开因外蒙古问题之僵局，可供因应的对策有下列几项："（1）与苏联订约，在同盟期间，准其在外蒙驻兵；（2）予外蒙以高度自治，并准苏联驻兵；（3）授权外蒙军事、内政、外

① 外蒙古问题实为此次中苏谈判之重点，除外蒙古现状问题外，外蒙古疆界亦为明显之争议点，然而中国代表团却未携带外蒙古地图，以致无法在疆界问题上有一坚决之立场；详见《史太林统帅与宋子文院长第四次谈话纪录》，1945 年 7 月 9 日，《战时外交》（二），第 614 页。

② 陈立文：《宋子文与战时外交》，第 235～237 页。

③ 《行政院长宋子文自莫斯科呈蒋主席报告斯大林对外蒙问题之意见及罗斯福总统对外蒙与铁路等问题之态度电》，1945 年 7 月 3 日，《战时外交》（二），第 591 页。

交自主，但与苏联各苏维埃共和国及英自治领，性质不同。但因苏联邦及英自治领，均有脱离母国之权，如与外蒙以苏联邦或英自治领之地位，深恐短期内，外蒙即宣布脱离，故仅限于军事、内政、外交自主。"①

宋子文急电国内，要求对外蒙古问题所持之立场做出明确指示，但国内却迟迟未有回电，故虽有斯大林急急催促中国就外蒙古问题表明立场，但中国始终不愿对外蒙古独立一事松口。

关于外蒙古问题，王世杰的看法与蒋介石有相当的出入，王世杰较关心者为东北问题，故当蒋氏询及王世杰意见时，王世杰认为："东三省问题如确能不损领土主权之解决，则承认外蒙人民于战后投票自决亦尚合算，因外蒙实际上已脱离中国廿余年。"蒋介石在与国府政要如孙科、邹鲁、戴季陶、于右任、吴稚晖、陈诚等人商议后，最终决定在外蒙古独立问题上中国可让步。②故蒋指示宋子文中国在外蒙古问题上的最后立场：

> 关于允许外蒙战后独立问题不可由中、苏共同发表宣言，如不得已时，可下列两项方式：第一、中国政府于此次中、苏互助协议批准后，自行发表宣言，其大意如下：中国政府于对日战事结束后，将依照大西洋宪章与中国国民党民族主义之原则，宣告外蒙独立；并于为此宣告外蒙独立前，并确定外蒙疆界；惟此全出于中国自动宣告外蒙独立，而不必用承认字样，应须注意。第二、苏联政府于中国政府发表上项宣言后，应即照会中国政府声明外蒙独立被承认后，苏联将永远尊重其独立也。③

中国决定在外蒙古问题上让步后，蒋氏召见赫尔利，要求美国能在东北问题上给予中国以同情的支持。④ 而中国在苏联最坚持的外蒙古问题上让步后，对其他问题，尤其是关于东北权益问题，就能更加坚持，这也与王世杰所抱持之想法相吻合。如在旅顺、大连、铁路以及苏联驻军东北的撤军时间上，中国都减少了些许损失。蒋氏对王世杰的主张亦逐渐赞同，认为不需对放弃外蒙古

---

① 《行政院长宋子文自莫斯科呈蒋主席拟具打开外蒙问题僵局三项办法请核示电》，1945 年 7 月 3 日，《战时外交》（二），第 591～592 页。

② 《王世杰日记》第五册，1945 年 7 月 6 日，第 117～118 页。

③ 《蒋主席自重庆致行政院长宋子文告以外蒙独立问题不可由中苏共同发表宣言并指示两项解决方法电》，1945 年 7 月 3 日，《战时外交》（二），第 606～607 页。

④ 《王世杰日记》第五册，1945 年 7 月 8 日，第 118～119 页。

事多加顾虑。①

四　王世杰参与中苏谈判

1945 年 7 月 18 日，宋子文结束第一阶段谈判返回重庆。返渝后，宋子文主动对王世杰表示，其欲卸除外长之职，并询问王世杰能否改任或兼任外长。宋氏谓第二次赴莫斯科续谈中苏条约时，盼王世杰偕往，以外长资格结束中苏谈判。王世杰表示不愿任外长，后经宋子文一再敦促，王世杰始允考虑后再答复。宋子文将在莫斯科与斯大林谈判时之六次记录交王世杰细阅。②

对接任外长及参与中苏谈判，王世杰颇为踌躇，原因是王内心十分为难。一是如拒绝，王担心这是向国人表示畏惧责任。二是如不拒绝，王氏又忧虑中苏条约中对于东北退还之相关协议，苏联能否完整地照议定办法实行；如苏联不如此实行，则中国承认外蒙古独立为单纯之让步；如苏联确能如此实行，则中国对外蒙古之让步可不受他人或后代责难。然而经过长时间考虑后，王世杰仍较倾向不接任外长。王氏对蒋介石表明，如接任外长，就须解除宣传部长职位，且自己不愿同赴莫斯科；③ 王世杰且对宋子文表态，希望接掌外部一事能暂缓，待宋子文结束莫斯科谈判与伦敦五国外长会议结束，再行考虑调整外长一事；但宋子文则强调，无论如何王氏皆须共赴莫斯科，而暂缓接任外长一事，则须与蒋氏面商，④ 如此王氏接任外长一事，几已成定局。

分析王氏心态，笔者认为，尽管王世杰对接掌外部之期望存在已久，但此时绝非适当时机，故王氏极力避免接任，以规避责任。但因先前致力研究中苏问题，且建言颇多，故当宋子文对中苏谈判事产生无力感，需寻觅搭档时，王氏即成当然之人选。无论宋子文荐王氏任外长之意为何，就王氏看来，宋子文卸责之成分居多，是"觅人与其共同负责此次对苏谈判结论之责任"⑤。

7 月 30 日，国防最高委员会开会通过王世杰接任外长议案，随后宋子文约王世杰讨论中苏谈判事时，进一步要求中苏条约应由王世杰签字。依王氏日记之记载，其对宋氏此种要求颇为无奈，但不得不接受。王氏在日记中说：

① 《王世杰日记》第五册，1945 年 7 月 25 日，第 130～131 页。
② 《王世杰日记》第五册，1945 年 7 月 24 日，第 129～130 页。
③ 《王世杰日记》第五册，1945 年 7 月 27 日，第 133 页。
④ 《王世杰日记》第五册，1945 年 7 月 29 日，第 164～135 页。
⑤ 《王世杰日记》第五册，1945 年 7 月 25 日，第 131 页。

"今晨予与子文谈赴莫斯科事，彼谓将来中苏约文应由予签字，予谓可否由彼我共同签字，彼谓不可。但云如苏方由史坦林签字，则彼可签字。实际上苏方自将由其外长莫洛托夫签字。"① 在确定将往莫斯科后，王氏曾向蒋介石建议，中苏订立条约时，其中不可有任何秘密协议，而外蒙古问题更应于批准前先行向立法院及参政会驻会委员会报告，"否则于国家及负折冲之责任者均不利"②。由此更可看出王氏对于实际参加中苏谈判一事，进而代表中国签字，不仅意愿不高，而且还有不得不为的无奈感，此种感觉与"值此中苏情势紧张，关系极大之时，本身之毁誉不宜在予考虑中也"③ 的自剖心迹，其相距不可以道里计。

在出发前往莫斯科前，王氏已订出此行之三项主要目标：统一、和平、保全东北。但王氏认为，外间对外蒙古问题颇有异论，如舆论不能深了解，即使谈判有成，中苏感情仍将不谐，前途之变化亦甚可虑，因此早在中苏第一阶段谈判进行时，王氏就已约见重庆各报主笔，要求其勿对中苏谈判妄加揣测。④ 在外蒙古问题上，王世杰建议，首先应注意者即为外蒙古疆界问题。虽然蒋氏认为外蒙古战后独立问题既经宋子文同意，此时就以不提疆界划分问题为佳，但王氏仍强调，疆界问题须在承认外蒙古独立前确定，否则日后将引发无尽纠纷，⑤ 故于莫斯科谈判期间，中苏条约之签订虽迫在眉睫，但王氏仍坚决主张须待外蒙古疆界确定后才能签字。

宋子文与王世杰一行人于 8 月 7 日抵莫斯科后，晚间即就第一阶段未能解决之问题进行谈判，包括旅顺军港范围、大连市政独立、中苏关系探讨及外蒙古疆界等问题。⑥ 其中，旅顺军港方面，苏联最初想法乃欲租借旅顺港，后因蒋氏坚持不可再出现"租借"一词，故苏联退而要求旅顺由中苏共管，但中国则坚持旅顺可由中苏共同使用，但旅顺之行政管理权则应归中国所有。⑦ 后因中国在外蒙古问题上的让步，苏联始同意除旅顺军港由苏联管理外，军港以外地区则由中国管理。但苏联仍以非扩大军港范围不足以保证旅顺安全的理

① 《王世杰日记》第五册，1945 年 8 月 1 日，第 136 页。
② 《王世杰日记》第五册，1945 年 7 月 31 日，第 136 页。
③ 《王世杰日记》第五册，1945 年 7 月 25 日，第 130 ~ 131 页。
④ 《王世杰日记》第五册，1945 年 7 月 5 日，第 116 页。
⑤ 《王世杰日记》第五册，1945 年 8 月 2 日，第 137 页。
⑥ 陈立文：《宋子文与战时外交》，第 234 页。
⑦ 《行政院长宋子文自莫斯科呈蒋主席报告对东北问题之意见请示可否照此意见向斯大林提出电》，1945 年 7 月 6 日，《战时外交》（二），第 595 页。

由，企图将苏联管理范围扩大至大连，甚至要求在旅顺港以南以一百公里为半径之内之岛屿上设防，须取得苏联同意，双方意见差距过大，故此问题之冲突并未于第一阶段会谈中解决。

第二阶段谈判开始后，中苏仍为旅顺问题针锋相对，宋子文根据蒋介石指示之原则，在与斯大林的谈判中，从中国对外蒙古的让步上动之以情、从大连的实际状况上说之以理、从军事安全角度上分析得失，终于促使斯大林重新考虑。[1] 在谈判中中国还争取到旅顺铁路管理权，即铁路不在军事管理范围内，亦就不在苏联管理之下；[2] 旅顺区域内之民事行政，也由中国管辖，但须顾及苏方利益；主要民政人员的任免，亦须事先征得苏联同意。但苏方有权在旅顺地区驻扎陆海空军，且中国行政当局对于苏联军事当局的建议，应予实行。以此结果观之，苏联虽仍有权驻兵旅顺，但中国成功保留对旅顺的民事行政权、旅顺铁路及口外岛屿的管理权，甚至还有大连市的行政权。在谈判过程中，王世杰的"恺切陈词"，并谓如苏联不让中国收回大连行政权，则中国更不可能有收回九龙、香港岛之理由。[3] 最终，斯大林作出让步，同意大连的市政权全归中国所有，仅需任用苏联人员一人管理港口船务，遇有战争时，方受旅顺军港之约束。[4] 至少在此问题中，中国取得了一定的成果。

但在争议最大的外蒙古疆界问题上，中国代表团便遇到较大的障碍。前文已论及在第一阶段谈判中，因中国之疏忽，故未在外蒙古疆界问题谈判中携有地图作为确切依据，故无法向苏联据理力争。至第二阶段谈判时，因王世杰坚持认为在承认外蒙古独立前须先确定其疆界，故此次中国代表团携有两份外蒙古地图，即丁文江所绘之外蒙古地图和1926年苏联之旧版外蒙古地图。[5] 但斯大林谓先前与日本谈判时，日方地图曾将苏联疆界加以修改，宋子文为此十分不悦，并强调在疆界未确定前，中国不能同意外蒙古独立。斯大林则认为不需依照或参考任何地图，而需以现状为准。宋氏反对态度强硬，他强调："吾人

① 陈立文：《宋子文与战时外交》，第234页。
② Victor S. T. Hoo Files, Eastern Asian Library, Columbia Univ., N.Y., p.62；转引自陈立文《宋子文与战时外交》，第264页。
③ 《王世杰日记》第五册，1945年8月10日，第148页。
④ 《行政院长宋子文、外交部长王世杰自莫斯科呈蒋主席报告在苏闻悉日本求降及与斯大林晤谈关于解决大连市、外蒙疆界及旅顺口外岛屿等问题之谈话结果电》，1945年8月10日，《战时外交》（二），第645页。
⑤ 《行政院长宋子文、外交部长王世杰自莫斯科呈蒋主席报告在苏闻悉日本求降及与斯大林晤谈关于解决旅顺区域、大连市、中东路及外蒙疆界等问题之谈话结果电》，1945年8月7日，《战时外交》（二），第643页。

必须承认某一依据以解决疆界问题，避免日后之纷争"，且"如果没有地图为据，中国绝不同意任何有关协议"。① 斯大林同意待其细阅地图后再行答复。②

3 日后，双方再就外蒙古疆界进行谈判，苏联态度仍极强硬，斯大林表示无法接受中国所提之疆界，坚持应以现状为依据，并认为中国坚持疆界问题乃有意拖延谈判。王世杰因而表示中国既将同意外蒙古独立，则必须有一明确范围以昭告国人，故希望先定疆界，绝无刁难之意。斯大林则说，25 年来外蒙古并无边界纠纷，足见现状之疆界已为事实，中国不应继续坚持此点。王世杰指出，1944 年之疆蒙冲突，即可视为一种边界冲突。③ 双方仍坚持己方观点，无妥协余地，故斯大林自此转换话题，不再讨论外蒙古事，且在此后两天之会谈中避不见面。④

对于外蒙古疆界问题，重庆方面仍坚持须先划定疆界，蒋介石并以训令致中国代表团，强调："外蒙疆界必须此时有一图底，并在承认其独立以前勘定疆界，否则外蒙问题之纠纷，仍不能解决，则承认其独立不惟无益，而且有害，虽停止交涉，亦所不恤。"⑤ 然而王世杰等人在苏面对之情势并不简单，第二阶段谈判期间，正值美国对日进行原子弹攻击，日本考虑投降前后，苏联已正式宣告对日作战，故中苏条约实有立即签订的必要。王世杰即认为，蒋氏必先划界而后订约的要求，显然办不到，因"苏军已大规模攻入东三省，倘再拖延，交涉或生根本变化"。因此宋子文等其他人均主张不顾蒋氏电示，径与斯大林解决；但王世杰认为不可，因此事如未获蒋氏充分支持，则未来国内

① 《宋、史后阶段第一次谈话纪录》，1945 年 8 月 7 日，Victor S. T. Hoo Files；转引自陈立文《宋子文与战时外交》，第 247 ~ 248 页。
② 《行政院长宋子文、外交部长王世杰自莫斯科呈蒋主席报告在苏闻悉日本求降及与斯大林晤谈关于解决旅顺区域、大连市、中东路及外蒙疆界等问题之谈话结果电》，1945 年 8 月 7 日，《战时外交》（二），第 643 页。
③ 1944 年 3、4 月间，新疆盛世才部队因"剿哈萨克匪"一事，在疆蒙边界用兵，苏联军队以飞机轰炸新疆部队。苏联一方面否认轰炸新疆军队事，纵使飞机上有苏军徽饰，亦可能为他人假造；另一方面声称，新疆军队"侵入"外蒙古领土，且扫射哈萨克难民，若再发生此类事件，苏联将依据 1936 年之《苏蒙互助协议》，给予外蒙古之一切必要支持与协助。
④ 《宋、史后阶段第一次谈话纪录》，1945 年 8 月 7 日，Victor S. T. Hoo Files；转引自陈立文《宋子文与战时外交》，第 248 页。但此次谈话应于 8 月 10 日，故陈氏书中所注可能有误，但因此文件藏于哥伦比亚大学，笔者未能得见，故此处仍以陈氏书中为准，参见该书第 255 页，注 41。
⑤ 《蒋主席自重庆致行政院长宋子文、外交部长王世杰嘱转告苏方如南满路局长任华人则管理大连港务人员可用苏员及外蒙疆界须在承认其独立前勘定界线电》，1945 年 8 月 12 日，《战时外交》（二），第 647 ~ 648 页。

意见分歧，即使签字也未必能批准。因此王世杰极力主张须先征求蒋氏同意，并要求在得到蒋氏同意前，暂停与苏联之谈判。①

8月12日，王世杰急电重庆，表示：

> 职等原待今晚与史太林作末次商谈，接电示，已以电话请其暂停晤见。外蒙疆界问题，却已无法照钧示办到，其原因颇多，似非苏方故意预为将来留一惹起纠纷地步。职等及同来诸人一致认为中苏条约必需缔立，倘再延迟，极易立即引起意外变化。兹特恳请钧座，对于外蒙及其他未决事项，授予职等权宜处置之权，并恳急示。②

蒋氏发出同意授权中国代表团权宜处置的训令，虽于次日发出，但因电文传送费时，故中国代表团迟迟未收到。宋子文主张不待蒋氏之命令，径行与苏联签约，王世杰仍不赞成，仅同意继续与斯大林商谈，但正式接受外蒙古问题之解决方案须在接获蒋氏命令以后，王世杰并因此再电重庆，该电中称：

> 外蒙问题，职等反复谈判，迄无成果，不胜惶恐。但默察苏方态度，似非蓄意与我为难，其欲藉此次订约，改进中苏关系之心，似属相当诚挚。就我方利害而言，则此次订约，可以明中苏之关系，……保证苏军之撤退，限定苏方在东北之权益，凡此，皆为今后统一及建国所必需，倘再停止谈判，则形势必立变，前途隐患甚大，权衡至再，职与宋院长拟于接到钧座授权解决之电令时，再向史氏作一度谈判，要求将外蒙疆界以现时疆界为限之字句，列入换文中，盖有此一语，则在约文上，我固显然不承认民国八年以前属于外蒙之就疆界为外蒙领土。③

较令笔者怀疑的是，王世杰为何会在电文中强调"苏方态度，似非蓄意与我为难，其欲藉此次订约，改进中苏关系之心，似属相当诚挚"。王世杰十

---

① 《王世杰日记》第五册，1945年8月12日，第149～150页。
② 《行政院长宋子文、外交部长王世杰自莫斯科呈蒋主席报告为速缔立中苏条约以防生变请对外蒙及其他未决事项授予权宜处置之权电》，1945年8月12日，《战时外交》（二），第649页。
③ 《外交部长王世杰自莫斯科呈蒋主席报告苏方决不同意外蒙先定界而后承认独立拟向斯大林要求将外蒙疆界以现时疆界为限之字句列入换文中电》，1945年8月13日，《战时外交》（二），第650页。

分确定苏联对中国的野心及战后苏联对中国可能造成的威胁，就算时间迫在眉睫，此种措辞仍让人难以接受。无论如何，王世杰等人还是在接到蒋氏授权便宜行事的训令后，于 8 月 14 日立即与斯大林展开最终谈判，并要求将"外蒙疆界以现时疆界为限"文字列入换文中，此要求获斯大林同意。最大障碍去除后，其他问题遂陆续解决，1945 年 8 月 15 日，由王世杰与莫洛托夫正式代表两国政府在协议上签字。

王世杰结束莫斯科之行返国后，曾至国防最高委员会及中常会联席会议，即席报告订约经过及订约背景，以及他对雅尔塔会议中罗斯福、丘吉尔、斯大林关于外蒙古、东三省问题之了解。此次报告或许可以反映出王世杰对中苏条约签订的真实感受。王世杰谓："此约之订立，虽使吾人对于……外蒙，不能不承认其独立，但战事结束后三个月内，苏联依约不能不自东三省撤退。对于旅顺及中东南满两路，予虽有所让步，但范围有限，东三省主权可以收回。如国论统一，批准迅速，我可收缔约之效。"王世杰还在日记中强调："左舜生、傅斯年均赞成批准，辽宁钱公来尤热烈，……谓为东三省之救星。"① 故此时王氏对中苏条约之签订，还是相当满意的，从其在日记中之记载，可对王氏此时自己对签订中苏条约之评价窥知一二。虽然日后因苏联违约而饱受抨击，但至少在此时，王氏仍认为此约之签订能收牵制苏联之效。

在整个抗战时期，乃至于整个国民政府时期，外交政策的方向，绝非由外长完全掌握，蒋介石无疑为最重要的决策中枢。从抗战时期至新中国成立时期，中国的命运也非中国自身能够左右。二战结束后取得的四大强国地位，在其他强国的眼里，充其量不过是橡皮图章而已。《中苏友好同盟条约》的签订，本身即为《雅尔塔密约》的后续影响。在雅尔塔会议中，连出席此次会议的英国都几无置喙余地，何况被排挤在外的中国。宋子文与王世杰等人因签署《中苏友好同盟条约》而遭受抨击，其主要原因是苏联日后的毁约。但该约之产生，并非中国所能控制，更非中国所能拒绝。故应评判者，乃中国代表在艰困环境下，能否成功地从逆境中求生存，尽其所能地挽回中国的权益。对中国而言，在此次签署中苏条约中，中国顺利地订出苏联战后自东北撤退的时程表，成功地将苏联在旅顺、大连的权利限定在最小范围。虽然放弃了外蒙古，但换取对东北的实质控制权，在此点上，中国代表团也并非全无收获。

---

① 《王世杰日记》第五册，1945 年 8 月 24 日，第 157～159 页。

五　战后初期的美国对华政策

1945 年 8 月日本投降，第二次世界大战正式结束。中国甫自对日战争的困境中拔出身，随即就落入国共争端中。国际关系方面，美国在战争结束前即已确定在中国问题上要力图避免与苏联相对抗，美国务院主管东亚事务的范宣德（John Carter Vincent）强调，在对华政策上，"最重要的是避免让我们对中国过于积极的支持，造成美苏关系的不睦"①。而美国政府在战后初期对中共实力并未予以重视，甚至认为只要说服苏联不予支持即可，故美国倾向与苏联直接达成谅解。②

与美国类似的，苏联战后初期的对华政策之基本战略目标，乃在东北享有军事优势，并通过对铁路的控制，得以掌控东北经济。日本投降前几个月，斯大林已计划将驻扎欧洲之部队转移至亚洲待命，美国以原子弹攻击日本后，苏联随即进兵，控制整个东北。③ 苏联亦恐引起美国疑心，故在战后坚决否认与中共的关系；而且，《中苏友好同盟条约》的签订，对莫斯科与延安间的关系，造成极大的伤害。莫斯科曾对延安方面表明：美国一方面不让蒋介石发动内战；另一方面向苏联施压，劝其支持国共和谈。④

《雅尔塔密约》《中苏友好同盟条约》与美国对华政策，皆希望在中国组织联合政府，但美国驻莫斯科与东欧的外交官都曾提出警告，认为斯大林之所以接受某种特定的政治安排，绝对有其目的。⑤ 哈里曼甚至曾要求美国立刻出兵占领大连，认为若东北落入苏联之手，对美国外交处境极为不利，因而建议

---

① Memorandum of Conversation, by the Chief of the Division of Chinese Affairs (Vincent), March 12, 1945, FRUS, 1945, Vol. 7: China, p. 955.
② 资中筠：《美国对华政策的缘起与发展（1945—1950）》，重庆出版社，1987，第 36 页。
③ Odd Arne Westad, *Cold War and Revolution: Soviet-American Rivalry and the Origins of the Chinese Civil War, 1944 - 1946*, New York: Columbia University Press, 1993, pp. 77 - 78.
④ Odd Arne Westad, *Cold War and Revolution: Soviet-American Rivalry and the Origins of the Chinese Civil War, 1944 - 1946*, pp. 78 - 79.
⑤ Memorandum by the Chief of the Division of Eastern European Affairs, May 10, 1945, FRUS, 1945, Vol. 7: China, pp. 863 - 865; Memorandum of the Conversation by the Deputy Director of the Office of Far Eastern Affairs, April 19, 1945, ibid., pp. 341 - 342; The Charge in the Soviet Union to the Secretary of State, April 23, 1945, ibid., pp. 342 - 345; The Ambassador in the Soviet Union to the Secretary of State, September 4, 1945, ibid., pp. 982 - 984.

美国以武力围堵苏联在中国的影响力。① 这些令人不安的警告确曾引起美方的关注，美国希望在这些警告与发展美苏关系间寻求一个平衡点，因此一方面继续响应苏联合理的要求，另一方面展现强硬的立场。②

美国希望苏联履行诺言，即根据中苏条约支持国民政府，使其成为中国唯一的合法政府，并能通过调停国共间的冲突，让中共加入联合政府。③ 整体而言，在战后最初数月间，无论在军事接收上还是国共冲突上，美国都提供帮助，实现其对中国的理想。

六 国民政府的束缚与美国政策的转变

在美苏双方均避免产生直接冲突，力求国共问题和平解决的前提下，国民政府政策的实施空间，遭到多重束缚——一方面需要听从美国意见；另一方面又需要避免激怒苏联——尤其是在东北政策的实行上，产生极大的障碍。《中苏友好同盟条约》签订后，苏联取代日本，驻军东北，非得其允许，所有势力皆无法进入。中国虽为战胜国，接收国土时却面临此种进退维谷的境地。

然为取得苏联合作以便顺利接收东北，国民政府在处理中苏关系上格外谨慎。如 1945 年 10 月间，国府派往东北的接收官员齐世英在长春发表反苏言论，立即引起苏联的抗议，蒋介石随即下令撤回齐氏，并急电驻东北代表蒋经国、熊式辉等人："在长人员不准有反苏言行，否则一律勒令送回重庆。"④

东北问题的处理与对美苏两国的态度，乃战后初期中国外交上最重要的课题，对王世杰来说更是如此，因王氏乃《中苏友好同盟条约》上代表中国政府的签字者，该约能否履行，对其至关重要，且其身为外长，政策成败与其息息相关。战后初期，王氏对苏联履行中苏条约一度颇抱希望，将苏联视为盟友。1945 年 9 月 1 日，王氏会晤苏联驻华大使，并告知，中国将以日本在华之公私产业作为日本对华赔偿的一部分，请苏联大使通知东北苏军，防止日人

① Odd Arne Westad, *Cold War and Revolution: Soviet-American Rivalry and the Origins of the Chinese Civil War, 1944 - 1946*, p. 53.
② John Lewis Gaddis, *The United States and the Origins of the Cold War, 1941 - 1947*, New York: Columbia University Press, 1972, pp. 200 - 204.
③ John Hansen Feaver, *The Truman Administration and China, 1945 - 1950: The Policy of Restrained Intervention*, University of Oklahoma, 1980, p. 54.
④ 资中筠：《美国对华政策的缘起与发展（1945—1950）》，第 40 页。

毁坏、迁移或隐藏。① 王氏虽强调此举之目的在于告诉苏联，日人在东北之工商业均为中国之产业，但亦可看出王氏此时尚未敌视苏联。

然而王氏自抗战以来对苏之猜疑，亦未消弭。1945 年 9 月 4 日，王氏启程前往伦敦参加五国外长会议。② 会议揭幕前，王氏即先与美国国务卿贝尔纳斯（James Byrnes）会晤。晤谈中，贝氏提及此次外长会议中不应讨论日本问题，因其担心一旦提出此问题，英苏两国即可能要求共管日本，如此将削减麦克阿瑟（Douglas MacArthur）之权力，王世杰因此赞同贝氏主张。至会议揭幕，苏联外长莫洛托夫果然询问应否讨论远东问题，后因无人提议而作罢。③此时，美国已开始对苏联在东北的发展感到怀疑，因而不愿苏联透过共同占领日本，更加强化其在东亚的实力。④ 远东问题仅是苏联与英美两国在此次外长会议中意见不合的一例；此次会议中，苏联与其他国家的争论时时可见。自会议揭幕次日起，英苏两国便因希腊问题而发生激烈争辩，⑤ 此后又因意大利和约问题针锋相对，⑥ 英美两国外长甚至在中国驻英大使顾维钧的邀宴中，指责莫洛托夫在会议中一味阻难，毫无合作诚意。⑦

然王世杰在此次会议中的角色，并未完全倒向英美，这显示当时中国之处境，因于美苏两强间求生存，故仍较倾向中立。就日本问题而论，9 月 24 日，苏联再度提出日本问题，提议共管日本，美国依循会前所订方针，坚持反对。王氏虽于事前承诺美国将不提日本问题，但因苏联两度提出，直接拒绝将显过于激烈，刻意与苏为难，故王氏一方面赞成美国设立远东顾问委员会以讨论远东事宜之提议；另一方面则表明不反对将苏联提案列入议程，但应于下次会议

---

① 《王世杰日记》第五册，1945 年 9 月 1 日，第 163 页。

② 1945 年 8 月，波茨坦会议决定举行中、美、英、法、苏五国外长会议，讨论对意、罗、保、匈、芬五国的和约问题；第一次会议于 1945 年 9～10 月于伦敦举行，会中、苏与英、美立场相对立，仅就意大利放弃殖民地、意大利与南斯拉夫边界应根据民族分布界线划分、的里亚斯特应辟为自由港等问题达成初步协议。因伦敦会议破裂，故美、英、苏三国外长决定于 1945 年 12 月在莫斯科召开磋商会议，苏联与英、美方面在某些问题上达成妥协，议决对意和约由苏、美、英、法四国外长起草，对罗、保、匈和约由苏、美、英三国外长起草，对芬和约由苏、英两国外长起草；各和约草案经 21 国和会讨论后，由英、美、法、苏四国外长会议研究后敲定最终版本；第二次会议于 1946 年 4 月至 7 月分两阶段于巴黎举行。

③ 《王世杰日记》第五册，1945 年 9 月 11 日，第 172～173 页。

④ Odd Arne Westad, *Cold War and Revolution: Soviet-American Rivalry and the Origins of the Chinese Civil War, 1944 – 1946*, pp. 118 – 119.

⑤ 《王世杰日记》第五册，1945 年 9 月 12 日，第 173 页。

⑥ 《王世杰日记》第五册，1945 年 9 月 15 日，第 175～176 页。

⑦ 《王世杰日记》第五册，1945 年 9 月 21 日，第 178～179 页。

再行进行讨论较为适当。① 身处美苏夹缝间，王氏在外长会议中所受之束缚不可谓不大，其手脚自难伸展。正如王氏在参政会向驻会委员会报告外长会议经过时所言："美苏关系……恶化，将使我国今后外交工作更趋困难。"②

伦敦五国外长会议的讨论主题，虽大半限于欧洲，涉及远东问题者并不多，但会中美苏尖锐的对立状况显示，苏联态度及其外交政策之积极已经超出美国的评估，苏联对华态度亦同。斯大林相信美国故意支持蒋介石，其目的在打击异己，因此斯大林要求美国停止协助蒋介石，如此方能避免国共内战的发生。1945 年 11 月，魏德迈告知华盛顿，中国的接收工作遭遇困难，因战线过长，国民政府的部队无法成功接收东北；并建议暂时放弃接收东北以免分散兵力，直到国民政府在华北站稳脚步。③

此时美国对华政策的评估已面临危机。在美国的计划中，假设的是所有的人都厌倦战争，渴望和平，但没估计到苏联并未妥协，在此种假设之外。为确保美国在华利益，美国应以更强势的角色促使中国和平解决国内问题，还是维持先前的低姿态？④ 然因此时的国际与中国内部的情势，皆充斥不确定因子，美国新的对华政策出现一些模棱两可的不确定性，但因种种因素的制约，只能大致上维持先前的政策模式。

总的来说，杜鲁门政府在与苏发生冲突前，企图极力把握每个和平解决战后问题的机会，包括对华政策。故美国的对华政策，仍在促使国共和谈，并加上一些积极的因子，如派遣马歇尔使华。美国希望借马歇尔的光环来弥补先前赫尔利对中共的强硬政策所造成的伤害。此外，马歇尔使华还具有几种象征性的意义：（1）表现美国对中国问题极其重视；（2）表现美国仍对中国问题掌握主动权；（3）暗示苏联不要在中国混乱中浑水摸鱼、渔翁得利；（4）告诉国共两党，美国仍认为中国的政治协商乃必需的，并坚决反对中国发生内战。⑤

---

① 《王世杰日记》第五册，1945 年 9 月 25 日，第 181 页。

② 《王世杰日记》第五册，1945 年 10 月 12 日，第 193 页。

③ The Commanding General, U. S. Forces, China Theater, to the Chief of Staff, United States Army, November 20, 1945, FRUS, 1945, Vol. 7: China, pp. 640 – 660.

④ Herbert Feis, *The China Tangle*, pp. 32 – 33.

⑤ Herbert Feis, *The China Tangle*, p. 412；Russell D. Buhite, *Patrick J. Hurley and American foreign policy*, Ithaca: Cornell University Press, 1973, p. 272；The Ambassador in the Soviet Union to the Secretary of State, December 20, 1945, FRUS, 1945, Vol. 7: China, p. 702 – 704；The Charge in China to the Secretary of State, December 23, 1945, ibid. , p. 706.

七　东北接收问题

在美国酝酿新对华政策的过程中，国民政府则继续面对国内与国外的压力，而美苏争端亦延伸至中国。在接收问题上，因落后的运输条件与设备，国民党军队无法顺利运往东北进行接收，而须仰赖美国协助。国民政府在东北接收上，也准备并不充分。虽然1945年3月，中央设计局成立东北调查委员会，收集了大量有关"满洲国"的资料，但事实上，国民政府并未给予东北太大的注意力，因此战后东北的接收工作就显得混乱，甚至没有政策可言。①

美军总部建议，② 国民政府应照会苏联大使馆，国军将乘美舰自九龙前往大连登陆，③ 以对东北进行接收；然此要求遭苏联拒绝，其原因为"按照中苏条约，大连为运输商品而非运输军队之港口，苏联政府坚决反对任何军队在大连登陆"④。为此，王世杰亲自会晤苏联驻华大使彼得罗夫，并向彼得罗夫声明：

> 关于中国政府派军队由大连登陆到东北事，贵国政府认为系违反中苏条约，表示反对。对于此事，本人兹向贵大使声明如下：
>
> 1. 中国政府对条约所规定之义务，必完全履行。大连为商港，故对于苏联货物，除免除过境税，又港口主任用苏联人员充任，码头一部份（分）设备租予苏方使用，此为中国在条约中所承认之义务，中国政府一定履行。但大连主权属于中国，亦为条约所明定，除经条约明定之义务外，中国政府自不受其他限制。因此中国政府对于派兵由大连登陆到东三省，决不能认为系违反中苏条约。
>
> 2. 中国政府派军队到东北的目的，系接防，换言之，即系对于所接

---

① Steven I. Levine, *Anvil of Victory: The Communist Revolution in Manchuria, 1945–1948*, p. 46；陈立文：《从东北党务发展看接收》，台北：东北文献杂志社，2000，第313页。

② 《商震主任呈蒋委员长告派熊式辉蒋经国赴长春会商接防办法电》，1945年10月2日，秦孝仪主编《中华民国重要史料初编——对日抗战时期（第七编）·战后中国》（以下简称《战后中国》）（一），台北：中国国民党中央委员会党史委员会，1981，第117页。

③ 《外交部致苏联驻华大使馆告我军登陆大连照会》，1945年10月1日，《战后中国》（一），第117页。

④ 《傅秉常大使致外交部告苏联反对我军在大连登陆电》，1945年10月7日，《战后中国》（一），第119页。

收之地区维持治安及镇压敌人可能的反动，此等任务现由苏军担任，苏军撤退，自应由中国军队负担。①

王世杰认为，苏联之所以拒绝国军由大连登陆，该港为自由港仅为表面原因，实则原因为：（1）国共谈判近来无进展，苏联因此不满；（2）美苏不睦，而国军将乘美舰登陆大连，遭苏联嫉妒。② 此时国民政府仍期望借《中苏友好同盟条约》，达到某种程度的中苏合作，尽快将武装部队运往东北，以达到军事力量的平衡状态。③ 王氏仍未完全对《中苏友好同盟条约》丧失信心，故面对苏联的刁难，王氏仍主忍让；④ 然因身为外长，王氏势必在对苏交涉上有所坚持。

张群一度主张由蒋介石亲自赴苏或由王世杰代表蒋赴莫斯科一趟，与斯大林亲自见面，解决问题。但王氏并不赞成此议，因其认为，东北问题与中共问题的症结在于中共与苏联的关系，此问题不可能透过与苏联签订正式协议的方式来解决。王氏认为，欲解决中苏问题，"正其谊不谋其利，明其道不计其功"的做法已不可轻信，而须代以现时利害。就现实面来衡量，中国绝非苏联敌手，故战端亦不应由中国开启。若中国于对日抗战甫结束时，就再度面临一场五至十年的长期战争，则一切建国大业将无限期搁置。故王氏以为，在中共问题上，"假使我政府对中共作重大让步，求取和平，在假统一之形势下，暂取分疆而治之策，自亦有许多困难与危险，但比较得失危险程度，似尚较小"⑤。

1945 年 10 月下旬，因美军登陆华北，原本表面尚称和善的苏联，态度突然急转，一方面派武装人员搜查国民党驻长春东北党务专员办公室及吉林省党部，将所有档案文件与款项搜载一空，并带走重要人员 5 人；另一方面则在长春郊外进行大规模演习，限制东北行营人员行动，改派中共人士接任长春警察局长。⑥ 而国军在大连登陆的要求遭苏方拒绝，欲从营口、葫芦岛登陆，又因

① 《外交部长王世杰接见苏联驻华大使彼得洛夫关于中国政府派兵由大连登陆致东北谈话纪要》，1945 年 10 月 9 日，《战后中国》（一），第 117 页。
② 《王世杰日记》第五册，1945 年 10 月 9、19 日，第 190～191、196～197 页。
③ Steven I. Levine, *Anvil of Victory: The Communist Revolution in Manchuria, 1945–1948*, p. 48.
④ 《王世杰日记》第五册，1945 年 10 月 23 日，第 199～200 页。
⑤ 《王世杰日记》第五册，1945 年 11 月 9 日，第 211～212 页。
⑥ 《熊式辉主任呈蒋委员长告苏方态度急激变化电》，1945 年 10 月 26 日，《战后中国》（一），第 126 页；《蒋经国特派员呈蒋委员长告苏军限制我行营行动函》，1945 年 10 月 26 日，《战后中国》（一），第 126 页。

该地已有武装力量的集结，苏方以兵力不足且国共争端为内政问题不便介入为由，拒绝协助，故国军登陆计划迟迟无法顺利进行。至 11 月，国民政府对中苏合作以收复东北的期望可说已经落空。① 为此，蒋介石对苏联颇为恼火，计划将东北行营撤至山海关，并将苏联违约事实公之于世，不再因顾虑东北收回问题而对苏联敷衍。蒋氏召集包括宋子文、王世杰、张群、白崇禧、陈布雷等人讨论此事，席间多数人赞成蒋氏所提之意见，唯独王世杰力排众议，认为此做法在道义上虽属正当，但须重行考虑，因其必然的结果为：

> ……外蒙受苏联大规模之接济与支持，从事大规模及长期之内战。至于友邦，在目前亦不见能予我以有效之支持，……而且此种战争在表面上为内战故也。我于此时如对苏联采取不惜决裂之政策，其结果或与一二八时之抵抗无异。美国尽管有史汀生其人者反对侵略东三省之国家，但恐非五年或更长时间以后，美国不能助我做有效之抵抗，一如一二八以后中日对抗之情形。②

然王氏建议并未得到蒋介石的重视，蒋氏仍决定将东北行营撤至山海关。更有甚者，蒋氏直接致电杜鲁门，控诉苏联之违约行为。蒋氏在电中称：

> 中国……努力求与苏联合作，以实现中苏友好同盟协议之目的，中国此种努力，在谋中苏之亲善，藉以巩固东亚之和平，……无如苏联政府方面，对于中苏协议之条文与精神，则故意蔑视，对于中国方面实现该协议之种种努力，在在予以阻挠。……在日军投降时，东北诸省原无……军队，……最近东北诸省境内有大部……军队存在，自系由苏军之支持。至于政府军队之登陆，则无处不受苏军之阻挠，因之中国政府派赴东北人员无法达成接收任务。在此情形之下，中国政府乃不得不将其派赴东北接收人员自长春撤退，移至东北边界上之山海关。……当前之东北局势不仅危及中国之领土完整与统一，实已构成东亚和平与秩序之重大威胁。窃意此种局势，需待中美双方之积极的与协调的动作，以防止其恶化。③

---

① Steven I. Levine, *Anvil of Victory*: *The Communist Revolution in Manchuria*, *1945 - 1948*, p. 50.
② 《王世杰日记》第五册，1945 年 11 月 8 日，第 209～211 页。
③ 《蒋主席致杜鲁门总统告苏联违反条约东北行营移至山海关已危及中国主权完整电》，1945 年 11 月 17 日，《战后中国》（一），第 148～149 页。

蒋氏此电之日期，恰与美国决定派遣马歇尔使华的时间相重叠，该电是否对马歇尔使华产生部分影响，未有相关史料佐证，笔者不敢断言。但马氏使华，并非蒋氏期望中之积极动作，其调停目的反而显示出美国此时对华政策与王世杰评估者相去不远，不愿采取过于积极的介入政策。

八　对苏态度

王世杰基于能顺利接收东北，而不赞成对苏强硬的主张，在中国当时激昂的反苏情绪下，迭遭外间攻击。1945 年 11 月 26 日，国防最高委员会召开常会，王氏列席报告东北接收过程所遇的困难，但仍主张中国坚持遵守中苏条约之立场，继续交涉以准备接收东北。此主张即遭居正抨击，且重庆大学、中央大学与南开中学等校有人散发传单，攻击王氏未公布中苏间交涉过程，乃"祸国害民"，其对此颇感无奈。王氏认为，欲避免东北成为外蒙古第二，须视中国的态度是否"坚定而沉着，只一味叫嚣或过分畏惧，均有使此种恶情势发生之可能，故予近日对于经过事实并未多发表，……外间流言只好忍受"。①

但事实上，王氏对外间之攻击仍颇为介意，故于 12 月 2 日特地约见中国新闻记者，以"不发表"的方式，告知东北交涉的经过。② 由此可知，在苏联未撤兵且有意阻挠中国接收的状况下，当初负责签约的王世杰已感受到外间的压力。1946 年初，苏联仍拒不撤兵，中国各地开始出现反苏游行，并有国民党党部人员在后鼓动。面对苏联对中国反苏运动的抗议，王氏态度渐转强硬，对苏联指出"此类事实须设法消除此事发生之原因方面去努力"③；但王氏仍不赞成党部以鼓动游行示威的方式来解决东北问题，认为示威活动反将使中苏交涉局势受挫，故急电时在外地视察之蒋氏，敦请其尽速返渝处理，并建议蒋氏对此事做适当表示，以免遭苏联所疑，使局势更僵。④ 蒋氏同意王氏建议，于隔日之纪念周中发表谈话，强调"前、昨两日陪都学生为东北接收问题，有游行之举，固出于爱国热诚，但应注重理智，切不可有偏激之情感，更不可越出其应有之范围；否则即损及我国家民族整个之荣誉，徒增国家之困难，因

① 《王世杰日记》第五册，1945 年 11 月 27 日，第 221 ~ 222 页。
② 《王世杰日记》第五册，1945 年 12 月 2 日，第 224 页。
③ 《王世杰日记》第五册，1946 年 2 月 20 日，第 272 页。
④ 《王世杰日记》第五册，1946 年 2 月 22 日、2 月 23 日，第 273 ~ 275 页。

此希望全国民众注意下列二点：第一、信任政府对于东北问题，必能有合理解决……"①

　　然而外间对外交之不满仍持续。3月5日，王世杰于国民党六届二中全会上进行外交报告时，又遭指其外交软弱，并已出现罢免王氏的声浪，王氏曾因此欲向蒋氏辞外长职，② 因得蒋氏慰留而作罢。蒋氏于3月17日六届二中全会的闭幕式上再度发表演说，强调坚持和平统一工作的重要性。③ 平心而论，王氏在处理苏联问题时，亦非全盘依苏联意志而行。举例而言，1945年底，苏联向中国提出在东北进行经济合作事宜之谈判要求，在苏军迟迟未撤的状况下，王氏立场相当强硬，坚主中苏欲商经济合作相关事宜，须于国民政府完整接收东北后才能展开，强调两国经济合作的规模应以三四个企业为限，且该企业不能具有垄断性。④

　　王世杰之所以反对与苏联洽谈经济合作事宜，主要原因有三：其一，苏联将日本在东北财产视为苏军战利品，此与中国观念根本不合；其二，苏联已自东北拆迁大量机器设备回国；⑤ 其三，苏联迟迟不愿自东北撤军。王氏在会晤苏联大使时明言，"苏方已自东北拆去许多机器及工业设备，因之中苏经济合作谈判，恐难于苏军撤退前商谈"；并请其转告莫洛托夫："勿使中苏友好同盟条约只是一张纸上文字。"⑥ 其后，蒋介石一度欲以中苏经济谈判为条件，减少苏联阻挠国府接收东北，但王氏之意见仍有相当分量，在王氏坚持绝不可因一时间的军事需要而允许苏军缓撤的意见下，⑦ 蒋氏虽同意先进行谈判，但强调在苏军未完全撤退与国民政府未完全接收东北前，不会达成任何协议。⑧

　　王世杰对待苏联的态度，乃至其外交政策，在一定程度上，仍以美国态度为基本原则。1946年5月，因中苏关系紧张，斯大林邀请蒋介石访苏；对于

① 秦孝仪主编《先总统蒋公思想言论总集》卷21，演讲，台北："中央文物供应社"，1984，第254～255页。王世杰在日记中记载蒋氏因其建议而于此次演讲中强调中苏友谊；然据此书之记载，蒋则对中苏关系只字未提；见《王世杰日记》第五册，1946年2月25日，第276页。
② 《王世杰日记》第五册，1946年3月5日、3月6日，第281～282页。
③ 秦孝仪主编《先总统蒋公思想言论总集》卷21，演讲，第278～279页。王世杰日记中记载此次演讲日期为3月16日，然当天并无蒋氏发表演说之记录，故王世杰日记中所记之时间疑为误记；见《王世杰日记》第五册，1946年3月16日，第287页。
④ 《王世杰日记》第五册，1945年12月22日、1946年2月16日，第233～234、269～270页。
⑤ 《王世杰日记》第五册，1946年3月26日，第292页。
⑥ 《王世杰日记》第五册，1946年3月7日，第282～283页。
⑦ 《王世杰日记》第五册，1946年4月22日，第309页。
⑧ 《王世杰日记》第五册，1946年3月27日，4月4、13日，第292～293、296～297、302～303页。

此事，王世杰认为苏联目前将中共在东北武力视为要挟国民政府之工具。蒋氏访苏，若接受苏联要挟，则必须承认中共在东北地位，如此就不能阻止中共在东北之进一步要求与行动。若不接受要挟，则局势将变得更僵，故此时以暂不拒绝且暂不应允为佳，待巴黎外长会议结束，就苏联与美英之关系再决定国府对苏联之态度；① 此时，对美苏关系的考虑已经上升为王氏思考中苏关系与国共问题的核心。

1946 年 7 月至 9 月间，中、美、英、法、苏五国外长于巴黎举行五国外长会议，② 王世杰再度以外长身份代表中国参加会议。该次会议中，美国与苏联在意大利问题、投票表决方式等多项问题上均发生重大冲突，③ 美苏关系显然已有恶化趋势。然因美苏两国尚未完全决裂，美方仍不赞成国民政府以武力解决中共问题，且美方亦无力对国民政府进行积极援助。美国国务卿贝尔纳斯对王世杰表示其对中国情势之忧虑，④ 如此即可解释为何马歇尔在华调停数度遭遇障碍时，王氏仍坚持国共问题应予以和平解决的主张。

九　王世杰与马歇尔调停

王氏十分清楚美国不愿国共爆发大规模战争，故对马歇尔调停极为支持。然而对于部分国民党人而言，马歇尔的使华任务仅在意义上值得欢欣鼓舞，因为马歇尔使华只在消极程度上代表美国仍继续对中国感兴趣，但从坚决反共的赫尔利的辞职，到史迪威的好友马歇尔使华，对于"反共"的死硬派国民党人来说，实在不值得庆贺。⑤ 因此在马歇尔在其调停初期认为，中共的合作态度要比国民政府更为积极。⑥ 但中国情势亦随着美苏在国际的相互对垒而逐渐恶化。

王世杰认为，中共态度所以渐趋强硬，乃因苏联的军事支持。苏联先前亟

---

① 《王世杰日记》第五册，1946 年 5 月 9 日，第 317~318 页。
② 该次会议原为美、英、法、苏四国外长会议，讨论对意大利等五国和约问题；因苏联拒绝中国加入讨论，经王世杰提出强烈抗议，威胁若中国无法参与将拒绝出席该次会议，并在联合国否定该会议所达成之一切决定，中国方能加入该次会议。
③ 《王世杰日记》第五册，1946 年 8 月 8 日、13、15 日，第 367、370~371 页。
④ 《王世杰部长呈蒋主席告美国务卿贝尔纳斯对我国近况深感忧虑电》，1946 年 7 月 29 日，《战后中国》（三），第 207 页。
⑤ 〔美〕威廉·斯图克：《马歇尔与魏德迈使华》，中国社会科学院近代史研究所国外中国近代史研究编辑部编《国外中国近代史研究》第 12 辑，中国社会科学出版社，1989，第 100 页。
⑥ 〔美〕威廉·斯图克：《马歇尔与魏德迈使华》，《国外中国近代史研究》第 12 辑，第 101 页。

欲与国府商议之经济合作问题，此时已杳无音信。王氏猜测，苏联在其对华政策上已改变态度，放弃与国民政府妥协，改为支持中共之政策；而中共仰赖苏联援助，事实上已经失去其自主性，日后将不得不唯苏联之命是从，是以国共关系与中美苏关系均已进入新阶段；① 国共冲突已非单纯的国内问题，或凭借国内政治手段可以解决，但美苏关系之演变与中国国内情势已产生密不可分的关系。

就在此时，国共关系急转直下，原本就对国共和谈没太大意愿的国民政府，便以军事行动作为对抗的手段。马歇尔认为，国府不能在国共内战中获胜；相反的，内战的爆发将创造有利于中共控制全中国的客观环境。故马歇尔仍致力于国共和谈。双方频繁的军事行动，让马歇尔调停倍感吃力，甚至数度有意停止调停。王世杰对马歇尔欲退出调停的举动甚为着急；1946 年 5 月 23 日，王氏亲自拜访马歇尔，表示"国共商谈使人沉闷，但望彼无松懈其调解之努力"。马歇尔则认为，国民政府应趁东北军事进展顺利之时立即停战，绝不可因此而萌以武力解决之念。②

蒋氏不愿停止军事行动，马歇尔透过宋子文致函蒋氏，用词已极其愤慨。马氏表示："鄙人兹特重向钧座声述，政府在东北军队之继续前进，不但使鄙人之调解愈趋困难，即鄙人之信用人格，亦已大为动摇，因之鄙人特再恳请钧座，立即下令停止政府军队之前进攻击与追击。"③

宋子文与王世杰讨论因应之道。王氏认为，当初国民政府军队能开往东北，马氏出力不少，故对于马氏立场应多加考虑。④ 马氏亲自拜访王氏，并对其表明，若国民政府不能停止在东北的军事行动，其将被迫采取退出调停之决定，王氏因而承诺将电请蒋氏返京，且将力促蒋氏下令停战，以期重开谈判。⑤ 蒋氏返京后，王氏两度面谒蒋氏，请其下令东北国军停止前进，以免马歇尔被迫退出调停。⑥ 马歇尔的压力以及中共在鲁苏两地的胜利，迫使国府不得不将军队撤离东北，国共并于 6 月 6 日第二次达成停战协议。

王世杰对国共双方能达成协议颇感欣慰，因其认为："惟今后形势，国共

---

① 《王世杰日记》第五册，1946 年 4 月 22 日、5 月 2 日，第 309、314 页。

② 《王世杰日记》第五册，1946 年 5 月 23 日，第 325 页。

③ 《马歇尔特使致宋子文院长转呈蒋委员长恳请东北国军停止前进追击备忘录》，1946 年 5 月 31 日，《战后中国》（三），第 141 页。

④ 《宋子文院长蒋主席转述马歇尔备忘录电》，1946 年 5 月 29 日，《战后中国》（三），第 140 页。

⑤ 《王世杰日记》第五册，1946 年 6 月 2 日，第 330 页。

⑥ 《王世杰日记》，1946 年 6 月 5 日，第 331 页。

关系不善化则恶化，故予意仍主成立协议。即令协议不能完全解决问题，亦可避免局势恶化。予意中共问题为一世界问题，在苏联与美国关系未明朗确定之前，我如与中共大决裂，苏联必利用美方对我之责难或犹豫，而公然助共。"①然王氏之言犹在耳际，美苏关系却已急转直下。

1946 年 8 月 10 日，马歇尔与美国驻华大使司徒雷登（John L. Stuart）发表联合声明，强调两人"迄在共同研究各种可能之方法，以终止中国目前日益滋蔓之冲突，并着手开始发展一真正民主式政府之初步步骤。盖以和平方式解决一切问题，实际上显为全中国人民一致之愿望。"② 杜鲁门更是直接致函蒋介石，责怪国共两党中之极端分子不肯相互妥协，并不满于国民政府进行舆论管制、高压统治。③ 为敦促蒋介石在国共问题上暂持忍耐态度，时在巴黎出席外长会议的王世杰特别电呈蒋介石。该电直接反映王世杰对国共斗争所持之立场，值得引用：

　　近来美国舆论，……充分转变，是否最近之将来，美苏关系或将更恶化，美国舆论或因而更恶……惟在目前马歇尔既经发表声明，倘我不采若干步骤，致使马歇尔陷于完全失败状况，美国政府将必采取若干不利于我之措施与声明，此则可使美国舆论再度逆转，因马歇尔为全美所信任之人望也。苏联尤必利用此情势，采取不利于我之措施。基于此种考虑，认为钧座对于中共问题，至少尚须更作六个月之忍耐，拟请责成俞部长大维等，与马歇尔及中共，就业经商有成议之约定整军等事先行成立协议，六个月内，如该协议不能实行，政府自可自由行动。至于地方行政，与政协决议之实施等事，可于协议成立后续商。杜鲁门虽以和平与民主并称，其主旨仍在停战也。④

此电经蒋介石交陈布雷研究后，陈布雷亦认为：

---

① 《王世杰日记》，1946 年 6 月 29 日，第 342～343 页。
② 《马歇尔特使与司徒雷登大使为说明调处经过困难症结所在之联合声明》，1946 年 8 月 10 日，《战后中国》（三），第 208 页。
③ 《杜鲁门总统致蒋主席说明美政府对中国内部现状之态度函译文》，1946 年 8 月 10 日，《战后中国》（三），第 208～209 页。
④ 《王世杰部长呈蒋主席告我如不停战使马歇尔陷于失败则美国舆论逆转对我不利电》，1946 年 8 月 14 日，《战后中国》（三），第 210 页。

（一）雪艇在京时，即对美国舆论非常忧虑，常恐因坚持中共撤退苏北，而影响马歇尔之使命与对我国之观感。……（二）此次彼来电主要之语，乃谈"美国当局之主旨固在停战，而民主尚在其次。""如果使马帅陷于失败，则美国舆论或又将逆转，于我不利。……彼之此谈，……则为道破美国当局心理之确论。……（四）如钧座之判断，亦认为美国当局对谈判停顿太久畏怯太甚，而有另发声明之可能，则似宜对当前僵持之局，有以缓和之。①

但王世杰目睹了巴黎五国外长会议期间美苏的相互对抗，其坚持国共和谈之立场亦见松动。1946 年 10 月以前，王氏大体上仍主张国共以谈判方式解决纷争，以免马歇尔难以下台。但自 11 月起，王世杰已开始认为国共问题无论以政治方式还是以军事方式解决皆可，唯须尽速进行，因当时苏联将大部分之注意力放在欧洲问题上。② 由此可见，王世杰对国共问题的态度之主要基础，仍在美国的态度以及美苏关系。

随着世界局势的变化以及美国对全球战略的评估，中国在美国对外政策中的重要性愈来愈弱。中美关系发展至此时，已脱离中国所能影响之范围，美国对中国的援助亦非以中国情势及国民政府的需求为出发点。对于中国情势，美政策计划司司长凯南（George Kennan）在 1947 年 11 月发表的言论清楚地表明了美国态度。凯南认为："在中国，在现在的环境之下，除了焦急的等待与防止情势恶化得太快以致让中共得利之外，我们能做的已经不多了。"③ 在美国政府眼中，国府已无可救药，其崩溃只是时间问题。从 1947 年底的过渡时期援助法案，到 1948 年的援华法案，其最终目的皆仅在于延缓国民政府的崩溃，使美国得以在其他地区争取到足够的时间。巧妇难为无米之炊，王世杰曾感叹："近三四年来美国舆论对中国政府批评日甚一日，此为三四年前始料所未及。"④ 在中国当时唯一的盟友已明显放弃中国的心态下，王氏亦无能为力，至 1948 年底，美国开始自中国脱身，国民政府终于未能力挽狂澜，结束其在

---

① 《陈布雷主任对王世杰部长寒电研究之意见》，1946 年 8 月 17 日，《战后中国》（三），第 211 页。

② 《王世杰日记》第五册，1946 年 10 月 23 日、11 月 7 日，第 410、419～420 页。

③ Memorandum by the Director of the Policy Planning Staff to the Secretary of State, "Resume of the World Situation" November 6, 1947, file 75/43C, DDRS；转引自 John Hansen Feaver, *The Truman Administration and China*, 1945–1950, p. 293。

④ 《王世杰日记》第六册，1948 年 2 月 5 日，第 171 页。

中国大陆统治的岁月。

结 论

王氏以其学者身份步入政治舞台，为国民政府奉献其大半生。虽于官场沉浮数十载，然其思考仍有显著的学者特性，即往往较为理想化，此种特性一直延续到其涉足的外交事务。如浦薛凤言："大凡'教书匠'置身政界，不免显露其共同特性。以言抱负，总觉其所以出仕乃是人求我而非我求人。"① 外交部部长一职，是在宋子文的压力下，王世杰极不情愿地接受的。

在蒋介石的强势、专断的领导风格下，王世杰对蒋介石极为效忠，亦导致他人对王氏的批评，如王宠惠与顾维钧皆批评其善于揣摩上意；张忠绂指责其只知以领袖意见是从；雷震甚至认为"在总统下面做事者，其公忠谋国与对蒋公忠诚，雪艇实为第一人，他人多少有些自树势力，造成小圈子，雪艇一生为蒋公服务而希其成功"②。

在专门议题上，领袖意志未必合乎时宜，甚至合于国家的最高利益。中苏于莫斯科磋商《中苏友好同盟条约》时，尽管签约时机已迫在眉睫，但王氏仍不顾代表团其他人员要求立即签字之主张，坚持须待蒋氏同意后方能签字。现代政治为专家政治，王世杰在鼓吹现代民主政治之同时，却于实际从政时走回"忠君"的老路子，无怪时人对王氏批评若此。

以外长身份代表中国与苏签订《中苏友好同盟条约》的过程，可谓王世杰一生中最受争议性的一段历史。对王氏而言，此约签与不签，其间得失难以两全，但仔细权衡下，王氏仍坚持签订此约有其必要性。中苏条约签订后，王氏亦颇兴奋且欣慰，满以为中国自此能顺利达成国家统一目标，殊不料苏联拒绝撤兵，致使国民政府迟迟无法接收东北。

对中国而言，在此次中苏条约签署中，中国顺利订出苏联战后自东北撤军的时程表，也成功地将苏联在旅顺、大连的权利限定在最小范围。虽然放弃了外蒙古，但换取对东北的实质控制；在此点上，当时世人难以批评中国代表团的失败。

王氏对外交事务之思考模式，个人风格亦极鲜明，联英合美自为其最显著

---

① 浦薛凤：《记何廉兄生平》，（台北）《传记文学》第 27 卷第 4 期，1975，第 27 页。

② 万丽鹃编注《万山不许一溪奔——胡适雷震来往书信选集》，台北：中研院近代史研究所，2001，第 53 页。

的特征之一。除此之外，王氏还强调妥协，面对战后中苏关系，内有国共斗争，外有美苏冷战及相互牵扯，决裂时机极难掌握，此可解释王氏对战后中苏关系处理遭人批评之因素。王氏因其法律背景而特重条约，对于条约加诸签约国的束缚，有过于理想化的评估，较容易忽略现实因素对国家外交政策的制约。《中苏友好同盟条约》签订后，面对国际形势，王世杰仍未能对苏联可能违约之行动事先拟订因应计划，仍企图以条约束缚苏联行动。马歇尔调停时，王氏为与美国政策同调，对马氏的任何计划均极力支持，然至 1946 年底至 1947 年初，美苏关系已濒临破裂，马歇尔亦因调停失败黯然返美，王氏仍未能因应局势就中苏关系立下决定。

战后处理中苏问题时，王世杰面对苏联对《中苏友好同盟条约》的任意解释，更是无计可施。且王氏过于依赖英美的立场，其在思考外交问题时，受其相当大的限制。从战时处理中国与盟国间关系，到战后处理国共问题，王世杰均以盟国意向为依归，如此则对于盟国对华的不友好行为，均不得不逆来顺受。

就现代中国外交政策而言，无论王世杰的主张或立场为何，都必须强调，王氏对此时之中国外交自有其贡献以及不足处，但不能因此而过分强调其重要性。当时的中国，实际上仍为一人领导的国家。研究中国近现代外交史的学者，最喜引用者就是"弱国无外交"，但是笔者认为，弱国绝非不能掌握外交主动，关键在于弱国如何运筹帷幄，将实质利益或国际纠纷作为外交筹码；而外交成功的关键在于得其人。若仅凭领导者一己意志，对国家外交政策独断独行，即使贤若苏秦张仪者，亦难以展其长才。

西方视野中的近代东亚宗藩关系：
基于琉球及朝鲜的分析

侯中军*

摘要：从强迫琉球订约开始，西方各国已经开始接触并处理以中国为宗主国的东亚宗藩关系。在处理中国与琉球、朝鲜之间的关系时，西方脱离宗藩关系的东亚自身环境，机械套用自身的经验和知识，形成诸多误解。1894 年之前，清政府处理中朝关系上，虽然有意引入国际法调适宗藩关系，但并未形成一套让欧美诸国认可的体系。从劝导朝鲜通商开始，直到甲午战争爆发，在日本的外部压力和朝鲜内部离心力的共同作用下，清政府以维护宗藩关系为由，加强了对朝鲜的行政干预。从形式上而言，清政府的干预加强了中国的宗主权，但从本质上而言，这种干预背离了中朝宗藩关系的本质，进一步破坏了宗藩关系。

关键词：宗藩关系 国际法 宗主权 琉球 朝鲜

中国学界对于宗藩体系瓦解以及不平等条约体系建立的研究已经比较深入，但以西方视野中的近代东亚宗藩体系为角度的研究则相对较少，很多基本的概念仍存在模糊之处。宗藩体系在东亚开港之后开始遭遇到来自西方国际关系体系的挑战，西方是如何认识东亚宗藩关系的？在最初的接触中，对于宗藩

---

* 侯中军，中国社会科学院近代史研究所研究员。

体系下迥异于国际法的"宗主权"，西方是如何判断的？从琉球到朝鲜，西方对宗藩关系的认识发生了何种变化？透过这些变化，可以为近代中外关系史研究带来何种启示？本文试图对上述问题做些尝试性探讨。

一 西方视野中的中琉宗藩关系

开港之前，西方人眼中的琉球处于一种什么样的国际地位，厘清此点有助于从源头梳理西方人对东亚宗藩关系的认识。在佩里（M. C. Perry）之前，法英两国已经与琉球有过交涉；作为宗主国，清政府亦曾参与交涉过程。但在最初与西方的接触中，琉球并未向清朝汇报，而是希望避免冲突，让西方人尽快离开。鸦片战争期间，琉球曾予一艘遇险的英国军事运输船以帮助，事后并未向清政府汇报。事件的过程大致如下。英国军事运输船"印第安·奥克号"（Indian Oak）参加了进攻舟山群岛的战役，后于 1840 年 8 月 10 日奉命从舟山南下，但在出发后遭遇台风，最终在琉球的北谷海岸触礁。67 名船员遇险，其中包括 2 名广东人。运输责任者鲍曼（J. J. Bowman）日记详细记载了琉球人曾给予英国人的帮助：琉球人动员多数当地居民参与救助"印第安·奥克号"船员，并帮助船员从船上卸下了 2 门大炮和 17 桶火药；建造了两栋宿舍供船员使用，且每天提供充足的衣食；后又帮助船员建造了一艘帆船。①

日本学界曾将其该种行为解读为是对宗主国清朝政府忠诚和义务的背叛。② 其实，即使存在这种瞒报行为，对中琉之间的宗藩关系亦不会构成实质上的损害；即使将其置于西方通行的国际惯例下，这种救助遇难船舶的行为也是可以理解的。如果将此等行为解读为琉球此举系为脱离中琉宗藩关系之举，则有过渡阐释之嫌。

鸦片战争后，英、法、美等国为拓展东亚贸易市场，有意派遣传教士、医生等进驻琉球。琉球为摆脱英、法等国的纠缠，求助于清政府。清政府面临如何处理藩属国的外交问题。清政府在宗藩关系之内，一时难以寻找到合适的解决办法，朝廷上下的讨论亦限于对具体事务的讨论，未能开始思考整个宗藩体系的变革问题。此时，发生了"包恩号"事件。在此背景之下，美国人佩里以武力强迫琉球订立了第一个开国条约。

---

① 〔日〕西里喜行：《清末中琉日关系史研究》，胡连成等译，社会科学文献出版社，2010，第 79 ~ 80 页。

② 〔日〕西里喜行：《补文章名》，《东洋史研究》第 59 卷第 1 号，2001。

佩里在实地考察琉球之前，已经有了一些先验的印象，其来源主要是曾经到过琉球的西方人对琉球国家的一些事实的表述。佩里在《日本远征记》中引用乔治·史密斯主教对于中日琉三者关系的描述：琉球是一块被日本用于移民拓殖的殖民地，琉球人的外貌、语言、风俗习惯皆与日本联系紧密。更重要的是，琉球人的文明成果和文献典籍来源于中国。这个王国的政府实际掌握在亲日的士族权贵集团手中。士族权贵集团极其畏惧近邻日本，他们视日本为一旦有需要时可以寻求保护的对象，而非中国。佩里注意到对琉球国家地位的争论：有观点认为，琉球在萨摩藩统治下；有观点认为，琉球属于中国。佩里以其有限的国际法体系知识，无法理解琉球的国家主权状态。他认为，具体情况可能是这样：在实际归属层面上，琉球差不多的确属于日本；但同时，因琉球一直在向中国朝贡，所以与中国保持着有限的藩属关系。[①]

佩里将萨摩藩派驻琉球的"在番奉行"视为国际法体系中的领事一职，亦从另一个方面说明宗藩体系对佩里而言，是相当陌生的。其实，不只是佩里，当时的整个西方世界虽然早已经与中国存在交往，但对于以中国为中心的宗藩体系仍是相当隔膜的。日本方面曾有记载："日本帝国通过萨摩藩大名作为中介，控制琉球王国政府，行使着对琉球王国的统治权。"[②] 对于日本翻译的这种结论，与佩里所表述的以及当时的事实都不符合。佩里在 1854 年 5 月 26 日抵达琉球那霸港后，并不确定琉球的国家性质，只是表示"如果琉球果真是日本的从属国，则那霸港是远征舰队首次抵达日本的领地"[③]。显然，佩里只能从其自身的国际法知识中寻找能够相对应的词语，但是这种认识其实是似是而非的。

1854 年，佩里代表美国与琉球所订立的《美琉修好条约》，是 19 世纪美国与琉球之间最为重要的国际法文件，透过该文件所订立时的前后美琉关系，可以概见美国对琉球的国家态度。虽然意识到琉球是中国的藩属，亦注意到萨摩藩对琉球的实际控制，但这并未影响美国将琉球视为主权国家而与之订立条

---

① 见刘啸虎《十九世纪中叶美国人眼中的琉球——以佩里舰队在琉球的活动为中心》，硕士学位论文，中国海洋大学，第 11 页。

② 见〔美〕佩里《ペリー日本遠征日記》，金景圆译，东京：雄松堂，1989，第 290 页。转引自刘啸虎《十九世纪中叶美国人眼中的琉球——以佩里舰队在琉球的活动为中心》，第 21 页。

③ "The first point where the expedition touched on Japanese territory, if Lew Chew（or, as the natives call it, Doo Choo）be indeed a dependency of Japan." 见 Sydney Wallach, *Narrative of the Expedition of an American Squadron to the China Seas and Japan*,（《远征记》）, first published in Great Britain in 1954, by Macdonald Co. Ltd., Printed in the United States of America. p. 14。

约。佩里注重琉球人的自我定位，认为琉球的主权属于中国皇帝。但是，这里佩里所认识的主权与琉球实际的国家状态存在差异。其表述中所用的概念性词汇是在西方世界国际关系体系中的通用言语，当佩里等人将其套用于中日琉三者之间的关系时，缺乏对东亚宗藩关系的理解。在佩里与琉球人的接触中，琉球曾以书面形式将其身定位为"中国的藩属国"，"每隔一段时间，中国会派来使臣，册封我们的国王；我们也会派使者去中国，献上我们所能筹集到的全部贡品。我们的国家或许并不为人所知，这并不重要，只要（中国的）皇帝陛下能够知道我们的存在就可以"。①

在佩里所具有的国际法知识中，琉球是中国的属国，名义上的合法主权属于中国。但这种主权与日本对琉球的暗中控制却能共存。日本的控制能否相等于"行政权"，是理论上的模糊地带。行政权本是主权的重要组成部分，日本在琉球的这种暗中控制，并未得主权所有国中国的允准。"名义上，宫古群岛是由琉球国王及其评议会所任命的官员来治理。但实际上，这些官员必须谨小慎微地拿捏分寸，去执行日本及其附属藩国的政策。"②

这种困惑同样影响到对琉球政治、外交的一些具体事实有所注意的西方人士。学界现有的研究对此均有不同程度的描述。比如，已经注意到了伯德令牧师与翻译卫三畏在认识上的分歧。③ 伯德令认为，琉球是日本的一部分，鉴于以下事实：日本有军队驻扎琉球，并且大部分贸易是同日本展开的，而且琉球有很多日本人，他们与当地人通婚，耕种土地。而卫三畏则认为，琉球根本就不是日本的属国，而是萨摩藩主的属地，萨摩藩垄断了琉球的贸易。

佩里等对于琉球主权存在困惑，在签订《美琉修好条约》的过程中，他们得以进一步思考。从条约订立的形式、要件而言，条约的缔结主体必须是国际法认定的主体，佩里在与琉球订立《琉美修好条约》时所具有的国际法知识，也同样给予他此种认知。佩里在知悉条约成立要件的情形下，仍代表美国政府与琉球订立了只有国际法主体间方能订立的条约；此举表明，美国政府尽管明了琉球对华的宗藩属性及对日的附属属性，仍将其视为一个主权国家。

《琉美修好条约》的全名翻译是《亚米利加合众国琉球王国政府议定约》，协定主要内容是给予来琉球的美国商船和商人以必要的生活和贸易便利。条约

① 见刘啸虎《十九世纪中叶美国人眼中的琉球——以佩里舰队在琉球的活动为中心》，第 20 页。
② 转引自刘啸虎《十九世纪中叶美国人眼中的琉球——以佩里舰队在琉球的活动为中心》，第 21 页。
③ 见林贞贞《佩里舰队与琉球开国研究》，硕士学位论文，福建师范大学，2015，第 39 页。

共分 7 款，以中英文分别书写，并在订立时间上载明是咸丰四年六月十七日。如果从条约书写的严格意义而言，此种书写格式意味着琉球对中国宗主权的尊重。美国方面对琉球尊重中国宗主权的行为，是完全予以承认的。

就条约所规定的 7 个具体条款而言，该约属于通商条约，并未就两国间的国家关系等政治事件予以规定。条约第 1~3 款是规定美国商人或商船有在琉球贸易的特权，并须得到琉球的保护。第 4 款是治外法权的规定，需要注意的是，该条规定给予了琉球缉拿权而夺去了审判权。"但或闯入人家，或妨妇女，或强买物件，又别有不法之事，则宜地方官拿缚该人。不可打之。然后往报船主，自能执责。"① 而同时期的中美条约，则是"合众国民人由领事等官捉拿审讯"②。第 5 款要求给予墓葬土地，第 6 款是对引水权的详细规定。第 7 款甚至规定了美国商船到琉球购买薪碳与饮用淡水的具体价格。③

《琉美修好条约》所订 7 款之内容，并未涉及琉球的主权问题，该约并非琉美建交条约，对美琉之间的所谓国家间关系基本未予涉及。该约更多地具有契约的性质，而非规定两国间的政治类事项。如果将该条约与 1844 年中美《望厦条约》相比较，便可以明显开看出这种区别。《望厦条约》在开头部分说明了订约的原委，即"兹中华大清国、亚美理驾州大合众国欲坚定两国诚实永远友谊之条约及太平和好贸易之章程，以为两国日后遵守成规"，并在条约第 1 款载明两国将"无论在何地方，均应互相友爱，真诚和好，共保万万年太平无事"④。美琉条约则直接进入具体的条款，省去了这些意在确立两国友好关系的文字。

在稍早之前的美俄通商条约中，同样记有两国订约的原委及目的："美利坚合众国和全俄罗斯皇帝陛下，同样出于维持两国之间迄今幸运地存在的良好的谅解关系以及发展和加强它们之间的商业往来的愿望，同意进行缔结通商航海条约的谈判。"⑤

可以认为，佩里等签署的美琉条约，并不代表美国国家要与琉球建立国与国之间的关系，而是美国人以商务便利起见，与琉球订立的一个通商协定。对于研究此时的美琉关系而言，此约完全忽视了琉球在国家主权问题上的模糊之

---

① 见林贞贞《佩里舰队与琉球开国研究》，第 47 页。
② 王铁崖编《中外旧约章汇编》第一册，三联书店，1957，第 54 页。
③ 见林贞贞《佩里舰队与琉球开国研究》，第 49 页。
④ 王铁崖编《中外旧约章汇编》第一册，第 51 页。
⑤ 世界知识出版社编辑《国际条约集（1648—1871）》，世界知识出版社，1984，第 373 页。

处，佩里等人对琉球政治的认识，并未体现于条约之内。对于中国的宗主权而言，条约的形式还是有所体现的。但这种体现，能在多大程度上表示美国承认中国对琉球的宗主权，是不详尽的。美国虽然意识到日本对琉球的控制，但在订约之时将其完全忽视，对于日本而言，此举意味着从国际法层面对其控制琉球的否认。

萨摩藩对琉球的隐形操控，随着明治维新的进行，已经难以继续，日本必将重新定义其与琉球的国家关系。就宗藩体系而言，清政府在两次鸦片战争中接连战败，宗主国本身的威望、凝聚力已经下降。1871 年中日订立《修好条规》，在东亚区域内，日本获得与中国同等的国际地位。

1879 年，日本废琉球藩，设置琉球县，正式吞并琉球。清政府随即向日方提出交涉。琉球划分提案，是基于中国的宗主权和日本的操控权所提出的折中方案。美国人始终未能权衡宗主权与控制权的区别。只是在调停中日关于琉球的争端时，以比较委婉的方式提出了双方存在的认识差异："看日人议论琉球事与北京、天津所闻情节微有不符，虽然不甚符合，日本确无要与中国失和之意。"[①] 格兰特受清政府委托，有意出面调停中日琉球争端："我原不肯干预两国政务，越俎多事，但既出此言，两国果皆信以为实，球事可望了结，我亦不虚此行。"[②]

总理衙门在汇报琉球问题时，援引已经与格兰特总统商议的办法，"据称已与前统领商一办法。查琉球各岛本分三部，今欲将中部归球，立君复国，中、东两国各设领事保护之。其南部近台湾，为中国要地，割隶中国。北部近萨摩岛，为日本要地，割隶日本"[③]。

格兰特总统调停中日琉球分歧，其三分群岛的方案从积极方面而言，是对此前琉球自身国际法主体地位的确认。简而言之，美国从未把琉球视为日本的属国或属地。尽管存在日本强迫琉球的事实，但这并未影响到美国对琉球国际地位的判断。唯一需要美国继续加以研究的，是如何以其国际法的背景理解19 世纪的宗藩体系。日本吞并琉球后不到 20 年，朝鲜问题再次将宗藩体系引

① 《照译美前总统来信》，王彦威、王亮辑，李育民、刘利民等校《清季外交史料》（2），湖南师范大学出版社，2015，第 319 页。
② 《照译美前总统来信》，王彦威、王亮辑，李育民、刘利民等校《清季外交史料》（2），第 320 页。
③ 《总署奏准美国前总统函称在日本商办球事折》，王彦威、王亮辑，李育民、刘利民等校《清季外交史料》（2），第 319 页。

入欧美人的国际观念中。

二 朝鲜开港及西方视野中的中朝宗藩关系

在 19 世纪末，清政府面临变化了的国际关系和世界大势；国际形势的发展，亦促使清政府顺应大势，改进传统的宗藩关系，而不是固守藩属之义。随着清朝国力的减弱，朝鲜内部部分人士已经产生了摆脱宗藩体系的想法。中朝两国对于维持邦交的宗藩体系都有变通的意图。

清政府有意调整对朝关系，并非出于自身需要，而是迫于外来的压力。1866 年，法国传教士在朝鲜被杀，法国欲发兵朝鲜。在派兵之前，法国照会清政府，称："本大臣曾有数次于贵衙门请发路照于传教士前赴朝鲜，均经推脱，据言，虽高丽于中国纳贡，一切国事皆其自主，故天津和约亦未载入"，法国"牢记此言而未忘"。① 据此理由法国照会强调，法对朝鲜用兵，中国自然不能过问。对于法国即将对朝用兵的照会，清政府只是劝说法国应顾及两国民命，不要轻易用兵，并未反驳照会中涉及中朝宗藩关系"一切国事皆其自主"的字句。在此之前，面对法国要求赴朝传教的要求，总理衙门曾表示"朝鲜向只遵奉正朔，岁时行贡，该国愿否奉教，非中国所能勉强"，拒绝了法国公使要求中国干涉朝鲜内政的要求。② 在处理有关朝鲜的交涉问题上，法国在华所获得的经验与美、英等国大体相同。

在法国传教士被杀的同一年，一艘美国商船在朝鲜海岸搁浅，与当地朝鲜人发生冲突时，船上有人员被杀；据称，另有 2 名美人被羁押在朝。事件发生后第二年，美国照会总理各国事务衙门，要求总理衙门转达朝鲜国王，将美国商船"在彼如何被害之实在凭据详述前来"，美国对商船被害一事"断难隐忍"③ 又越一年，清政府方回复美方照会。总理衙门在复照中表示"断难遵尔转行查问"，希望美方见谅，因"朝鲜虽系臣服中国，其本处一切政教、禁

---

① 《总署收法国照会朝鲜杀害法主教人等法国将出兵声讨中国不能过问》，同治五年六月初三日，中研院近代史研究所编《清季中日韩关系史料》第二卷，台北：中研院近代史研究所，1972，第 27～28 页。

② 《总署致盛京、吉林、三口、直隶、山东各将军大臣督抚文》，同治五年五月二十日，中研院近代史研究所编《清季中日韩关系史料》第二卷，第 29 页。

③ 《总署收美国照会 美商船在朝鲜搁浅水手遇害请转询实情》，同治七年二月初十日，中研院近代史研究所编《清季中日韩关系史料》第二卷，第 93～94 页。

令，概由该国自行专主，中国向不与闻"①。在此次冲突事件发生后，美国依据其所理解的中朝关系，不是直接与朝鲜交涉，而是径直照会清政府，请清政府行文朝鲜国王。清政府最初给美方的回答是：中国不干预朝鲜行政。此次中美之间围绕美船搁浅朝鲜海滩事件的往来文件表明，在最初向欧美诸国解释中朝宗藩关系时，清政府秉持的原则是不干涉朝鲜内政。

1871 年，美国威胁朝鲜通商事件再一次考验清政府对中朝宗藩关系的认识。随着西力东渐，越来越多的欧美人开始与朝鲜产生交集。美船在朝搁浅事件只是 19 世纪下半期众多涉朝事件中的一例。为解决在朝鲜发生纠纷后交涉无门的状况，1871 年 3 月，美国驻华公使镂斐迪照会清政府，请清政府代函朝鲜，转达美国欲与朝鲜交涉通商事宜。在致清政府的照会中，镂斐迪将中朝关系描述为"本大臣知中国与朝鲜数百年之交好，可以音问相通"。在致朝鲜的函中，则称"本国与中国夙为良友，先托代达是函"②。美国此次照会，并未明确承认中国在朝的宗主权，基于清政府一贯的推避心态，亦未向清政府提出何种希望。

面对英美诸国屡次发起的朝鲜交涉，清政府遵从了自明以来所养成的中朝交往惯例——不干涉朝鲜内政，并一再向欧美诸国表达自己的对朝政策。总理衙门答复美方："本衙门以朝鲜虽系属国，一切政教禁令，皆由该国主持，中国向不过问。"③ 但是当面对日本逐渐积极的侵朝野心时，清政府不参与朝鲜内政的解释开始面临困境。

早在 1867 年 3 月，报界就风传日本将有出兵朝鲜之举，这令清政府十分担心。据传，日本出兵攻朝的理由是，朝鲜至日本江户"五年一贡"的惯例长久废止。日本准备以武力强迫朝鲜朝贡的传闻触及了清政府对朝政策的底线。为防止日本迫使朝鲜纳贡，1871 年，清政府与日本订立《中日修好条规》，该条规第一条载明："两国所属邦土亦各以礼相待，不可稍有侵越，俾获永久安全。"④ 该条规是清政府以近代国际法为借鉴，对外订立的第一个对等通好条约。通过该约，清政府意在避免日本对朝鲜可能的侵略，从而维持中

① 《总署发美国照会 美船在朝鲜海面遇难可俟机代为查探》，同治七年二月十七日，中研院近代史研究所编《清季中日韩关系史料》第二卷，第 95～96 页。
② 《总署收美使镂斐迪照会 奉派出使朝鲜议商交涉事件请代转致朝鲜函》，同治十年正月十七日，中研院近代史研究所编《清季中日韩关系史料》第二卷，第 157～159 页。
③ 《总理衙门回复镂斐迪函》，同治十年二月初八日，中研院近代史研究所编《清季中日韩关系史料》第二卷，第 167 页。
④ 王铁崖编《中外旧约章汇编》第一册，第 317 页。

朝之间的宗藩关系。但是该约将朝鲜笼统为"所属邦土"，并未明确其与宗藩关系的联系与区别。

从 1860 年代中期开始，直至朝鲜与各国最终订立通商条约之止，清政府对中朝关系有着明确的定位，即朝鲜是中国藩属，但中国不干预朝鲜内政。英、美等国在与清政府的交涉中，亦获取了类似的看法。在此过程中，美、英、法等国对中国在朝的宗主权产生了极为不良的印象：一旦发生纠纷，中国并不积极帮助解决，而朝鲜又难于沟通。绕过中国与朝鲜订约通商逐渐成为各国的对朝目标。随着时间的推移，欧美等国要求与朝鲜订约通商的外交压力逐渐增大，清政府上下亦开始认识到订约通商于朝鲜及中朝宗藩关系并无妨碍，而且有可能化解日益加重的朝鲜危局。

在劝导朝鲜对外缔约通商之初，李鸿章就基于传统宗藩关系，不欲参与朝鲜内政。坚持朝鲜政教、禁令自主，亦是清廷的整体意见。但从 1880 年初开始，在朝鲜是否缔约通商、如何缔约通商问题上，身处一线的外交人员开始跳出宗藩关系的固有观念，引入近代国际法规则，建议采取积极的对朝政策；其出发点虽是强调加强中朝关系，让朝鲜固守藩篱，但实际上却是逐渐背离传统的宗藩关系。

1882 年美朝订约前夕，李鸿章与美朝两方均保持了密切接触。朝鲜国王决定与美通商后，派金允植赴保定会见李鸿章，请中国代为主持朝美通商事宜。"谓续奉该国王密谕，求敝处代为主持，速与美使商议，并寄呈该国机务大臣，拟具约稿，嘱为鉴定。"美国代表议约全权大臣薛斐尔此时正欲赴朝鲜，得悉金允植所带来的朝鲜最新要求后，李鸿章即命津海关道留住薛斐尔，待其本人赴津与其谈判。同时，又令金允植密禀朝鲜国王，派员来天津与薛斐尔密商条约大略，双方议定后再赴朝鲜订约。在与薛斐尔会晤前，李鸿章认为美方以美日通商条约为底本的约稿与中方草拟的约稿相距较远，强调北洋大臣无法"与闻其事"，因为无论是美方底稿还是中方草稿，"于中国属邦一节，均未提及"，"将来各国效尤，久之将不知朝鲜为我属土，后患甚长"。为将中国"属邦"一条加入美朝条约之内，李鸿章派遣津海关道周馥先行与薛斐尔商谈，"讽示薛斐尔，谓约内必须提明中国属邦，政治仍得自主字样，意在不粘不脱"。金允植等对李鸿章的建议亦表示完全赞同。①

---

① 《总署收北洋大臣李鸿章函》，光绪八年二月初十日，中研院近代史研究所编《清季中日韩关系史料》第二卷，第 548 ~ 549 页。

美朝通商缔约之前的此番活动表明，尽管内部有不同意见，如李裕元一直不同意订约，但朝鲜缔约通商的决心已下。问题在于，深谙"事大字小"宗藩关系精髓的朝鲜国王，竟然提出让李鸿章代为主持通商事宜，包括具体的条款草拟等。朝鲜此举，暗合了何如璋先前的提议，是超越宗藩关系底线的举措。为说服朝鲜对外缔约通商，李鸿章一直努力避免给朝鲜君臣以参与朝鲜内政的印象，采取的仍是间接提建议的方式。在改变传统中朝宗藩关系的道路上，朝鲜首先迈出了第一步。朝鲜可能昧于当时的国际法，但从宗藩关系体系瓦解的过程观之，朝鲜亦属积极瓦解方之一。

对于李鸿章坚持在条约内载明朝鲜系"属邦"字样，薛斐尔坚决不同意，认为朝美两国属于"平行议约，于两国之外不必征引他国"。薛斐尔在致李鸿章照会中，将朝鲜视为国际法上的"半主之国"，认为"按朝鲜原拟第一款，朝鲜系中国属邦，而内政外交向来得以自主，是在美国固可与朝鲜订约，不必认朝鲜为中国属邦"。至于"在朝鲜议约一事须奉中国大皇帝旨意，美国亦不必过问"，此点即属美国对当时中朝宗藩关系的理解。①

在第一款争执不下时，李鸿章建议美使先征询美国国内意见，实际上是暂时搁置了第一款。李鸿章与薛斐尔在天津商定了其他条款后，薛斐尔即准备由烟台赴朝鲜。在是否派遣人员同赴朝鲜参与订约一事上，李鸿章颇是踌躇，但最终决定派遣马建忠和北洋水师提督丁汝昌同赴朝鲜。在下决心派员参与订约的过程中，李鸿章虽内心不欲超越宗藩关系的底线，但在形势变化面前，且朝鲜"屡次来员，亦恳派员同美使前去"，最终做出了派员赴朝鲜参与订约之举。在薛斐尔等动身赴朝前，李鸿章提出了第一款的变通办法，即如果不能在约内说明"属邦"问题，则可由朝鲜另文照会美国政府，声明"朝鲜久为中国藩属，内政外交向来归其自主"。薛斐尔同意了李鸿章此项建议。②

在朝美正式订约前，李鸿章等虽应朝之请代为草拟了条约底稿，但并未有借此加强宗主权的意图，只是希望此次订约既能免去日本、俄国对朝鲜的觊觎，又能使美国正式承认中国在朝的宗主权。美国方面在意识到朝鲜具有完全的订约自主权后，亦同意中国所强调的关于中朝藩属关系的定义。

美朝订约完毕后，1882 年 6 月 5 日，署理北洋大臣张树声（此时李鸿章

① 《总署发北洋大臣李鸿章函》，光绪八年二月二十一日，中研院近代史研究所编《清季中日韩关系史料》第二卷，第 557~558 页。

② 《总署收北洋大臣李鸿章函》，光绪八年三月初四日，中研院近代史研究所编《清季中日韩关系史料》第二卷，第 559~560 页。

丁忧回籍）致函总理衙门，汇报订约结果。张树声以美朝条约为蓝本指导英朝订约，英国驻华公使表示一切照美朝之约办理。至于美朝条约第一款内容，由朝鲜国王事后单独照会英国政府。此后，法国、德国等国相继与朝订约。

劝导朝鲜与各国通商过程中，清政府有意维持宗藩关系，故在代拟的通商章程中，本欲在第一条内增加"朝鲜系中国属邦"的内容，但在美国等西方国家的反对下，不得已改采事后由朝鲜国王再行照会的形式加以声明。

袁世凯就任朝鲜交涉通商大臣一职后，开始强力干预朝鲜内政，这引起美国驻朝公使对宗藩关系的质疑，认为清政府违背了"属邦"自主的承诺。此外，朝鲜国内亦存在质疑的声音。首先对袁世凯任职提出质疑的是朝鲜官员李斗镐，他借美国人之名向袁提出质疑，认为袁世凯到朝出任交涉通商事宜大臣一职"名目不合"，将会导致"西洋人不悦"，美国公使将通过美国政府诘问此事。得此信息后，袁世凯果然前去找美国驻朝代理公使福克（George Clayton Foulk）质问，福克"沉吟良久，曰无此事"。事实是，朝鲜内部有人向美国代理公使报信，称袁世凯出任朝鲜，"欲正属邦名，而朝鲜内治外交向由自主"。[①]面对朝鲜所提出的"名目不合"问题，袁世凯解释道，他在朝鲜只有"忝预之权，而无主持之权"，这种参与权不同于英帝国对"属邦"的主持权。袁世凯的解释表明，在面对来自朝鲜和外国的询问时，清政府已经将参与属国内政作为一种正当的理由加以解释，而且将此种参与权视为强化"属邦"名分之权，即为维护宗藩关系之权。此种理念确立后，清政府对朝所有的举措均将披上此种外衣，而这种参与并非对宗藩关系的强化。在随后朝鲜向外派遣使节问题上，清政府又从参与权上向前迈进了一步，增加了对朝鲜外交程序上的监管权。

1887 年朝鲜最终向欧美诸国派遣使节，但需要按惯例事先向礼部呈递咨文，而且在具体的外事活动中须遵循三个规定：一是，朝鲜使臣初次到达出使国后，"应先赴中国使馆具报，请由中国钦差偕同赴外部"，以后即"不拘定一"；二是，遇有重要交际场合，朝鲜使臣应跟在中国使臣身后；三是，交涉大事，或有重要关系者，朝鲜使臣应先与中国密商。这三项规定其目的在于，朝鲜派使之后，"体制交涉务归两全，所有派往各国之员与中国往来俱用属邦

---

① 《总署收北洋大臣李鸿章文》，光绪十一年十二月二十六日，中研院近代史研究所编《清季中日韩关系史料》第四卷，第 2003 页。

体制"①。此三项规定，前两条尚可理解，如果从宗主权的角度去解释尚能行得通。但第三条一切重大事情都需要预先向中国请示，则与宗藩体系并无关系。

有研究认为，李鸿章为朝鲜外交所设定的此三项规定，"将原本松弛而空洞的宗藩关系具体化，带有浓厚的主从尊卑色彩"②。正如对内政的参与一样，对外交的监管亦脱出了宗藩关系的范围，给欧美等国以极其不良的印象。此种中朝关系一直维持到了甲午战前，在全面参与内政和外交监管的背后，已经是重重危机。

"甲申政变"后，袁世凯开始以强硬姿态监管朝鲜，虽然表面上加强了对朝鲜的控制，但实质上对原本希望调适宗藩关系的最终目的造成不利影响。③由于对朝鲜管控的加强，恶化了欧美各国对中国宗主权早已存在的偏见认识，这种看似"形式上的成功"，是以强力干涉为手段造成的，在缺乏相应合理的外交话语解释之下，不利于争取国际舆论。从"甲申之变"到东学党之乱，在这十年的时间中，清政府本有机会让欧美诸国了解中朝宗藩关系的实质及定位，或者沿着以国际法调适宗藩关系的途径继续努力，调节俄、英之间的平衡，而不予日本以任何干涉的口实。

三　甲午战争前后西方对中朝宗藩关系的认识

1894 年之前，清政府在属国问题上消极应对，其虽然有意引入国际法来调适宗藩关系，但并未形成一套让欧美诸国认可的概念。清政府对属国自主的解释并不能纾解西方各国在处理对朝关系时所面临的疑惑。在欧美看来，在干预"属邦"对外交涉上，清政府缺乏一套解释自身立场的合理体系；而在实际外交案例上，欧美诸国的不愉快经历则更是增加了对清政府的恶感。清政府需要做的是，向欧美宣讲宗主权背后的东亚特色及自身对朝政策的善意，在与

---

① 《总署收北洋大臣李鸿章文》，光绪十三年九月二十五日，中研院近代史研究所编《清季中日韩关系史料》第四卷，第 2379 页。
② 李云泉：《朝贡制度史论——中国古代对外关系体制研究》，新华出版社，2004，第 275 页。
③ 甲午战前 10 年，中日之间的外交交涉，形式上看，清政府是成功的。"以巨文岛事件为契机，《天津条约》签订后中日在朝鲜对等地位的局面被打破，形成了中国掌控东亚外交主动权，日本孤立被动的格局。中国成功地在东亚国际关系中强化了中朝宗属体制"，给日本的"独立国"论和"属邦批评"论打上封印，迫使日本另辟蹊径抗衡中国。见郭海燕《巨文岛事件与甲午战争前中日关系之变化》，《文史哲》2013 年第 4 期，第 107 页。

日本所宣讲的国际法上的"独立"的国际舆论争夺战中，赢得各国的理解。

各国否认中朝宗藩关系其来有自。法国通过 1866 年"丙寅洋扰"以及美国通过 1871 年"辛未洋扰"，均曾作此努力。其后，日本、美国又分别与朝鲜订立条约，强调其自主地位，亦属上述倾向的继续。但日本有意否认中朝宗藩关系的思路并非一以贯之，"巨文岛事件"发生时，英、俄出于不同的利益，均试图以明确承认中国在朝的宗主权换取相应的利益；在此种情形下，日本亦尝试以承认宗主权而获得清政府在朝鲜问题上的合作。日本在对待中朝宗藩关系上具有较强的机会主义与功利主义的倾向。①

日本决定出兵朝鲜后，曾向各驻外公使发函，要求各公使向驻在国说明日本出兵是出于"护卫使馆""保护帝国臣民"的需要，绝无他意；并同时声明，清政府出兵竟以"保护属邦"为由，而日本从未承认此现状，故而已经向清政府发出抗议。② 英国其实并不愿清政府与日本因朝鲜而开战，担心俄国会因此而南侵。在设法稳住英国的同时，日本极力将英国拉向自己一边。日本明白英国在此次事件中的真正担心，故而设法说服英国，如果俄国决议南下，清政府是靠不住的。除向英国政府晓谕利害之外，日本还争取英国舆论的支持。李鸿章在 1894 年 6 月 28 日的《泰晤士报》上刊文，陈明中国是朝鲜的宗主国，虽然日本可以出兵，但不应与其他列强联合占领和管理朝鲜。此文对日本而言是不利的，因为维持朝鲜现状才是英国所希望的。日本驻英公使青木在应对此文时依据《天津条约》强调，"中国方面承认对保护国进行联合军事保护是通过法律手续，而且为国际法所维护"；日本以此增加其自身军事行动的合理性，同时向英国宣讲日本提出改革之意，以赢取舆论。③ 朝鲜独立自主是一面旗帜，如果清政府此刻仍不能认清形势而拘泥于宗藩关系的传统，不做任何变通，则难以获得国际社会的支持。

6 月 30 日，总理衙门在与英国驻华公使谈及朝鲜问题时，仍然向英国方面强调"日本应首先停止其朝鲜自主国之论调，并撤回其派遣之兵"；而此两条，正是日本外交争取国际同情的着眼点：或有国际法的依据，或有条约依

---

① 参见权赫秀《朝贡与条约的紧张关系——以欧美列强与日本对中韩朝贡关系的态度变化为中心》，《聊城大学学报》（社会科学版）2013 年第 6 期。作者回顾甲午战前的东亚外交体系，将其总结为朝贡与条约关系体系，并注意到了二者并存且关系紧张的状态。

② 《陆奥外务大臣致驻英国青木公使等各公使函》，戚其章主编《中日战争》第 9 册，中华书局，1994，第 285 页。

③ 《驻英国青木公使致陆奥外务大臣电》，戚其章主编《中日战争》第 9 册，第 295 页。

据。此时，青木向陆奥宗光转达了英国反对俄国干涉的态度，并特别声明"你应相信英国外交大臣，他早倾向于你"，要求他拒绝俄国以任何方式的干涉。①

经过与英国驻日公使多次谈话，陆奥宗光与英国达成协议：若中国不提起朝鲜独立问题，日本政府可不提起之。在 7 月 3 日回复青木的电文中，陆奥则强调，"独立问题非由我引起，系由清国引起，故至不得已而抗议之。特促其注意"。在伦敦，与青木面晤时，英国外务大臣金柏莱（Kimberley）认为"明治十八年条约关于朝鲜完全独立之结果已无争论"，并承认日本此前所宣讲的朝鲜自主论。英国劝告清政府接受日本所提之和谈建议，即共同保证不侵犯朝鲜国土，改革朝鲜内政。清政府接受英国劝告，提出"若不设置有损清国尊严之规定，清国可在此基础上欣然会谈"。英国建议日本"莫如不谈朝鲜之独立而确保朝鲜国土之完整"，"为顾得实权，绝不应在名义上争夺有关清国主权之要求"。②

7 月 3 日，英国外务大臣金柏莱致电英国驻日代理公使巴特泽（Paget），除担心俄国的联合调停外，还特别指出"清国之于朝鲜最恋慕其地位、主权及贡礼等事"，请密告日本"清国在此等问题上较更为实际之重要事项反而不易于让步。故女皇陛下之政府热诚劝告日本，望其不以上述数点作为谈判之第一步之条件。且望双方不要提起此等问题"。③ 英国对清政府保留宗主权的意愿是了解的，亦支持日本欲确立朝鲜国际法意义上的独立地位。宗主权对决国际法时，英国表面上并未选边站队，实际上已经倾向于日本。日本劝说英国，"在朝鲜问题上日本屡次上中国的当，这次日本感到不达成一个有关朝鲜之未来安全和有一个良好政府之最后协定，是不能随意撤军的"。日本相信，"日本占领朝鲜，能抵御俄国的侵略，对英国有利"，这可以说服英国驻华公使。④此时，英国的大多数报纸受日本宣传的影响，认为日本出兵朝鲜以及要求改革，于约有据。英国公众舆论促使英国政府倾向于日本。至此时，日本对英外交取得主动：许诺英国帮助其在朝鲜阻挡俄国，以维护条约权利和国际法为由挣得了同情。日本外交的所得就是清政府的外交所失。虽然英国答应组织调

---

① 《驻清国小村临时代理公使致陆奥外务大臣电》，戚其章主编《中日战争》第 9 册，第 297 页。
② 《陆奥外务大臣致驻英国青木公使电》，戚其章主编《中日战争》第 9 册，第 302 页。
③ 《英国外交大臣金柏莱伯爵致驻日本英国代理公使巴特泽氏电文》，戚其章主编《中日战争》第 9 册，第 304 页。
④ 《驻中国小村临时代理公使致陆奥外务大臣电》，戚其章主编《中日战争》第 9 册，第 305 页。

停，但从外交策略考虑，清政府已经失败。英国政府在战争爆发之际，仍未放弃最后的斡旋努力，希望中日两国能排除俄国干涉迅速谈判；然而，日本已走在战争的不归路上，所有的外交都是为了争取最好的战争舆论和结果。

甲午战争中，美国是明显亲日的，其主要原因在于"希望借日本之手废除中朝宗藩关系，进一步打开中国大门，同时利用日本削弱英国俄国等在东亚的影响力"①。笔者认同学界在美国与甲午战争关系上的最新研究成果。在此成果基础上，笔者拟以国际法对决宗藩关系的命题，考察美国政府在甲午战前对中、朝、日三国的态度，并以此一窥美国政府对宗藩关系不满的原因。

美国驻朝鲜、中国、日本的外交官所呈报的有关甲午战前的情报及分析，具有明显的倾向性。美国驻朝公使西尔（M. B. Sill）在 1894 年 6 月 28 日的报告中认为"造成目前困难局面的错误很显然都是由于中国人的行动，他们将军队派到朝鲜；如果中国没有这样做，日本派来的军队可能就会少许多，或者不会派遣任何军队"；并认为日本派兵入朝保护侨民和使馆是合乎情理的。②在翌日的报告中，西尔对日本提出以解除中朝宗藩关系为撤兵条件予以明确支持："日本的对朝动机，似乎只是希望使其永久摆脱中国宗主权的枷锁，然后帮助朝鲜进行能够带来和平、繁荣和开化的改革，以此帮助弱小的朝鲜增强其作为独立国家的地位。这个动机受到了许多比较有知识的朝鲜官吏们的欢迎，并且我想在美国也不会遇到反对。"③

这段话较为直接地表明了美国驻朝外交官对当时中朝传统宗藩关系的负面看法。与驻朝人员相类似的观点，亦存在于美驻日公使谭恩（Edwin Dun）的报告中，他相信日本出兵朝鲜是有条约依据的：日本外务大臣保证，派军队到朝鲜首先是根据 1882 年的《济物浦条约》，而中国的派兵照会使得日本增兵成为必然。谭恩渲染朝鲜国内的腐败和压迫，认为日本的改革是确保未来的和平，日本没有侵略朝鲜领土的意图。即使驻中国的外交官，虽然对日本故意挑衅的认知比较客观，但亦对宗藩关系颇存微词，"中许韩议约通使，皆赞之，谓合公法。其后，每以韩自主之事阻遏他国，事近越俎，颇中公法所忌"④。

① 见崔志海《美国政府与中日甲午战争》，《历史研究》2011 年第 2 期。
② 崔志海《美国政府与中日甲午战争》，《历史研究》2011 年第 2 期。
③ Mr. Sill to Mr. Gresham, Seoul, Korea, June 29, 1894, United States Department of State Foreign Relations of United States, 1894. U. S. Government Printing Office, 1894 p. 26.
④ 《驻美使馆发北洋大臣李鸿章函》（光绪十六年九月十一日），《中美关系史料·光绪朝》（二），台北：中研院近代史研究所，1988，第 1481 页。

美国驻朝、驻日人员之所以倾向日本，其原因是骨子里对以宗藩关系为代表的传统中朝关系的不满，认为中国对朝的宗主权阻碍了朝鲜的自主。在甲午战前，美国人德尼所著《清韩论》中对清政府及袁世凯的批评，已经将此种情绪渲染到美国国内。① 在此种情形下，这些一线外交人员难免有陷入日本外交宣传陷阱的嫌疑，但其内心主权平等的国际法观念仍然居于主导地位。美国政府虽然对清政府的宗主权亦心存不满，但在日本咄咄逼人的战争态势前，仍然希望中日能撤兵息战。

战争即将爆发之际，美国公使谭恩致函陆奥宗光，传达美国政府的训令，美国"希望朝鲜国独立并尊重其主权"；并表示，如果日本将战火引向朝鲜，美国大总统将"痛感失望"。② 日本向美国保证："目前对于朝鲜国所谋求者，绝不在于启衅，而只期待该国秩序之安宁及国政之善良"，"帝国政府绝不采取不尊重独立及主权之措施"。日本还向美国强调，其出兵朝鲜系"基于条约权利而应有之自卫"，树立其出兵的国际法依据。③

德国于 1894 年 7 月 16 日由外交副大臣罗登汉男爵（Braon von Rotenhan）就中日紧张的国家关系，阐明德国所持的立场。在涉及中国宗主权问题时，他认为"这种宗主权已经是有名无实的"，但中国政府与日本几乎爆发战争，其目的之一就是"对付日本将要在朝鲜宫廷取得优越势力之企图，并维持中国对朝鲜之宗主权"④。

法国在中日战争爆发前后"一再拒绝清政府的斡旋请求和英国的联合调停建议，采取观望态度，虽然与其反复宣称的在朝鲜问题上没有直接利益有关，但这只是表面现象"，实际上法国"乐见中日开战，以便从中渔利"。对于日本所宣称的切断中国对朝的宗主权，法国的态度并不明朗。法国试图通过中日之间的战争达到以下目的：一是巩固确立不久的俄法同盟关系；二是抓住时机解决中法间关于越南悬而未决的问题。⑤

甲午战前，围绕中日冲突而展开的外交交涉中，宗主权成为主题之一，并

① 关于德尼《清韩论》所引起之相关争论中的域外观点，请见〔日〕冈本隆司《属国与自主之间——近代中朝关系与东亚的命运》，黄荣光译，三联书店，2012，第 279～310 页。
② 《美国公使谭恩致陆奥外务大臣函》（光绪二十年七月九日），戚其章主编《中日战争》第 9 册，第 308～309。
③ 《陆奥外务大臣致美国公使函》，戚其章主编《中日战争》第 9 册，第 309 页。
④ 《外交副大臣罗登汉男爵致侍从参事基德伦公使函》（1894 年 7 月 16 日），《德国外交文件有关中国交涉史料选译》第一卷，孙瑞芹译，商务印书馆，1960，第 1 页。
⑤ 见葛夫平《法国与中日甲午战争》，《中国社会科学》2013 年第 3 期，第 183～184 页。

成为有关各方为协调各自利益而提出的一个托词。俄、美、英等并不欢迎中国继续保留在朝的宗主权，日本有意解除这种关系，三国无意阻拦。经此番交涉，宗主权的存在成为有损清政府国际形象的短板，日本借此发动战争，正是其有意设计的外交策略。

甲午战争之前，中朝之间宗藩关系面临着多重挑战，关键的一点是如何以国际法来调适传统的宗藩关系。中朝之间问题的本质是：如何在西力东渐的情形下，重新定位两国之间的宗藩关系。学界亦将其称为中朝秩序的重新建构。学界以往在论述这种重建时，更多地关注到了重建的具体举措及其表面成绩，而未能从学理层次分析清政府的举措对于传统宗藩关系的影响。对于宗藩关系的评价，以往更多的是批评声音，但这种批评针对的是清政府加强对朝行政干预的政策，而非针对宗藩关系本身；如果意识到这一点，则对宗藩关系的评价似不能一概以批判为主。进而言之，对宗藩关系的评价不应以甲午战争的结果为唯一标准。

结　语

西方各国开始接触并认识宗藩关系，源自其欲建立与琉球、朝鲜等通商关系的需要。通过琉球和朝鲜两个案例，可以对西方所认识的宗藩关系有一个比较和归纳。日本学界对琉球两属的论点存在逻辑上的缺陷。从宗藩体系上看，萨摩藩对琉球的暗中操控，并不具备合法的程序。首先，萨摩藩之前，琉球业已是中国的藩属国。在宗藩体系内，宗主国只能有一个，这就是中国。其次，即使实际操控了琉球，萨摩藩亦从未公开对中国的宗主权进行挑战，从未形成合法的程序。最后，中国也从未予萨摩藩的控制权以任何形式的确认。正与国际法所确认的主权不可分割相类似，宗主权在这里也是不可分割的。萨摩藩所取得的控制权，只是形式上的操控权，并不影响琉球国家的政权性质。萨摩藩所取得的控制权，是从中国宗主权下窃取的，虽然是一种事实，但构不成法律依据。两属之说，也因而难以成立。

佩里代表美国与琉球所订立的双边条约，意味着美国对琉球的国际法主体地位的承认。条约缔结后，美国虽然认识到琉球之于中国的宗藩关系及其对日本之强迫关系，但事后并未与两国进行法律程序上之确认。在美国人看来，琉球的国际地位无须得到中日两国之确认。从本质上讲，美国并未理解到宗藩关系之于琉球的国际法意义。19世纪美国对琉球国际法地位的定位，说明美国确认 1879 年前的琉球是中国宗藩体系下的独立王国，具有独立的国际法主体资格。但在处理与朝鲜的关系时，中国的宗主权及朝鲜的主权在西方各国外交实践中再一次体现了实用主义的倾向，故意曲解宗藩体系下的中朝关系。

为了建立与朝鲜的通商关系，西方各国如英、美、法、德等国急欲让清政府对朝施加影响，因朝鲜为中国属国。但各国与朝通商后，并不满意与朝鲜关系的现状；由于清政府有意加强在朝鲜的政治存在，干预朝鲜内政外交，而这为列强所不满。为避免日本独占朝鲜，清政府跳出传统的宗藩关系框架，加大了对朝鲜的干预力度，西方各国在此过程中误解了中朝宗藩关系的本意，在日本的构煽之下，有意断绝中国对朝的宗主权。

宗藩关系的加强，主要应体现为朝贡－册封形式的强化，或朝贡次数的增多，或使节的频繁来往，而不应是宗主国对藩属国内政的强力干预。清政府逐渐全面参与朝鲜内政，是在意识到宗藩关系岌岌可危的形势下的被动之举，其刺激因素主要来自两个方面：一是日本明治维新后逐渐积极的大陆政策；二是朝鲜在清政府国力衰弱形势下的离心倾向。朝鲜自身方面的主动因素是不可忽视的，新近研究认为"朝鲜在清政府干涉朝鲜内政、强化属国政策的历史拐点中发挥了主体性作用"①。当然，最根本的原因在于由于清朝国力的下降，清政府已经无法再维持传统宗藩关系下的上国形象，无法给予朝鲜所需要的国家安全和社会发展。这种一概将原因归于国力衰弱的观点，虽无不妥，但对于学术研究而言，无法认识甲午战前传统宗藩关系转变的复杂过程，继而无法客观总结宗藩关系退出历史舞台的真实原因。学界迄今为止对宗藩关系几乎是一面倒的批评声音，其实存在诸多误解。

---

① 张礼恒：《金允植、鱼允中与"壬午兵变"的善后处理》，《近代史研究》2016 年第 5 期，第 79 页。

国家荣誉与条约权利：同治初年中美关于白齐文案件的交涉

徐 高[*]

摘要： 尽管白齐文的国籍为中国是合乎事实的，但"白案"的处理不可避免地涉及美侨在华地位及国家荣誉，故而增加了中美两国围绕"白案"交涉的复杂性。即便如此，双方兼顾彼此的利益诉求，对"白案"的处理采取了变通办法。"白案"亦可视为中国与列强奉行"合作政策"的体现。

关键词： 白齐文 李鸿章 卫三畏

白齐文（Henry Anson Burgevine），是中国近代著名的外籍人士，1862年常胜军的第二任首领，后劫持"高桥"号轮船加入苏州太平军，被清军围攻时又向继任的常胜军首领戈登投降，被美国领事逮捕后遭送至日本，此后悄悄回到中国。最终在1865年5月被厦门海关税务司人员抓捕，6月26日在从福州前往上海的途中，于浙江兰溪县淹死。白齐文死亡的真相以及其作为"洋将"引起的中外交涉，困扰着当时负责调查此事的美国外交官们，由于当时报纸舆论与谣言并起，该案也引发了后世学者的广泛讨论。马士、宓亨利在其所著《远东国际关系史》中指出，白齐文溺亡之事与中国政府有关；罗尔纲则在所著《太平天国》中对此案进行考证，指出无确凿证据证明白齐文为清

---

* 徐高，复旦大学历史系硕士研究生。

政府所杀。① 更值得关注的是，从围绕白齐文的惩处所展开的中、美、英交涉中，也延伸出人们对条约体系的理解。1968 年，Robert Henry Detrick 通过查阅当时的外交档案、往来书信以及在华英文报刊《北华捷报》，在所发表的博士论文中认为，当时的美国外交官并没有捍卫美国公民在《天津条约》中所享有的权利，部分原因是美国在远东缺乏军事力量。在白齐文事件中，美国外交官存在过错，其中很重要的一点便是卫三畏（S. W. Williams）在寻求华盛顿指示的同时，决定让白齐文留在中国监狱中。② 也有中国学者通过对《左宗棠全集》《李鸿章全集》《筹办夷务始末》《丁日昌集》中涉及白齐文相关内容的梳理，考证白齐文从被捕到死亡的过程，并尝试对此时的中外博弈提出新的认识。③

通过梳理不同类型的史料，厘清这一事件的始末，有助于突破太平天国历史研究中存在的过于简单地以"革命"解释一切的框架。此外，同治时期也是早期中美关系研究中的重要时段，以往学者在研究中更多关注蒲安臣担任驻华公使和代表中国出使的历史事件，而遗漏白齐文事件，其实该事件却体现了所谓中美"共有的历史"的不同视角——中美就白齐文事件的处理，尤其是就其中涉及国籍问题所产生的争议。本文通过对中美双方相关档案、史料和个人文集的爬梳，尝试厘清在此期间中美交涉的过程，并对晚清时期的对外交涉做一些简单的个人思考。

一 "罪与罚"的最初争论

1862 年李鸿章到达上海后，曾国藩曾在信中多次指示他与洋人打交道时应注意遵守的原则和采取的策略："洋人缠嬲，极难处置，尊处只宜以两言决之，曰'会防上海则可，会剿他处不可'"，"阁下向与敌以下交接颇近傲慢，

---

① 参见〔美〕马士、宓亨利《远东国际关系史》，姚曾廙等译，商务印书馆，1975；罗尔纲《太平天国》（4），中华书局，1991，第 2367~2368 页。对常胜军整体的研究，代表性著作有〔美〕R. J. 史密斯《19 世纪中国的常胜军：外国雇佣兵与清帝国官员》，汝企和译，中国社会科学出版社，2003。史密斯认为，常胜军所带来的中外冲突主要有两个方面：一是中西对军队的管理存在意见分歧；二是西方人将常胜军作为永久性的组织，而中国则只是将其作为对付太平军的权宜之计。

② Robert Henry Detrick, "Henry Andrea Burgevine in China: A Biography," Indiana University, Ph. D. dissertation, 1968.

③ 参见熊秋良《李鸿章与白齐文事件——兼论李鸿章处理外交事件的原则和方法》，《安徽史学》1999 年第 2 期；任智勇《太平天国洋将白齐文之死考》，《军事历史研究》2018 年第 5 期。

一居高位，则宜时时检点。与外国人相交际，尤宜和顺，不可误认简傲为风骨"。① 此时的李鸿章是第一次面对洋人，可以说，白齐文事件对李鸿章处理之后的涉外案件在很大程度上产生了某种影响。

1862 年，常胜军统领华尔（F. T. Ward）战死后，英国公使卜鲁斯（F. W. A. Bruce）和海军提督何伯（J. Hope）同意遴选白齐文作为继任者，清政府遂任命白齐文为管带。在接管常胜军后，因其作战有功，李鸿章上奏："白齐文亦经具禀愿隶中华，奏奉谕旨，先赏四品翎顶。嗣以萧塘战胜，复蒙恩赏三品顶戴。如白齐文等果忠勇出力，自不妨破格奖励。"② 清廷同意了李鸿章的提议，但是仍提醒他，"恐稍涉迁就，日后转成尾大不掉之势，徒靡饷项，不如交中国大员管带，易为驾驭，或一时无此胜任之员，仍须暂交白齐文接统其众，以示笼络"，即洋员仍需要受中国大员的控制。李鸿章本人也认为洋兵并不可靠，"即得一见，言语不通，心志不孚，碍难悬揣"。③

上任后，白齐文未与中国官员建立起良好的关系。④ 1863 年 1 月 4 日，白齐文率数十人的洋枪队奔赴上海，闯入同为洋枪队管带的中方官员杨坊家；争执之下，白齐文殴伤杨坊，并对其寓所实施了劫掠。李鸿章获悉此事后，将其定罪为"劫饷殴官、不遵调度"，并立即照会英国陆路提督士迪佛立（C. W. D. Staveley），告知要以军法惩办白齐文，外国弁目不得为之辩护。⑤ 在与吴煦的通信中，李鸿章表达了应该对白齐文严厉处理的想法，"如士提督再议更改，只有常胜军全行遣散，省得以后淘气，再弄笑话，目前多花钱亦值得也"。⑥ 显然，李鸿章对白齐文殴杨事件发生后总理衙门多次派大员管理的应对措施并不满意，准备将此作为彻底解决常胜军问题的良机。"目前之患在内

---

① 《复李鸿章》，同治元年三月三十日，《曾国藩全集·书札上》，河北人民出版社，2016，第 208 页。

② 《华尔阵亡请序片》，同治元年闰八月初六日，《李鸿章全集·奏议一》，安徽教育出版社，2008，第 98 页。

③ 《上曾揆帅》，同治元年闰八月初六日，《李鸿章全集·信函一》，第 121 页。

④ 在致曾国藩的信中，李鸿章曾指出白齐文"阴狠执拗，吴、杨皆谓不如华尔之顺手，而廷旨欲鸿章另派镇将接统"。见《上曾中堂》，同治元年十月二十五日，《李鸿章全集·信函一》，第 164 页。

⑤ 《李鸿章为撤换常胜军管带白齐文致英国陆路提督士迪佛立照会》（抄件），1863 年 1 月 6 日，太平天国历史博物馆编《吴煦档案选编》第一辑，江苏人民出版社，1983，第 109 页。

⑥ 《李鸿章致吴煦函》，1863 年 1 月 9 日，太平天国历史博物馆编《吴煦档案选编》第二辑，第 7 页。

寇，长久之虑在西人。堂堂华夏，积弱至此，岂一人一时所致!"① 而且，常胜军消耗巨大：

> 查常胜军本华尔旧部，其初不过千人，吴煦、杨坊等始意欲藉以御寇，薪粮、夫价及一切军火支应，视官军加至数倍，漫无限制，陆续增至四千五百余人，并长夫、驳船、轮船经费，月需饷银七八万两，消耗巨大，同时，常胜军士兵日益跋扈，已经渐成尾大不掉之势，……臣筹思累月，久欲稍加裁抑，而事关中外交涉之端，未便轻于发难。此次白齐文逞凶跋扈，立即撤其兵权，事当更替之初，须求补救之法。

英国提督士迪佛立初不愿中国官员管带，李鸿章"与之往复辩论，舌敝唇焦，始获定议"②。

对于白齐文殴杨案的处理，朝廷指示李鸿章，"李恒嵩如与该勇（常胜军）熟习，足以独力钳制，密行禀候李（鸿章）酌办"；而在实际处理中，李鸿章则是"札委托该员（李恒嵩）会同英国所派兵官接管，俟收回兵权，再饬陆续裁汰。至三品顶戴白齐文既隶中国版图，违犯法令，应照中国之法治罪，以杜后患，而儆其余。业令吴煦、杨坊、李恒嵩等严密拿解"。③

清政府也将这一事件照会了美国公使蒲安臣（Anson Burlingame）："本月（十一月）十四日早间，白齐文由沪回松，将城门关闭，闻因饷银未发，欲率众抢劫。经该府等劝谕，许以发饷，白齐文始行旋沪。查常胜军九月以前之饷早已放清，十月之饷，杨坊已许为筹备，告以一有起程之期，立即照付。讵白齐文不但行期无定，辄称不愿前赴金陵，请辞差使。"此外，他还指出，作为华尔的继任者，白齐文并不像前者那样帮助攻打太平军，而是不遵从调度，殴伤清政府官员。在该照会的最后，清政府通报了中方对此的处理决定，即"白齐文既隶中国版图，似此行为，实属违犯中国法令，若不照中国之例严拿查办，何以昭中外刑赏之平"，并已经饬令中国地方官李鸿章对白齐文进行惩处。④ 对此，蒲安臣在复照中表示，他对李鸿章向奕䜣提交的报告提出质疑，

---

① 《复徐寿蘅侍郎》，同治二年九月二十七日，《李鸿章全集·信函一》，第 262 页。
② 《李鸿章奏筹议整顿常胜军折》，《筹办夷务始末·同治朝》卷十二，中华书局，2008，第 565 页。
③ 《李鸿章奏白齐文来沪抢饷已解兵柄拿办中派李恒嵩英派奥伦接管常胜军片》，《筹办夷务始末·同治朝》卷十二，第 522 页。
④ 《给美使蒲安臣照会》，《筹办夷务始末·同治朝》卷十四，第 628~629 页。

认为白齐文任职以来"甚为得力"，"况贵国由英国将来之火轮船，是英国人管理，故想将常胜军命美国有才人统带，英、美两国皆想贵国兴旺也"。① 由此也可看出，在运用外国人组成军队对抗太平军的问题上，英美之间同时存在着合作与竞争关系。

在 1862 年 3 月致清廷的照会中，蒲安臣已经表达了美方在白齐文的国籍问题上与李鸿章乃至总理衙门的不同看法："李鸿章欲用中国之例办白齐文，查条约白齐文系美国人，别国不能治罪，如果白齐文犯何等罪，本国领事官必定加以处治。若按照李鸿章之语，凡外国人仕于中国者，不论带兵及税务司等，俱不肯替中国出力相帮助矣。"②

美方观点认为，外人尽管接受了中国的官职，但不可视为其加入了中国国籍，仍享有领事裁判权。而总理衙门则坚持，"白齐文虽系贵国之人，然既受中国官职，自应遵守中国法度，有功必赏，有罪应罚"。③ 不久，总理衙门又照会英使卜鲁斯，要其迅速饬令在沪英国文武官，速交出白齐文，听凭中国查办。而英使的答复比蒲安臣更为强硬，他直接认为过错方是杨坊。对于这一时期与英、美公使的交涉，奕䜣在上奏中称：李鸿章"身在局中，议论情形，与臣等所虑印合。臣等公同商酌，一面照会英、美两国公使，斥其误保匪人"，而英、美公使在回复中则称"白齐文罪款，多系江苏官员污蔑"，于是"臣等均置之不理，随即照会美国公使，历数白齐文罪状，以不遵调度贻误军情为最大。俟请旨将白齐文革出中国版图，不再叙用，仍饬令回国，由美国自行管束。现经臣等叠次照会，词意不稍宽假，美国无可复言，但呈递照会，求将被参各款改正，其用与不用，由中国作主"。④

可见，总理衙门决定不再与蒲安臣纠缠于如何处理白齐文，而是直接令其回国，不再任用。对于总理衙门的指控，蒲安臣进行了反驳，认为奕䜣对白齐文"第一诬其抢劫军饷，第二诬其假造保状，第三诬其虚报欠项，第四诬其无理不遵号令"，此类指控皆毫无凭据，应当更正。⑤ 这一阶段，由于中、美双方对白齐文事件中许多事实都有争议，难以达成共识。

---

① 《美使蒲安臣照会》，《筹办夷务始末·同治朝》卷十四，第 629 页。
② 《美使蒲安臣照会》，《筹办夷务始末·同治朝》卷十四，第 630 页。
③ 《给美使蒲安臣照会》，《筹办夷务始末·同治朝》卷十四，第 630 页。
④ 《奕䜣等奏李鸿章函称白齐文中外目为恶人已照会英美使斥不再用折》，《筹办夷务始末·同治朝》卷十七，第 756～766 页。
⑤ 《美使蒲安臣照会》，《筹办夷务始末·同治朝》卷十七，第 761 页。

白齐文离开上海后，向英、美驻华公使及清政府申诉，要求复职，并获得了他们的支持。同治二年初，白齐文赴京访问英、美公使。此后，英国驻华公使卜鲁斯一度同意支持白齐文复职，总理衙门亦表示愿意通融，但李鸿章拒绝予其恢复原职，认为白齐文复职一事中方不可退让，"朝廷纪纲，须共存立，乃如此模棱畏事，是非何由得明，令人灰心"①。李鸿章称，如准白齐文接管常胜军，此后淞沪军务便不能相帮，"以总理衙门来函虽有宽贷通融之意，并未约定白齐文接带，况戈登现在整顿甚好，敝处已奏明交其会带并权授中国总兵职位，断无无故更换之理。该提督等（并未唤回戈登）甚为欣悦，允即详致公使"。李鸿章向总理衙门声明，对白齐文断难令其带兵。"潘提督云（士酉日内赴东洋）：如白齐文往伊处请谒，自有登答，如在洋泾浜滋事，巡捕必即拿办，如在别处行凶，可立即照会，伊为出头理论。英人甚不愿白齐文接管。现归戈登管带，整顿营规，实有起色，鄙意与英酋正合"。② 自此，在拒绝白齐文复职而支持戈登履职一事上，李鸿章与英国方面达成了一致意见。

二　白齐文的被捕与溺亡

1863 年 10 月 8 日，白齐文带领手下到苏州投降戈登，清政府最终决定将白齐文逐出中国，永不准再回，否则按中国的律法处置。监禁几天后，白齐文前往神奈川。与卫三畏报告中对白齐文的态度不同，在华的外国侨民对白齐文表示同情，同时也抱怨中国政府对美国公民的不良待遇。美国驻上海总领事熙华德（George Frederick Seward）认为，白齐文的案件是一个重要的外国人被驱逐出境之案，而他的权威仅限于上海，因而不能阻止白齐文住在其他的口岸。在抵达上海以后，白齐文在《北华捷报》发表声明，其中没有表现出丝毫悔悟之意。

1864 年 3 月 26 日，白齐文又回到了上海，他并没有隐藏自己的行踪，之后熙华德将其再次关进监狱。6 月，白齐文前往宁波。7 月 23 日，曾国藩从戈登处得到情报，得知白齐文暗中回到中国"将赴金陵助济逆酋"，总理衙门令李鸿章设法拿办。③ 在总理衙门照会各国公使后，李鸿章饬令上海各国领事以

---

① 《上曾中堂》，同治二年三月初十日，《李鸿章全集·信函一》，第 214 页。

② 《致吴晓帆观察》，同治二年三月初五日，《李鸿章全集·信函一》，第 212 页。

③ 《曾国藩奏闻白齐文暗回中国助济金陵太平军折》，《筹办夷务始末·同治朝》卷二十六，第 1153 页。

及通行各地方营卡，要求将白齐文缉拿在案。1865 年 3 月，白齐文又偷偷回到中国，前往厦门附近。5 月 1 日，恭亲王得知白齐文回来以后，要求蒲安臣立刻采取行动。他答应，如果美方将白齐文驱回自己的国家，就保证搁置关于这一问题的调查。这次蒲安臣掌握着比恭亲王更多的资料。他将熙华德关于这一问题处理的报告书的概要发给了恭亲王，恭亲王对熙华德的行动表示满意，不再谈此事。6 月，蒲安臣将此事报告给美国务卿；在报告中，他对白齐文的行动感到愤怒，但是他能做的也只是对白齐文的行为表示遗憾。

根据福建陆路提督郭松林的情报，本就与白齐文熟识、担任教习的司端里（W. Winstanley）于 5 月 13 日在厦门海口见到白齐文，白齐文告知他自己要前往漳州投奔太平军，"知司端里在苏军营中，央请相送，许给谢仪洋银四百圆"；司端里假装答应，并报告厦门税务司。此时代理税务司巴德合正巧从台湾关处获知白齐文可能已经前往厦门，并准备继续前往漳州的消息，"正派帮办揭谟及扦手二名在外密询，遂同将白齐文、克令（Crane）锁解郭松林营中，委员讯据供认投贼不讳"。① 之后他被押往厦门，交兴泉永道邓廷楠收禁；继而送至左宗棠行辕后，又解交福州府严密押禁。在此期间，据英国驻福州领事有雅芝（A. R. Hewlett）所言，其与美国驻福州领事向福州府索要英国公民及白齐文，但福州府"已奉闽浙总督谆饬，不准送交领事官"；该领事想要前往探视，"该府亦不肯令见"。② 在 6 月 15 日的报告中，有雅芝附上白齐文写来的两封信，信中白齐文抱怨说自己受到残酷侮辱，没有足够的衣食，他要求见英、美领事，但遭到李鸿章的拒绝，英、美领事甚至没能见到白齐文。在致卫三畏的照会中，中方解释道，白齐文已经转移，他"系积惯通贼之人，诚恐暗地勾结抢劫，致有疏虞，未敢在省久羁"；并且克令也与此案有关，故一同送往上海总领事官处。

对于白齐文等溺亡的经过，根据闽浙总督左宗棠、暂署两江总督李鸿章、浙江巡抚马新贻奏，押送白齐文一行人于 6 月 1 日从福建出发，并派委千总贺光泰、把总任尚胜与护勇一起随行。7 月 8 日，马新贻接到兰溪县知县江绍华禀报，白齐文一行于初四（6 月 26 日）途经此地后开船离开。清廷对于白齐文、克令等死亡情形的了解，主要是靠幸存下的护勇之回忆：6 月 26 日中午，当行至距离兰溪 25 里会头滩地方时，突遭风浪，船只被风掀翻，包括白齐文、

① 《李鸿章又奏白齐文复来投漳被获请旨饬遵片》，《筹办夷务始末·同治朝》卷三十二，第1388 页。
② 《英署使威妥玛给奕䜣照会》，《筹办夷务始末·同治朝》卷三十七，第 1538~1539 页。

克令、细仔、贺光泰在内等 13 人溺亡。白齐文之死，被认为是"穷凶极恶，致伏冥诛，足见天道之不爽"①。这也一定程度上体现了中国官员对外人的态度。

美国官方对白齐文及其同伴之死的抗议较为温和；其中，美驻华代表、国务院以及在华侨民的意见亦不乏分歧。在华侨民了解到，白齐文只能以违背自然法定罪，最高入狱三年。当国务卿西华德（William Henry Seward）的信件到达北京的时候，蒲安臣已经离职返美，该问题遂由使馆秘书兼翻译卫三畏处理。在给蒲安臣的信中，卫三畏表示，他理解中国政府拒绝释放白齐文的行为，并谴责美国驻福州领事克拉克（Clarke）想要夺取白齐文监护权的努力是多此一举，认为中国并没有违背"条约精神"。②卫三畏承诺，他将会询问国务卿西华德，上海总领事是否将白齐文驱逐出境；如果是的话，他重回到中国后就丧失了受美国保护的权利。③

卫三畏接受了总理衙门的解释，他向美国政府寻求指示的行为更多的是希望华盛顿认可中国的地位，而不是寻求美国政府的建议。与蒲安臣对白齐文殴伤杨坊事件的护短回应不同，在接到总理衙门关于白齐文在漳州被捕后，卫三畏的回复是，白齐文"应归领事官惩办"，"请将此人归在贵国拘留监内，谨饬地方官不得陵虐，羁留数月。一俟本大臣将白齐文始末原由，先非美国所用之人，既经投贼已失体面，今私自逃回，美国不应庇护，可否归在中国严办等情，奏本恭请国政训示，该如何办理此异常之案，再为照知，庶笃条约而慎刑名"④。卫三畏也意识到自己关于白齐文案件的处理方式是可能不受欢迎的，因为这意味着他宽恕了中国对条约的破坏行为。为消除这一印象，他向蒲安臣和熙华德解释他的行动以及希望获得他们的帮助，为此他提出四点理由：第一，白齐文曾经为中国官员，但是他背叛了中国；第二，由于缺乏目击证人，美国法庭不能将白齐文定罪为暴动；第三，中国和美国是否可以将白齐文作为防止美国侨民参与中国叛乱的例子；第四，美国的条约权利并不会因为将白齐文交给中国而遭到削弱。此外，卫三畏还努力说服蒲安臣，无论白齐文是否回

---

① 《左宗棠李鸿章马新贻奏解苏洋犯白齐文等中途覆舟溺毙折》，《筹办夷务始末·同治朝》卷三十四，第 1449 页。

② Williams to A. L. Clarke, July 13, 1865, Legation Archives, Peking, XLII, 85；In Robert Henry Detrick, "Henry Andrea Burgevine in China：A Biography," p. 217.

③ Williams to Kung, June 21, 1865, Inc. D, In Williams to W. H. Seward, June 26, 1865, DD-China, Roll 23；In Robert Henry Detrick, "Henry Andrea Burgevine in China：A Biography," p. 218.

④ 《美署使卫廉士照会》，《筹办夷务始末·同治朝》卷三十三，第 1395 页。

到中国，中国都想要审判和惩处他。① 对卫三畏的回复，中方感到满意，奕䜣对卫三畏不敢自专、要联系本国政府之举亦表示理解，"且该使措辞既属近理，将来该国酌定办法时，当不至再有庇护之事"，他令左宗棠、李鸿章等先将白齐文严密押禁，听候办理。②

在得知白齐文及克令等在浙江兰溪地区因风浪翻船溺亡后，英国和美国的领事首先是希望通过解剖来了解真相，但是并没有得到满意的结果。9 月 19日，熙华德将他的翻译林约翰派往宁波，会同副领事路易斯（Lewis）一起前往兰溪进行调查；清政府方面，由浙江巡抚委派官员萧缙陪同他们前往。③ 路易斯描述了中国官员押送白齐文等人的过程，经过调查，他对这件事表示怀疑，中国的官员拒绝打开装中国人的棺材。9 月 30 日，路易斯找到一个当时的目击者，称白齐文是被中国官员故意淹死的。卫三畏指示将白齐文的棺材送回宁波，由美国领事收葬，在将白齐文的尸体运回解剖后，医生还是不能证实他的死因，仅发现尸体上有锐器所形成的伤口，但仅此也无法给出定论。此后，白齐文被葬于上海的外国人墓地中。

卫三畏对白齐文之死并不感到遗憾，相反，他认为他罪有应得。但美国国务院认为，卫三畏和熙华德的行动并没有平息相关争执。从西方过去与中国的关系来看，他们有理由相信，如果中国对白齐文的处置方式没有受到挑战，那么其他西方人将会在未来遭受类似的命运。由此，美国外交官在此事处理上遭到了批评；《北华捷报》就有评论指出，卫三畏的做法不仅背叛了白齐文，也背叛了其他的美国侨民。④

三 "白案"引发的条约权利的交涉

在白齐文被捕不久后，时任闽浙总督左宗棠和署理两江总督并兼任南洋大臣李鸿章，均向清廷发了奏报，两者的资料均源于厦门海关税务司的报告。其中，李鸿章在 1865 年 6 月 9 日所上奏折中，表明了自己对白齐文处理的态度：

---

① Williams to Burlingame, June 26, 1865, Williams Papers, Box V. In Robert Henry Detrick, "Henry Andrea Burgevine in China: A Biography," p. 219.

② 《奕䜣等奏议复李鸿章拿获白齐文请旨饬遵折》，《筹办夷务始末·同治朝》卷三十三，第 1392 页。

③ 《奕䜣给美署使卫廉士照会》，《筹办夷务始末·同治朝》卷三十七，第 1536 ~ 1537 页。

④ *North-China Herald*，August 19, 1865.

　　臣查白齐文穷凶极恶，叠次甘心助贼，罪情重大，且以不准再来中国之人仍潜入内地，蓄意从逆，谋害中国。按律久应诛殛。前缘美领事席华强执和约由本国治罪之条哓哓置辩，致稽显戮。此次由郭松林营中拿获，若当时作为对敌杀死，可省葛藤。……惟查同治二年七月间总理衙门照会美公使文内声明：自应访拿正法或被官兵枪炮轰毙，均罪有应得等语。嗣该逆复来中国，该公使与领事均有拘拿严办之说，中国之待白齐文恩典、宽恕已至再至三。该犯恶贯满盈，不能容留之人，应否由臣咨覆左宗棠即将白齐文正法，余犯解交该领事严办，抑俟敕下总理衙门与美公使反复申明情节，诘以如何严办或治以死罪，使其不能置辩之处，均候旨饬遵。①

　　由此可见，李鸿章主张由左宗棠直接在福州将白齐文"正法"，如果能将白齐文直接在战场上作为"发逆"消灭则最佳，从而避免美国领事的干涉，借此可以绕开复杂的治外法权和领事裁判权问题。

　　6 月 14 日李鸿章的奏折获得朱批："该衙门妥议具奏。"②

　　总理衙门为此向清廷上奏：

　　臣等查外洋风俗，每以治人死罪，遇有不法应死之人，尽可登时革毙。若既经拿获，则必须讯办多方，设法开脱死罪，此外国向来之情形也。白齐文前于同治二年间，招雇外国流氓，潜赴苏州助贼。经臣等照会美国使臣蒲安臣，再三辩论；该使亦以白齐文投贼为外国之耻，惟中国现在苏州攻剿发逆，若于对仗时将白齐文轰毙或生擒时革毙，外国均无异说。如另外设法擒获，讯明后方始正法，与各国面上俱不好看等语。当由臣衙门行知江、浙等省，如白齐文再行潜入中国，于擒获后，仿照临阵擒获发逆之律，即行就地正法，以免葛藤各在案。现在白齐文胆敢复来中国，欲往漳州投贼，洵属穷凶极恶！此次若由中国地方官拿获，即可阵前立时正法，该国亦不能再有异议。但系由税务司等盘获，既经解交中国地方官讯明押禁，而英国照会，又以该国同案被获之克令，应交该国领事为言，并牵涉白齐文在内，自未便不向美国使臣命定其罪。此次臣等给与署美国使臣卫廉士照会内，历述白齐文屡次罪状，并言讯明投贼属实，亟应

① 《拿获白齐文片》，《李鸿章全集·奏议二》，第 86~87 页。
② 《拿获白齐文片》，《李鸿章全集·奏议二》，第 87 页。

查照前议，即行正法等语。①

　　也就是说，总理衙门认为对白齐文案件处理的困难之处在于，他既非在战场也不是为地方官所擒获，而是被税务司抓获的；根据以往对洋人犯罪的处理，白齐文很可能被无罪释放，因此总署请求美方同意将白齐文处死，防止白齐文再次开脱。相比于美国，英国的态度更为强硬，据英国照会，英方根本不承认左宗棠和李鸿章等对外国人的管理权，要求将抓获的克令等英国人交给英国领事审理。面对英方压力，总理衙门遂指示李鸿章和左宗棠对白齐文等人"暂行严密监禁"②。

　　由以上中方的记载可以看出，以李鸿章为代表的负责直接处理对外事务的官员主张对白齐文"既行正法"，甚至寄希望于避免领事裁判权而在战场上杀死白齐文；而总理衙门在照会英、美公使后，为避免与英、美列强发生冲突，于是决定更为谨慎、妥善地处理白齐文问题。白齐文被淹身亡后，清政府称其是在送往上海途中所遭遇的不测，并表示将对此次意外积极展开调查。

　　1865年7月7日，熙华德致函卫三畏，称虽然中国地方官员拒绝交出白齐文，但是他不会放弃对白齐文的保护。相比于卫三畏对中国政府所表现出的合作态度，熙华德显然认为白齐文应该交给美国领事来处置，他向卫三畏详细报告了白齐文事件的始末，认为1864年4月到1865年3月白齐文均未来过中国；此外，他也并未收到对白齐文的指控，不认为白齐文已经加入了中国国籍，相反，白齐文没有被剥夺美国公民身份，他依旧是美国人应该受到美国领事的保护，清廷对白齐文的待遇非常不公。③

　　在获悉白齐文等起解时，李鸿章就认为此事"京沪各酋争论，须交该国自行严办"。④7月16日在与马新贻的通信中，李鸿章称"白齐文一犯，弟早经奏请正法，余犯解交领事审办，总署恐以违约得罪洋酋，致美借词延展。而克令系英人，英酋屡次申陈索还。闽中若将克令发还，而专解白齐文，经此冥诛，诚为痛快，英酋闻信，必不甘服，必嗾使各国深文狡辩，是以弟于总理衙

① 《奕䜣等奏议复李鸿章拿获白齐文请旨饬遵折》，《筹办夷务始末·同治朝》卷三十三，第1391～1392页。
② 《廷寄》，《筹办夷务始末·同治朝》卷三十三，第1393页。
③ 此说参见太平天国史博物馆编《吴煦档案选编》第二辑，第311页。1862年4月，白齐文申请加入中国国籍，接受中国政府管辖。
④ 《致左制军》，同治四年闰五月十四日，《李鸿章全集·信函一》，第396页。

门函中面面开导，一出之以平淡，未知能否就此完结"；他要求对各弁及勇役各尸，必须赶紧捞获，与死去的洋人之棺并停一处；若打捞无获，或另行设法装点，以备宁、沪洋酋前往探查，"该酋来浙饶舌，尽可据理驳斥，毋稍畏阻"。李鸿章此时对美国的认识，是与英国驻华外交官的对比而来的，"英人爱体面而中藏奸诡，不似法、美贪利无耻，须慎防之"；他对于白齐文事件的后续处理并未表现出担忧，"惟外国重护生命，若死出有因，久自息喙"。①

左宗棠在给总理衙门的上奏中，坚持自己是按照总理衙门、美国公使卫三畏照会行动，之所以转移白齐文，是担心驻福州英国领事有雅芝从中破坏，"别生枝节"，并且克令本身可以按照英国公使的意愿交由英国领事审理，但是其与白齐文案关系重大，"若不一同起解，虑白齐文以无人质证，遂至翻供"；在接到总理衙门发来函件时，白齐文等人已经溺亡，之后他与李鸿章、马新贻联名呈报此事发生经过："其时适值金、衢、严、绍同时大雨浃旬，蛟水暴发，为浙中数十年所仅见，事出意外，致此等奸匪未获明正刑诛，殊为诧恨。"左宗棠在回复马新贻时亦称，白齐文被"此次大水冲没，亦足解纷，惜未明正刑诛耳"②，这表达了他对白齐文最终未受中国律法审判的遗憾。此外，左宗棠还向总理衙门表达了他对有雅芝的不满，认为他好持异论，遇事生风，恃其曾充翻译，略识文字，通晓官话，动辄把持，又在南台税厘事务每多牵掣。左宗棠与李鸿章有相同的感受，认为在白齐文之事上，美国领事尚易明白，而有雅芝暗中唆怂，到处挑拨，尤出情理之外，希望总理衙门可以将此人调走。

为了应对英、美对白齐文事件的再次调查，李鸿章准备"派人协同前往查验，若无理纠缠，即婉词坚拒，以俟变态耳"；也就是说，他对其采取较为强硬的态度。对于总理衙门关于白齐文案件的总体处理，他并不十分赞同。当美国外交官要求继续前往调查时，总理衙门仅回复"该衙门知道"，并无一断语，这更是让李鸿章感到"中朝畏事，我辈能毋担荷耶"③ 的无奈。此后英国领事指责白齐文、克令等死是中国官方所为时，李鸿章以此案告结而不为理睬，并认为"无据之词，断不能逞"④。

9 月 1 日，卫三畏在收到国务卿西华德的回信前，就从恭亲王的照会中获

---

① 《复浙江马中丞》，同治四年闰五月二十四日，《李鸿章全集·信函一》，第 398 页。
② 《答马谷山中丞》，《左宗棠全集·书信二》，岳麓书社，1996，第 587 页。
③ 《复浙江马中丞》，同治四年七月十五日夜，《李鸿章全集·信函一》，第 415 页。
④ 《复马中丞》，同治四年八月二十五日，《李鸿章全集·信函一》，第 424 页。

悉白齐文已经意外身亡。① 在回信中他指出"尽管白齐文犯下了罪行，但是他依旧是美国人"，他对帮助寻找白齐文尸体的中国官民表示了感谢，并交代将白齐文的棺椁送往宁波。卫三畏对此的态度是温和的。9 月 5 日，卫三畏致代理国务卿威廉·亨特（William Hunter）的信中说："美国公民是否可以在中国这样的国家中剥夺自己的国籍，是一个令人感兴趣的问题；在中国的美国人的行为或生命本身就遵循治外法权的原则。这个问题的反面包含于其答案中，即一个公民是否可以被其本国政府宣布为罪犯（outlaw），并被剥夺对其任何行为的保护权。我想这两者的答案都是否定的，公民在中国临时居住期间既不能放弃美国国籍，也不能被剥夺公民资格。我国许多人是在中国地方当局的领导下服役的，他们在身份上没有任何一个国家的明确安排，也没有被各自上级的明确承认；在某些情况下，人们会感到失望和麻烦，因为各方都根据自己的理解和用法来判断自己的义务和特权。"② 美国援引了英国对类似问题的处理方式，认为白齐文"他可以因犯有旧罪而受到惩罚，并且由于他再次协助叛乱分子，他的罪恶深重。现在，由于白齐文被勒令禁止返回中国，他违反了自己国家的法律，再次来到中国，并协助叛乱分子；由于外国官员无权束缚他，因此，根据中国法律对新旧罪行予以惩处"③。

1866 年 4 月 2 日，在和总统进行商议后，国务卿西华德通知卫三畏，白齐文在中国监狱中只拥有"公正的定罪"，"尽管白齐文放弃了中国的雇佣，但他仍然是美国公民，必须根据他自己国家的法律"来处罚。他要求卫三畏向中国人表明，这一决定是"基于国家荣誉，而不是中国所享有的条约权利"④。西华德认为，虽然具体问题的处理已经结束，但是其仍有日后继续讨论的意义。并且他认为，在白齐文的案子中左宗棠有一定的过错，他违背了美国人在中国享有的治外法权——拒绝美国驻福州领事克拉克前往探视白齐文；

① 通过对比可知，美国外交文件档案（FRUS）中恭亲王告知卫三畏白齐文溺亡的细节和《筹办夷务始末·同治朝》卷三十四中李鸿章的奏折，基本不存在大的分歧。

② Mr. Williams to Mr. Hunter, September 5, 1865, United States Department of State: Executive Documents Printed by Order of the House of Representatives During the Second Session of the 38th Congress, 1866 – 1867, Vol. 1, p. 463.

③ His Excellency the Acting Viceroy to Her Majesty's Consul, United States Department of State: Executive Documents Printed by Order of the House of Representatives During the Second Session of the 38th Congress, 1866 – 1867, Vol. 1, p. 466.

④ Mr. Williams to Prince Kung, April 2, 1866, United States Department of State: Executive Documents Printed by Order of the House of Representatives During the Second Session of the 38th Congress, 1866 – 1867, Vol. 1, p. 505.

李鸿章也同样有过错，因为他拒绝将白齐文交还给美方审判。

6 日，卫三畏致函国务卿西华德，解释了自己对白齐文事件处理的考量。他首先是回应了对自己处理白齐文事件的质疑，他解释说，不能怪罪中国政府对白齐文的苛刻待遇，他们希望能自行处决白齐文；他也提醒国务卿注意中国问题的复杂性——中央政府是"弱政府"，地方督抚掌握大权，有相当的独立性和自主性，并且只向朝廷奏报他们认为合适的内容，而白齐文一案完全体现了这一特点。① 卫三畏仍不认为白齐文是被清政府故意杀害的，他总结道："华尔和白齐文为这个政府服务的整个职业生涯，都是艰辛和不尽如人意的，应更好地界定我国公民在政府中的地位。北京当局现在看到这是多么的危险，他们可以避免将来的分歧；但是他们在 1860 年时所处的地位，对此是极度渴望的，他们通过鼓励华尔采取训练中国士兵、使用外国武器和战术的计划。现在说明这一计划是广泛且成功的。"② 在此我们可以清楚看到卫三畏对此事的态度，他认为像白齐文这样以投机为目的来到中国的美国人，不会对中美关系产生积极的影响，他们仅仅有助于中国在器物层面向西方学习。这种行为和待遇违反了美国的本意，并激怒了每一个承担这种责任的外国人。9 日，恭亲王致卫三畏的信中表明，此后中方抓获的美国罪犯将会移交给美国领事馆处理，但是希望美国侨民不要参与和帮助中国本土的叛乱。③

余 论

围绕对白齐文事件的处理，中美进行了长时间的、较深入的交涉。这一案件的复杂性来源于如下两点：一是因白齐文是常胜军的第二任管带，此案涉及是否"借师助剿"的重要问题；二是从白齐文的国籍归属问题中延伸出他是否适用于美国的治外法权的问题。1844 年美国政府派顾盛（Caleb Cushing）

---

① Mr. Williams to Mr. Seward, April 6, 1866, United States Department of State: Executive Documents Printed by Order of the House of Representatives During the Second Session of the 38th Congress, 1866 - 1867, Vol. 1, p. 503.

② Mr. Williams to Prince Kung, April 2, 1866, United States Department of State: Executive Documents Printed by Order of the House of Representatives During the Second Session of the 38th Congress, 1866 - 1867, Vol. 1, p. 504.

③ Prince Kung to Mr. Williams, April 9, 1866, United States Department of State: Executive Documents Printed by Order of the House of Representatives During the Second Session of the 38th Congress, 1866 - 1867, Vol. 1, p. 506.

与清政府签订《望厦条约》时，援引中英《南京条约》而获得了治外法权，即美国人在中国的民事或刑事案件，"由领事等官捉拿审讯，照本国例治罪"，"应听两造查照各本国所立条约办理，中国官员均不得过问"。① 中美《天津条约》中，治外法权被进一步强化，规定华民与美人争斗案件中，华民归中国官按律治罪，而"大合众国人，无论在岸上、海面，与华民欺侮骚扰，毁坏物件、殴伤损害一切非礼不合情事，应归领事等官按本国例惩办"②。因此，美国人不受中国法律的管辖和制裁。

在处理牛庄案时，卫三畏曾致函熙华德，表达他对相关条约的看法，我们"也应该牢记，在条约将我们置于中国法律管辖范围之外的情况下，我们对政府的支持无能为力，因为条约规定，要求政府为我们提供充分的保护，以免受到具有煽动性的本地人和不道德的官员之伤害。中国的第一个条约是在大炮口被人敲诈勒索而签订的，这一情况不仅对谈判这些条约的军官而言是令人反感的，而且这还影响了广大人民的观念，以至于他们的统治者不鼓励尝试执行这些条约。因此，这些条约变得像伟大的文明的县长和基督教，我们必须有宽容和耐心来教育异教徒与无知的人们以达到他们的要求。但是其中包含的治外法权原则，就像蜂（ichneumon fly）卵发展成毛虫的过程一样，除非认真观察其发展否则很可能破坏该政府自治的行为"③。基于此种认识，卫三畏对中国在白齐文事件、杀害传教士等一系列事件中所表现出的反感和不合作表示理解，并将执行条约看作类似宗教和文明教化的过程。

对比中美关于同一事件的处理，清政府希望直接对白齐文进行惩处，但是碍于美国所享有的领事裁判权，不得不努力以间接的方式达成这一目的；而从美国的处理来看，美国官方及其民众、代公使卫三畏以及上海总领事熙华德对事件的看法和处理存在明确的分歧，具体反映为是否应该由美国处置白齐文以及如何处置。相比于中方材料，在自1865年底以后，美国人基本不再讨论这一事件；但值得注意的是，正如国务卿西华德所说，白齐文事件对在华侨民的地位有更长远的影响。

同时，白齐文事件的后续处理也反映了早期中外交涉过程中个人因素的影

---

① 王铁崖编《中外旧约章汇编》第一册，三联书店，1982，第54、55页。

② 王铁崖编《中外旧约章汇编》第一册，第91、95页。

③ Mr. Williams to Mr. G. F. Seward, May 10, 1866, United States Department of State: Executive Documents Printed by Order of the House of Representatives During the Second Session of the 38th Congress, 1866 – 1867, Vol. 1, p. 513.

响。从这个角度来看，对卫三畏的研究有待进一步深入。不同于上海总领事、福州领事，卫三畏对中国政府表现出温和的态度，他并不直接主张白齐文享有领事裁判权和受美国的保护；同时，他注重对中国具体政治情况的理解，这与他传教士与汉学家的身份有密切关联。但是从事后对这一事件的反思中，可以看出他的复杂态度。因此，对早期中美关系的研究，不仅应该重视外交制度之形成这一渐进的过程，还应该关注其中人的因素。李鸿章在同治元年十一月十八日的奏议中提出声明，"白齐文既隶中国版图，违犯法令，应照中国之法治罪"，上谕中也同意其做法。在同治元年十二月初十日的奏议中，李鸿章提到英人至今未交出白齐文，上谕的回复亦十分坚决，称"仍着照李鸿章据理折斥，饬将白齐文迅速交出，毋得任令含糊了事"。而卫三畏则认为，美国公民不能在中国这样的国家放弃自己的国籍，国务卿给他的回复中也说明白齐文是美国公民，必须根据美国法律接受审判。在实际操作方面，白齐文多次被交由美国处理，而白齐文又多次偷回中国内地，直到被清廷捕获扣押终至溺亡。李鸿章虽强调白齐文已归化，但仍同意由美国领事将其遣返回国，并在给曾国藩、薛焕的信件中提到此种处理方式；美国官员强调白齐文为美国人，但容许他被中国人拘留，但仍需接受美国法律的审判，且强调这是美国方面"基于国家荣誉，而不是中国所享有的条约权利"。此外，在思考白齐文事件处理问题对中美关系的影响时，可以利用比较的视野，即在《筹办夷务始末》中亦有英国处理白齐文及同行克令被淹一事的记载，相比于美国政府，英国的态度则更为强硬；研究英国政府对此的态度及背后原因，亦有助于我们加深与扩大对这一问题的认识。

日本驻华公使森有礼"特约案"交涉（1876～1878）再检讨

李启彰[*]

摘要：1875 年 12 月，日本新任驻华公使森有礼向外务卿寺岛宗则提出，日清两国应相互免除特定土产进出口税。翌年 10 月，这一提议以"特约案"四条形式呈现，成为日本政府的对华政策。从 1877 年 11 月 2 日至 1878 年 4 月 3 日，中日双方围绕"特约案"进行了短暂交涉，该交涉以失败告终。由于时间短且未产生直接成果，这起"特约案"交涉并未引起太多研究者的关注。然而，透过对"特约案"交涉的研究，可以厘清交涉失败的问题所在，以及看出明治时期日本对华条约交涉的特征。

关键词：森有礼　特约案交涉　李鸿章

前　言

1875 年（光绪元年，明治 8 年）12 月，日本新任驻华公使森有礼向外务卿寺岛宗则提出，日清两国应相互免除特定土产进出口税。翌年 10 月，这一提议以"特约案"四条形式呈现，森有礼的提议成为日本政府的对华政策；而就在即将进行"特约案"交涉前，清朝决定遣使驻日。如此一来，依据订

---

* 李启彰，台南成功大学历史系助理教授。

于 1871 年的《日清修好条规》规定，清朝领事将接手管理现阶段实质上为日本政府所管辖的大量在日华民。有鉴于此，外务省将"特约案"进行调整，改为六款，前两款为两国人民应遵守居住地法令的相关规定，即废除《日清修好条规》中原有的领事裁判权；后四款则是原订的免进口税的相关规定。1877 年 11 月 2 日，森有礼将"特约案"送交总署，要求进行检讨，择期交涉。11 月 24 日，总署提出照会，表明拒绝交涉之意，并退还草案。1878 年 3 月，森有礼亲赴总署交涉，但仍遭拒绝。4 月 3 日，总署发出照会，详细说明拒绝理由；翌日，森有礼提出反论及表达不满的覆文。交涉至此告终。

上述过程，尽管历经两三年时间，但实质交涉过程却极为短暂，中日双方甚至没有进入对草案内容的讨论。或许如此，这起"特约案"交涉并未引起太多研究者的关注。但这是一个很好的研究个案。1871 年《日清修好条规》缔结后，凡是涉及修约交涉，大多为总署拒绝，如 1872 年柳原前光的交涉，以及此次"特约案"交涉和 1886 年的修约交涉等。日方大都将失败原因归咎于中国方面拘泥条约、墨守成规、不知变通等。但事实是否真是如此？透过对"特约案"交涉的研究，相当程度可以厘清交涉失败的问题所在。因此，这是一个可以反映出明治时期中日有关条约交涉特征的个案。

正如上述，由于这起交涉并未引起研究者的注目，因此相关研究不多。松元郁美《明治十二三年所见日本的外交政策》①，在比较外务卿井上馨与外务卿寺岛的政策差异时，曾简单提到"特约案"交涉内容，但未深入检讨。津田多贺子《明治十年至十一年双务主义的日清条约特约交涉》②，则是目前为止对此课题最早也是最深入的研究，因此，本文的先行研究检讨也以此文为中心。津田论文的重点有如下几点。一是，日本方面提出"特约案"的目的与背景。其中指出，日方提议两国彼此免除进口税的目的在于，扩大对华出口及推进殖产兴业，而其背景则与当时大隈财政下所推动的"直接出口政策"（不透过外商之手）有关；至于法权回复方面，其契机为清朝决定遣使驻日，使得日本仓促将废除领事裁判权规定加入"特约案"中。二是，关于"特约案"性质、特征的检讨。文中分别以双务主义、对等主义来定义免税及法权这两个交涉课题。只是对于前者，津田言及，就免税品项而言，对日本较为有利，双务主义只是个"幌子"；但对于后者，津田却认为，从以获取与西方诸国同等

① 〔日〕松本郁美：《明治十二、三年にみる日本外交の方策》，《史窗》第 55 号，1998 年 3 月。
② 〔日〕津田多贺子：《明治 10～11 年の双务主義の日清条約特約交涉》，《歴史の理論と教育》第 82 号，1991 年 11 月。

特权为目标的方针而论，这意味着政策的后退。即便如此，为何日本方面还有此提议，主要原因是当时有关税则的条约改正进展顺利，未来或许能够推展到法权方面；这样一来，日中间的条约规定即成障碍，因而事先务必去除。此外，森有礼也注意到清朝国内的近代化情形，如对领事裁判权弊害的认知等。因此他认为，日方的提议应可为清朝方面所接受。三是，交涉失败原因及影响。津田认为，免税问题虽可称为利益的不均等，但法权问题却是因为清朝仍未能摆脱旧有的外交思维及其架构，因而无法理解建立在西欧各国所持原理上的追求国家自主的外交政策。而此一事件的最大影响则是让日本认为今后必须采取有别于此的交涉方式，这使得原本已逐渐紧张的日中关系更添变量。

津田多贺子的研究，提出值得深思的观点，确实为这起交涉案研究奠定相当扎实的基础，但无可否认，此文也存在一些问题点，大致存在于三个方面。第一，免税交涉仅从扩大对华贸易及殖产兴业的角度来说，恐怕过于狭隘，应该对日本当时所处的内外环境做更深入分析，方能完整说明为何森有礼的个人提议，最终会成为日本的对华政策。第二，文中缺乏对于此事以前日中双方在有关条约交涉时所持基本立场的探讨，因此有过度评价日方草案中双务主义、对等主义等特征的倾向，同时也忽视清朝方面对于修约期限的坚持。第三，也是最重要者，缺乏对于清朝政策背景的分析，因此容易陷入以日本为论述立场的陷阱，从而造成解释上的偏颇。

本文回归到两国交涉时的政策背景现场，就"特约案"交涉进行实证检讨，一方面检视并修正先行研究的部分论点，另一方面也阐明这起交涉案所凸显出的明治时期中日条约交涉的特征与意义。

一　森有礼提议的政策化

1875 年 12 月 15 日，日本新任驻华公使森有礼在前往北京赴任途中，于芝罘停留时，突然向外务卿寺岛宗则提出建言，希望能与清朝就两国土产中"限一国独有、并无他类之产品，相互免除进出口税"①。森有礼认为，日本物产输出中国较多，其中像盐、纸等因中国有所需求，出口越来越多；一旦免税，对日本有利；因而建议可以利用此次修改税则机会进行商议，以期能于日

---

① 日本外务省编《日本外交文书》第 9 卷，东京：日本国际协会，1940，第 436 页。

清间开启"无税之方便门路"，振兴日本商业。①

森有礼为旧萨摩藩藩士，曾留学英国，1870 年以少辨务使②身份派驻美国，1873 年回国，同年 12 月任外务大丞，1875 年 6 月升任外务少辅，11 月 10 日被任命为驻华公使。③ 因此，森有礼可说是当时日本少数具有丰富西方外交经验的外交官员。

原驻华公使柳原前光在"台湾事件"所引起的与北京交涉告终后，于 1874 年 12 月 25 日回国，驻华公使之职由一等书记官郑永宁临时代理。之后，柳原以身体健康为由，长期滞留东京，1875 年 7 月 2 日转任元老院议官。森有礼在此时受命驻华，除了填补公使空缺外，尚有重要外交任务。外务卿寺岛在 11 月 20 日给森有礼训令中对此有清楚说明，即"我朝廷为对大清国朝廷重亲睦诚意，命驻扎使臣特抵大清国衙门，报知我系朝鲜国一案"；训令中也对朝鲜问题做出说明，称日本火轮船在朝鲜江华岛边索取淡水时遭炮台轰击，"势逼危急，只得自防"，目前派出全权大使赴朝，一方面就江华岛事"求所被屈辱之补偿"，另一方面"言归于好，以续三百年之旧交"。④ 可知，森有礼赴华目的在于向清朝解释近期日本与朝鲜所发生的军事冲突。日朝军事冲突，即"江华岛事件"⑤，发生于稍早前的 9 月 20 日。不过，在此之前，外务省已先于 10 月 12 日以电报将此事告知代理公使郑永宁，而郑也于翌日发函总署作出简单说明。⑥

尽管森有礼赴任的主要目的在于为朝鲜问题交涉，但现阶段日本公使馆正进行的是 1875 年 9 月开始的对《日清修好条规》中《日清通商章程》相关条款的"补足"交涉，此时尚未与总署谈妥。因此，寺岛在 12 月 27 日给森有礼的信中即说道，对此提议"尚待日后详细来示"，经"庙议"后另行指示；接着说道，"出发前已通达的就日清条约中不明确处补足谈判之事，请尽早着手"。⑦ 可知，寺岛对于森有礼的突然提议，颇有"冷处理"意味，毕竟对

---

① 日本外务省编《日本外交文书》第 9 卷，第 436～437 页。
② 1870 年 11 月 24 日（明治 3 年闰 10 月 2 日），日外务省内设辨务使，分大、中、少三等。大辨务使相当于特派全权公使或全权公使，中辨务使相当于常驻公使，少辨务使则等同代理公使。
③ 〔日〕修史局编《百官履历》下卷，东京：日本史籍协会，1928，第 47～48 页。
④ 日本外务省编《日本外交文书》第 8 卷，东京：日本国际协会，1940，第 139～140 页。
⑤ 事件经过详见日本外务省编《日本外交文书》第 8 卷，第 119～166 页。
⑥ 日本外务省编《日本外交文书》第 8 卷，第 137 页。中研院近代史研究所编《清季中日韩关系史料》第 2 卷，台北：中研院近代史研究所，1972，第 264 页。
⑦ 日本外务省编《日本外交文书》第 9 卷，第 437 页。

朝鲜问题的交涉事关重大，加上"补足"交涉一事也尚未达成协议，实在不宜"节外生枝"。但从另一角度而言，这也说明森有礼对于自己交涉能力颇为自信。①

1876年3月8日，森有礼在向寺岛报告日清条约"补足"谈判已告完成，但在信件的最后提到，有关去年12月所提日清两国特产品进出口免税一事，先与李鸿章完成预先谈判，待正式确定且拟定条约附录时，可以将先前"补足"谈判之各条加到附录中。② 亦即，有关免税一事，建议先与李鸿章进行商讨，然后以《日清修好条规》附录的形式呈现。

那么，何以森有礼会建议先与李鸿章进行交涉？1月4日抵达北京后，森有礼从10日起开始赴总署就朝鲜问题进行会商，但并不顺利，遂以"本国伊达、大久保等各大臣曾有寄语"③ 及本人也渴望一谒，以及船迟未能入天津与李会面等为由，欲赴保定面见李鸿章。④ 森有礼所以在此时提出见李，主要与总署交涉不遂有关。1月13日给寺岛的信中，他对总署大臣有些评论，如"对于与总理衙门这些拖拖拉拉先生的交往，深感困扰""与衙门大臣中恭亲王、沈桂芬等数次谈话，常常时间虽过，却不觉得愉快"；并提到，各国公使对此类情况也有些不满。⑤ 换言之，在对朝问题上，森有礼认为总署大臣难以交涉，因而欲转以李鸿章为突破口。森有礼之所以建议先与李进行进出口免税谈判，恐怕也是认为总署大臣难以酬对，转而先以李为交涉对象。之后，森有礼于1月24日拜会李，"为朝鲜事，絮聒不休"；翌日李回拜，"泛论西国时事"。⑥ 可知，森有礼并未触及免税一事，且此时草案也尚未完成。

---

① 事实上，驻英公使上野景范对于森有礼的好发议论，颇有微词。在森升任外务少辅后，上野在给外务卿寺岛信中曾如此说道："实务与议论之别在自己真正任职后，方能分析出来，此后之功效，拭目以待。"亦即议论、批评容易，实际执行时或许即困难重重，如今森有礼升任要职，正是检视其议论与执行能力是否相符的时机。寺岛宗则研究会编《寺岛宗则关系资料集》（下），东京：示人社，1987，第459页。

② 日本外务省编《日本外交文书》第9卷，第462页。

③ 伊达乃伊达宗城，1871年时任大藏卿来天津与李鸿章订立修好条规；大久保即内务卿大久保利通，1874年为交涉日本出兵台湾"番地事件"来华时，曾在天津与李会谈过。因此，两人皆算李的"旧识"，李在会见日本官员时会问及两人情况，彼此也有书信往来。

④ 日本外务省编《日本外交文书》第9卷，第141页。森有礼赴任途中，在芝罘时因天津河口已经结冰，无法入船，遂舍船改陆路前往北京，未能途经天津（《東京日日新聞》，明治8年12月21日记事，《陸路北京へ》）。

⑤ 寺岛宗则研究会编《寺岛宗则关系资料集》（下），第640页。

⑥ 顾廷龙、戴逸主编《李鸿章全集》第31册《信函》（三），安徽教育出版社，2008，第349页。

3月8日，森有礼再度写信向寺岛提出暂时回国的要求；此前即4日，他已经以"老母危病急发"为由，发电报要求归国休两个月的假期。① 信中，他提到目前情势：使臣赴朝鲜已逾一月，交涉平稳，即使事情有变需要出兵，也须经过"庙议"讨论，不在一时；而北京方面也无"紧要公务"，因此暂时回国并无不妥。② 对此，3月28日，寺岛写信告知森有礼，《日朝修好条规》即将公布，先前请假归国一事因朝鲜情势不明朗，暂时不准，如今和平解决，亦无紧急要事，因此同意他回国要求。而随着森有礼的回国，免税交涉一事自然暂时搁置。

半年后，10月12日外务卿寺岛向太政大臣三条实美就"缔结日清两国相互废止土产进口税条约一事上呈书"③。其中指出，对华贸易为我国现今最重要之事，虽然已开端绪，障碍仍多，其中最大障碍之一为两国政府所征收之土产进口税，而废止天然物产进口税于经济无害，又能增进日清两国交往，因此希望森有礼公使出发前有所决议；同时提出的还有"特约案"的草案。14日，提议照准。因母病请假回国的森有礼，此时计划10月18日从横滨出发，前赴北京。④

"特约案"⑤ 内容仅四条，外加附录，即日中两国免税品项一览表。第1条，附录中所载各项，日后在日本或清朝各条约港，不需缴纳进口税即可以进口，唯需取得由派驻于出口港之进口国领事所发出的为出口国所产之证明书，并于入港时向海关提出；而若无领事派驻时，则以出口港海关长官之证明书取代。第2条，商品虽载于附录，但若无第1条所称之证明书，进口时仍需按进口国现行税目纳税。第3条，过去所订旧约中与此新约各款抵触者，将予废弃，改从新约。第4条，特约施行期间，两国政府及人民应确实遵守，若经双方协议，不论何时皆可进行修改，而若未能达成协议时，则于6个月前预先通知后，即可作废。附录分为"出口清国天然物产及半人工品"与"自清国进口天然物产及半人工品"两大类。前者列举干鲍、鲍贝、茯苓、桂皮、棕榈皮、鳎等，共计31项；后者则有燧石、石膏、牛角、鹿角、生牛

---

① 日本外务省编《日本外交文书》第9卷，第186页。
② 日本外务省编《日本外交文书》第9卷，第186页。
③ 日本外务省编《日本外交文书》第9卷，第467页。
④ 《朝野新聞》，明治9年10月20日记事，《北京に赴任》。
⑤ 日本外务省编《日本外交文书》第9卷，第467～470页。

皮等 38 项。① 表面上看，单就品项而论，清朝的免税品项要多过于日本。

整体看，此规定相当简单，即：免税货品出口时应取得领事发给的产地证明书，若无领事驻在则由海关长官代替发放，进口通关时需提出（第 1 条）；免税货品若无产地证明书，仍需按税则课税（第 2 条）；对旧有通商章程进行修改（第 3 条）；规定随时可进行修改，若交涉无法取得共识，可于 6 个月前通告废止。"特约案"与森有礼原先提议有较大的差异，其差异在于只免除进口税，仍需课出口税。

那么，何以最初由森有礼发出的个人提议，最后会成为日本政府的对华政策？以下笔者就其背景进行说明。

二　"上下困弊"突破口

1874 年 2 月，外务卿寺岛向太政大臣三条提议，因岩仓使节团的出访而致使条约修订延后，如今使节团已经回国三四个月，现在可以着手继续修订条约，应尽速任命条约修订的全权人选。② 之后，寺岛又提议，由于条约修订涉及其他各省业务，应于外务省内新设一局，要求外务、内务、大藏、司法各省卿自其省内选任理事官，而以外务省理事官为局长，以推动修约事务。5 月 20 日，外务大丞森有礼被任命为主任理事官。③

代理大藏卿的少辅吉田清成，于 5 月 8 日向太政大臣三条提交修改海关税则的意见书。该意见书指出，订立海关税则不仅可以鼓励国内产业、增加各项物产、防止外物滥入，也可止正货流出之害。但现今因税权不全为我所有，因而无论如何改革内地税法，也难得其当，终至无法确立理财之道，增产之法也无从施行，导致如今"上下困弊"的局面。他指出，值此条约修改之际，海关税则也应进行修改，万一税权无法全部收回时，即便修改条约也无任何功

① 品项细目如下，对华出口品项：干鲍、鲍贝、茯苓、桂皮、棕榈皮、鳎、鹿角、煎海鼠、银杏、椎茸、牡丹皮、五升芋、板昆布、刻昆布、菜种、鳖鳍、干海老、叶烟草、蜜蜡、铜、黄连、人参、半夏、黄檗、矿铜、干贝、毛皮、木材、鹿茸、树木、禽兽。自清国进口品项：燧石、石膏、牛角、鹿角、生牛皮、犀角、蹄、象牙、红树皮、青铜亚铅、胡椒、木香、藤、大黄、白檀、苏木、紫梗、人参、麝香、沉香、泊夫蓝、甘草、鳖甲、紫檀木、红花、麻、种子、木材、五倍子、禽兽、鲛皮、桂皮、蜂蜜、山柰、珍珠、茯苓、鹿茸、石类。日本外务省编《日本外交文书》第 9 卷，第 468～470 页。
② 日本外务省编《日本外交文书》第 8 卷，第 12 页。
③ 日本外务省编《日本外交文书》第 8 卷，第 13 页。

效；最后他甚至提到，"即便有内外启衅之忧，但也应该愤然不顾，致力于挽回到底"。① 意见书中详细说明税权无法收回时对于国内产业、对外贸易所带来的弊害以及所造成的政府整体困境。其间对于修改海关税则的迫切之情，溢于言表。吉田清成之所以在此时提出利用条约改订之时收回税权之议，主要是受到大藏省租税头松方正义等的"税则改定建议"② 意见书的影响。意见书提及开港后的贸易状况，以明治 6（1873）年为例，出口 2121.7 万多美元，进口 2910.5 万多美元，入超达 788.7 万余美元；展望未来，因为欧风流行，洋货进口必定日益增多，因此进出口差距将逐渐扩大，而正货流出，将导致内地正货减少，进一步危及国内纸币发行信用；开港当时，条约与贸易规则未做区别，因而税法轻重、条例设置等皆需与彼国领事协议决定，空有独立自主之名，因此本邦今日外交之急务在于，确立条约修订之"大眼目"，恢复制定税法之大权。意见书中也指出，现今税则中，出口税过重而进口税过轻，因此必须收回税权，衡量贸易得失，加以限制。最后该建言书强调，条约修订之际，正是"断然有为之时"。5 月 15 日，太政大臣将大藏省建言书下达外务省，要求给出意见。

正如上述，一方面，1874 年 2 月 17 日，外务卿寺岛曾向太政大臣三条提出修约建议，但迟迟未有指示。1875 年 3 月 27 日，寺岛再度向三条就"有关外国条约改缔之事上呈书"，要求尽速就修约作出指示。另一方面，大藏卿大隈重信因屡次上书却得不到太政官的响应，遂将目标转向外务省，7 月 23 日他写信给寺岛强调海关税则之得失，关系国家安危、贸易盛衰，因此必须尽速改定，收回大权，"如若目前无法尽速着手修改条约，不如先确立修改海关税则这一大方向，收回大权，借此多少去除些弊害"；最后还谈道，不久后大藏省将再度上书，希望外务省能尽力协助。③

因为大藏省的态度积极，8 月 8 日，太政官向外务省重提去年 5 月 15 日曾下达的指示，要求就大藏省的海关税则修改意见书进行检讨，但迄今未见答复，要求外务省尽速回复。④ 11 月 10 日，寺岛向三条覆文，其中指出，"以我国现行政体而言，全面恢复国权，事实上难以推动，因此以尽可能得到恢复者为目标，首先可以恢复海关税权为第一优先"，并提议由驻英、美、法、德四

---

① 日本外务省编《日本外交文书》第 8 卷，第 16~17 页。
② 日本外务省编《日本外交文书》第 8 卷，第 17~21 页。
③ 日本外务省编《日本外交文书》第 8 卷，第 14~15 页。
④ 日本外务省编《日本外交文书》第 8 卷，第 16 页。

国公使先与驻在国进行谈判。两个月后，1876 年 1 月 18 日，太政官同意外务省提议。自此，条约修改遂以关税自主权的恢复为优先目标。

收回税权，借由调整关税减少进口量来降低巨额贸易入超，固然为方法之一，但扩大出口却也是减少入超的重要方法。1875 年 5 月，内务卿大久保利通向太政大臣三条实美提出"开启海外直售基业之议"①。认为开港以来因资金与经验问题，物品出口大都掌握在外商手里，为了挽回商权，应该由日本商人直接将物品运送到海外贩卖，因而建议先由政府借给资金成立公司，之后于海外设立分店，开启不经外商之手直接贩卖之途径。建议书最后还附上"方法大略"，共计 29 条，详细说明资金筹措、组织架构、经营方式等。在建议书的前文中，大久保也明确提及"可以试着在美、清境内，选择适宜之地，开设一店"②，亦即将美国、中国视为当前开启"海外直售"事业的先期目标。1874～1875 年，美国与中国分占日本对外贸易出口金额的第一、第二位，③ 为日本非常重要的对外贸易市场，这应该是大久保把日本对外"直售"市场的目标放在美、中的原因之一。

日本对华贸易一直处于入超状态，也是值得关注之事（见表 1）。

表 1　1873 年至 1876 年日本对华进出口贸易金额一览 *

单位：日元

年份	1873 年	1874 年	1875 年	1876 年
进口额	9881532	8665715	7662019	7117271
出口额	4782706	3655010	3618187	4409270

---

① 日本史籍协会编《大久保利通文书》（六），东京：日本史籍协会，1928，第 465～482 页。
② 黄荣光：《近代日中贸易成立史论》，东京：比较文化研究所，2008，第 255 页。
③ 1874～1975 年，日本对主要贸易国进出口金额见表 2。

表 2　1874～1975 年日本对主要贸易国进出口统计一览表

单位：日元

	美国	中国	英国	法国
1874 年（出）	7464834	3655010	3232665	2759496
（进）	1017249	8665715	10520489	1745241
1875 年（出）	6865328	3618187	2478435	3524037
（进）	1896153	7662019	14655155	3915201

注：表中数字为原数字省略小数点后之值。资料来源：摘录自大藏省关税局编纂《大日本外国贸易对照表》，明治 1～18 年，1886，第 255～262 页。

年份	1873 年	1874 年	1875 年	1876 年
差额	5098826	5010705	4043832	2708001

* 表中数字为原数字省略小数点后之值。

资料来源：摘录自大藏省关税局编纂《大日本外国贸易对照表》，明治 1～18 年，第 255、259 页。

从表 1 中可以清楚看出，中国为日本对外贸易逆差的来源国之一。而如果与各国相较，日本的对华入超金额甚至仅次于英国，居于第二。① 因此，在现有基础上扩大对华出口，除了具有强化对华出口贸易外，同时还具有减少日本对外贸易赤字功能。

就在强调对华贸易的情形下，一个由开拓使、内务省、大藏省等共同组成的对华考察团成立。一行人于 1875 年 5 月 29 日抵达上海，展开一连串拜访、考察活动，后于 10 月回国。② 成员中的开拓中判官西村贞阳，乃承北海道开拓使黑田清隆之命，就北海道物产出口清朝进行调查；成员中的内务省劝业寮七等出仕武田昌次，乃受内务卿之命赴华，就中国各地的畜产、植物等进行考察，必要时加以采购，日后于日本国内进行推广；③ 此外，成员中还有奉大藏卿之命就租税权商谈渡清的助横山贞秀。④

1876 年 4 月，西村贞阳在给开拓使黑田清隆的信中附上赴清调查报告书，并请黑田清隆将报告书通告先前曾垂询此事的内务、大藏两卿。该报告书建议扩大原有在上海的开通洋行，设立对华贸易本店，负责贸易、通商等业务，并于天津、汉口等地设立分店，而为了办理相关业务，希望由大藏省贷给 40 万资本金；为了贩卖北海道及其他地方的物产等，也建议将于长崎设立支店。此外，其他诸如上海本店的组织、经营，以及运输等相关细节，该报告书也都做出详细说明。⑤ 西村贞阳的提议可说是"海外直售"贸易在清朝的具体落实方案。

同样是 4 月，大藏卿大隈重信与内务卿大久保联名向太政大臣三条实美就

---

① 详见上统计表。

② 《开拓中判官西村贞阳致黑田开拓长官信函》附《清国通商贸易视察报告书》，《大隈文书》，日本早稻田大学藏，イ14 A3160。

③ 《劝业寮七等出仕武田昌次外四名清国へ差遣》，日本国立公文书馆藏，馆藏号：太00309100。

④ 《开拓中判官西村贞阳致黑田开拓长官信函》附《清国通商贸易视察报告书》，《大隈文书》，日本早稻田大学藏，イ14A3160。

⑤ 《开拓中判官西村贞阳致黑田开拓长官信函》附《清国通商贸易视察报告书》，《大隈文书》，早稻田大学藏，イ14A3160。

"有关清国通商扩张之事上呈书"[1]，并于 4 月 28 日获准。文中先是提及，因为"金货"流出，导致民间金融困难，以致缺乏殖产资本，造成出口金额逐渐减少，依据现况，唯有以民间势力方能挽回。接着谈到对华贸易，其中指出，北海道等地有不少适合彼地的商品，若采取权宜措施，谕达殷实巨商，权宜运用准备金，以纸币或铜钱增加北海道或其他地方的物产资本，令其专门出口至清国贩卖，有助于生产，可稍开金融之道，不仅有助于偿还外债，亦可让人民获得通商便利。最后则指出，此为当前难以置之不问的急务，希望尽速核可，同时也强调将与开拓使先行协议后，就实际情形，权宜处置。亦即，以政府资金辅助民间势力，而以北海道等地的物产为中心，扩大对华出口，借此既可赚取"正货"，平衡贸易逆差，偿还外债外，也可以促进国内生产。

关于外债方面，日本于 1870 年、1873 年分别借贷 9 分息的 100 万英镑与 7 分息的 2400 万英镑。[2] 前者于 1873 年开始，每年偿还 48.8 万元（若无特别标记，皆为日元；下同），10 年还毕；后者则自 1875 年开始，每年偿还金额不等，但愈到后面金额愈大，例如，1875 年偿还 23.424 万元，1876 年为 250344 元，1877 年为 26.84 万元，1882 年为 376248 元，1887 年为 527528 元，1896 年 969656 元，等等，但最后一年 1897 年则偿还金额降至 233752 元。[3] 就 1876 年这一时间点而言，需偿还外债金额即高达 73.8 万余元，而往后偿还负担还会日渐加重。因此，扩大出口以偿还外债，即成当前急务。

1876 年 5 月，内务省省内设立劝商局；6 月在劝商局无息借贷 40 万元的支持下，对华贸易专门机构——广业商会成立。广业商会的监督机关为劝商局，店长为笠野熊吉。而根据笠野熊吉提出的"创立旨趣"书可知，其营业目的为，遵守劝商局命令书的旨趣，受人民委托在华从事商品贩卖、金融汇兑等业务；另外，若内地人民财力薄弱、不谙中国贸易情况，或商品不得宜时，则对之加以辅导、斡旋，或提供建言等。[4]

显然，广业商会扮演的是政府与民间业者间的桥梁角色，在政府支持下，协助业者拓展中国市场，以达到扩大出口、赚取正货的目的。9 月，广业商会上海分店——广业洋行成立，官民携手的对华贸易正式开展。

---

① 《清国通商拡張ノ儀伺》，日本國立公文書館藏，館藏號：公 01843100。
② 〔日〕高桥诚：《明治财政史研究》，东京：青木书店，1964，第 196 页。
③ 明治财政史编纂会编《明治财政史》第 9 卷，东京：丸善书店，1903，第 126～128 页。
④ 黄荣光：《近代日中贸易成立史论》，第 73～74 页。

三 "特约案"的内容扩大

这原本只是针对废除进口税的"特约案"，接下来却发生变化。1876 年 11 月 30 日，森有礼在给外务卿寺岛的信中写道，过去所提及日清两国人民应该遵守侨居国法律裁判一事，品川上海总领事也无意见，已经可以提出修改；接着，森有礼提到，在修改前，两国政府必须先商议几件事，如"罪状未定者，不可入牢""罪状已定者，入牢后不得受到苛待""调查罪状时，不可拷问""罪状未定者，适用保释法，得免受拘留"等；对此，品川上海总领事也已提出看法，请参酌后，送司法卿复核，再经正院核可，如受委任时，会将此事与进口免税案一并向总署大臣提出交涉。① 显然，日本企图废除现行《日清修好条规》中有关领事裁判权的规定，而在这之前则希望先就相关的法律细节进行商讨。

《日清修好条规》第 8 条规定："两国指定各口，彼此均可设理事官，约束己国商民。凡交涉财产词讼案件，皆归审理，各按己国律例窍办。"② 此即所谓领事裁判权之规定。此外，第 9 条规定："两国指定各口，尚未设理事官，其贸易人民，均归地方官约束照料。"③ 就现况而言，此时日本已在上海、天津、厦门等地派驻领事，自然适用第 8 条规定；相形之下，清朝则尚未派驻使节，因而日本政府即以第 9 条规定为由，由地方官代管华民，清朝所拥有的领事裁判权则形同虚设。就当时在日华民分布情形，1877 年 12 月到任的首任驻日公使何如璋在《使东述略》中如此写道："我民流寓者，横滨为多，长崎次之，神户、大阪又次之，箱馆、筑地只数十人，新潟、夷港以险僻，未有至者。"④ 当时日本对华开放的港市共计 8 处，其中箱馆位处北海道，筑地即东京，夷港为新潟的附属港，这些地方有华民寓居者，计有 6 处。人数方面，以横滨而论，1875 年时约 1300 人，1876 年约 1231 人，1877 年约 1142 人，大致约占横滨外国人总数的一半。⑤ 但这一由日本地方官代管华民的情况，却因清

① 日本外务省编《日本外交文书》第 9 卷，第 470 页。
② 田涛主编《清朝条约全集》第 1 卷，黑龙江人民出版社，1999，第 570 页。
③ 田涛主编《清朝条约全集》第 1 卷，第 571 页。
④ 何如璋：《使东述略》，台北：文海出版社，1970，第 20 页。
⑤ 〔日〕伊藤泉美：《横浜華僑社会の形成》，〔日〕横山伊德编《幕末維新と外交》，东京：吉川弘文馆，2001，第 252 页。

政府决定遣使，即将发生变化。

森有礼前往北京赴任，途经上海，于 10 月 29 日写信给外务卿寺岛，信中写道："支那公使的起程日期，尚不清楚，似乎也将派遣领事，尽管抵达北京后将尽可能令其延期，但终究难以阻止。因此，正如东京出发前曾约略谈及的，有关领事裁判之事，请政府尽速作成决议。"① 信中提及两个重点：一是清朝将派出公使、领事，森有礼将尽可能请其延期；一是森有礼在即将出发前曾就领事裁判权一事提出看法与建议。关于前者，若只看本文，容易误会为将尽力说服清朝延后派出公使与领事，但若对照下述森有礼与李鸿章的对话即可清楚看出，他希望延后派出的对象实际上是领事。② 这是因为，领事的派遣才涉及行使领事裁判权的问题。

关于清朝派出驻日使节方面，清政府于 9 月 30 日（八月十三日）发布上谕，派遣直隶候补道许钤身为出使日本的钦差大臣，翰林院编修何如璋为出使副使。③ 对此，驻上海总领事品川忠道于 10 月 12 日傍晚以电报通知外务省，并提及两人将于本年中赴东京。④ 从品川以当时较少使用的电报通知来看，可知日本方面对于此事非常重视，并有消息通报的时效要求。此外，还值得注意的是，外务卿寺岛也立即将此事上呈太政大臣，⑤ 由此也可推知，日本方面应是首次接获这一信息。

正如前述，森有礼乃 10 月 18 日自横滨上船离开。若是如此，综合上述可以归纳得知，在面对清朝将派出使节驻日，日本方面至少有两项因应策略：一是，短短几日内森有礼就提出日清两国共同废除领事裁判权的提议；二是，他准备说服清朝延缓派出领事。关于后者，是否为森有礼在上述时间内所提出，无法遽下定论，但若从森有礼 10 月 29 日的信件来看，此时已然成为策略之一。事实上，两个策略间有其关联性，因为若清朝延缓派驻领事，即可以为废除领事裁判权交涉争取缓冲时间。

① 〔日〕大久保利谦编《森有礼全集》第 2 卷，东京：宣文堂书店，1972，第 81 页。
② 津田多贺子即将公使与领事的延期混为一谈。〔日〕津田多贺子：《明治 10～11 年の双务主义の日清条约特约交涉》，第 7 页。
③ 中国第一历史档案馆编《光绪宣统两朝上谕档》第 2 册，广西师范大学出版社，1996，第 288 页。只是，后来在 1877 年 1 月 15 日（光绪二年十二月二日）改以何如璋为正使，张斯桂为副使；中国第一历史档案馆编《光绪宣统两朝上谕档》第 2 册，第 416 页。
④ 《清国ヨリ御国在留公使派出ノ旨品川総領事ヨリ電報》，日本國立公文書館藏，館藏號：公 01747100。
⑤ 《清国ヨリ御国在留公使派出ノ旨品川総領事ヨリ電報》，日本國立公文書館藏，館藏號：公 01747100。

　　尽管在上海写的信中，森有礼提及将于抵达北京后进行游说，其所指对象自然是总署，但在前往北京路经天津拜会李鸿章时，其中的说辞已是对第二项策略进行实践。森有礼于 11 月 1 日自上海出发，6 日抵达天津，8 日（九月二十三日）与李鸿章会面。① 李在 11 月 12 日（九月二十七日）给总署的信中，附上"与日本森公使问答节略"②。前文中李写道："日本公使森有礼偕郑永宁、池田宽治来署谈次，述及中国现派钦差前往日本，该国甚为欣悦。"接着有以下对话。森有礼问："中国派设领事各官分往驻扎否？"李答："有此说，大约须设总理事一员，理事、副理事各一员。"森有礼谈到："中国商民久寓日本，由日本地方官管理，中国若派领事官前往，一切情形不能熟悉，恐日本国家不肯认作领事。"对此，李反驳谈到，因为中国未在日本设官，因此商民由日本地方官照料，乃权宜办法，若派人前往时，中国商民自然应归中国理事官管辖，并且依据《日清修好条规》第 8 条，选派理事也是照约应办之事，因此，"日本何能不认，亦何可不认"；并且他指出，"从前贵国大久保过津时曾言，日本甚盼中国早派理事等官，我告以必当商酌选派，此时你又如此说，岂非与大久保自相矛盾，违背条约"。森有礼则解释："并非说一定不认，惟中国商民有与日本民人交涉事件，亦有与别国交涉事件，从前均由日本官经理，中国官初到，或其人不甚明白妥当，办理不尽合宜，转碍和好，是以虑恐国家一时不肯承认。"李则强调，人选必是"公正明白可靠之员"，并详述中国理事将如何处理各项事务。最后，李放言，日本在华设立领事，中国一接来文，皆照约接待，"若日本不认中国理事，则中国通商各口日本所设领事亦可不认，彼此皆是一样看待，不能稍有区别"。森有礼则说："此层不过预为说明。"

　　从上述两人对话可以看出，森有礼不承认清朝领事一说，在经李鸿章以日本本身说法矛盾、违背条约等予以辩驳时，森有礼立即加以修正，并委婉进行解释。而李鸿章最后表示，若日本不承认中国领事，则中国也不承认日本领事，表现出相当强硬的态度。但事实上，对于立即派出领事一事，李的态度已经发生转变。11 月 12 日（九月二十七日）给总署信中，李鸿章写道："日本森使过津晤谈，现派公使往驻该国，甚为欣盼。但谓创设理事官有许多难处，恐该国暂难准认。当即据约反复驳辩，意似稍解。"③ 接着提到，"前年郑署使

① 寺岛宗则研究会编《寺岛宗则关系资料集》（下），第 640 页。
② 顾廷龙、戴逸主编《李鸿章全集》第 31 册《信函》（三），第 501～502 页。
③ 顾廷龙、戴逸主编《李鸿章全集》第 31 册《信函》（三），第 502 页。

（代理公使郑永宁——作者注）拟请变通各条，已有不愿中国即设理事之意。森使久在西洋，或欲仿照欧洲通例，各国领事只管商民纳税而不专理刑政。然西洋之在日本者，现尚各管其民，中国断不能稍有歧异。将来仲韬（许钤身——作者注）等至彼，恐须略费唇舌，所带理事官尤须得人为要。或先后分起前去，俟定议再行开办，敬候卓裁饬遵"①。信中有关"变通各条"一事，乃指 1875 年到 1876 年初的《日清修好条规》补足交涉，其中对"条规"第 9 条的文意有所争论，有关这点留待后面详述。从信中可以看出，李已经明显感到日本并不愿意中国设立领事，因而认为未来此事的推动或许会遭遇阻碍，但尽管如此，仍然必须同西方国家一样，派驻领事管理华民，如此则领事人选即相当重要。但最值得注意的是李最后所说的，即先与日本取得协议后，再派遣领事前往的提议。换言之，李已经受到森有礼的提议影响了。

　　就会谈结果而论，森有礼企图说服李鸿章接受延缓派遣公使的策略，从表面上看是失败的，但事实上却发挥了一定的作用。

　　不过，或许因为这一策略在表面上的失败，森有礼在 11 月 30 日写信给外务卿，要求加速另一项策略即废除"领事裁判权"的谈判进度，但在森有礼获假回日本前，他依然没有接到来自日本国内的相关草案，一直到 8 月 18 日，外务卿寺岛才向太政大臣提出《与清国政府特约案件上呈书》。森有礼原本自 5 月中旬至 7 月中旬获假两个月回日本，但因为自 6 月 7 日至 7 月 6 日间代理外务卿，遂又延假一个月，因而此时森有礼还滞留日本，直到 8 月 30 日才出发前往北京赴任。② 同一天，太政官核可了寺岛的上呈书。

　　该上呈书中提及，将与清政府就"日清两国人民管辖权及土产进出口之事"订约，又因为今后两国人民皆应服从居住地法律，为了避免"枉冤之弊"，另外订立"保释法、佐证断罪法，以及其他宽宥条件"等国民保护法。至于土产进出口之事，先前已有决议，尚未缔约，此次两者合并，经核可后，将委任森有礼公使与清政府全权委员交涉缔约。③

　　换言之，废除"领事裁判权"的相关法令被并入原本只讨论"土产进出口之事"的"特约案"中，形成新的"特约案"。新"特约案"共 6 款，前两款为新增，后四款则同旧"特约案"。新"特约案"第 1 款，以后两国人民

---

① 顾廷龙、戴逸主编《李鸿章全集》第 31 册《信函》（三），第 503 页。
② 《森全権公使賜暇延期ノ儀上申》，日本國立公文書館藏，館藏號：公 02021100；《东京日日新闻》，明治 10 年 8 月 31 日。
③ 日本外务省编《日本外交文书》第 10 卷，东京：日本国际联合协会，1949，第 175～176 页。

各服从其居住地之法律，任其自由经营非禁制之行业；第 2 款，因前条之故，两国政府在施行法律时尺度应从宽，且为预先防止"枉冤之弊"，约定以下诸条件。条件共 6 条：第一，对罪状未分明者的保释规定，并附有执行细节的"保释条例"8 条；第二，法官断罪须"证迹明白"，无论何种犯人皆不可"拷讯"；第三，若审判不当，可上告"大审院"，若未设上告之法院时，可请驻在公使或领事向该国要求重审；第四，惩处罪犯时，不可使用"笞杖徒流等法"，可用"赎刑禁狱惩役之法"，并附有相关对照表①；第五，若"惩役终身"者，应依两国旧贯，经由领事交付其本国政府；第六，逮捕犯人后须在 24 小时内审讯，无罪者立即释放，但"赎罪"者不在此限。

至于第 3 至第 6 款，则与旧"特约案"相同，这三款为有关"土产进出口之事"，最后则是修约与废弃的规定。

四 "特约案"的特征

正如上述，即便是新"特约案"，也即提出与中方商谈的最终本（本节称"特约案"），其内容也仅有 6 条，相当简单，但其背后所隐藏的意义，无疑更值得进一步申论。

首先，"特约案"交涉是否涉及修约与否问题。前述森有礼曾提及"特约案"若能签订，将会以《日清修好条规》附录形式呈现，而后述森有礼在 1879 年 3 月 18 日与总署大臣会谈时也提到，除了本约外，诸如此类特约未必需要批准。其主要目的都是在避免直接修改本约条文，以致坐实修约之名而遭总署拒绝。因为就在之前的 1876 年 3 月，中日才刚就《日清修好条规》中部分海关章程的增补达成协议。交涉过程中，总署曾对修约一事清楚地表明立场。1875 年 11 月 26 日（十月二十九日），总署回应日本修约照会，前文中即言明："条约必须按限修改乃向来定规，同治十年七月所定通商章程载明，与修好条规一体信守无渝，未届重修之期，自未便遽尔商改，致违通例，惟章程第三一款开载，两国民人在通商各口，嗣后海关章程或有变通之处，由理事官

---

① 基本上，原本应判"笞杖徒流等法"，各依轻重，皆转换成"惩役"日数；而依日数多寡，也可以相当的金钱进行"赎罪"及"收赎"。"赎罪"及"收赎"两者金额不同，"收赎"金额较低，且有特定适用对象，如"老小废疾妇女"等；而"赎罪"则是指"出自过误失错连累其他不幸"，事情值得"悯谅"者。相关规定及细节，请见日本外务省编《日本外交文书》第 10 卷，第 177~180 页。

详请驻京大臣，随时照会商办等因。此处贵署大臣照开各条，经李大臣饬属核明，均系各口海关税务章程，与第三一款所载相符，尚无关碍，自应即用照会商办。……此外，凡海关章程而不专在通商口岸及在通商口岸而非全系海关章程者，均不得援引为例，随时商办，庶合信守无渝之义。"①

1871年签订的《日清修好条规》基本上可分为两部分，即《大清国大日本国修好条规》（简称《日清修好条规》）18条与《大清国大日本国通商章程》（简称《日清通商章程》）33款。另外，《大清国海关税则》《大日本国海关税则》则为通商章程附件。《日清修好条规》并未订定修约年限，《日清通商章程》第32款有10年修约规定，至于第31款②的随时商办规定，则是限定在"海关章程"方面。亦即，未到10年修约期限，而又要随时修约者，只能依据该通商章程第31款规定，并且只限定与"海关章程"相关者。从上述总署照会中也可看出，即使与"海关章程"相关，若不全在通商口岸以及虽在通商口岸但并非全部与海关章程相关者，也不能要求随时进行交涉。

总署当时之所以答应协商，乃经过原缔约者李鸿章复核后认为，日方所提符合第31款规定，而更为重要的是，那些项目都属于章程中规定不清或有缺失者，并未改变原有规定。但此次日方所提出的"特约案"涉及进口税则，虽最早的免进口税规定是属于"海关章程"的一部分，但这一规定显然需要大幅修改税则；"特约案"提及的废除"领事裁判权"，则涉及改订《日清修好条规》本约第8、9条。因此，日方虽然企图避开修约之名，将其定位为"特约案"交涉，但事实上已是实质的修约行为。

其次，关于"特约案"的"双务""对等"性质。津田多贺子分别以"双务"与"对等"来凸显"特约案"中取消进口税与废除"领事裁判权"的特征。尽管她也批判因为品项差异之故，日方所主张的取消进口税只是假对等之名图利自身，但在废除"领事裁判权"的交涉上，津田却认为这显示出日本对于清朝"国家权利实质尊重的协调姿势"，还甚至认为，与一般的条约改正案相比，就"企图获取与西欧各国同等特权的方针而言"，这意味着日本有所后退。③换言之，津田认为，日本在取消进口税一事上得利，而在废除"领事裁判权"上则做出让步。但若回顾日清间至当时为止的有关条约交涉的

① 日本外务省编《日本外交文书》第9卷，第449页。
② 《日清通商章程》第31款："两国商民在通商各口，如彼此海关章程嗣后有变通之处，由理事官详请驻京大臣随时照会商办。"田涛主编《清朝条约全集》第1卷，第576页。
③ 〔日〕津田多贺子：《明治10～11年の双务主義の日清条約特約交渉》，第8页。

实际状况，则可以清楚看出"双务""对等"仅是条约的最基本要件而已。

1870 年，日本外务大丞柳原前光到中国就订约一事提出交涉时，曾提出 16 款的条约草案（"柳原草案"）。"柳原草案"已是日清两国"对等"、权益并列的"双务"性质草案，有别于当时与西方国家只规定该国人民在清或在日本权益的"片务"条约。之后，清朝方面根据"柳原草案"拟定新草案，而清朝方面之所以以"柳原草案"为基础，也是因为该约是以两国立论的"双务""对等"性质条约。不仅如此，清朝方面还注意到两国权益是否对等，最明显的例子即是关于清朝内地通商问题。有关权益方面，柳原乃比照两国各自赋予西方国家的模式而拟。例如，日本仅允许外国人进入内地游历，不准通商；而清朝则允许外国人可以进入内地游历、通商。若日人比照西方国家时，则形成日人可以进入清朝内地通商，而华民则无法进入日本内地通商。如此一来即造成两国间权益的不对等。因此，后来清朝方面在拟定条约草案时，即限制日人进入内地通商，这也成了日后日本亟欲争取的权益。换言之，就清朝而言，"双务"性质、"权益"对等这些条件已是对日条约的基本立场。因此，当 1871 年双方议约时，日本提出照抄咸丰十一年（1861）中德条约草案（"津田草案"），并要求以此议约，这引起清朝方面极度不满，甚至放言要终止交涉，最后日方同意以清朝草案为基础进行议约，在修改不多的情况下，双方签订《日清修好条规》。①

因此，当日方的"津田草案"为中国所拒绝时，这已经清楚说明，中国并不容许日本以西方国家立场来与中国交往，"片面""权益非对等"等无法适用于中日关系；而在日本接受《日清修好条规》的同时，也意味着已经放弃坚持比照西方国家的立场了。就这点而言，日本方面也有着明确认知。例如，1877 年 3 月，寺岛在写给森有礼的信中谈及中国内地通商问题时，即如此指出：尽管《日清修好条规》及《日清通商章程》允许日人在华内地旅行，却不允许通商，之所以如此，乃先前缔约时，双方基于相互之公义，因为难以允许彼国人民内地通商，因此只得舍弃与其他外国同样的内地通商之权益，虽属不得已，却不无遗憾。② 亦即，基于相互"权益"对等的立场，在日本不允

---

① 有关日清两国就条约的草案拟定及签订等交涉过程，请详见拙作《近代东亚国际秩序确立的竞争——1871 年中日修好条规缔结过程的考察》，李宇平编《中国与周边国家关系》，台北：稻香出版社，2014。

② 《清国内地二於テ外国人通商收税方法二関スル総理衙門ヨリノ照会二对シ在同国森公使ヨリ其意见申出之件》，日本外务省外交史料馆，馆藏號：B－3－14－4－1_001。

许华民进入日本内地通商的情况下，日本也无法比照西方各国对华要求同样的权益。因此，条约具有"双务""对等"性质，已是中日两国彼此的共同认知，更谈不上所谓"让步"问题。

关于免进口税品项方面。尽管在免税品项方面，中国种类要多于日本，但根据津田多贺子的研究，1882 年至 1884 年间日本对华进出口中免进口税商品占整体金额比例如下表 3。

表 3　1882～1884 年日本对华进出口中免进口税商品各所占金额比例

年份	出口金额所占比例	进口金额所占比例
1882 年	53.9%	4.3%
1883 年	51.9%	3.0%
1884 年	52.9%	2.1%

津田之所以使用 1882 年至 1884 年的数据，乃因为 1876～1877 年并无适当数据，因此以年份稍后的数据作为参考。不过尽管年份不同，但仍然可以从中观察到大致趋势。

若从表 3 中的数据上来分析，就可以清楚看出，日本预定的免税商品约占整体对华出口金额一半多；相形之下，中国的免税商品则占比例尚不足 5%。之所以造成如此大的差异，乃日本将中国出口大宗商品砂糖及豆类剔除在免税商品外之故。[①] 换言之，一旦"特约案"实施，日本出口到中国的商品有一半可获得免税，成本降低，强化了商品的竞争力，销售量自然增加。相比之下，中国在损失巨额进口关税之余，还无助于商品销日，完全得不偿失，两国间的利得不均衡状况非常明显。若依照前述"权益对等"的条约概念，中国方面恐怕很难接受这样的特约案。

另外，森有礼原本提议同时免除进出口税，但最后草案中则仅是免除进口税。从上述金额占比中，大致也可以推知这一转变的理由。若是同时免除出口税，日本对华出口将有一半是免税，这对于当时财政状况不佳的日本政府而言，税收的减少是否能够承受，不无疑问。但若仅是免除进口税，从上述中国的进口免税额来看，金额甚小，亦即日本政府关税收入损失甚小，对财政影响不大。因此，对于财政而言，这一调整可说是在损失最少的状况下，却可以扩

---

① 〔日〕津田多贺子：《明治 10～11 年の双务主义の日清条约特约交涉》，第 6 页。

大获利（出口增加）的最好做法。

最后，有关"特约案"的修约期限。草案中规定，随时可以要求商议修改，而若商议不成，则提前 6 个月通告，即可终止条约。虽然这并非独厚于日本，但显然也是基于日本利益考虑的举措。正如前述，中国方面对于依年限修约一事非常坚持，而若订有年限时，日本则难以根据贸易状况变化迅速进行品项等调整。事实上，对照于日本最近一次的修约草案，这一做法的特殊性即表露无遗。

为了因应欧美各国的条约改订，森有礼曾于 1874 年 3 月拟定对美条约草案，其中第 15 条就将条约施行年限定为 10 年。① 这一条约案在送到左院②进行审议时，法制课对于年限问题认为，日本进步迅速，以现今状况来看，10 年前的条约已不符合开化程度，而现在再订 10 年的条约，亦是同样情形。因此他们举法国人的观点为证，即若日本与各国订约时，6 年较适当，最长不应超过 8 年。建议条约年限应定为 6 ~ 7 年。③ 由此可知，尽管条约年限 10 年过长，容易造成与现状不符的情况，但至少应该订有一定年限，尚不至于没有年限规定，处于随时可以修约的状态。

五　森有礼与清朝方面的交涉

历经内容扩充后，新"特约案"终于完成。其后的对华交涉又该如何展开？事实上，在前述旧"特约案"完成后，1876 年 11 月 8 日（九月二十三日）与李鸿章会面时，森有礼就已经提起过。对此，李如此描述："该使另拟有彼此优待免税各条，以明格外亲厚，鸿章未便断其可否，属令他日与钧署商夺。"④ 前面提及，森有礼认为旧"特约案"可以先与李进行商议，但从李的说明也显示这一企图遭到挫败。因此，森有礼的新"特约案"交涉终究还是要以总署为对象。

1877 年 8 月 30 日，离日赴北京的森有礼在路经天津时，于 9 月 19 日（八月十三日）曾与李鸿章会面。李在 9 月 30 日（八月二十四日）给总署大臣周家楣信中，曾约略提到会面情形。"何子峩过津，适森有礼来谒，沥陈日本各

---

① 《單行書·条約案·完》，日本國立公文書館藏，館藏號：單 01083100。
② 1871 年设立，为政府的立法咨询机构，设有议长与一等到三等的议员，废于 1875 年。
③ 《單行書·条約案·完》，日本國立公文書館藏，館藏號：單 01083100。
④ 顾廷龙、戴逸主编《李鸿章全集》第 31 册《信函》（三），第 503 页。

口不宜遽设领事，尤不便自行管束华民，恐于两国睦谊有碍，经弟峻词驳斥。然察度情形，口众我寡，恐有未便操切者，已密属子峨到彼后相机妥办，勿致因此决裂为要。"① 何子峨即何如璋，此时即将赴日履新。何如璋于 9 月 10 日（八月四日）出京，20 日抵达天津，在与李鸿章会面时，李并托何转信给大久保利通。② 而何如璋在天津时也曾与森有礼会面，只是森有礼只谈到"西乡穷蹇，萨乱将平之状"③，似乎并未触及与李鸿章会面时的领事派驻问题。

此处若审视森有礼与李鸿章的对话便可以发现，森有礼认为，通商各口不宜立即派出领事，更重要的应该是与日本地方官共同管理华民。当时驻日使团中，有正副理事官人选范锡朋、余瓗同行，④ 因此，派驻领事已是可以预期之事。但此时森有礼仍然企图说服李，不应急着派驻领事，而即使派出领事，也应该与日本的地方官共同管理华民。很明显，即便在清朝已经派出领事人选的既定事实下，森有礼仍然以可能有碍邻交为由，企图说服李，清朝公使赴日后应暂缓派驻领事。

这已经是森有礼第二次企图说服李鸿章了，其说辞与前次并无太大差异。表面上，李鸿章仍然予以驳斥，但事实上，相较于上次仅向总署提议，此次主张动摇更甚，直接劝告何如璋暂缓派出领事。关于这点，上述李在给周家楣信中，语意不完全清楚，仅提到随后他与何如璋见面时，提醒何勿因领事问题导致两国关系决裂。但李在 1878 年 2 月 27 日（一月二十六日）回复何如璋信中则清楚地写道："日本领事之设，本系照约办理，弟数年来所断断力争而未敢稍涉宽假者。昨以柳原、森使迭有违言，又虑中国商民难遽约束，方请由尊处斟酌妥办，诚恐事机滞碍而权力未能独伸也。兹读来示，知去腊照会外务省，派范锡朋为正理事官，驻扎横滨，接其复文，尚无异议，并经刊发钤记，饬令任事，入手一着，甚得机势，殊非初料所及，皆由执事坚守条规，力持大体。……尊俎折冲，无愧专对之选，钦佩莫名。"⑤ 尽管李在文中以柳

---

① 顾廷龙、戴逸主编《李鸿章全集》第 32 册《信函》（四），第 131 页。
② 顾廷龙、戴逸主编《李鸿章全集》第 32 册《信函》（四），第 120 页。李在信中先是提到"此次森公使到津，并蒙传语，问讯殷殷"；后是言及希望日后两国遇有交涉事件，能查照约章，"推诚相待，与何大臣等和衷商办，俾两国和好从此日敦"等。一方面是回信，另一方面也不无为何如璋助长声势之意。
③ 何如璋：《使东述略》，第 4 页。文中之意乃指 1877 年在鹿儿岛所发生的以西乡隆盛为首的叛乱事件，日本一般称之为"西南战争"，此际已趋于平定。
④ 日本外务省编《日本外交文书》第 10 卷，第 188 页。数据中余瓗之"瓗"误作"携"字。
⑤ 顾廷龙、戴逸主编《李鸿章全集》第 32 册《信函》（四），第 234 页。

原、森使的言说以及华民难以骤然管束等因素来解释其何以对于派驻领事一事有所保留，但从后面提及范锡朋的任命平稳无事一段则可以清楚地看出，其所在意者还是森有礼所谓日本政府或将不承认清朝领事，领事派遣问题将妨碍两国友好关系的论调。

何如璋一行于 12 月 16 日抵达横滨，24 日到东京，28 日呈递国书。之后，或许因为"臣等自去年一一月间到东以来，各口华商纷纷禀求设官保护"①，何如璋并未遵从李的"劝说"，② 随即于翌年 1878 年 1 月 14 日（光绪三年十二月十二日）向外务省提出照会，通知任命范锡朋为驻横滨领事。③ 对此，1 月 22 日，外务省回复："领悉一切，即将另缮认可状一通，合行呈览，请烦转给该氏收执，并望饬知该氏，以便持赴横滨县令处，面告认存可也。"④ 就过程而言，范锡朋的任命并未引起太大纠纷，日本很快就承认其领事资格。⑤

那么，何以这次李鸿章的主张会动摇至此？在 1878 年 2 月 11 日（一月十日）给何如璋信中，他写道："寄寓商民归地方官管束，本是泰西通例，日人自与西人通商后，其国改用西律，原欲仿照办理，具有深意。上年，岩仓赴英、法两国商办，均未之许。该国寄寓以华人为最多，从前柳原之照会、森使之面述，皆力持缓设领事之议，虽经敝处与总署据约驳斥，揣其用意，盖欲先从华人下手，果能遂其所请，便思推及西人，又因华人流寓太多，有尾大不掉

---

① 《清光绪朝中日交涉史料》卷一，故宫博物院编印，1932，第 28 页。

② 事实上，在 1878 年 2 月 11 日（一月十日）写给何如璋信中，李鸿章对于日本想废除国内的领事裁判权及华民遽难管理等，有更清楚的说明，目的无非是再次提醒何，对于立即派出领事一事要相当慎重。只是在李写这封信前，何如璋早已于 1 月 14 日提出任命横滨领事的照会，并获得好的结果，因此，这封信即变得不具意义。顾廷龙、戴逸主编《李鸿章全集》第 32 册《信函》（四），第 219 页。

③ 《"范錫朋"横浜在留清国領事二任命東京築地兼任ノ件》，日本外务省外交史料馆藏，馆藏号：6 - 1 - 8 - 3 - 17。

④ 《"范錫朋"横浜在留清国領事二任命東京築地兼任ノ件》，日本外务省外交史料馆藏，馆藏号：6 - 1 - 8 - 3 - 17。

⑤ 何如璋在《使东述略》1 月 15 日的记述中，曾提及"外务大书记官宫本小一来论设理事及停换籍牌，往复数百言，因论以将命修好，唯谨遵条规，他非使臣所敢知也"（第 20 页）。关于华民籍牌问题，何如璋在 1 月 14 日当天另外发照会，以中国已派出领事为由，要求日本政府通知各口地方官停办换发籍牌之事。但日本政府认为，停止换发籍牌仅适用于已派定领事的横滨，其余未派驻领事各口仍应按照条规第 9 条规定由地方官办理，最后则依日本说法（《"范錫朋"横浜在留清国領事二任命東京築地兼任ノ件》）。至于所谓"设理事"问题，内容不详，但即便此时日本还企图说服清朝暂缓派驻领事，从不久后承认范锡朋的任命来看，应该只是尝试性提及，一试即止。

之患，此该国之隐情也。”① 亦即，日本一切仿照西例，亟欲废除各国在日本所拥有的领事裁判权，但并不成功，因而企图先从居留民占最多的清朝着手，若能成功，则将推及其他西方国家。此外，华民太多，成为隐忧，日本政府也想纳入管理。由此可知，李认为，积极企图废除国内的领事裁判权与希望取得华民管理权，是日本不欲中国立即派驻领事的理由。从李信中提及“柳原之照会、森使之面述”等来看，日方的屡次“劝说”发挥了作用。结果即是，对于派驻领事一事，“数年来所断断力争而未敢稍涉宽假”的李鸿章，在维持中日关系和谐的考虑下，最后竟然“退缩”了。

但正如前述，森有礼企图延缓清朝派出领事只是种策略运用而已，他所谓领事不承认、有碍邻交等的一番说辞，就结果而言，却是与事实相反。也因为如此，李鸿章才会写下“违言”“殊非初料所及”等词，继而盛赞何如璋能坚持依约而行，最后取得成功。

从上述李鸿章信中详细描述日方企图废除领事裁判权因由，但未提及即将提案废除来看，森有礼应该没有对李提到新“特约案”之事。这或许与其上次欲就旧“特约案”跟李进行商议，却遭拒绝有关。因此，森有礼接下来所面对的交涉对象还是总署。

10月进京后，森有礼立即拜会总署并提及“特约案”之事。11月2日给总署照会中，森有礼即写道：“上月本大臣回任，即拜晤贵王大臣，告以日清两国各派钦使驻京，将来愈当同敦友睦，现拟两国另订特约，准听彼此往来人民，均归其所住地方法律、自由营业，并豫运各该本国土产进口者，免其完税，俾知邻谊有此益处等语，当经贵大臣答话，意非不美，还须遵照修好条规。”② 可知，森有礼曾口头提及缔结“特约案”一事，但遭总署大臣回绝，认为还是应该遵照《日清修好条规》。这也显示，总署大臣已在态度上表明不欲交涉了。

尽管如此，11月2日，森有礼还是将“特约案”底稿递交总署。照会中最后写道：“抑此特约，是系愈增两国好谊，以进彼此人民生业，大可润色从前条规，断非关乎别国条约，致生贵国不便者，希即查照，核覆可也。”③ 强调“特约案”有利于两国政府与人民，可以“润色”修好条规，并且与各国条约无关，因此不会造成清朝外交上的困扰。

---

① 顾廷龙、戴逸主编《李鸿章全集》第32册《信函》（四），第219页。
② 日本外务省编《日本外交文书》第10卷，第183～184页。
③ 日本外务省编《日本外交文书》第10卷，第184页。

11 月 24 日，总署回文：“前与贵大臣晤面时，修闻此仪，已深悉贵大臣一番用意。惟其中碍难之处，业经详细说明，兹准前因，其碍难情形，自已无须复赘，徒滋辩论。总之，两国办事既有条规、章程、税则可循，彼此止应遵守弗渝，即为同敦和好之实。”① 正如前述，森有礼在先前与总署大臣会面时，已经口头提过“特约案”之事，当时总署大臣也已经说明拒绝理由，因而此次回文中便没有重复叙述，仅重申既有修好条规，即不需多此一举的立场。在发出照会的同时，总署也一并退回“特约案”草案，可见其明确拒绝交涉之意。

面对总署拒绝交涉，“特约案”一事迟迟未有进展，翌年 1878 年 3 月 2 日，森有礼写信给寺岛，说明交涉自 11 月以来迁延至今的原因。森有礼认为，清朝税务长官英人赫德每每暗地参与清政府与各国的交涉，特别是税务方面，皆由其主导而往往蒙受其阻碍，要说服清政府，首先必先拉拢此人，自先前开始已经着手进行，只是同人因休假即将回国。此外，他也提到尚未听闻新近赴任驻日公使何如璋对此的看法。② 文末，森有礼表明，近期将再度向清政府提出交涉。

信中有关赫德与驻日公使何如璋的叙述，受限于史料，无法进一步厘清。但事实上，李鸿章 1878 年 2 月 11 日（一月十日）写给何如璋信，并无只字涉及“特约案”相关事项，由此来看，不但森有礼未告知李，恐怕总署也未就“特约案”之事咨询于李。而总署若连李都没有告知时，未征询赫德、何如璋亦属正常，因此，很可能是“特约案”的交涉要求在总署内部讨论中即已遭到拒绝。

尽管交涉中止时间已经持续数月，但对于即将再度展开的交涉，森有礼似乎颇具信心。3 月 18 日给寺岛信中写道，本日将前往总署开启谈判，或许可以预见好结果。③ 当日森有礼提出“再论订特约事节略”④，之后进入会谈。节略中首先提到，当将总署照会回报外务省时，外务卿来信表示“清国政府初尝以为意非不美，而乃墨守条规，斥不见采，似失修好之实，本卿大臣殊不解也”，希望再行讨论。接着，森有礼提出：“两国大权，均由自主，不违公法，无不可为，目下两国同意，思欲互通便利，以惠民生，而行修好之实，特以抵

① 日本外务省编《日本外交文书》第 10 卷，第 188 页。
② 日本外务省编《日本外交文书》第 11 卷，东京：日本国际联合协会，1950，第 228 页。
③ 寺岛宗则研究会编《寺岛宗则关系资料集》（下），第 641 页。
④ 日本外务省编《日本外交文书》第 11 卷，第 230 页。

触修约期限一条，竟致扞格不举，而见峻拒，故卿大臣殊未审贵政府果何意也。"接着，他劝说道："我国诚信贵国自主，于此特约，必喜成之，故而请款，况该约稿所有彼此人民均归所住地方法律一层，正欲两国自奋，恢复从前所失之自主国权，有何不可。"最后要求，若还是"终见摈斥，请烦将其理由，明为裁复"。

森有礼认为，清政府认为"特约案"立意甚好，却又以修约未到期限为由，不予采纳，有自相矛盾之嫌；而在废除"领事裁判权"方面，森有礼则以恢复"自主国权"为由，企图说服总署。

会谈方面，主要焦点还是在修约期限问题上。森有礼提出：除了本条约外，诸如此类特约，未必需要批准，各国经常如此，想必贵国亦然。总署大臣沈桂芬则答：虽说在条规之外，不乏新添之事，但对条规进行改订者，甚少。森有礼答："换约"期限颇长，其间时势变换，此时则不可不随时更改。沈桂芬则回称：各国有其例，我只说在我国甚少。

森有礼所谓不需批准，应是指不需如正式条约般需批准交换，只要两国全权大臣签署后，即可生效。正如前述，日方当初所以用"特约"一词，就主要是想规避"修约"之名，避免清朝方面以修约期限未到加以拒绝。但很明显，因为已经改变条规之内涵，在总署看来，无异于修约。因而交涉又回到所谓"修约期限"之争。

由于森有礼要求，若最后总署还是不采纳其议，应提出更明确说明，因此，4月3日，总署覆文①。主要重点归纳如下。第一，两国交涉，必得两国皆愿意，若一国不愿，"亦必有碍难情形，势难相强，若遽目为摈斥，谓为失修好之实，岂其然乎"。第二，两国相交以修好条规为重，"若以遵修好条规为墨守，则必以不守修好条规为通方，所重者谓何"，而若是"彼此所同愿"，章程也不抵触条规时，遇修约时期，自然可以商办。第三，"如利于彼国，不利于此，便于彼国，不便于此"，莫说还未到修约期限难以更张，即使届期，"彼此和好为重，讵肯相强为哉"。第四，有关彼此人民皆归所住地方法律管理一事，"我两国原有自主之权，而各口办事不能无尽一之法"，如此地方官将无所适从，"欲他国皆如此例，则贵国所不能行之他国者，中国亦必难行之各国，非权之不能自主，乃政之不能两歧也"。第五，中国商民在日本众多，都已经知道修好条规，若新立办法有别于条规，"其中办事窒碍之处，既不能

---

① 日本外务省编《日本外交文书》第11卷，第233~234页。

免，且使中国无以取信于寓居贵国之中国商民"。

若将总署的看法对照于"特约案"，有两点相当值得注意。一是，条约并非不能修改，但要届期，更重要的是，修改内容要有利于两国，而非单独图利一方，如此则尽管届期，也无法应允修约。尽管总署并未明确表明所指为何，但就"特约案"两大部分而言，废除进口税已如前面所检讨，日方欲以清朝的损失来获取自己的最大利益，符合总署这一说法。二是，总署以"政之不能两歧"以及条规前后不同，将失信于民等为由，拒绝废除"领事裁判权"的提议。文中所谓"政之不能两歧"意指，即使两国同意各自废除"领事裁判权"，但两国无力废除欧美各国在境内的"领事裁判权"，如此将导致对于外国人的司法管辖权出现不一致。事实上，这两个理由在说服力上有待商榷，后来森有礼也对此提出反驳。但可以确定的是，总署并不愿意放弃在日的"领事裁判权"。而从文中部分言辞中，也可以一窥总署照会背后的深意。

从前述李鸿章对于日本欲废除"领事裁判权"的一连串说辞可以看出，清朝方面已经了解到日本对此的企图。但从"欲他国皆如此例，则贵国所不能行之他国者，中国亦必难行之各国"一段来看，总署显然认为，中国在未来一段时间内并无能力废除欧美国家的"领事裁判权"，而日本也同样如此。若是如此，在中国派出公使、领事即将行使"领事裁判权"之际，日本却于此时提议废除，那么森有礼所谓"正欲两国自奋，恢复从前所失之自主国权"不啻成了说服清朝放弃"领事裁判权"而将庞大华民之管辖权拱手送与日本的说辞而已。这对于坚持在日华民司法管辖权的总署而言，自然无法同意。

事实上，对于华民司法管辖权问题，两国才刚就修好条规第 9 条的文意，有过一番争辩。1875 年 9 月 4 日（八月五日），日本代理公使郑永宁向总署提出照会，要求就修好条规中疏漏或文意不清者进行补足。其中现行条规第 9 条规定："两国指定各口，倘未设理事官，其贸易人民均归地方官约束照料，如犯罪名，准一面查拿，一面将案情知照附近各口理事官，按律科断。"[①] 日方认为，其意为在未设领事前，犯罪审判主体为地方官，并且是依当地律法来进行，希望总署能确认此一解释。之所以有此一举，寺岛在给郑永宁的指令案中如此说明：虽说依据日清间所缔结条约第 9 条，在未互派理事官期间，两国人民归其所寓居地方官管理，但约书上不免有文意晦涩不达之处，难以一概而论，而涉及"断刑处罪"，恐后来另生议论，因此，此次再度照会清政府，以

---

① 田涛主编《清朝条约全集》第 1 卷，第 571 页。

公函详细说明，所有在我土之清民，其"词讼刑罪"皆照我国法令，由我地方官"裁判处断"。① 事实上，日本政府已按照此意来管理华民，只是担心日后若清政府以文意不清提出异议，将徒增困扰，因而企图利用此次补足交涉一并解决。果不其然，总署对此解释提出异议。

11月26日（十月二十九日）的覆文中，总署写道："前订修好条规第九条，贸易人民归地方官约束照料，并无即由地方官科罪字样。中国未设理事官以前，华民之在日本者如与日本人涉讼或犯日本法纪，暂由日本地方官会同华帮司事秉公评断，如华民不犯条规第十三条所载为匪重情，不得辄行拿办科罪"；若是华民所涉之事与日人无关时，则认为："日本地方官应令华帮司事妥理。此为暂行章程，一俟中国派有理事官即归理事官科断以符定章。"② 所谓"华帮司事"乃指当地华人团体的领袖。显然，总署否定日方的解释，主张在中国未派领事前，对于涉及中日人民的交涉事件，应该采用"华帮司事"参与的方式来进行会审；而华民本身的交涉事件，则应完全由"华帮司事"处理。前者的目的自然是降低日本地方官对于司法裁判的主导权，而后者则完全排除日本地方官的介入。总署甚至将此过渡期做法名之为"暂行章程"。

可见，即便在未派领事前，总署都企图以"暂行章程"来制约日本政府对于华民的司法管辖权，而在已经派出领事，可以依据条规第8条全权管理己国商民时，又怎么可能同意森有礼的废除"领事裁判权"提议，让日本政府得以全面接管华民。

之后，两国就此争议的交涉并无太大进展，③ 1876年2月15日，日本在以新任驻华公使森有礼的名义所提出的照会中，对于总署所拟"暂行章程"进行评说："似属骑牛寻牛，何庸彼此更添烦劳，终不如仍旧贯。"④ 而总署也在3月3日的照会中回称："今贵大臣既云，不如仍旧贯，自系遵照第九条修好条规内载，各口未设理事官，贸易人民均归地方官约束照料之言，不敢或改。"⑤ 至此交涉遂停。

值得注意的是，此时总署重申修好条规第9条的意义。总署在11月26日

---

① 日本外务省编《日本外交文书》第9卷，第430～431页。
② 日本外务省编《日本外交文书》第9卷，第451页。
③ 之后的交涉中，总署曾将华帮司事"参与会审"改为"到堂观审"。日本外务省编《日本外交文书》第9卷，第459页。
④ 日本外务省编《日本外交文书》第9卷，第460页。
⑤ 日本外务省编《日本外交文书》第9卷，第460～461页。

（十月二十九日）所发的第一次照会即指出，"前订修好条规第九条，贸易人民归地方官约束照料，并无即由地方官科罪字样"；2 月 12 日（一月十八日）第二次照会中再次提到，"换约修好以后，华人犯案因中国理事官未到，即由日本地方官审断科罪，既与条规第九条不合，亦恐无以折服华人之心"。① 显然，在有关第 9 条的交涉过程中，总署始终不接受日本方面所称的华民犯罪由日本地方官"审断科罪"的解释。此时，总署再度重申第 9 条规定，无非是间接表达其一贯立场。津田多贺子认为，这代表总署接受日本的主张，意味着"清国在日本的治外法权的撤收"②。但很明显，这一解释有误，因为这只是从日本的角度来看，缺乏对于总署态度的检讨。

此外，津田多贺子也认为，当时清朝相关人士对于"治外法权"所产生弊害的认识，是森有礼认为废除"领事裁判权"的提议可以为总署所接受的理由。③总署在 1877 年 10 月 31 日奏折中提到，驻英公使郭嵩焘曾上奏，"中外人民交涉事件，轻重缓急无可依循"，主要因为中国律例与各国相差太远，又不懂西洋法律，应该"参核西洋各国所定通商律法，分别条款，纂修通商则例一书"，颁发各省及各国公使，"庶一切办理洋案有所据依"。④ 对此，总署认为有两点难处：一是即使"各国使臣即允订此例，中国遇事恐未必能照行"；二是"中国即定此例，各国使臣未必允行"等。⑤ 较值得注意的是，奏折中总署也提到，总税务司赫德在就马嘉理一案论及中外交涉的节略中曾讨论"商务、讼件、政务"三件，其中诉讼方面，"有通行之讯法，有通行之罪名，有通行之衙门，其引论中并有议及外国人归地方官管理之条"；只是总署虽然认为，"所议自可采取"，但"我有所难专办，则彼非所愿"。因此，总署最后的结论为，先编辑包含各国律法、历来成案，以及西洋成例等的法律规范。⑥

换言之，尽管总署已经认知到各国在中国享有"领事裁判权"所产生的问题，甚至提到所谓"外国人归地方官管理"，但也体认到现实状况是仅仅订定要求外国人遵守的法律，已困难重重。总署最后还是决定，从最基本的法律

---

① 日本外务省编《日本外交文书》第 9 卷，第 458～459 页。
② 〔日〕津田多贺子：《明治 10 年～11 年の双務主義の日清条約特約交涉》，第 3 页。〔日〕五百旗头真在《隣国日本の近代化—日本の条約改正と日清関係》中，也有近似的看法；收入〔日〕冈本隆司等编《中国近代外交の胎动》，东京：东京大学出版会，第 70 页。
③ 〔日〕津田多贺子：《明治 10 年～11 年の双務主義の日清条約特約交涉》，第 9 页。
④ 王彦威、王亮辑《清季外交史料》卷十一，台北：文海出版社，1985，第 26～27 页。
⑤ 王彦威、王亮辑《清季外交史料》卷十一，第 28 页。
⑥ 王彦威、王亮辑《清季外交史料》卷十一，第 30 页。

制定开始着手。审视过程，废除"领事裁判权"一事，根本还未在总署的考虑之中。因此，津田将清朝相关人士体认到"领事裁判权"的弊害，直接视为森有礼提议废除"领事裁判权"的理由之一，其实有待商榷。①

此处，讨论回归到森有礼与总署的交涉。对于总署表明拒绝交涉的4月3日照会，翌日，森有礼马上提出反论。②他对于总署所称的"非权之不能自主，乃政之不能两歧也"说法，指出："今我两国并与泰西往来，口称中外一家，至于政刑任听彼来行权此国，独不泣夫有两歧乎。"亦即，听任欧美各国在日清两国施行"领事裁判权"，不也是一种"政之两歧"吗。而对于总署认为新立办法将失信于民，他则认为此乃施政良窳问题。最后，森有礼写道："事既碍难举行，岂敢相强，自应待年再议，终结修好之实可也。"可见，在历经去年10月提议、3月18日交涉以及4月3日的照会三次的拒绝后，森有礼终于确认总署拒绝交涉的坚决态度，因而原本对交涉抱持乐观的他至此也不得不放弃了。

4月5日，森有礼写信给外务卿寺岛说明总署碍难同意之意后提及"墨守旧规，无随时改良之意，乃清政府之旧态，这已不需再说"。同时他也提到，清朝方面在公使领事派遣之时，忽然接到此一谈判，因而兴起"惶惑之感"，遂拒绝特约，今后不管如何尽力辩论，终属徒劳，在发出回复的照会后，已经不再进行交涉。③可见，森有礼本身也已经意识到，此时提"特约案"倡议废除"领事裁判权"，并非好时机，容易招致清朝的反感，导致最后交涉破裂。信中，他也另外提到："亚细亚中独我政府注意到挽回国权，已着先鞭；鼓舞清政府一事，不管成功与否，面对天下后世，毫无疑问地，都能增添几分荣誉。"④对于亚洲国家中仅有日本注意到挽回国权，并且企图说服清朝采取行动一事，他感到自豪。

对于森有礼4月4日的照会，总署于4月28日回函。函中又重申，"如有变通章程之处，两国均无碍难，原可彼此随时商办，无须限以重修年份，若一国稍有碍难"，无论是否重修之年，也不能相强。⑤对此，日方即无回应，日

① 事实上，津田对此也未多做说明，只提到可参照铃木智夫论文《中国における国権主義的外交論の成立》，《歷史學研究》第404号，1974年1月。〔日〕津田多贺子：《明治10～11年の双務主義の日清条約特約交涉》，第9页。
② 日本外务省编《日本外交文书》第11卷，第235～236页。
③ 日本外务省编《日本外交文书》第11卷，第232页。
④ 日本外务省编《日本外交文书》第11卷，第233页。
⑤ 日本外务省编《日本外交文书》第11卷，第237页。

清两国的"特约案"交涉至此告终。

结　论

以上乃就日本所提"特约案"的背景、目的，"特约案"的内容、特征，以乃与清朝方面所展开的一连串交涉过程所进行的探讨，此处做一简单整理，以为结论。

首先，原本仅是森有礼个人所提出的废除进出口税提议，之后受到认同，进而拟定细则，成为对华政策，进入交涉。其目的除了扩大对华出口及达到殖产兴业等外，更重要的还是，借由日中两国免除进口税所带来的贸易利益及相关效果，可以为当时陷入贸易、产业、财政等所造成的"上下困弊"的日本找到一个突破口。至于旧"特约案"内容扩大，即加入废除"领事裁判权"，从时机与森有礼所推动的两大策略来看，其主要目的是非常清楚的，即阻止清朝施行"领事裁判权"，掌握庞大华民的管辖权；就这点而言，森有礼甚至不讳言此为总署拒绝交涉的原因。因此，不管是森有礼自称的恢复"自主国权"，还是津田所说的对美税权交涉有所进展以及清朝方面对于"治外法权"弊害的认知等，事实上，都不足以掩盖日本这一赤裸裸的目的。

其次，关于新"特约案"内容是基于"双务""对等"的立场。从修好条规订定后，中日间的条约即已跳脱过去两国与西方国家间的条约性质，确立其"权益"对等的"双务"关系。因此，若从"权益"对等的角度来检视时，仅具备"对等""双务"性质的新"特约案"甚至并不符合中日条约的最基本原则。最明显的即是废除进口税问题，日本对华出口可获一半多金额的免税，而中国对日出口不足 5% 的免税，其不均等情形非常显著。

最后，有关总署对于"特约案"交涉的态度与立场。森有礼将总署拒绝"特约案"交涉原因之一，归咎于墨守修好条规、不知变通，甚至后来的研究者也持这一看法。确实，对于未到修约期限的修改，总署是抱持反对态度，但总署同时也提到，如果是"利于彼国，不利于此，便于彼国，不便于此"的条约，即使临届修约期限，也不可能答应，废除进口税完全符合此一说法。森有礼所谓两国可以同蒙其利的说辞，说服力非常弱。此外，在废除"领事裁判权"方面，尽管总署已经意识到"领事裁判权"所带来的弊害，但现阶段并未考虑废除问题，而是以编纂能令外人服从的法规为优先考虑项目。至于对日政策方面，从"暂行章程"的提出则可以清楚看出，即使在未派驻领事前，总署都企图制约或排除日本政府对于华民的司法管辖权。可以说，法权恢复并非当下总署所关心的外交重点，对在日华民的管理与保护，才是当时持续关注且亟欲推动的对日外交工作。而这与森有礼以主权独立为由，力陈恢复法权的重要性，却不提日本将会因此取得华民管辖权，形成强烈对比。因此，森有礼所谓亚洲中唯独日本注意到"挽回国权，已着先鞭"的废除"领事裁判权"提议，自然不为总署所接受。

综上所述，可以归纳出这段交涉的重要特征。即"特约案"已经涉及改变现行条约内容，可以称之为实质修约，但日本却不遵守修约年限；更重要者，"特约案"虽然以"双务""对等"为基础，但其中隐含着以自我立场为中心，以自我权益为出发点，甚至把权益极大化的内在本质。之后，日本又期待透过外交谈判手段来说服清朝接受这样的"特约案"；而当最后交涉破裂时，则将问题片面归咎于清朝。事实上，"特约案"本身所存在的问题点才是造成谈判破裂的主因，然而日本却对此全无意识，只是加深其对于清朝顽固守旧、难以交涉的印象而已。这样的交涉可以说是呈现出明治时期中日修约交涉的一种典型的面向。

晚清"皇族外交"的东亚史意义

——以 1907 年溥伦、1910 年载振的访日行程为例

任天豪*

摘要：近代以来，中国、日本等原在东亚国际秩序中的国家，开始承受来自欧美列强软、硬实力的强势冲击，其中，东亚的中国与日本既是东亚封贡体系中的"竞争者"，也是同受西方软、硬实力压迫的"患难兄弟"。然而，当西化"成功"后，日本成为有似欧美般的施压者，并在一连串的扩张中，成为侵略中国最深的国家。

清季中国，为满族建立的王朝。日本面对清季中国满族势力日衰、汉人渐取军政权力的态势，自要顾及该特殊政治环境，才能有效掌握中国动向，赢得在东亚的领导地位。本文拟在此一概念下，分析日本 1907 年及 1910 年两次接待清廷亲贵的方式之别，比较其当时之对华举措。除检视当时中日关系的外交史内容外，还试图思索在东亚史的脉络中，此种"皇族外交"模式对在以中日两国为最具实力成员的东亚国际格局中，是否有所成效及其具有怎样的历史意义。

关键词：皇族外交　中国外交史　东亚史

绪　言

近代以来，存在于既有国际体系之中的中国等后进国家，承受来自欧美列

＊　任天豪，日本学术振兴会外国人访问研究员。

强之软、硬实力的强势冲击，这种强势冲击也引起各后进国家的现代化行动。其中，东亚的中国与日本既是东亚封贡体系中的"竞争者"，也是同受西方软、硬实力压迫的"患难兄弟"。但当日本西化"成功"以后，中日两国间"患难兄弟"的意义就相对淡化，日本成为类似欧美列强的施压者。中国则以民主共和的体制试图自救，虽未振衰起蔽，犹有维持大国之势，于是中日竞争的态势益发明显。身为在华的条约利权国之一，并曾与中国爆发大规模战争的日本，逐步成为最受中国敌视且不信任的国家。

中日关系，较中国与其他列强的更为复杂。这段历史在中国看来，日本由原先东亚"岛夷"，在1895年后跃为东亚首强，并在一连串的扩张中，成为侵略中国最深的国家；在日本看来，近代以来的图强之路，除有摆脱不平等条约之桎梏、跻身"文明国家"的志向之外，也隐含在封贡体制范围内挑战中国既有地位之积极目的。故此，中日两国在东亚的竞逐，不只是一种政治对抗，还是一种文化竞争。

然而，近代以来，不似日本大抵维持君主立宪体制，中国的国体则发生重大变革。清朝与"中华民国"虽为"中国"在不同时期的代表，性质却大有不同。除国体有帝制与共和制之别外，二者内涵也实有分别，故其外交举措的意义，自应有所不同。面对清季中国的政局——满族为势力日衰的统治者，汉人逐渐取得全国军、政权力——日本对中国外交时，不免需要顾及此刻的特殊政治环境，才能有效掌握中国动向，彻底赢得在东亚的领导地位。

本文拟透过中日双方的档案，分析清季中国在1907年及1910年两次派遣皇族人士访问日本的事例，观察日本接待清廷亲贵的方式之别，了解当时日本的对华举措。除盼借此检视当时中日双边关系而做外交史探讨外，还试图在东亚史的脉络中，思索此种"皇族外交"模式在以中日两国为最具实力成员的东亚格局中，是否有所成效，以及具有怎样的历史意义。

一 现代化环境里的中日外交变革及"皇族外交"的价值探讨

"封贡体系"系自费正清（John K. Fairbank, 1907～1991）开始的美国汉学界所常用的解释传统东亚区域国际关系之概念，甚至被目为一种"典范"（paradigm）。此一范式虽已遭到不少言之成理观点的挑战，也令美国汉学界的持论有所调整，①但此范式仍有难被全部取代的价值。也因如此，部分学者乃在类似概念的基础上，各自提出更细致的解释内容，如强调贸易关联的滨下武志、主张文化及体制面向之"中华世界秩序原理"的张启雄等。这些虽非颠覆"封贡体系"范式，却能使其内涵益发丰富。由此可见，无论"封贡体系"的解释方式是否完全正确，现有研究大抵均能同意，传统上的东亚各国确系身处共同服膺的运作系统之中，亦即传统东亚国际关系必有其不同于欧美之处。

然而，近代以来的"外交"（diplomacy）乃一种奠基于欧洲政治的并借欧洲哲人之口而问世的特殊存在。故其既具有技艺性质，亦是对"特定风格、方法以及一整套程序、规则、协议和约定"的统称。而由于外交实践的过程充斥西方的经验及语汇，②故也具有体现权力关系的内涵，以及立基欧洲文化的事实。是故可以推知，进入东亚场域之中的外交事务，想必需要一个调适过程，此亦所谓"现代化理论"（modernization theory）等论述区分其发展阶段的理由。因此可以确知，中国、日本等既有"封贡体系"成员在面对西力东渐的局势时，自有必须援用西方知能的需求，从而产生各自调适的过程。而此过程中，在华人社会，中日调适便常被置入"成败比较"的脉络中来看待，这成为常见的论述形式。③

然若暂时撇开此种"成败比较"论的角度就可知，无论中国还是日本，均系现代化路途上的后进者。不仅力求成功的期盼相同，而且调适期间所遭遇的阻碍或困境其实也并无二致。是以二者形同前述之"患难兄弟"，这种情形直到日本的改革成效展现为止。日本并非对其位处东亚的现实状况毫无知觉，故其内部固然不乏"脱亚入欧"的呼声，但实际上仍有经营东亚的高度需求。

---

① 最早对此范式提出积极挑战的学者应是柯文（Paul A. Cohen，1934 年生），详见其名著 *Discovering History in China: American Historical Writing on the Recent Chinese Past* 的最新中文译本（〔美〕柯文著《在中国发现历史：中国中心观在美国的兴起》，林同奇译，社会科学文献出版社，2017，第 1~8 页）。日后，无论美国汉学界还是华文史学界，都对此范式常有检讨，尤其是华文学界，至今已对此范式所可能造成的影响，如偏重"冲击与反应"（Impact-Response Model）模式等问题具有警惕态度，可见诸陶文钊在费正清名著 *The Chinese World Order: Traditional China's Foreign Relations* 最新中文译本的序文中所言。〔美〕费正清编《中国的世界秩序：传统中国的对外关系》，杜继东译，社会科学文献出版社，2010，第 6 页。
② 参见赵可金《非传统外交：当代外交理论的新维度》，《国际观察》2012 年第 5 期，第 7~8 页。
③ 如见董以山《中国洋务运动与日本明治维新之比较》，《山东大学学报》（哲学社会科学版）1995 年第 1 期，第 37~41 页；江秀平《中国洋务运动和日本明治维新创办近代企业的比较》，《中国社会经济史研究》1992 年第 2 期。在 20 世纪后期的研究成果中，类似作品甚多，此处不赘述。

譬如早在幕末之时,日本便已具有"征韩论"的意图。此系基于日本所处之地缘政治需要,亦为缓和国内政治矛盾等复合性因素所致,明治维新以后依然如此。①是故,"东亚"此一地缘因素,使得日本在改革成功走上帝国主义路线后,在军事上凌驾于中国的态势上,对中国径行资源掠夺。因此,经由相对和平的外交路线来影响中国政局,不啻为一种合理之举,本文所称的"皇族外交"便出现发挥作用的空间。

"皇族"一词在华文语境中甚少出现,大抵以清末"皇族内阁"为其较常见的形式。故而"皇族外交"之说,实难有其定论。以"皇室外交"来检视日本与他国的外交往来,则基本不乏成果。②然因"皇室"似乎较少被学术界使用,故本文以"皇族外交"之名称之。此一外交路线既基于"皇族"之身份,自非任何国家均能采用,日本长期维持君主制度,或许尚有可能,③但当日本明确称呼为"皇族外交"时,中国则已走向共和逾一世纪。即使在中华民国北京政府时期,其外交也只有些许"遗老"风范,但更具共和性质的南京国民政府统领中国后,"贵族世胄"进行外交则更无机会。故就"皇族外交"而言,仅清季时期的中国才有实施可能。然而"皇族外交"的价值,并不能因此而被忽略。

外交虽然本就具有高度的礼仪性质,但在19世纪20世纪之交,基本上仍是处理国家、政府间事务的一门学问。④然皇族成员未必身居政府要职,却代政府官员行使部分职务,自能回避某些较为敏感的问题。故如日本昭和天皇裕仁(1901~1989)即位时,日本尚有"不预期缔盟各国特派皇族"的态度,这是暗示派遣皇族之举更具价值。此时之中国,则不仅无有皇族可派,还因国民政府犹在统一全国之过程中,其行动可能涉及政府合法性等问题,故而日本

① 〔日〕北冈伸一:《日本政治史——外交と権力》(增补版),东京:有斐阁,2017,第50~51页。
② 如讲述20世纪初期事例的バールィシェフ エドワルド(Baryshev Eduard)著《日露皇室外交——1916年の大公访日》,(横滨:群像社,2016),叙说1950年代明仁(1933年生,时为皇太子身份)访欧等事的〔日〕西川惠著《知られざる皇室外交》(东京:KADOKAWA,2016)等成果。虽然这些著作未必均有高度学术性,但至少表示"皇室外交"在日本尚称知名。
③ 由朝日新闻社编辑、已于2007年后改为网络版的著名辞典《知恵藏》,亦有记载"皇室外交"一词。掌管日本皇家事务的宫内厅,除明确将"国际亲善"列入皇室"公务"(ご公务など)范畴外,还自1953年起开始记录天皇及皇族的外访情况。显见"皇族外交"对日本而言,已属惯例。虽然此系为使战后特意维持的天皇体制仍具有一定的政治价值所赋予的任务,但它仍体现近代以来的日本政治。
④ 萨道义(Ernest M. Satow):《萨道义外交实践指南》,杨立义等译,上海译文出版社,1984,第3页。转引自赵可金《非传统外交:当代外交理论的新维度》,第8页。

曾经多次面见驻日公使汪荣宝（1878～1933）商谈此事，盼勿派遣过于敏感之政治人物来日祝贺，以免节外生枝。①可见如运用"皇族外交"，对单一事件中的国家或政府间的矛盾，应有一定的舒缓或其他性质的效果。

也因如此，"皇族外交"或许可为清季时期的中日两国增进关系或避免冲突的一种途径，惜乎过去对此议题的研究似显不足。1907 年及 1910 年，清廷均曾派遣皇族亲贵访日，然日本的因应方式却有些许不同。本文从两个案例切入，对于当时"皇族外交"的内涵加以探讨。

二　1907 年的溥伦访日及日方的因应

清季中国最接近"皇族外交"的案例，应即前述二年的访日事件。该此二次行动，均以和平、友好为出发点，属于亲善行动。这与诸如载沣（1883～1951）于光绪二十七年（1901）赴德"谢罪"等事例，意义全然不同，故有"皇族外交"的性质。

光绪三十二年底（1907），清朝派遣溥伦（1874～1927）访日。溥伦为满洲镶红旗人，虽非所谓"上三旗"，但仍系爱新觉罗氏。溥伦之生父载治（1839～1881）过继给道光帝（1782～1850）庶长子奕纬（1808～1831）为子，使得溥伦成为奕纬一脉的长孙。光绪六年（1881）袭封贝子，身份是贝勒衔贝子。有此爵位之后所行之外事活动，更可视为"皇族外交"的事例。

光绪三十年（1904）时，溥伦就有"皇族外交"之举，其当年担任中国赴"散鲁伊城博览会"②之正监督，等于代表团之团长。此对溥伦及当时的政局而言，实有不小意义，盖因溥伦经由过继程序，名义上成为道光皇帝的长曾孙。然而此时派遣皇族近支的溥伦担任正监督，慈禧本人亦破例提供个人绘像赴美展示，都体现出清廷有意由此次赛会重振"中国"与"清廷"形象的意图。是以溥伦此行的身份已不仅是单纯的"官方代表"，而且还具有体现中国内部权力情况的意义。然而不管怎说，该次博览会都偏向"民间外交"性质，

① "驻日本公使馆公函抄件"，1928 年 8 月 23 日，《日本庆吊（一）》，《外交部档案》，台北："国史馆"藏，档号：11-38-17-00-039；"汪荣宝致国民政府外交部电"，1928 年 10 月 26 日，《日本庆吊（一）》，《外交部档案》，档号：11-38-17-00-039。
② "散鲁伊城博览会"，即"the Louisiana Purchase Exposition"；"散鲁伊城"系美国密苏里州城市圣路易（St. Louis）当时之译名。

不仅不是正式的官方外交，而且很难举证其对中国外交局势有无影响。①但这至少表示，溥伦在出访日本之前，已拥有外事经验，完成"皇族外交"之任务对其来说应非难事。

溥伦于 1907 年底启程，当年十二月八日的《申报》，便已报道溥伦即将于二日后觐见明治天皇（1852～1912）之消息。②整体而言，溥伦受到的接待不可不谓盛大，在抵达东京时，日本计划以一位与溥伦熟识的日方皇族，搭配宫内次官、宫内外事课课长等人迎接；当溥伦觐见天皇之时，则以天皇的侍从长负责接待。③另外，日本方于 1906 年 11 月成立的"南满洲铁道株式会社"（满铁）中之政经要人等，亦对溥伦热诚招待。满铁创办人、首任总裁后藤新平（1857～1929）不仅邀请溥伦"观剧"，④还拟就欢迎致辞，显见其慎重。⑤此或表示日本正加意笼络清廷亲贵，以减少其已开始着手的满洲经营可能面临的阻碍。溥伦之访日，对日本而言，实具有重大之政治意义。

溥伦之行毕竟只是一场礼仪之行，故在实质的政治影响上或许有限，也未在外交史上获得评价。然当透过"皇族外交"的视角，将之与宣统二年（1910）的载振（1876～1948）之行相较以后，便能觑出些许耐人寻味之处。

三 1910 年的载振访日及与溥伦之行的比较

事实上，载振可谓外交经验相对较丰富的宗室成员。光绪二十八年（1902），载振以英皇爱德华七世（Edward Ⅶ, 1841～1910）加冕典礼专使的名义出访英、法、比、美、日等国，访日实属"顺道"之行，此后还有专程访日任务。光绪二十九年（1903），载振与时在户部任职的那桐（1857～1925）赴日，从事以金融、币制为主的各种考察。载振等人在该次行程中，不仅多次与日方政治高层如小村寿太郎（1855～1911）、松方正义（1835～

---

① 目前对该次博览会的研究，大抵仍以新文化史视角的研究成果最为著名，如见王正华《呈现"中国"：晚清参与 1904 年美国圣路易万国博览会之研究》，黄克武主编《画中有话：近代中国的视觉表述与文化构图》，台北：中研院近代史研究所，2004，第 421～475 页。

② 《交涉》，《申报》，光绪三十二年十二月八日（1907 年 1 月 21 日），第 2 张第 3 版。

③ 概见《清国答礼大使溥伦贝勒殿下来朝ノ件》，《外务省记录》，日本外务省外交史料馆藏，档号：6 门 4 类 4 项 12－8 号。

④ 《南满铁路总理将请伦贝子观剧》，《申报》，光绪三十二年十二月八日（1907 年 1 月 21 日），第 2 张第 3 版。

⑤ 《大清国溥伦贝子殿下欢迎式辞（参照ノ一）》，1907 年 2 月 11 日，《後藤新平文書》，后藤·安田纪念东京都市研究所藏，档号：038022。

1924），皇亲贵胄如闲院宫载仁亲王（1865～1945）、有栖川宫威仁亲王（1862～1913），以及社会贤达如大隈重信（1838～1922）、青木周藏（1844～1914）等互访，而且还于日本的"帝国教育会"上发表演讲。① 由此可知载振的外交实务经验并不算少，对日本的见识与人际关系也应在绝大多数时人之上。

可是 1910 年的载振，官场表现其实已不风光。载振虽在光绪十五年（1889）时便已获赏头品顶戴，翌年受封二等镇国公，光绪二十七年（1901）赏加贝子衔，看似一帆风顺，然当光绪三十二年（1906）清廷进行"丙午改制"，为实行立宪铺路之时，身任农工商部尚书的载振便在同年因涉及丑闻而被迫辞职。此后，载振便暂时淡出政坛，在此次其访日之前，官职仅为正白旗副都统而已。也因如此，此时载振的职务实较偏向旗务而非政务，与外交此一高度官方性质的任务距离较远；其在官职、位阶之上，也难与溥伦相提并论。溥伦自光绪三十三年（1907）以后，便先后担任崇文门监督、资政院总裁、农工商大臣等要职。是故就官场上的重要性而言，1907 年访日时的溥伦绝对较 1910 年访日时的载振，重要得多。照理来说，日本面对两位清室亲贵的访日之行，即使有所差异，也应是厚溥伦薄载振，然而实非如此。

在迎驾载振之时，日本方面指定由皇族东伏见宫依仁亲王（1867～1922），偕同宫内大臣、外务大臣、式部长官等政府官员负责。除特别指定早已身受明治天皇皇恩而为其犹子（ゆうし）的依仁亲王负责接待以外，仅较之来自日本政府的礼遇，接待载振的规格显然要高出溥伦许多。此外，当溥伦在日出行之时，日方并未为其安排卫队或仪仗队，但对载振则备有仪仗卫兵一队及近卫步兵两小队，给予的待遇明显更加尊荣。载振在觐见天皇时，由日本皇族中的另一成员，即拥有"定亲王家"（ていしんのうけ）身份的伏见宫贞爱亲王（1858～1923）陪同，与由天皇侍从长相偕的溥伦，待遇差别可见一斑（详见下表）。

外务省档案中的溥伦、载振接待之别一览表

	入京	离官滞在	参内当日又ハ翌日
溥伦 （1907 年）	皇族御一名（御相識ノ）、 官内次官、 官内外事课长	无记载	陛下ノ御使トシテ侍従長才 旅館ヘ遣ハサルノ事

---

① 奚伶:《1903 年載振·那桐·ブ□ドンらの日本訪問について—日本外務省資料からみた日本金融制度の調査を中心に—》,《中国史研究》第 100 辑（首尔，2016），第 297～299 页。

续表

	入京	离官滞在	参内当日又ハ翌日
载振 （1910 年）	皇族御一名（依仁亲王）、 官内大臣、 外务大臣、 式部长官	仪仗卫兵一队（儀杖衛兵 トシテ）、 近卫步兵两小队（近衛步 兵二小隊）、 オ附セラルノ事	皇族御一名（贞爱亲王）， オシテ離官へ答訪セシソラ ルノ事

资料来源：《清国答礼大使溥倫貝勒殿下來朝ノ件》，《外務省記録》，日外务省外交史料馆藏，档号：6－4－4－12－8；《清国貝子衙鎮国將軍載振殿下國書奉呈ノ為ニ來朝ノ件》，《外務省記録》，日外务省外交史料馆藏，档号：6－4－4－12－9。

此二人虽皆为清室贵胄，但载振时在中国官场的官阶与地位，全不可与溥伦同日而语。日方即便有意交好载振，也顶多比照办理，实无厚载振而轻溥伦之理。但日本终究如此表现，究其原因，可能不是载振在清朝皇族中比溥伦的辈分高，而是有政治因素考虑，即与两人在清室与中国政坛中的势力有关。

从清廷内部的权力关系来看，溥伦在前述 1904 年"散鲁伊城博览会"时，在清廷中的权力地位大抵已经稳固。故对日本而言，溥伦应可被视为清廷中的一号人物，有其值得笼络之处。不过载振的价值或许更高，对于中国未来政局的影响，可能较溥伦更大，毕竟载振之父是清季权倾一时的庆亲王奕劻（1838 ~ 1917）。当时奕劻身为首席军机大臣，在当时的皇族之中也是辈分最高之人，于朝廷、于皇室，均有强大影响力。而且奕劻已在光绪三十四年（1908）时，以亲王位阶获封"世袭罔替"，身为奕劻长子的载振，承袭其位可谓指日可待。亦即 1910 年的载振，即使早已因故而遭贬抑，其在政坛的实力或许仍较 1907 年的溥伦更被日方看重。清季满族亲贵试图掌控中国政局的努力，可能是载振所受待遇更胜溥伦的原因之一。

除在清廷的权力、背景以外，外朝中的势力因素，或许也是重要原因。载振、奕劻与曾任直隶总督兼北洋大臣、一手训练出清廷新军的袁世凯（1859 ~ 1916）关系亦极密切，而此背景自非日本所可能忽略者。由此可知，1910 年的载振虽然身无要职，却是最接近中国权力核心的人物之一，此种背景即非 1907 年的溥伦所能比拟的。若由此点观之，对日本的厚此薄彼则稍能理解。1910 年时的日本或许不无试图透过载振加强其在华影响力，盖以载振为对象，既能以"皇族外交"的路线笼络力求强化政权控制力的满族亲贵，也能以正式外交之外的途径对具有影响力的汉族官员强化关系。清朝采用礼仪性质的"皇族外交"之举措，或许给予日本以同样方式加强对华外交影响力的机会。

四　官方外交之外的路线尝试

中日间的"皇族外交"是否真有实质效果，目前尚乏足够史料印证。但日方特厚 1910 年的载振之举，着实耐人寻味。故此或可借由其他事例来加以比较，探究其中原因。由于双方往来毕竟不能始终依靠非正式外交方式的"皇族外交"，故在官方外交方面，双方早有相互驻使的制度存在。虽在中国遣使驻日之初，正使何如璋（1838～1891）与副使张斯桂（1816～1888）的政绩，未必能被今日华人圈主流历史解释所肯定，但不可否认两人之才干仍可谓一时之选，遑论另有黄遵宪（1848～1905）任其使馆参赞。[①]黄氏等人此后亦曾担任使日之职，可见中国对于驻日一事，向来不轻忽。而日本对于遣使驻华，则与中国稍有差异。在甲午战争发生之前，伊藤博文（1841～1909）在所编《秘书类纂》中便已提及清朝之"不文明"，对此不无轻蔑之意。[②]明治 38 年（1905）后，日本将驻英公使馆升格为大使馆，同时也开始对于派驻其他大国的使节予以升格的可能性进行评估。[③]此皆体现日本与中国在迈向西方标准的"文明国家"路途上，已明显地拉开了差距。故在清季中国倍加重视使日工作之时，而日本对于中国的外交重视程度则相对较低。

此种差距在外交现代化方面除有驻英、驻华使臣等级之差以外，还外交手段的娴熟之别，而"皇族外交"即或为一例。就时局观之，1907 年的溥伦出访日本时的中国政局与 1910 年载振访日时，已有明显不同。前时慈禧尚在，中央有实力派官僚袁世凯辅佐，中国政局尚称稳定；后时慈禧已逝，袁世凯遭罢黜，小皇帝溥仪（1906～1967）的统治权暂由被认为志大才疏的父亲载沣摄行，清廷的统治实已岌岌可危。故对日本而言，面对中国内部之革命氛围益

---

① 有关何如璋、黄遵宪等人的研究，学界甚多，此处不赘。唯就这些人士使日后的历史意义，旅日学者张伟雄曾有综合性著述，请见张伟雄《文人外交官の明治日本——中国初代駐日公使団の異文化体験》，东京：柏书房，1999。
② 伊藤博文编《秘书类纂·外交篇》中卷，东京：原书房，1969，第 373～374 页。
③ 外务省百年史编纂委员会编纂《外務省の百年》上卷，东京：原书房，1979，第 488～491 页。

重,①力图掌控局势的满族人能否如愿,袁世凯等优秀汉人官僚是否可以倚恃,等等,均在未定之时。因此,此时更应妥善办理对华外交,才能有效巩固日本在华之势力。

官方往来自是在受政府所任命的各级官员间进行,而在外交方面,则以外务部及驻外人员为主。1907年时的外务部由袁世凯职掌(该年9月4日奉旨)约莫一周(9月11日)后,原本驻俄的胡惟德(1863~1933)便即内调,担任外务部右丞,此君于1910年载振访日时,适值使日大臣任期的尾声。溥伦访日时的使日大臣,则是同样有使俄经历的李家驹(1871~1938)。也就是说,在溥伦及载振使日中,中国官方所派的使臣均是对俄具有相当认识的官员。对日本而言,这些干练的中国外交官,是官方外交里的对手,且至少对于东北亚局势颇为了解,应对方面势必需要谨慎。尤其中国高层已有知觉,对日外交"不论何事均须坚慎,以免纠缠",可见日本在对华外交上不免遭遇障碍。②但以"皇族外交"路线笼络中国满族亲贵,便是试图绕过思维之中偏重考虑国家利益的政府官场人员来影响中国的统治族群,除如前所述可能加强官方外交影响力外,还可有争取其他利益的机会。是以对中国而言,这两次的皇族出访虽可以称为"皇族外交",然重点只在皇族;对于日本来说,接待中国皇族的目的则在于外交利益。双方均有"皇族外交"的举措,但日本恐怕才有较实际的"皇族外交"效果。由于溥伦和载振两人对中国政局的影响力实有差别,因此,日本对他们的接待规格也有所差异。

另外,此两次的出访尚有可能体现清季的一个重要外交议题,即前述之"中国政权谁属"问题。溥伦访日时的中国政坛,仍由慈禧大权在握。虽然袁世凯早已成为汉臣中的首要人物,且未来可期,但已宣布立宪的清政权似乎仍有相当大的支持力量。当载振访日之时,纵然袁世凯已遭罢黜,满族能否继续

---

① 1907年溥伦访日之时,中国南方便已纷传革命事件,如见"昨日省中谣传镇南关失守,旋经电探不确。惟匪势甚盛,进逼龙州,革命党四处响应",《专电》,《申报》,光绪三十二年十二月十一日(1907年1月24日),第1张第3版。但清廷对整体局势尚能掌握,国内对于已然下诏立宪的清廷,大都仍抱有期待。但至1910年时,革命风气大有长进,舆论之中亦不无对如孙中山等革命人士投以正面评价之目光,如"孙逸仙到东之状况:日本各报纷传阳历6月11日午前11时、横滨入港之太平洋汽船,有一风采堂堂之日本绅士,名高野哲夫者。上岸后日本警察数名尾其后,监视其行动,此人同伴有二日人,此间人士皆云系孙逸仙无疑",《东京通信》,《申报》,宣统二年五月十日(1910年6月16日),第1张第6版。可见革命风潮在1910之时的中国内部,已较1907更为炽盛。

② "两宫因英、日两国交涉,最为棘手,拟饬外部。以后凡与该两国交涉,不论何事均须坚慎,以免纠缠",《专电》,《申报》,光绪三十二年十二月十七日(1907年1月30日),第1张第3版。

掌握中国政权则已不再让人敢于肯定。因此，日本提高接待载振规格之举，或许带有"双重保险"的考虑。载振及其父亲奕劻不仅代表深受载沣等人不得不敬重的满族亲贵，而且还与汉人势力之代表袁世凯最为友好，日本此举也能通过载振向袁世凯示好。名义上的"皇族外交"，实际上不仅可以交结皇族，还可降低因为中国政治发展的不确定性所带来的风险。

五 "皇族外交"的东亚史意义

日本对溥伦及载振待遇的差别，除可探究其对清朝从事"皇族外交"的因应，以及此行动所具有的双边关系意义外，或许也能体现中日两国均以皇族从事外交之举，在当时东亚政局中的历史意义。如前述，溥伦在日之时，曾经接受满铁方面的招待。然满铁总部早已于 1906 年 3 月迁至大连，而溥伦返国应系从日本直接乘船归返的。[①]故虽溥伦并未前往满洲，而身居总裁的后藤新平也是在其职务所在地外对其加以接待的，但此种礼遇应能体现满铁方面对于溥伦的重视。

满铁在载振访日时，却未对其特别接待，至少其最高层无此行动。此间原因虽然尚不清楚，且载振对于交通事务亦非无知，故其原因可能是载振在中国政坛的实质影响力，非等闲宗室可比。故 1910 年时的满铁在其对满洲掌控程度早已大幅度超过 1907 年时的情况下，为免敏感而选择不与载振接触。此看法虽尚难证实，但透过满铁的态度，至少仍可觑出两人访日时的东亚局势背景已然有所不同。

由东亚的角度来看，1907 年实有政治意义。该年在海牙召开第二次"保和会"，中日均在其中签订多项《海牙公约》（"Convention de La Haye"，1907），这次会议对中国来说，具有迈向"文明国家"里程碑的意义。夹在中日（以及事实上较中国影响力更大的俄国）之间的"大韩帝国"，也在此年密遣使节奔赴海牙控诉日本。此一密使事件，加速日本对韩的行动，[②]自然也使中国对日疑惧随之增长。此时之东亚，已形成被后世史家视为"中日对立"之格局，

---

① "伦贝子来沪消息：昨日道署接到电报，得悉伦贝子准于今日，由日本乘轮到申。梁观察等已于昨日乘轮，赴吴淞迎迓。本县李大令适有感冒，定于今日往迎"，《本埠新闻》，《申报》，光绪三十二年十二月二十二日（1907 年 2 月 4 日），第 3 张第 3 版。

② 参见〔日〕海野福寿编《日韓協約と韓国併合——朝鮮植民地支配の合法性を問う》，东京：明石书店，1995，第 241～245 页。

在强化中央集权及"收回利权"等运动的推动下，对"中国"及"中国人"认同感逐步获得强化，中国的"国族主义"（nationalism）也日益升高，[①]此种趋势致使中日之间的关系隐含紧张因素。

韩国问题乃至更早的朝鲜问题，可谓中国对日问题中的重要一环，且自中国遣使驻日之初便已展现。[②]而进入 20 世纪以后，在东亚地区，日本之地位已因英日同盟而大幅度地提升，但日俄战争之结果促使日本政局不稳，太平洋另一侧的美国也在此时兴起厌恶日本的风气。[③]故而此时日本对于稳定与中、韩两国的关系，自是不可不慎。1908 年 3 月 23 日，因由日本雇用的驻韩外交顾问史蒂文斯（Durham White Stevens，1851～1908）被刺身亡，日本对韩国风起云涌的反日风潮益发忧心。中国民间的对日反感之情似也有上升趋势，例如1909 年下半年时，中国舆论界盛传日本将在来年初的"第三届海牙会议上提议监督中国财政"，这在中国"国内引起震动，列强瓜分中国之说甚嚣尘上"[④]。诚然，今日可知第三次海牙"保和会"并未于 1910 年举办，但因第二次"保和会"中并未明确制定下届时间，[⑤]此种视日本为列强之一且可以引发列强连串举动的态度，无疑为日本外交增加负担。

已对日本有所反感的美国，在 1909 年试图推动"满洲铁路中立计划"。初任国务卿的诺克斯（Philander C. Knox，1853～1921），对于东亚问题"最感兴趣"，[⑥]虽美国之计划因日本与俄国联手反对而未成功，[⑦]但仍可想见给予日本的压力。日本与俄国的合作即使是势不得已的举措，且确实产生功效，也令中

① 参见〔日〕川岛真、千叶功《中国をめぐる国際秩序再編と日中对立の形成——義和団事件からパリ講和会議まで》，〔日〕川岛真、服部龙二编《東アジア国際政治史》，名古屋：名古屋大学出版会，2007，第 82～91 页。

② 张伟雄：《文人外交官の明治日本——中国初代駐日公使団の異文化体験》，第 139～156 页。

③ 外务省百年史编纂委员会编纂《外務省の百年》上卷，第 593 页。

④ 樊学庆：《"剪发易服"与晚清立宪困局（1909—1910）》，（台北）《中央研究院近代史研究所集刊》第 69 期，2010，第 45 页。

⑤ 如陆征祥在寄给外务部的信函中，有"第三次海牙开会，现有五年或六年一举之说"等语，见"公断员简定后乞详示由"，1908 年 9 月 2 日，《陆征祥译和会草案报告》，（台北）中研院近史所藏，《外交档案》。

⑥ 此系当时德国驻美大使海因利希（Johann Heinrich von Bernstorff，1862－1939）在给总理特奥巴登（Theobald von Bethmann-Hollweg，1856－1921）的信中所提及的，见王光祈《王光祈带你看清末民初外交史料：〈李鸿章游俄纪事〉与〈美国与满洲问题〉合刊》，（台北）独立作家出版社，2014，第 161 页。

⑦ 参见吴翎君《美国大企业与近代中国的国际化》，台北：联经出版事业股份有限公司，2012，第 156～170 页。

国官方甚感不安。例如，在"日俄密约"之后，外务部便"探得《日俄协约》内容除已发布之三条外，尚有关于日韩合邦及检查中国财政、保护两国在黄河以北权利并干涉蒙、藏各节"，皆有危中国的主权与安全，而需"外部各堂密筹对付之策"。①外务部反复思量后，亦以该密约之"维持满洲现状等语，意义笼统、茫无限制"为虑，认为这些语义模糊之处"必另有一说明书"。因日俄两国驻华公使"均谓别无何项说明书"，外务部只能无奈以对。②1910 年七月六日（8 月 10 日）清廷深感"自日俄协约成立后，吾国外交日益棘手"，那桐、奕劻等外部最高官员也因"磋商某项交涉事宜，自午至暮竟一筹莫展，枢府中近更震恐异常。虽以庆邸之老谋深算，亦忧形于色。"③情势益发急迫，中国所能采取的对应之策实已无多，这不啻加深中国对日本的疑虑。

于是，笼络与满洲关系最近、利害最深的皇族亲贵，是稳固日本在满洲乃至朝鲜半岛利益的一大要务，此由满铁在溥伦访日时的动作便可以看出。然而溥伦访日后不过半年左右，中国便将满洲改制设省，首任东三省总督不是满族人，而是汉臣徐世昌（1855～1939）。此种变化虽未必然表示清朝政权已为汉臣掌握，但至少仍有满族势衰的表征。对日本来说，相对幸运之处就在于徐世昌与袁世凯渊源匪浅。两人过往便已长期合作，如光绪三十一年（1905）清廷新设"巡警部"时，袁世凯就保荐徐世昌为首任尚书。此后徐世昌扶摇直上，单就官职而言，甚或在袁之上。从关注自身在满洲之利益出发，日本已经看出，满洲既已渗入汉人的控制力量，因此对与袁氏关系密切者之经营，自属重要。透过"皇族外交"路线拉拢满族亲贵有其价值，即形成直接指向袁世凯的关系运作网络。载振虽已在官场遭受重大挫折，但从其家族与袁世凯的关系上来说，自然值得日本钻营。因此，载振以远逊于溥伦之地位访日，却能获得高于溥伦之接待规格，事属合理。虽日本于 1909 年提出的《日韩合邦声明书》，几已奠定日本即将完全掌控朝鲜半岛之态势，但透过"皇族外交"对此区域中与韩关系最深的清朝之皇族释放善意，也体现日本实行"皇族外交"之举的现实功能。

透过载振之行的时空背景可以感知，日本对载振的高度礼遇，也可理解为日本在东亚"世界秩序"方面的一种竞争表现。在与中国的文化竞逐上，日本逐渐将由征服对手由王朝满族转为中国最大族群的汉族。汉族由于分布地域

① 《专电：电一》，《申报》，宣统二年六月二十三日（1910 年 7 月 29 日），第 2 版。
② 《外务部对于日俄协约之疑虑》，《申报》，宣统二年六月二十四日（1910 年 7 月 30 日），第 6 版。
③ 《京师近事》，《申报》，宣统二年七月十六日（1910 年 8 月 20 日），第 6 版。

最广、人数最众、拥有的历史最为悠久，一旦成为中国之主，将大不利日本对"东亚/中华世界"领导地位的争夺。因此，日本采取以"皇族外交"亲善满族人，以官方外交笼络汉人的对华外交策略，使日本能在国际地位中具有凌驾于中国的政治优势之外，还能取得中国（无论满族的载振，还是汉族的袁世凯）的"心悦诚服"，成为"东亚/中华世界"的领导者。故自东亚的角度观之，日本的"皇族外交"其实也体现东亚国际秩序形态变迁的意义。

结　语

在清廷统治能力风雨飘摇之际，日本在面对中国问题时，困扰也随之增多。西化改革成功后，日本已处于"肯定古典世界里的中国"与"否定此刻的现实中国"的双重感受之中，这种"两面性"造成日本对华态度难以避免游移之状况。①但日本毕竟已在 19 世纪末进行了新一波的外交革新，特别是其外交官职业化的举措，已渐开花结果。②故而"皇族外交"的路线，或许可成为日本调节此种内在矛盾以及获致外交实效的手段。透过"皇族外交"，加强日本与满族统治阶层的感情，再透过正常的官方外交，拉拢有实力的汉族官僚，以使日本不致与中国政府中的实力派官员脱钩。

对日本来说，一方面，"皇族外交"不仅能在中日两国的正式外交活动外提供强化两国关系之手段，而且还在朝鲜、满洲一带的情势稳固上，具有符合当时需求的价值，即其在与美、俄的互动上实有所需；另一方面，"皇族外交"也可为日本对中国未来之局势提供应对举措，即倘若中国发生满族政权垮台、汉族政权出现之态势，日本就已通过"皇族外交"提早做好了应对的准备，此举不啻为一种"双保险"的做法。由此可见，此时日本外交手段相对于中国而言，确实具有灵活性与弹性。因此，晚清时期的"皇族外交"，中国在实际成果获得上远不如日本的大。此虽与国家实力及国际地位有关，却仍是体现外交经营情形的依据。衡量的标准是看"皇族外交"路线在对中日

---

① 有论者自教科书、新闻、戏剧等史料着手探究，认为当时日本民间对中国的感受中有此"古典世界の中国への肯定観"及"同時代の中国への否定観"并行的矛盾，参见〔日〕金山泰志《明治期日本における民衆の中国観——教科書・雑誌・地方新聞・講談・演劇に注目して》，东京：芙蓉书房，2014，第243～260页。

② 〔日〕犬塚孝明：《明治外交官物語——鹿鳴館の時代》，东京：吉川弘文館，2009，第218～219页。

两国所在意的事务上有无明显效益。

因此，有鉴于当时中国的内部政局，日本对官阶、地位明显较低的载振竟然更加意款待，除借"皇族外交"笼络满族人外，实也指向同一个政治集团，即以袁世凯为核心的中国政治新势力。由此观之，以"皇族外交"检视此二次清朝皇族访日之例所体现的差异，不仅可以看出当时中国政坛中的最大势力所在，而且也能彰显"北洋"一系对中国近代政治发展的影响若何。

1918 年 12 月陆征祥的美国之行

唐启华[*]

摘要： 在巴黎和会前，北京政府没有想过可以废除《民四条约》，将山东问题依据中日成约处理，这主要是担心日本是否会遵守承诺归还青岛，以及归还条件如何。同时拉拢美国，希望能协助中国在和会中摆脱条约束缚。这个"亲日联美"的外交方针，在 11 月下旬遭到美国质疑。巴黎和会前夕中国外交政策有重大转折，逐步由"亲日联美"转到"联美制日"，而赴巴黎参加和会的陆征祥于 1918 年 12 月 24～31 日道经美国一周的表现，对这一重大政策转向产生了举足轻重的决定性影响。

关键词： 陆征祥　经国之行　联美制日

前　言

1918 年 10 月 10 日，徐世昌就任中华民国大总统，欧战进入尾声，外交总长陆征祥紧锣密鼓地筹备参与战后的和会。

从国际关系史的角度看，巴黎和会常被视为 20 世纪真正的开端。美国崛起成为世界霸权，中国则努力从谷底爬升。迄今论及巴黎和会上之中国外交，

---

* 唐启华，复旦大学历史系教授。

人人多知顾维钧、王正廷及施肇基的优异表现及坚持拒签和约之举。对中国代表团团长陆征祥的表现，一般评价较低。多认为他是保守、老派外交官，对外软弱，经手许多丧权谈判，签署"二十一条"等卖国条约，个性懦弱无能，缺乏领导、统御能力等。

　　然而，顾维钧等的表现虽然杰出，但基本上仍是外交政策的执行者。当时中国外交政策的决策者，应是总统徐世昌及外交总长兼中国代表团团长陆征祥。尤其是代表团启程之后，许多重要决策都要由陆征祥当机立断，可称是当时唯一能盱衡全局，受层峰信任，能做出重要决策的人物。他忍辱负重，个性平和，国际外交经验及历练丰富。在当时中国内政外交局势复杂，各种派系角力之下，只有他才可以担当此磨心角色。

　　和会前夕，中国外交政策有重大转折，逐步由"亲日联美"转到"联美制日"，陆征祥身当其冲。1918 年 11 月 28 日，北京政府颁发训条给代表团，主要分为普通原则、希望条件及对德奥条件三部分，其中并没有在和会中对胶州湾及《民四条约》的提案，可见当时北京仍打算依据中日成议，解决山东问题，更没有废除《民四条约》的想法。另外，积极联络美国，希望其能协助中国达成希望条件，废除《辛丑和约》，美方也有正面反应。然而到 11 月下旬，美国表达不愿中国与日本合作，北京外交面临在美日之间的重大抉择。徐世昌与陆征祥倾向于"联美制日"，但如何落实，就要由陆征祥相机执行。

　　陆征祥 12 月 1 日自北京启程，次年 1 月 11 日抵达巴黎，路过日本及美国的活动与作为则相当关键。他于 1918 年 12 月 4 ~ 10 日在日本的历程，今日大致清楚。唯他于 12 月 24 ~ 31 日在美国期间的外交活动，迄今仍很不清楚。本文即探讨陆征祥在美一周间的外交表现及其影响。

一　欧战期间中国外交政策演变

　　1914 年 8 月欧战爆发后，日本出兵山东攻占胶州湾，次年初对华提出"二十一条"要求，袁世凯总统稳健交涉，坚持国权不愿让步，并采"联英制日"方针，让日本不得不提出最后通牒，并在英国压力下自行撤销第五号，双方签署《中日民四条约》，日本取得表面上的胜利。其后，袁世凯推动洪宪帝制，1915 年 10 月下旬日本领导协约列强干涉，提出第一次劝告。11 月初，袁世凯借参战问题"联英制日"，几乎成功。不料英国兵败加里波里，又引发保加利亚加入同盟国，与奥匈帝国合击并攻占塞尔维亚全境，英国在巴尔干遭受重大挫败，在远东必须拉拢日本，无力再支持袁世凯，终致袁氏帝制失败，身死名毁，日本取得东亚主导权。[①]

继起主导北京政局的段祺瑞只能虚与委蛇，采亲日政策。北京政府在欧战中立时期，日本对中国影响力增大。1917 年美国相继对德抗议、绝交、宣战，中国受邀共同行动，日本因在山东及北太平洋诸岛原德国权利得到英、法、意、俄诸国之保证，转而支持中国参战，并借"西原借款"取得许多经济利益。段祺瑞则以日款购日械编练参战军，扩充实力，推动武力统一，同时乘俄国革命后协约国出兵干涉之机，出兵海参崴、外蒙古，并争取到对中东路区的部分掌控。

美国对德宣战后，中国朝野亲美的主张渐多。1918 年 1 月，威尔逊（Woodrow Wilson）发布"十四点和平"原则，中国驻外使节纷纷建议与美国接近，援引美国原则在战后和会上提出中国的要求，并支持建立国际联盟以维护中国国权。其中，驻美公使顾维钧最为活跃，5 月提出明确的"联美制日"构想，并建议联络美国舆论。然而北京亲日势力仍然强大，1918 年 9 月又与日本签订《济顺、高徐二铁路借款预备合同》及《满蒙四铁路借款预备合同》，并作《山东问题换文》，间接巩固日本在山东之权益主张。

1917 年 8 月，中国对德奥宣战，取得参加战后和会资格；12 月陆征祥再任外交总长，议和筹备趋于活跃。1918 年初威尔逊发表"十四点和平"原则后，陆征祥一方面命令驻外使节探询和议相关消息，提出议和建议；另一方面征询各外籍顾问，对和会及威尔逊"十四点和平"原则等英美领袖对战后和议之相关言论——尤其是国际联盟之意见——做研究，于春夏之交莅会做一系列演讲，整理出版小册子，并频频开会讨论，积极为和议做准备工作。

1918 年 4 月"议和筹备处"正式成立于外交部，定期开会。从 4 月初到 7 月中，共开 15 次会，由外交总长陆征祥、次长高而谦及参事们参与。会中讨论范围甚广，包括修改 1901 年《辛丑和约》、收回胶州、废除治外法权、关税自主等。从会议录观之，到 8 月为止，有关中国在和会提出要求诸事尚未做成最后决定。

10 月 10 日，徐世昌就任大总统，段祺瑞退居幕后，徐之亲信钱能训任阁揆，陆征祥继续担任外交总长。15 日国务会议决议试探联美，陆征祥训令顾维钧向美国政府表达：中国政府抱定美总统历次演说要旨，作为加入和会时唯

① 参见唐启华《洪宪帝制外交》，社会科学文献出版社，2018。

一之根据。美国早有拉拢中国的想法，接到顾使的表态后，立即表示愿意力助中国，并请中国将拟提和会各问题与之密告、接洽。

外交部随即电告之中国欲提出的和会各项希望条件，顾使于 23 日谒见美国国务卿兰辛（Robert Lansing），探询欧战和议情形并密商中国加入和会方针，兰辛允诺协助。①

11 月 2 日陆征祥电顾使，将中国希望条件草案通告美国政府称：

> 和会事美允力助，深用感庆。我国愿提出大会问题，经设会讨论，大概可分三类，一关于土地之完全，二关于主权之恢复，三关于经济之自由，三者缺一，则政治之自由与国家之独立皆属空言。即威总统所谓以政治独立与领土完全之保证，给予世界大小各国之目的亦不能达，恐世界中毋宁岁也。②

这个草案范围相当广泛，主要涉及收回租界租借地，取消驻兵权、领事裁判权，关税自主，退还庚款，等等。

美国对中国的试探，响应积极迅速而明确，表示愿极力助中国参列和会、协助安排陆征祥赴欧船只等。北京政府大受鼓舞，21 日国务会议之后陆征祥电告顾维钧，中国与美国一致行动，依恃为唯一援手，请陈述苦衷，要求协助废除《辛丑和约》。③

至 11 月 20 日左右，北京政府的和会外交方针是"联美"与"联日"同步进行，陆征祥命顾维钧与美国多方联系，同时训令驻日公使章宗祥安排他赴日时与日本政府密集接洽事宜。但在 22 日顾使电告，美方表示对中国亲日势力有疑虑，同时美国驻北京公使也向外交部表达同样的怀疑；25 日陆征祥要顾使向美方明确解释没有亲日。26 日，顾使谒见威尔逊，威总统保证在和会上全力支持中国。28 日，陆征祥指示顾使再请美总统支持倡议废除《辛丑和约》。29 日，兰辛告诉顾使，同情支持中国在和会上提出各问题。笔者认为，北京政府于 11 月下旬体认到"联美"与"联日"不可兼得，而此时美国对华态度远比日本友善，且深获中国朝野的仰赖，陆征祥必须在途经日本时做出关

---

① 《电陆总长》，1918 年 10 月 23 日，《外交档案》（藏于台北中研院近史研究所档案馆）：03 - 12 - 008 - 02 - 014。
② 《陆总长 2 日来电》，1918 年 11 月 3 日，《外交档案》：03 - 12 - 008 - 02 - 016。
③ 《陆总长 21 日电》，1918 年 11 月 21 日，《外交档案》：03 - 12 - 008 - 02 - 053。

键的抉择。

二　陆征祥过日风波

12 月 1 日晚，陆征祥偕夫人、参随、顾问、仆役等，乘京奉铁路列车启程出京，经日本、美国赴巴黎。2 日晚，陆征祥在奉天到汉城（今首尔）夜车上受寒，3 日自汉城电章宗祥称："祥中途受凉，旧病复发，背脊及颈后筋络疼痛异常，两腿亦酸痛，不便走动，不得已即在马关停留，暂息治病，客店已定山阳旅馆，西京礼节已派定刘（崇杰）参事前往代表，诸容面晤接洽。"[1] 原定在东京的各种会晤，请章宗祥公使向各方面代为辞退。

6 日，总理钱能训电陆征祥 "请力疾赴东京一行"[2]。此电颇有玄机，显示陆征祥赴日因特别原因改变计划，而章宗祥不知内情，北京政府希望陆征祥仍能赴东京一趟，以能顺利赴欧为重。7 日陆征祥电外交部云："拟明日午后勉强先赴东京使馆，与章公使会晤内田外相。日本政府此次接待甚为优厚，祥以负病在身，不能遵照原定计划，莫名抱歉。章公使事前与日本政府及各方面接洽，至为可佩，渠之苦衷，俟与握晤即可释然。"[3] 又电云："祥此次路过日本，原可遇事接洽，然并无谈判公事之性质，且负病在身，谒见内田外部时，亦不能久坐，彼若谈及两国问题，祥当格外注意，以抒廑念。"[4]

7 日钱能训急电陆氏："闻已抵横滨，尊体愈为慰；觐递一节，先经商定，我公既至东京谒晤外部，似仍宜亲见事递书，免留痕迹，即盼电复。"[5] 8 日，国务院电陆征祥：

　　奉总统谕，此次执事由日赴欧，本为『　』接洽起见，表示亲善之意，日皇定期觐见，政府按日接待，业已商定在先，临时变更，谢绝酬应，最

① 《发东京章公使电》，1918 年 12 月 3 日，《外交档案》：03 - 13 - 067 - 03 - 001。唯罗光在《陆征祥传》（台湾商务印书馆，1967，第 110～111 页）中称："日本盛情招待，外务省派专车在南满铁路迎接，晚上加火温度甚高，半夜炭尽火熄，温度降至零下五度，陆使醒来时就不舒服，到沈阳看医生，上下车都用轿抬。"是则 1 日晚即受寒，2 日到奉天就已发病，此与档案中所见有出人。
② 《收国务院 6 日来电》，1918 年 12 月 7 日，《外交档案》：03 - 13 - 067 - 02 - 001。
③ 《发外交部电》，1918 年 12 月 7 日旅次横滨，《外交档案》：03 - 13 - 067 - 02 - 001。
④ 《发外交部电》，1918 年 12 月 7 日途次横滨，《外交档案》：03 - 13 - 067 - 02 - 001。
⑤ 《收国务院来电》，1918 年 12 月 7 日，《外交档案》：03 - 13 - 067 - 02 - 001。

易滋误会，恐伤国际感情，与在『　』商定计划不符，执事既定由滨赴京，务望力疾即行，现期甚迫，只可望酌减酬应，仍应以『　』期觐见，事关国际，务望慎重将事，以副委任等语。①

陆征祥过日本因病取消应酬，到底是真病还是假病？此事虽无确证，但由上述诸引文字里行间可体察出几许装病的味道。最后几经折冲后，陆氏仍决定赴东京，做最低限度之接洽。

8 日下午，日本外务省派汽车到横滨陆征祥住处，接陆氏及刘崇杰、严鹤龄两参事赴东京，入住内务省官舍，与章宗祥会晤时，陆氏称："已将一切事互相接洽。"②

9 日上午 10 点，陆氏偕章使会晤内田外相，晤谈良久，并将大总统亲笔书及相片面交内田，请其转呈日皇，然后赴皇宫签名致礼。下午 2 点，拜访日本和会全权代表牧野伸显。4 点，内田到陆氏住处回拜。晚上回横滨。③ 10 日，陆征祥一行自横滨乘"诹访丸"放洋赴美。

陆征祥在日行程中，最关键的是与内田康哉外相会谈时，是否对中日两国在和会（尤其是山东问题）上之合作有所承诺？中方多强调陆征祥未与内田有任何承诺，只是"漫应之"。日方则认为陆征祥已答应日本，中日在和会上步调一致，承诺青岛问题依中日成约办理，不提交和会讨论。后来在和会中日本对陆征祥之背信，感到十分气愤与不谅解。

过去研究已指出，陆征祥在赴日前夕政策有转变，如王芸生称："当陆征祥等奉命出席巴黎和会之初，国务会议议决方针，关于东方之事，中日两国代表应互相协商，取同一步调。迨登轮启程之后，陆征祥等之态度转变。中国代表团过日本时与日本代表牧野伸显晤面，牧野述两国代表应遇事协商协调步骤之意，征祥则唯唯诺诺，不做确切表示。"④ 但对于细节之处，仍不清楚。

依据对档案史料的考察，笔者认为当时陆征祥被迫在美日间做出抉择，为了拉拢美国，途经日本时不想与日方有亲密的接洽，只能以生病推辞应酬；不

---

① 《收国务院来阳电》，1918 年 12 月 8 日，《外交档案》：03－13－067－02－001。文中 "『』"为原件如此。
② 《发外交部电》，1918 年 12 月 9 日，《外交档案》：03－13－067－02－001。
③ 章宗祥：《东京之三年》，《近代史资料》总 38 号，1979，第 62～63 页。
④ 王芸生：《六十年来中国与日本》第七卷，三联书店，2005，第 366 页。按：陆氏主要晤谈对象应是内田康哉。

得不与内田晤谈时，只能含混表示中日友好，希望日本助中国提出希望条件。然而在山东问题上，陆征祥确实承诺依中日《民四条约》成议办理，足见陆征祥虽然确定"联美"，对日保持距离，但是当时"联美"主要是希望确保中国列席和会，并能在和会上提出希望条件，并不涉及在山东问题上与日本对抗。

陆征祥之急遽转向"联美制日"，决定在和会中提出山东问题及《民四条约》，应是他抵达美国以后的事。此后，陆征祥极力否认在东京曾对内田有过承诺，并试图消除档案文件中的相关痕迹。但在巴黎和会时，陆氏对日本有过承诺之说传布甚广，陆征祥颇受困扰。

三　陆征祥路经美国

陆征祥一行于 12 月 10 日下午 3 点，自横滨搭乘日轮"谏访丸"启程，24 日抵达西雅图，当天晚上 7 点离西雅图，搭乘美国政府安排的专列，经圣保罗、密尔沃基，29 日到纽约，停留到 31 日。① 会合从上海乘船赴美的魏宸组一行 8 人，次日乘轮赴法。

原来陆征祥一行在美国的安排比较简单，自北京启程前于 11 月 18 日电顾使："祥下月七日即由东京放洋，同行头等十人，二等二人，三等一人，由美赴欧舱位，即祈代为预定。"② 并邀顾使同行赴欧，后知顾使与美总统先同船赴欧后，同意顾先行。21 日收顾使电复："舱位拟先行向法公司预定年底年初之船，如我公拟假道英国，请示悉，俾另定。公莅美乘何船，并请见示，俾与美政府接洽照料事宜。"③

21 日陆氏电顾使："祥乘英轮船名 Monteagle 于温哥佛上岸，赴华盛顿勾留不过三四日，径赴巴黎，不再绕英。"④ 又电："执事赴欧以前，请以徐大总统名义，代备银质花圈一座，留在馆中，祥抵美后，亲送于华盛顿墓上致敬，并为祥预拟简短祝词。再祥抵美时，拟谒外务卿，如威总统已返美京，亦拟觐见，特先奉闻接洽。"⑤ 顾使复电："花圈祝词暨谒觐各节，遵即分别接洽办

① 《严鹤龄英文便笺》，1918 年 12 月 24 日，《外交档案》：03 - 13 - 067 - 02 - 001。
② 《发驻美顾公使电》，1918 年 11 月 18 日，《外交档案》：03 - 13 - 067 - 01 - 001。
③ 《收驻美顾公使 19 日电》，1918 年 11 月 21 日，《外交档案》：03 - 13 - 067 - 01 - 001。
④ 《发驻美顾公使电》，1918 年 11 月 21 日，《外交档案》：03 - 13 - 067 - 01 - 001。
⑤ 《发驻美顾公使电》，1918 年 11 月 21 日，《外交档案》：03 - 13 - 067 - 01 - 001。

理。"① 23 日外交次长陈篆电顾使："总长因 Monteagle 改变航路，现拟改乘日轮谘访丸于下月十日放洋。"②

24 日收顾使电："公抵美后拟觐谒美总统与外务卿暨赴华盛顿墓各节，本日业与美外部当局接洽，彼言：我公声望久所欣仰，极愿识晤，届时如威总统已回美国，定乐延见，否则美当局中亦必有人代表接待。钧嗣告以我公夫人大概同行，彼亦深表欢迎云。"③ 25 日陆征祥电顾使："祥现已拟定改乘日本谘访丸或美国 Colombya 于下月十号自横滨放洋，内眷因腿疾未愈不出酬应。"④

27 日，外交部电驻美使馆：魏公使宸组偕随员暨眷属共 8 人，十一月廿四日由沪乘 China 赴旧金山，"请达美外部□关吏于登岸时优待"，并饬朱总领事照料，代订车票及赴欧最早之船位。⑤

驻美使馆通知驻旧金山总领事朱兆莘，29 日朱氏电告使馆："陆总长来美一节，西报仅登载尚未证实，外间多未知悉，自当谨守秘密。此间地方警探□联络，届期再与接洽，必能加意卫护。但船名及到埠确期仍祈见示，以便布置一切。魏公使东行火车房位当代预定，但赴欧船位，乞饬纽约领事办理。"⑥

28 日魏宸组电驻美使馆："闻纽约赴欧船少人多，次第递补或须数旬，弟携眷随乘支那号 12 月 16、17 日可抵旧金山，即驰赴纽约，恳务为设法代留八人赴英或赴法船位，并请旧金山上岸勿稍留难。"⑦

29 日顾维钧电陆征祥："公赴欧船位业经代定，法船西班牙号（头等套房一间，房舱三间，二等舱二位，三等一位），该船定正月五日开航。公定乘何船莅美，乞于放洋前电馆接洽。再美副外部言，此次中国全权莅美，美政府拟特备车位，派员至边界迎来美京，参随姓名请电询见示等语。并乞电示。"⑧

12 月 4 日，驻美使馆函告驻旧金山总领事馆："魏公使赴欧船位，……赴欧最早之船位为法公司之 Niagaria 号，系于本月 28 日由纽约开往波杜，以上情形请于公使抵金山时代达，并将复因电示。"⑨

---

① 《收驻美顾公使 21 日电》，1918 年 11 月 23 日，《外交档案》：03 - 13 - 067 - 01 - 001。
② 《发驻美顾公使电》，1918 年 11 月 23 日，《外交档案》：03 - 13 - 067 - 01 - 001。
③ 《收驻美顾公使 22 日电》，1918 年 11 月 24 日，《外交档案》：03 - 13 - 067 - 01 - 001。
④ 《发驻美顾公使电》，1918 年 11 月 25 日，《外交档案》：03 - 13 - 067 - 01 - 001。
⑤ 《外交部 27 日来电》，1918 年 11 月 28 日，《外交档案》：03 - 12 - 008 - 02 - 084。
⑥ 《金山领馆来电》，1918 年 11 月 29 日，《外交档案》：03 - 12 - 008 - 03 - 005。
⑦ 《魏公使来 28 日电》，1918 年 11 月 29 日，《外交档案》：03 - 12 - 008 - 03 - 006。
⑧ 《电陆总长》，1918 年 11 月 29 日，《外交档案》：03 - 12 - 008 - 03 - 001。
⑨ 《函金山领馆》，1918 年 12 月 4 日，《外交档案》：03 - 12 - 008 - 03 - 013。

陆氏 12 月 7 日于横滨电驻美使馆:

船位已承代定,甚慰。祥于昨晚抵横滨,准定本月 10 日乘日本邮船
诹访丸 Suwamaru 放洋,约 21 日可抵 Seattle,惟祥中途着冷,旧病复发,
筋络痛楚,步履维艰,抵 Seattle 后拟径赴纽约候船,谒见美总统与参华盛
顿墓礼节,只得俟和议事竣后举行,希先婉告美外部致歉。查来电称美政
府特备车位派员至边界照料等因,深为感谢,祥现因有病,决定径赴纽
约,即烦执事商请美政府预备自 Seattle 赴纽约车位,并请预告朱总领事兆
莘周领事启濂等候为荷。参随严鹤龄、王景岐、朱颂韩、孙昌煊四人,书
记邱德标、梁肇钧二人,祥眷属及女教习共四人,又本部顾问狄谷夫妇二
人,仆从一名,附闻。①

7 日陆氏自横滨发外交部电:"祥准本月十日乘诹访丸放洋,二十一日可
抵 Seattle,届时即径赴纽约候船,下月五日赴欧。所有美京礼节,拟俟议和事
竣后举行,已电美馆婉告美外部,先致歉忱。"②

顾维钧赴欧后,由使馆参赞容揆代办使事,17 日顾维钧自巴黎电驻美使
馆安排陆征祥一行:"将来径赴纽约上船,是否乘 1 月 5 日法国船,抑乘 12 月
28 日法国船与魏公使同来,到美后□过 Seattle,Chicago,纽约等处,务望转请
美外部知照各地方官吏照料保护为妥。"③ 18 日容揆电复:"总长约本月 21 日
可抵舍路(Seattle),乘 1 月 5 日法船赴法。美政府业备专车二辆,并派专员
带侦探两名与王秘书同往舍路迎接照料,揆并预定亲赴纽约。"④

23 日,陆征祥抵达西雅图,美国政府派 Lan Horne Sawyer 及 Mosby 两位国
务院官员接待,并安排专列直达纽约,订好纽约豪华旅馆供陆氏一行居住,还
安排豪华客轮,送陆氏一行从纽约到法国。

陆氏在美国主要是火车旅程,活动不多。23 日在西雅图自"诹访丸"上
用英文电陈箓:"今晨一行安抵西雅图。"⑤ 陆氏事后回忆称:"在西雅图登岸
时,周围汽车甚多,我很奇异;后知因前不久,汤化龙在该处被刺,美政府乃

① 《电驻美使馆》,1918 年 12 月 7 日,《外交档案》: 03-12-008-03-015。
② 《电外交部》,1918 年 12 月 7 日,《外交档案》: 03-13-067-02-001。
③ 《顾公使电》,1918 年 12 月 17 日,《外交档案》: 03-12-008-03-025。
④ 《电复公使》,1918 年 12 月 18 日,《外交档案》: 03-12-008-03-026。
⑤ 《电外交部》,1918 年 12 月 23 日,《外交档案》: 03-13-067-02-001。

派多数密探，沿途保护我们。美国招待也很好，各处都派专车迎送。"①

原来驻美使馆已代订纽约旅馆，美国政府安排陆征祥一行在纽约住市中心 Madison Avenue and 43rd Street 交叉路口之豪华 Biltmore Hotel。23 日，驻纽约领事周启濂电告容揆："接钱随习领事自舍路来电云，专使在纽约居住之旅馆，已由美国代表接洽妥当，前委定之旅馆应否取消。"② 24 日容揆复电："前定旅馆请取消。"③

29 日陆征祥一行抵达纽约，④ 电告外交部："祥等抵维多利亚时，美外部已派专员一人来船照料，海军代表亦到，二十四日午后二钟抵 Seattle，海军提督来谭，七钟改乘美政府所挂花车，沿途有外部代表兰昂另专员两人伴送，照料周至，深为可感，顷已安抵纽约，美政府已备五万八千吨之专船，准于三十一日开往法国，在纽约只有一天勾留。"⑤

陆氏在纽约接到 16 日外交部电："公府新设外交调查会，研究和会事宜，汪大燮为委员长，……又梁任公游历日本欧美，调刘参事崇杰襄助，元首已允准。"⑥ 27 日国务院电告：任命王正廷为全权代表。⑦ 31 日，陆征祥电询外交部："南北调和已达何等程度，祈将详细情形用筹密电本随时示知，至盼。祥准于明日启行赴法。"⑧

29 日，陆征祥自纽约旅馆发驻法胡惟德公使电："祥等已抵纽约，本月三十一日乘美政府运船 Leviathan 起行，何日抵 Brest，请向驻法大使馆一探可得确信。"⑨ 并电华盛顿美国国务卿兰辛感谢派员接待，并抱歉不能赴华盛顿拜会。⑩ 唯兰辛事实上早已于 12 月 4 日随威尔逊启程赴巴黎。⑪ 陆氏另电美国海军部长（Secretary of Navy），感谢派员接待。⑫

---

① 罗光：《陆征祥传》，第 111 页。
② 《纽约州领事来电》，1918 年 12 月 23 日，《外交档案》：03 - 12 - 008 - 03 - 030。
③ 《电周领事》，1918 年 12 月 24 日，《外交档案》：03 - 12 - 008 - 03 - 031。
④ 《电公使》，1918 年 12 月 28 日，《外交档案》：03 - 12 - 008 - 03 - 032。
⑤ 《发外交部电纽约》，1918 年 12 月 29 日，《外交档案》：03 - 13 - 067 - 02 - 001。
⑥ 《收北京外交部 16 日电》，1918 年 12 月 29 日，《外交档案》：03 - 13 - 067 - 02 - 001。
⑦ 《收国务院 27 日来电》，1918 年 12 月 30 日旅次纽约，《外交档案》：03 - 13 - 067 - 02 - 001。
⑧ 《发北京外交部电》，1918 年 12 月 31 日旅次纽约，《外交档案》：03 - 13 - 067 - 02 - 001。
⑨ 《发驻法胡公使电》，1918 年 12 月 29 日，《外交档案》：03 - 13 - 067 - 02 - 001。Leviathan 应为码头名。
⑩ 《电 Lansing》，1918 年 12 月 29 日，《外交档案》：03 - 13 - 067 - 02 - 001。
⑪ *The Papers of Woodrow Wilson*，Vol. 53.
⑫ 《电 Secretary of Navy》，1918 年 12 月 29 日，《外交档案》：03 - 13 - 067 - 02 - 001。

据日本通讯社消息，陆征祥曾在纽约对于和议问题声明如次：（一）交还青岛；（二）置中国于各国同等地位；（三）改正国际通商条约。[1] 另《京报》报道：

> 华盛顿一月二访函云，当陆征祥氏乘佐治华盛顿轮船自纽约出发赴法之前一日，曾向某访事谭及中国将在平和议会主张之大概，其言曰中国自从改造共和以来，其进步实出人意外，并幸得平和议会之机，使吾人历年所萦回于梦寐者见诸实行焉，盖中国之切望在能得各国平等待遇，各国在平和议会之地位为何，中国应亦为之，庶不背人道与正谊。中国既得于列强中本其绝对平等及正谊之政策，造成自主之力，又得维持其力以对实际上独立不羁之领土，然后可以言平和，以及开放中国与世界同享实业之利益。言至此，某访事问曰，君意殆谓退还胶州乎，陆答曰，然，君须知吾人深信此领土必有归还之一日，因其有成约在先，不可弃也。访员又问，君等抑知列强对于此事之态度何如，能决信胶州复归中国统治乎。陆曰，此当听之平和议会，吾人不能预断，但中国之主张自是有效。[2]

若以上报道内容属实，则陆氏此时已决定要在和会上提出山东问题了。

1919 年 1 月 1 日，陆征祥一行 13 人、魏宸组一行 8 人，加上王正廷一行 3 人（调驻美使馆两名秘书随行），共计 24 人，同搭乘豪华运轮"乔治华盛顿号"（USS George Washington）启程赴法国布雷斯特（Brest）。[3] 1 月 11 日抵达巴黎，会合顾维钧、施肇基以及驻法公使胡惟德等，至此，中国代表团成型。18 日巴黎和会开幕。

四　王正廷加入代表团

陆征祥在美国时，处理了王正廷加入中国代表团之事。

巴黎和会前，中国南北分裂、内战不休，遭协约各国驻华公使联名劝告，各驻外使节频频建议速谋南北统一。北京政府除筹备南北和议之外，也希望代

---

① 《陆使对于和议之声明》，《晨报》1919 年 1 月 6 日，第 2 版。

② 《要闻一——陆使在美谈话补志》，《京报》1919 年 2 月 10 日，第 3 页。

③ 《电公使法馆转》，1919 年 1 月 2 日，《外交档案》：03 - 12 - 008 - 03 - 035。该轮系威尔逊赴法时的坐舰，是排水量 3 万余吨的豪华客轮。

表团中有南方成员，以示中国对外一致，但是不愿出诸南北政府间之接洽，而是以个人名义邀请。

广州军政府为谋协约国承认其交战团体地位，于 1918 年派王正廷等赴美磋商南方出兵欧洲之事。① 然而 10 月中旬王氏一行抵美时，协约国已不需中国出兵。11 月 6 日，陆征祥致电王正廷、郭泰祺，命顾维钧面交，如两人已他往，请妥寄。电文如下：

> 欧战媾和既已发端，世界潮流行且一变，此后视线将转而东移，和局告成之日，或即处分我国之时，静言思之，不寒而栗。惟是内忧未息，何以御外，诚宜举国一致，共图挽救。今总统就任以来，无日不以力筹统一为念，迭次明令宣布此旨，苦口婆心中外共睹。两公明达，为民之望，爱国热忱夙所钦佩，似宜牺牲己见，同谋国是，淹留于外，谅非本怀。今日筹备和议，他时列席大会，关系既巨，端绪尤繁，诸赖群力共事商榷，行旌早返，企望良殷。②

同日，由驻英使馆电香港英领事馆转广州军政府外交次长伍朝枢，内容与上电大致相同。③ 10 日伍朝枢复电，表示南北分裂，主要因法律问题，我国非恢复法律效力实行民主，何能立足于世界，徐世昌应先开国内和平会议，再谋列席国际和会。④ 婉拒北京政府的邀请。

王正廷、郭泰祺则于 13 日请顾使代发复电，希望陆征祥力劝当局本民主政治之精神，以民意为向导，以法律为依归，速筹统一共救危亡。⑤ 他们也没有接受北京政府的邀约。

11 月中下旬，北京政府组织代表团，并发布委任令，广州军政府十分不悦。12 月 7 日，伍朝枢致函总统顾问莫理循（George E. Morrison），提出南北

---

① 金问泗：《我与谟亚教授的师生关系》，《从巴黎和会到国联》，台北：传记文学出版社，1967，第 4 页。

② 《陆总长来电》，1918 年 11 月 6 日，《外交档案》：03 - 12 - 008 - 02 - 020。

③ 《致伍梯云电》，1918 年 11 月 6 日（交英馆巴参赞发香港英领事馆），《外交档案》：03 - 13 - 067 - 01 - 001。

④ 《收英馆转来伍梯云 10 日电》，1918 年 11 月 13 日，《外交档案》：03 - 13 - 067 - 01 - 001。顾维钧称：伍在覆函中仅提出了某些政治条件，而未明确表示是否参加。参见《顾维钧回忆录》第一分册，中华书局，1983，第 179 页

⑤ 《电陆总长》，1918 年 11 月 14 日，《外交档案》：03 - 12 - 008 - 02 - 033。

会同选派代表之议。① 10 日，广州军政府主席总裁岑春煊电北京政府，质问云："顷闻已派陆子欣为专使，此间以事前未来征同意，要求驰电反对陆使，群情激昂，并以非由南方推出极关重要之人赴欧列席不可，且谓南方纵不得独占议席，然欲破坏则有余。"② 同日，伍朝枢致总理钱能训电，建议南北会同派遣代表。③ 12 日钱能训复电称："以对外而言，历来外交，只承认中央惟一政府，不能自歧为二；以对内而言，则同为民国，本无南北之分，自无会同之必要。"④

广州军政府即于 12 月 13 日向非常国会提出咨文，拟任伍廷芳、孙文、王正廷、伍朝枢、王宠惠为中华民国全权大使，赴欧洲和平会议，缔结和约。⑤ 并由军政府外交部部长伍廷芳致电美、法、英、意、日等国政府，请承认 5 人为列席和会代表。⑥

北京政府坚拒由南北双方协派代表，但仍不断与伍朝枢联系，力劝他参加代表团。⑦ 12 月下旬，伍朝枢到上海，北京政府派施愚南下与伍氏接洽，但仍未获共识，伍氏南返。⑧ 就在此时，北京政府发布王正廷为代表团全权代表之消息。

王正廷的任命，应系美国方面大力协调的结果。王正廷自称欧洲休战后，他向美政府运动对于南北两方务当等量齐观，不加歧视，煞费周章，终获如愿以偿。进而要求中国简派代表赴参和会，应兼南北两派，卒承美政府之赞同，

---

① Lo Hui-min ed., *The Correspondence of G. E. Morrison*, vol. II, London: Cambridge University Press, 1976 – 1978, p. 719.

② 《西南力争派欧专使之骇闻——岑西林来电》，《晨报》1918 年 12 月 14 日，第 2 版。

③ 《伍朝枢赴法问题》，《晨报》1918 年 12 月 14 日，第 2 版。

④ 《西南力争派欧专使之骇闻——钱总理复伍朝枢电》，《晨报》1918 年 12 月 21 日，第 2 版。

⑤ 《广州军政府咨议院》，1918 年 12 月 13 日，《中华民国史事纪要（初稿）——中华民国十七年七月至十二月份》，台北："国史馆"，1982，第 701 ~ 702 页。

⑥ 《伍廷芳为要求协约国承认孙文等五人代表中华民国政府列席欧洲和平会议诸事致美、法、英、义、日等国政府的通电（稿）》，1918 年底，李家璘、郭鸿林、郑华编《北洋军阀史料·吴景濂》卷三，天津古籍出版社，1996，第 262 ~ 264 页。

⑦ 《伍朝枢由政府委派赴欧》，（天津）《大公报》1918 年 12 月 26 日，第 1 版。《政府加派王正廷为赴欧专使》，（天津）《大公报》1918 年 12 月 29 日，第 1 版。《施愚已由宁赴沪——奉命与伍朝枢接触》，（天津）《大公报》1918 年 12 月 29 日，第 1 版。《伍朝枢承命赴欧》，（天津）《大公报》1918 年 12 月 31 日，第 1 版。《西南力争赴欧专使再志》，《晨报》1918 年 12 月 22 日，第 2 版。

⑧ 《北京特约通信——西南派员赴欧问题》，（天津）《大公报》1918 年 12 月 25 日，第 1 版。《北京特约通信——伍朝枢由政府委派赴欧》，（天津）《大公报》1918 年 12 月 28 日，第 1 版。《北京特约通信——伍朝枢承命赴欧》，（天津）《大公报》1918 年 12 月 31 日，第 1 版。

北京政府添派他为议和专使，偕陆征祥前赴巴黎和会。"彼北京政府终肯让步者，友邦调停之力为多。"① 顾维钧认为，王氏是透过世界基督教青年会（YMCA）总会长穆德（Charles R. Mott）的协助，从而能建议美国驻华公使芮恩施（Paul Reinsch）劝说徐世昌接受王氏为和会代表的。②

北京国务院 12 月 27 日电告陆征祥："此次赴欧议和，关系綦重，主座以王正廷法律外交夙着才望，特加委为专门全权大使，已电由顾使就近转知王君，其委任令亦寄美馆转交，并希我公转与接洽，谆劝担任为盼。"③ 28 日，驻美使馆代办容揆电告顾维钧："国务总理电，赴欧议和，主座加派王正廷为专门全权大使云云，陆总长明日下午抵纽约，揆明早往接，当就近访王转达。"④

陆征祥抵纽约后，与王正廷接洽顺利，30 日晚电告巴黎："祥已与王君约定明日同行，将来究竟如何分配列席，诸容面商办法。"⑤ 后又称："祥意此次赴欧参加议会，全赖国内统一，庶可免外人歧视，所以祥毅然决然允以所请，克日同行。"⑥

因此，王正廷的任命应是徐世昌接受美方意见的结果，要陆征祥到纽约后与王氏接洽、敦促。过去的相关研究，认为王正廷的任命是陆氏与王氏联系后，于途经美国时正式敲定的；然而在档案中看不到有陆王接洽的记载，而陆征祥在纽约停留的时间很短，此说应不能成立。

由于王正廷透过美方友人安排，接受北京政府邀请参加中国代表团，违背了广州军政府与北京对等协商合组代表团的立场，广州政界对此非常愤慨。⑦ 30 日王正廷致电广州军政府外交部，自称系经美国安排，并传闻广州已同意后，才答应与陆征祥同行，若广州不同意，将不列席。⑧ 1919 年 1 月 1 日，陆

---

① 《王正廷致吴景濂等函》，1 月 5 日大西洋舟次（二月底到），《北洋军阀史料·吴景濂》卷三，第 278~279 页。
② 《顾维钧回忆录》第一分册，第 177 页。
③ 《收国务院 27 日来电》，1918 年 12 月 30 日旅次纽约，《外交档案》：03-13-067-02-001。
④ 《电公使》，1918 年 12 月 28 日，《外交档案》：03-12-008-03-032。
⑤ 《发法馆电》，1918 年 12 月 30 日旅次纽约，《外交档案》：03-13-067-02-001。
⑥ 《收法京陆总长 14 日电》，1919 年 2 月 19 日，《外交档案》：03-13-071-04-001。
⑦ 傅秉常称：中国代表团系由南北政府联合组成的，推定代表五人，依"南二北三"之比例。南方代表为王正廷与伍朝枢，北方代表为陆征祥、顾维钧与施肇基。但北方代表团借口伍朝枢迟到，竟先以魏宸组为代表，军政府因此对王正廷亦不谅解，因王不坚持原约定也。见沈云龙《傅秉常先生访问记录》，台北：中研院近史研究所，1993，第 13 页。
⑧ 《王正廷致军政府外交部电》，1918 年 12 月 30 日，《北洋军阀史料·吴景濂》卷三，第 274 页。

征祥与王正廷同行赴法。① 广州军政府事后在美国政府劝诱之下，勉强追认了王正廷先斩后奏的做法。

五　遗失公文箱事件

1918 年底陆征祥路过日本时，就有在日遗失重要公文箱的传言。② 最广为人知的说法是《顾维钧回忆录》云：

> 从外交部带来的资料，大部存放在一个公文递送箱内，但这个箱子不幸遗失了。……递送箱的遗失颇为神秘，这是一个装有有关满、鲁、蒙、藏问题绝密文件的文件箱，它在何处失落，无从得知。在日本失落的可能性最大，可这又和所了解来的情况相抵触；有些人说在纽约的码头上见过它，可又有人说在美国旧金山或纽约都未再见到过它。于是，中国代表团和纽约领事馆之间联系频繁，邹玉成总领事奉命会见了轮船行李处和码头上的管事人，但一切努力皆无所获。公文递送箱一路上是随同陆总长一行横渡太平洋的；我总觉得，它是被日本情报部门蓄意窃去的，因为大木箱内装的文件只有日本才深感兴趣，其他人是不会觊觎它的。……递送箱一直未能找到，……我们只得电请北京将和会开幕前几个月内中日缔结的协议和换文告诉我们。③

依据《外交档案》，遗失公文箱事件应发生于离开纽约时。

陆征祥一行于 1919 年 1 月 10 日抵达法国布雷斯特港，卸货时发现丁字号公文箱遗失。18 日陆征祥电外交部："山东问题即须提出，但最近与日本在东京所签字之铁路铁矿借款条约，未曾抄稿带来，无从措词（辞），倘勉强提出，措词（辞）稍有不符，不但遭彼反诘，且可发生极危险之影响，请速将逐条意义详电，一面仍面交妥人，迅速将全稿带欧。"④ 此事确有蹊跷，为何

① 《电公使法馆转》，1919 年 1 月 2 日，《外交档案》：03 - 12 - 008 - 02 - 035。
② 主要先行研究成果见陈三井《陆征祥与巴黎和会》，（台北）《师范大学历史学报》第 2 期，1974。
③ 《顾维钧回忆录》第一分册，第 187 ~ 188 页。当时驻纽约总领事是周启濂，字玉卿，《顾维钧回忆录》中音译为邹玉成，有误。
④ 《28 日收法京陆总长［征祥］电》，1919 年 1 月 19 日到，林明德主编《中日关系史料——巴黎和会与山东问题（中华民国七年至八年）》，台北：中研院近代史研究所，1974，第 30 页。

找公文箱的同时又向北京要抄件？

19 日代表团发驻纽约领事馆电称："尚有公事木箱乙件，编丁字号，箱外贴有英文中国外部字样，孙秘书在 Biltmore 尚见此箱，及抵法徧查不获，是否遗在客店或在 Washington 运船上，请彻底追查电复。"① 23 日周启濂回复："经详查客店运船码头，皆无该箱遗下，据船云到法国将中国、墨国专使行李同起岸，或误送墨国公使馆等因。"② 24 日代表团又电纽约："丁字木箱急须应用，请访 Mr. Sawyer, 39 West 10 Street, New York, 同到 Biltmore 或轮船码头，或 Washington 船上彻查。"③

28 日，中日代表在和会中激辩山东问题后，陆征祥电外交部："山东现正提议吃紧，请将七年九月间章使签定济顺、高徐借款合同全稿详细示知；此外，关于山东问题，如有类似此种之合同或条件，亦请彻查电知，以免窒碍。"④ 29 日纽约领事复电："经访问 Sawyer, 据称客栈运船已经彻底查明，确无该件遗下，现已托由海军部追究云云；濂又查 Biltmore, 闻当时在纽约有一木箱破坏，因与别箱并作一件等语。"⑤ 2 月 3 日，代表团发纽约领事馆电："此间徧查不获，现郭泰祺君将于五日自纽约来法，丁字箱仍请执事亲往，或偕 Sawyer 君同往客店箱仓及码头栈货处详查，如取得，即托郭君带来，至盼。"⑥

4 月 15 日，巴黎代表团再电纽约周领事："丁字箱经派员赴 Brest 彻查，金称 Agamemnon 船来此数次，均无该箱寄到，往各货栈详查，亦无下落，究竟确否交寄，希速赴 Leviathan 船埠经寄该箱之原手，询取确据线查跟究，倘尚未寄出，可先提回领馆，开视内容电复为盼。"⑦ 17 日纽约使馆复电："启濂即当请往追究，容续达。"⑧

此事一直无下文，直到 8 月 27 日巴黎代表团又电纽约周领事："会事将竣，归国伊迩，丁字木箱尚未得尊处寻获消息，至深焦灼，希再亲往彻查，务

① 《发驻纽约领馆电》，1919 年 1 月 19 日，《外交档案》：03 - 13 - 010 - 05 - 001。Biltmore Hotel, 为陆氏一行在纽约住宿之旅馆。
② 《收纽约领事 23 日电》，1919 年 1 月 24 日，《外交档案》：03 - 13 - 006 - 01 - 001。
③ 《发纽约领馆电》，1919 年 1 月 24 日，《外交档案》：03 - 13 - 010 - 05 - 001。
④ 《收法京陆总长［征祥］电》，1919 年 1 月 29 日到，林明德主编《中日关系史料——巴黎和会与山东问题（中华民国七年至八年）》，第 35 页。
⑤ 《收纽约领事电》，1919 年 1 月 29 日，《外交档案》：03 - 13 - 006 - 01 - 001。
⑥ 《发纽约领事馆电》，1919 年 2 月 3 日，《外交档案》：03 - 13 - 011 - 01 - 001。
⑦ 《发纽约周领事电》，1919 年 4 月 15 日，《外交档案》：03 - 13 - 067 - 03 - 001。
⑧ 《收纽约领馆 17 日来电》，1919 年 4 月 19 日，《外交档案》：03 - 13 - 067 - 03 - 001。

得下落，盼切。"① 31 日纽约领事馆回复："丁字箱虽经悬赏彻查，并派员每届旬日一询管理行李者，尚未得手，至为焦灼，缘陆续运回之件过多，未易检查，当再亲往追究，容续达。"② 不久，周启濂请假两个月，此事不了了之。

以目前《外交档案》所见，丁字号公文箱在日本遭窃之说应不能成立。日本政府没有窃取有关中日密约公文箱的动机，因为日本完全知道这些密约内容，而且密约对于日本在和会要求山东权益的法理立场是有帮助的。公文箱较可能是在纽约丢失或失窃，真正对中日密约内容有兴趣的应该是美国政府。

结　语

北京政府在巴黎和会前没有想过可以废除《民四条约》，规划将山东问题依据中日成约处理，主要担心日本是否会遵守承诺归还青岛，以及归还条件如何。同时拉拢美国，希望能协助中国在和会中摆脱条约束缚。这个"亲日联美"的外交方针，在 11 月下旬遭到美国质疑。陆征祥启程前后，北京政府的和会外交方针正处于转变关头，陆氏原定之赴日行程变得十分敏感，在美日之间必须做出抉择。

陆征祥 12 月 4~10 日路过日本时，担心美国不悦，不愿与日本太过亲近，但似乎尚无在和会提出山东问题之意，与内田外相会晤时，含混表示中日在和会中友好合作。巴黎和会开幕后，中国代表团态度剧变，日本对此感到非常惊讶与愤怒。

当陆征祥经日、美赴巴黎途中，中国在和会上的外交方针到底如何，仍不明朗。12 月 20 日，在巴黎之胡惟德、施肇基、顾维钧三公使对 11 月 28 日北京政府训条回复意见时，则表示："对日胶州山东各问题，暨民国四年五月与日所订各种条约换文，均系由欧战发生，损我主权领土尤多，届时并相机提出，是否，祈核示。"③ 委婉地建议应将山东问题与《民四条约》提交和会。31 日，胡惟德、施肇基、顾维钧又电外交部："伦敦泰晤时报载，东京访员专电称，日外部宣言，关于欧洲和会，中日业已彼此商妥，所有中日在会方针，利害与共，合力进行云云。事关重大，外交各界闻之骇然，究系如何相商情

---

① 《发纽约周领事电》，1919 年 8 月 27 日，《外交档案》：03-13-067-03-001。
② 《收驻纽约周领事电》，1919 年 8 月 31 日，《外交档案》：03-13-067-03-001。
③ 《法馆 20 日电》，1918 年 12 月 29 日，《外交档案》：03-13-067-02-001。

形，盼急详复。"① 1919 年 1 月 5 日，外交部电复："东京访员专电所称各节，并无其事，此次总长道出东京，小留一日，与内田外相仅为国际上之周旋，并无何等商榷，除密托纽约泰晤士访员电美更正外，请先为设法辨明，余俟总长日内抵法，当能面达。"②

陆征祥 24~31 日道经美国时，虽未与美国政要有直接接触，但受到高规格的礼遇款待，被安排居住于纽约高级旅馆里以及赴法国的舒适运轮船位上，美国友人也促成王正廷加入中国代表团，制造南北对外一致的形象，这些在在透露美国朝野拉拢中国的殷切心情，这些举动肯定加深了陆氏与美国进一步合作的决心。

1919 年 1 月 6 日，陆征祥自 George Washington 舟以英文电报胡维德："我们一行 22 人预定 10 日早上抵 Brest，决定搭第一班火车赴巴黎，请通知法国政府及美国大使馆。"③ 其中通知美国大使馆一语值得注意，这可理解为陆征祥此时已然决心"联美制日"。至少，已经不避形迹地与美国亲近了。1 月 11 日，陆征祥抵达巴黎，即与美国代表团密集接洽，18 日巴黎和会开幕，当天晚上陆征祥电告北京政府，准备在和会上提出山东问题。22 日中国代表团第二次会议上决议，在和会上提出山东问题及废除"二十一条"。

中国改变政策的关键应在于美国的态度，由于美国一直宣称不承认中日成约，主张公理正义反对秘密外交，又摆出全力支持中国的姿态，鼓起中国代表及民间的勇气与期望，因而北京政府希冀可借和会良机收回青岛、废除《民四条约》，摆脱日本的羁控，甚至可依恃美国善意，提出希望条件，一举摆脱条约束缚。于是和会伊始，中国代表遂与日本正面对垒，顾维钧与王正廷是主要执行者，决策者应是陆征祥。陆征祥在美国 8 天之行，在中国巴黎和会外交史上有其关键的重要意义。

---

① 《收驻法胡公使等 31 日电》，1919 年 1 月 4 日，《外交档案》：03 - 23 - 029 - 03 - 001。
② 《发驻美顾法胡英施公使电》，1919 年 1 月 5 日，《外交档案》：03 - 23 - 029 - 03 - 002。
③ 《发法馆电》，1919 年 1 月 6 日，《外交档案》：03 - 13 - 067 - 03 - 001。

一战爆发后美国在华商会的演变与
文化转型（1915～1941）

吴翎君[*]

摘要： 从"美国亚洲协会"中国分会在上海的成立，到一战期间"中国美国商会"的成立，美国商人团体在中国不断演进，此后两国在商会组织中再精拣出更直接的"中美贸易委员会"。这一核心化过程，中国也随之进入"国际商会"组织，并且参与国际各种商业活动。"中国美国商会"和"美国亚洲协会"中国分会彼此互相合作、相互推进，到1926年两会终于合并。此后，"美国亚洲协会"中国分会在中美政治和经济关系上的意义已不重要，取而代之的是文化活动意义。"美国亚洲协会"中国分会的演变，历经商人团体到文化组织的转变，展现了中美关系网络中的多元触角和关系活络。

关键词： 中国美国商会　美国亚洲协会　文化转型　司戴德

前　言

一战爆发之后，美国最初未参战，为大力拓展中国市场并凝聚美商在华的

---

* 吴翎君，台湾师范大学历史系教授。

向心力，一个专属中国市场的商人组织"中国美国商会"（American Chamber of Commerce of China，简称 AmCham Shanghai）于 1915 年诞生。[①] 在此之前，美国在华最早的商人团体为 1898 年成立于纽约总部的"美国亚洲协会"（American Asiatic Association），它在上海设有中国分会，其设立的最大推动力是美国在中国推行"门户开放"政策。1915 年"中国美国商会"的成立，代表着一个更精准表述美商利益团体之诞生，这是美国在华商业发展的一个转折点；此后，其影响力迅速壮大。由于"美国亚洲协会"中国分会和"中国美国商会"的活动颇多重叠，1926 年这两个组织进行合并。"美国亚洲协会"中国分会在 1920 年代以后的功能则愈来愈走向文化事业活动，以推动美国和远东国家的教育文化交流，致力维护亚洲区域内的和平与理解。本文主要分析"中国美国商会"与"美国亚洲协会"中国分会这两个商人团体在中国的活动，探讨一战以后至太平洋战争爆发期间（1915～1941 年），美国在华商人团体的演变、文化转型对近代中美关系的意义。

一　"中国美国商会"的成立

1914 年夏，第一次大战爆发，在上海的外商团体"万国商会"，因为分属不同的交战阵营而分裂。伦敦中国协会在英国参战后即建议，在中国的英商应建立单独的商业总会。1915 年 5 月，在上海的 10 家英国公司聚在英国驻上海领事馆筹组"英商总会"（The British Chamber of Commerce，Shanghai），最初会员 60 名，1916 年时快速增加到 250 名。[②] 当时上海"万国商会"的停摆情形如下："此商会之地位已大受时局之影响矣，在战争中各国商会相继成立。……但其战前之活动将为各国商会所分，数年来未开大会"，"会董窃以为当恶感正炽之时未便集睚眦敌人于一堂，乃于当年报告中声叙不开大会之理由，遇有应

---

① 　关于美国商会在中国的组织名称，成立之时称 American Chamber of Commerce of China，但目前其官网则用 American Chamber of Commerce In China。本文仍使用成立时的英文名称。"中国美国商会"则为此一组织现在官网上的中文名称，特此说明。"American Chamber of Commerce of China: Its Inauguration in Shanghai," *Peking Daily News* (1914 – 1917), Aug. 24, 1915.

② 　"British Chamber of Commerce: Successful Inaugural Meeting," *The North-China Herald and Supreme Court & Consular Gazette* (1870 – 1941), Shanghai, May 22, 1915, p. 537；首任主席为 H. H. Girardet，秘书长为 F. J. Norbury，英商总会的现况可参见官方网站 http://www.britishchambershanghai.org/en/about-history。

行讨论事件辄发通告知照，照此办理效用"。① 一是受"英商总会"成立的影响，二是在华美商在大战时期深感有成立独立专责的美国商会之必要，1915 年 6 月 12 日，约有 50 位美国商人聚在上海"皇宫酒店"（Palace Hotel）共商筹组之事，美国驻上海总领事沙孟斯（S. Sammons）参与了这次筹备会议，会中推举 J. H. McMichael（Frazar& Co.，丰泰洋行）为筹备会议主席，秘书 P. L. Bryant 负责商会的规章制定。该会筹备委员囊括最早一批在华的美国跨国企业及其代表，例如，美孚石油公司、英美烟草公司和美国钢铁公司（U. S. Steel Products Co.），等等。② 1915 年 6 月 19 日"中国美国商会"在上海正式成立，正式选出 J. H. McMichael 担任首届主席，副主席为 J. W. Gallagher。上海"中国美国商会"被喻为对华"美国贸易之喉舌"（Voice of American Business），是美国在本土之外所建立的第三个商会，可见美商很早就看出上海在国际贸易中的重要性。③

"中国美国商会"首次执行委员会年会，于 1916 年 8 月 18 日召开。据会员名录，共有 31 位公司会员和 28 位个人会员。本次会议中讨论的焦点为大战期间美国在华商业活动的处境及机遇，特别是如何解决大战期间船只的货品运输问题。④ 1918 年 4 月，"中国美国商会"召开第二次执行委员会年会，此时会员人数已有增加，共有公司会员 38 位、个人会员 28 位、非驻地会员 5 位。⑤ 随着美商在中国口岸业务的快速壮大，1918 年 5 月，"中国美国商会"成立天津分会，共有 36 名个人会员和 11 位公司会员出席该次筹备会议，天津美国商

---

① 《万国商会欧战后大会记》，《申报》1919 年 3 月 27 日，第 3 版。该文为针对战后"万国商会"如何解决上海口岸淤塞问题。"万国商会仍为租界中必要之机关，俾讨论关于万国利益之问题，而执行国际管理部关于浚浦与领港等事之职权。"战后各国代表共聚，讨论上海港开挖方案。

② "An American Chamber of Commerce," *The North-China Herald and Supreme Court & Consular Gazette* (1870 – 1941), Shanghai, Jun. 12, 1915. p. 793. 这篇报道刊载了正式成立大会之前的聚会讨论情况，这些企业及其代表如下：中日贸易公司（China and Japan Trading Co.）的代表 F. A. Fairchild、大来公司（Robert Dollar Co.）的 Harold Dollar、美国钢铁公司的 J. W. Gallagher、丰泰洋行的 J. H. McMichael、太平洋轮船公司（Pacific Mail Steamship Co.）的 O. H. Ritter、美孚石油公司（Standard Oil Co.）的 C. H. Blake、英美烟草公司（British-American Tobacco）的 Thomas Cobbs、梅西公司（R. H. Macy）的 N. T. Saunders、中国橡木进出口公司（China Import and Export Lumber Co.）的 Carl Seitz 等人。

③ AmCham Shanghai，官方网站，https://www.amcham-shanghai.org/en/about-amcham。

④ First Annual Report of the Proceedings of the Executive Committee of American Chamber of Commerce for the Year Ending, Aug. 18, 1916, pp. 1 – 2, 52 – 57.

⑤ Second Annual Report of the Proceedings of the Executive Committee of American Chamber of Commerce for the Year Ending, April, 1918, pp. 1 – 3, 5; 会员名录见该书，第 114～120 页。

会是美商在华北最大的商业利益团体。① 1920 年 3 月 17 日，在美国驻汉口领事 P. S. Heintzleman 召集下，汉口美国商会成立，约有 29 名来自汉口和武昌的公司代表出席。他们认为上海、天津和汉口等地的美国商会有必要采取一致的行动，如此才能确保和壮大美商在华的整体利益。汉口美国商会是继上海、天津之后，美国在中国设立的第三个商会，这三个口岸成为美国在华投资的最重要的商务据点。汉口美国商会的主席为曼恩（Hunter Mann, L. C. Gillespie and Sons），副主席为 C. B. Horner（大来公司），秘书为美孚石油公司的克劳弗（P. P. Clover）。执行委员除正副主席之外，还包括中国爪哇出口贸易公司（The China and Java Export Company）的杭克尔（G. R. Henkel）、慎昌洋行（Anderson, Meyer and Company）的 J. J. Cobbs、美孚石油公司的 R. W. Hamlet、亚洲银行（Asia Banking Corporation）的卡雷逊（Theodore Carlesen）。汉口是长江沿岸的交通枢纽和工商蓬勃发展的城市，汉口美国商会的执行委员包含航运、机器、贸易和银行业等公司之代表，而美孚石油公司的代表就有两位，可见石油贸易在中国市场的商机和发展势头。②

“中国美国商会”从成立之初，其会员和“美国亚洲协会”中国分会之会员颇多重叠，两会会员共同呼吁的促进对华贸易多所串联，并且与上海总商会的往来亦颇为密切，形成一个活跃的商业圈互联网，特别是在 1917 年中美共同成为第一次世界大战的协约国阵营成员后，三方的合作更加频繁。1918 年 4 月 15 日，上海总商会会长朱葆三、副会长沈联芳邀请“中国美国商会”第二届主席伯尔尼（W. A. Burns）、美国驻华公使芮恩施（Pual S. Reinsch）、上海总领事沙孟斯、美国在华法庭法官罗炳吉（Charles S. Lonbingier）、“美国亚洲协会”中国分会主席弗莱明（W. S. Fleming）与中美商人共同晚宴。双方兴致高昂讨论如何促进中美商务发展，宴会大厅中安插协约国家的国旗、鲜花并装置各式彩灯，显示中方对此次交谊的重视。③ 第一次世界大战进入尾声之际，即 1918 年 9 月，“美国亚洲协会”中国分会和“中国美国商会”在大战

---

① "The American Chamber of Commerce at Tientsin-A Progressive Organization," *Millard's Review of the Far East* (1917 – 1919), May 4, 1918, p. 358.

② "An American Chamber Of Commerce Formed In Hankow," *Millard's Review of the Far East* (1919 – 1921), Apr. 3, 1920, p. 245.

③ Second Annual Report of the Proceedings of the Executive Committee of American Chamber of Commerce for the Year Ending, April, 1918, pp. 18 – 21. "Chinese Chamber of Commerce Entertains Americans," *Millard's Review of the Far East* (1917 – 1919), Apr. 20, 1918; 据该报的报道，此次聚会时间为 4 月 15 日。

期间中美同为协约国成员的背景下，以促进两国商业贸易为名，共同邀请上海总商会会长朱葆三、副会长沈联芳等人共聚一堂。这次会议约有 150 位中美人士参加，会中就中美贸易和航运问题展开热烈讨论。①

1922 年 9 月 19 日，美国总统批准"美国对华贸易法案"后，放宽了美国商人在中国开设公司的限制（总、分公司均可设在中国境内，且可享有联邦政府税捐的豁免权），这大大增加美商在远东的商机。② 接着，美国在华商会采取了更具野心和效率的措施。1922 年 10 月，来自上海、天津、北京和汉口的"中国美国商会"代表聚集上海，成立"联合美国商会"（Associated American Chambers of Commerce），即在华美商联合中国各地商会组织及其势力，成立一个更具领导权力的"中央组织"（Central Organization），除了因应"美国对华贸易法案"外，尚有因应中国投资环境和政治情势正处于激烈变化的因素。此时，成立此一组织将更加有效地联系中国各地的美商会。该组织的章程规定，正会员必须在美国商会中至少登录有 5 家公司才能拥有会籍，副会员之会籍则可少于 5 家公司。由于正副会员的门槛较高，并不是每位美商都能具有此一要件，从正副会员之资格规定和会务委员会的各项推动措施来看，"联合美国商会"主要是敦促美国投资者在中国努力创业和投资，使其在商会组织中享有更高地位和影响力。③

"中国美国商会"的声势愈来愈壮大，而其会员又多属"美国亚洲协会"中国分会之成员，两会乃有合并之议，1926 年双方正式合并。当时在华英文报刊多称"美国亚洲协会"中国分会为"美国协会"，称"中国美国商会"为"美国商会"。从合并后的会名和会务运作来看，"美国协会"实际是被"美国商会"兼并的。合并内容有四：（1）"美国协会"与"美国商会"进行合并，系以联合商会的形式运作。（2）"美国协会"既有会员不论其职位、地位，或是否"美国商会"中的个人会员，都只需交年费 10 元——其中 5 元捐为"社区基金"（Community Fund），用作赈灾或其他公共事务费用。（3）"美国协会"现有的各项基金将转到"美国商会"作"社区基金"，由特别委员会管

---

① "Americans Entertain Chinese: Chamber of Commerce," *Millard's Review of the Far East* (1917 – 1919), Sep. 21, 1918.

② "The China Trade Act aid for American Firms," *South China Morning Post*, Oct. 4, 1922.

③ U. S. Commerce Chambers in China Form a Central Organization, *The Weekly Review* (1922 – 1923), Oct. 28, 1922, p. 304. "American Chamber of Commerce: Common Association Formed in Shanghai," *The North-China Herald and Supreme Court & Consular Gazette* (1870 – 1941), Oct. 28, 1922, p. 304.

理。（4）"美国商会"需于下届年会召开时成立至少 7 人的"社区委员会"
（Community Committee），该委员会的多数委员需由"美国商会"的个人会员
出任，承袭过去"美国协会"所承担的社会救济或其他公益事务。①

1926 年"美国协会"与"美国商会"的商务活动合并后，在商业界的影
响力更为强大。1927 年，两会合并后首次会议选出新的"中国美国商会"之
董事（见表 1），

表 1 1927 年"中国美国商会"董事名单

人名	公司及机构	营业项目
C. B. Arthur	Ligget & Myers Tobacco Co.	烟草业
W. H. Bolton	W. H. Bolton Bristle Co. （Sterilization and Dressing of Bristle）	灭菌消毒与敷料业
R. E. Buehanan	U. S. Testing Co, Inc.	测试、检测与验证业
T. J. Cokely	The Robert Dollar Co.	航运业
W. I. Eisler	American Bureau of Shipping	美国验船协会上海办事处
R. F. Evans	C. K. Eagle & Co, Inc. （Raw Silk export）	生丝出口业
Wm. S. French	Anderson, Meyer & Co Ltd.	机械及零件进口业
C. E. Garner	Standard Oil Co. of New York	石油业
S. C. Kingsbury	Connell Bros Company	食物进出口业
J. B. Murray	The Texas Company	石油业
Frank. J. Raven	Raven Trust Co, Ltd. （普益根公司）	信托投资业

资料来源："American Chamber of Commerce Holds Its Annual Meeting And Elects Directors for Year,"
The China Press （1925 - 1938）；Apr. 27, 1927.

由表 1 中可看出该组织中跨国公司的影响力。其中利吉特公司（Ligget &
Myers Tobacco Co.）和美孚石油公司均为美国著名的跨国企业，利吉特公司源
自美国烟草大王 Duke 公司，美孚石油公司和美国烟草大王 Duke 公司都受
1911 年美国最高法院"谢尔曼反托拉斯法案"（"Sherman Anti-Trust"）判例的
制约，而被勒令强制分立为数个独立公司。总部设于美国得州休斯敦（Hous-
ton）的美国船级社（American Bureau of Shipping, ABS, 成立于 1862 年）是确
立和维护船舶及航运设备相关技术标准的非政府组织，以监督船舶建造和定期

---

① "New American Combination：American Association to Unite with the Chamber of Commerce," *The
North-China Herald and Supreme Court & Consular Gazette* （1870 - 1941），Dec. 4, 1926, p. 451.

检查等措施来确保航海设备符合其规范。美国船级社自成立之初起，因保险商为减少其承担风险的需要，就依据船舶之特性给予等级（classify）评定，从而发展出的一套检验系统。它在上海设有办事处，并成为"美国商会"的董事，这说明该公司在上海轮船业和保险业愈来愈壮大。此外，灭菌消毒和检测验证等企业代表列于董事名单中，显示美商依据上海的城市公共卫生和文明都市生活的质量，开发出检测准则，而这一标准也逐渐在外人社群中获得认可。①

"中国美国商会"在1927年的年会中有一重要决议，即开除《中国每周评论》[China Weekly Review，前身为《密勒氏评论报》（Millard's Review）]的会籍。原因是该刊的时任主编鲍威尔（John B. Powell）对席卷长江流域的民族主义排外运动和革命军事行动的报道与"中国美国商会"不同调，且拒绝与该商会协调立场。因此，该年年会经过无记名投票方式要求该刊辞去会籍，这件事创下该会创始以来开除会员会籍之首例。②"中国美国商会"曾要求在上海的英文报刊应大力宣传国民党左派和共产党人的反帝运动言论，然而鲍威尔认为，这样的宣传将使国民党内原本的"温和派"（如蒋介石）也被贴上红色标签，可能挤垮国民党"温和派"，导致国民党全面倒向共产党及强化"苏联支持者"的势力。"中国美国商会"希望借英文报刊宣传北伐军事行动和民族主义排外风潮，挑动美国政府军事介入中国的政治运动。鲍威尔在其《中国二十五年回忆》（My Twenty Five Years In China）中提到，被除名这件事应系通过该商会年会中的邮寄票表决方式来进行的；事后证明，该刊的立场与美国政府所主张的不宜以军事手段介入中国内政的想法一致，这算是还他公道。③"中国美国商会"和美国在华传教组织基督教会，是1920年代后期美国对华政策的两个最大的施压团体。基督教会和外国企业同时也是1920年代中国民族主义排外运动中生命最受威胁的对象，被指为假借基督教义和帝国资本主义压迫中国人民的典型代表。有别于传教士对中国民族主义排外风潮所具有的同情心，"中国美国商会"则认为，民族主义排外风潮带来的骚动不利于商业投资，他们大力宣传并要求美国政府采取军事介入措施。此一举措使得南方的国

---

① "American Chamber of Commerce Holds Its Annual Meeting And Elects Directors for Year," *The China Press* (1925－1938), Apr. 27, 1927；这篇报道刊出此届新董事名单。

② "American Chamber of Commerce Holds Its Annual Meeting And Elects Directorate for year," *The China Press*, Apr. 27, 1927.

③ 事实上，就在"中国美国商会"开会之前，鲍威尔就收到来自华府记者的信息，美国政府宣称除了保护美国在华侨民的生命财产安全无虞之外，反对以军事方式介入中国事务。John B. Powell, *My Twenty Five Years In China* (The Macmillan Company, 1945), pp. 165－167.

民政府挞伐"中国美国商会"，认为其行为已背离该商会的正常商业性质。①

1920 年代后期，中国兴起一股民族主义排外风潮，国民政府也利用"革命外交"之宣传手段，以收回国家主权为目标；此外，中国内战问题愈演愈烈，严重威胁在华外国侨民安危。1927 年 1 月间，美国政府为避免国民革命军及张作霖部队在上海发生战事，严重危及各国侨民，经美国国务卿凯洛格与远东司司长约翰逊磋商后，决定提出上海中立的主张。具体意见为：（1）国务院不赞成派遣正规陆军部队到上海，以避免刺激中国人民，从而导致美国同国民革命军开战；（2）立即与广东国民政府和张作霖联系，寻求达成保障公共租界的协议。② 美国政府宣称，不干涉中国内政，不论北方军阀混战还是北伐战争，美国政府都持中立立场，以保护美国在华商民的生命安危为第一考虑因素。这是因为此时美国公众对于世界大战后的国际政治大为失望，这种失望情绪滋长反对美国以武力解决国际问题的各种声浪。从 1920 年代起，美国民众日益反对帝国主义，而且对于以武力对抗尚未开发国家甚为反感。1925 年，美国国内压力迫使凯洛格签署一项公约，宣布战争为非法行为。在此一背景下，美国政府不得不对以军事武力方式保护美国在华利益及侨民安危颇为犹豫。③

1927 年下半年后，中国政情逐步明朗，"中国美国商会"也随之调整其因应举措。1927 年著名的美国国会议员暨外交事务委员会（Committee on Foreign Affairs）主席波特（Stephen G. Porter）提出对华新政策——"波特决议法案"（" The Porter Resolution Act"），有意缓和中国高亢的民族主义排外情绪，率先对中国可望从南北之争或军阀交战的混乱状态中逐渐脱身释出善意；要求美国柯立芝总统与能代表全中国人民发言且强而稳定的中央政府进行商谈，以便修订中美两国间的条约，使今后两国外交关系建立在平等、互惠的基础上。"波特决议法案"被视为次年 6 月美国与国民政府展开中美关税自主协议的一个前哨，美国政府通过此一外交协议承认甫成立的南京国民政府。"波特决议法案"的幕后推手即"中国美国商会"，但"中国美国商会"的出发点在于维护

---

① "Nationalist Government Aiming Criticisms Against Activities of The American Chamber of Commerce," *The China Press* (1925 – 1938), Aug. 30, 1927.

② Kellogg to MacMurray, Jan. 28, 1927, FRUS, 1927, Vol. II, p. 61. 关于"上海中立"问题，详见吴翎君《美国与中国政治》，台北：东大图书公司，1996，第 5 章，第 205 – 216 页。

③ Warren I. Cohen, *American's Response to China* (New York: Columbia University, 1990), p. 96.

自身在华的生命财产安全。因为当时中国掀起民族主义排外风潮，美国侨民在华财产遭受巨大损失，且对生命具有危机感，而此"中国美国商会"要求中美签订平等新约，以退让与妥协姿态缓和中国民族主义情绪，并协助已撤离中国的美商能尽速返华继续从事商业活动。① 整体而言，"中国美国商会"和国民政府的关系相当紧张而尴尬，直到 1928 年南京国民政府在政治形式上完成统一后，这种关系方有所改善。该年，英美商会含蓄地表达己方立场，称中国政治的稳定将有助于中外贸易，期待中国市场有繁荣之前景。②

二 推动中国参与"国际商会"和中美贸易委员会之成立

1928 年南京国民政府成立后，政治形式上复归南北统一。成立于 1920 年、以巴黎为总部的"国际商会"（International Chamber of Commerce，ICC）邀请中国加入该组织，这一邀请显示中国实业市场有与世界经济发展前途攸关之意义。"国际商会"的主旨本为促进世界经济的发展，然而在 1929 年大会预备会议之中，在讨论中国经济建设和财政、交通等问题时，中国的撤废"治外法权"问题则成为主题。1929 年 7 月 10 日，"国际商会"第五届大会于荷京阿姆斯特丹召开，中国代表团团长为张嘉璈，陈光甫（辉德）及上海南市商会会长朱吟江任副团长，另有郭秉文等普通代表 10 名。英、美、法、日等国驻沪商会代表有意在"国际商会"正式大会上提案反对中国撤销"治外法权"，理由是中国目前的法律状况仍堪忧。根据华盛顿会议之决议，由美、英、中、法、日代表组成调查委员会对中国法律状况进行调查，其调查结果为：中国尚未达到司法独立之标准，中外人民生命财产之安全未获法律和行政之完善保护。因此，驻沪外商据此要求美、英、法、日四国务必坚持以华会的调查报告作为讨论国民政府要求各节之依据，英、美、法、日等国驻沪商会代表，强力反对中国撤销"领事裁判权"。中国代表则相继发表演说，认为各国在华的"治外法权"问题和不平等条约系中国对外贸易之障碍，要求与世界各国发展正常的经济贸易关系，并主张国际合作应在中国主动愿意且绝对无损

① 美国政府通过此一外交协议等于承认甫成立的南京政府。1928 年 9 月 11 日，国务院致电马慕瑞："你可声明北京公使馆已授权与南京政府在"完全承认"（full recognition）的基础上发展正式关系。详见吴翎君《美国与中国政治》，第 198～199、245～247 页。
② "Shanghai American and British Chambers Hold Annual Meetings," *The China Weekly Review*, Apr. 28, 1928.

于中国主权的条件下进行。代表团团长张嘉璈陈述国民政府不愿为行政经费与无计划事项借款，亦不愿接受各国有"共同拘束"条件之财政援助，并明白揭示中国开展中外合作之意愿和获得益处之希望。在中国代表的坚持之下，"国际商会"最后答允将英、美、法、日四国驻沪商会的提案书撤回，同时将中国代表要求取消"治外法权"的各项理由"加载"于提交大会正式讨论的中国问题报告书中（仅供存实记录）。会议主席毕兰诺（Alberto Pirelli）的处置方式，可说是一种"存而不论"的妥协，允诺正式大会决议书中除表达欢迎中国入会之外，不涉及中国其他问题。①

美国作为一战后的世界霸权国家和强大经济体，在 1923 年和 1929 年连续推动"道斯计划"（"Dawes Plan"）和"杨格计划"（"Young Plan"），一方面协助战败国德国经济重建，使其有能力偿付赔款；另一方面进一步复苏欧洲经济。因此，美国在"国际商会"中的角色与地位自不待言。在第五届"国际商会"大会中，关于中国之会议席上，美国代表团团长拉蒙脱（Thomas W. Lamont）致辞，他乐见中国加入"国际商会"，并对中国国民性格和近年商业进步有所称誉，但他也指出："中国的国际信用之薄弱为任何人所不得否认，在中国政府尚无建设国际信用之具体办法以前，任何具备优惠条件之（中国）政府公债决不能售诸纽约市场，也不能募于欧洲市场。"拉蒙脱曾任美国银行团代表，在一战前后来华接洽国际银行团对华借款事宜，对中国内战连连以致国际信评低落表示焦虑，认为除非中国内部军事革命成功，中国政府才可望得到国际经济在财政上的援助，否则实在难言经济援助中国之可行性。② 英国代表贝尔福爵士（Sir Arthur Balfour）的发言更是点出中国必须自行整理财政经济，只有将国家收入运用得当（尤指国家收入大半用于军需）后，才能谈输入外资的问题。英美代表的发言说明中国政治的和平发展与商业投资的纽带关系，在中国经济财政状况不佳的情况之下，美国银行家在商言商，不太可能给中国大宗借款，只有中国政府率先整顿本身的财政问题，才可能获得

---

① 《国际商会第五届大会中国代表团报告书》《国际商会暨参加美国世界博览会筹委会规程》，《国民政府》，台北："国史馆"藏，数字典藏号：001 - 110020 - 00008 - 001。张嘉璈提到，爱文和诺多玛两氏原本打算在第五届大会之正式会议上发表对华不利的政治演说，但持正反意见者各执一端，形势紧张。后来在讨论会之前，会长毕兰诺先和他私下见面，表达对中国代表之尊重，将原设之中国问题委员会取消，婉谢爱文诺、多玛二氏之演说。

② 《国际商会关于中国之会议席上——美国代表团主席拉蒙脱氏之致辞》，《国际商会暨参加美国世界博览会筹委会规程》，《国民政府》，台北："国史馆"藏，数字典藏号：001 - 110020 - 00008 - 001。

友邦协助。中国加入"国际商会"的最初成效主要仍在活络中外企业的投资和国际商人团体交流，而非在于政府交往，英美虽邀请中国加入"国际商会"，但是在预备会议中无论废除"治外法权"还是取得国际经济援助，均未获有具体成果。在预备大会中，中国政府代表甚至尽尝欧美霸权之蛮横和他们干涉中国政治时所给予的难堪，以至于中国与会者在报告书中呈现强烈的受辱感。①

南京国民政府在"国际商会"大会上的主张，可说系延续 1920 年代以来中国要求废除列强在中国的特殊权益之努力，以及以平等的国家身份进入国际社会之愿望。中国政府显然对参与"国际商会"具有一种政治荣耀的美好理想，但与会后并未取得废除"治外法权"等政治、外交成就；尽管如此，参加这次会议仍是中国商人组织首次步入国际舞台的亮相，他们在会上表达中国之声音，即欲以国际社会的平等主权国家身份参与"国际商会"组织，愿意和世界各国发展正常的贸易关系。此后，"中华全国商会联合会"经两年的讨论和筹备，至 1931 年时始成为"国际商会"组织的成员，"国际商会"中国分会也正式成立，推举上海商业储蓄银行总经理陈光甫为会长，郭秉文为副会长，林康侯为秘书长。② 中国参与"国际商会"虽有政府为后盾，财政部也对"中华全国商会联合会"及"国际商会"中国分会之费用有所补助，具有民间外交性质，③ 但就"国际商会"中国分会而言，它仍主要在于拓展中国商人团体与世界各国商会的人际网络，更多地参与国际交流活动，获得更多的国际经贸信息，并向"国际商会"反映中国商界意见。由于中国工商界的经济实力远落后于欧美国家，申请加入该会中国分会成为会员者并不踊跃，以至于中国分会内部之经费和人力不足，当时胡纪常特为此窘境撰述《国际商会概论》，鼓励中国商人应团结一心，凝聚力量，加入"国际商会"中国分会。④ 早期参与"国际商会"的重要成员有陈光甫（商业学士）、郭秉文（教育学博士），俱是留美派，可能是语言沟通的优势和其人脉、干才，陈光甫很快在 1930 年

① 育干：《国际大会与中国》，《东方杂志》第 26 卷第 15 号，1929，第 6～9 页。另据《张公权先生年谱》（上），台北：传记文学出版社，1982，第 92 页。
② 关于中国参与"国际商会"的筹备经过，可参见朱英《中国商会走向国际舞台的新步幅——中国商会加入国际商会的历程及影响》，《近代史学刊》2001 第 2 期，第 6～16 页。本文不拟赘述，但拙文与该文有不同的研究脉络和观点，侧重点亦不同。
③ 《国际商会催缴中国分会会费暨出席 1938 年、1945 年国际商会大会案》，台北：中研院近代史研究所档案馆，经济部档案，档号：8-23-00-145。
④ 胡纪常：《国际商会概论》，商务印书馆，1933，第 88～89 页。

代中美经济关系中，在中美民间与政府之间扮演极重要的桥梁角色。① 郭秉文也于 1931 年出任国际贸易局局长，1934 年担任第一届"中美贸易委员会委员"。

就中国参与国际性商会组织的实质运作而言，"中国美国商会"对中美双边关系的影响力肯定高于"国际商会"。"中国美国商会"会务持续拓展，到了 1934 年 6 月，在"美国对外贸易委员会"（National Foreign Trade of United State）的促成之下，"中美贸易委员会"（Chinese American Trade Council）成立，中美商人通过"中国美国商会"和"中华全国商会联合会"的紧密合作，强化了中美经济和贸易关系。1934 年"中美贸易委员会"召开第一届大会，确定中美成员 14 名，选出领导者 4 名（见表 2）。其中，会长为陈光甫、副会长为 C. H. French。中美两方的组织成员为旗鼓相当：美方委员中除"中国美国商会"代表 6 名之外，还有美国驻华商务代办阿诺德（Julean Arnold）；中国委员中亦然，除 6 名来自"中华全国商会联合会"的代表之外，还包括国际贸易局局长的郭秉文。1936 年委员改为 12 名，中美代表各 6 名。②

表 2　第一届"中美贸易委员会"代表名单（1934 - 1936）

	Chinese Members
1	K. P. Chen（陈光甫），General Manager, Shanghai Commercial & Saving Bank, Ltd
2	P. W. Kuo（郭秉文），Director, Bureau of foreign Trade
3	TsuyeePel（贝祖诒），Manager, Shanghai Branch, Bank of China
4	WangHsiao-lai（王晓籁），Chairman, Chinese Chamber of Commerce of Shanghai
5	Ling Kong-hou（林康侯），General Secretary, The Bankers Association of Shanghai
6	KingZung-tsiang（金润庠），Member Executive Committee, Chinese Chamber of Commerce of Shanghai
7	P. W. Tsou（邹秉文），Assistant Manager, Shanghai Commercial & Saving Bank
	American Members
1	C. H. French, Vice-President, Andersen, Meyer & Co.

① 关于陈光甫的研究可参见陈鸿明《游走政商：陈光甫与国民党政权（1927—1949）》，硕士学位论文，南投：暨南国际大学历史学研究，2015。郭秉文，哥伦比亚大学教育学博士，中国第一位教育学博士，著有《中国教育沿革史》一书。归国后曾任南京高等师范学校（后改建为国立东南大学）教务长、校长，被称为"东南大学之父"。1931 年郭秉文出任国际贸易局局长，参与银行金融界；纽约"华美协进社"（China Institute in America）创办人，一生为推进中美文化交流不遗余力。

② "Trade-Council Got Start in 1934, Now Live Organization," *The China Press* (1925 - 1938), Nov. 20, 1936.

续表

	American Members
2	C. S. Franklin, Chairman, Andersen, American Chamber of Commerce
3	P. S. Honkins, General Manager, Shanghai Power Co.
4	C. H. Bordwell, Vice-President, Dollar Line Co.
5	W. H. Plant, Shanghai Manager, U. S. Steel Products Co.
6	A. E. Schumacher, Manager, The Chase Bank
7	Julean Arnold, American Commercial Attaché
	Officers
President	K. P. Chen（陈光甫）
Vice-President	C. H. French
Secretary-Treasurer	T. S. Miao
Assistant Secretary	J. M. Howes

资料来源："Trade-Council Got Start In 1934, Now Live Organization," *The China Press* (1925 – 1938)；Nov. 20, 1936。

1936 年，"中国美国商会"在庆祝成立 21 周年时，回顾了该会在华创立的历程，当时有三件事最受重视：（1）促进对华航运；（2）要求美国在华商人享有与各国在华公民一样的权益；（3）美国政府在上海应有一栋与美国国力相当的领事馆。这些目标逐一实现，他们对中国市场荣景充满乐观情绪。[①]不久后，淞沪会战爆发，日本占领上海，该商会仍继续运作。1941 年 2 月 21 日，在上海召开的年会中，该商会仍有 150 名会员参加，直到"珍珠港事件"发生后，美国在华商人的处境始发生剧烈变化。[②]

三 "美国亚洲协会"的文化转型

如前所述，在"中国美国商会"成立之前，美国在华最大的商人团体为"美国亚洲协会"中国分会。创立于 1898 年 6 月 9 日的"美国亚洲协会"，是美国在远东地区最大的商业利益团体，总部设于纽约，并于中国的上海、香港

[①] "American Chamber Celebrates 21st Anniversary On Aug. 20," *The China Press* (1925 – 1938), May 23, 1936.

[②] "American Chamber of Commerce Meeting," *The North-China Herald and Supreme Court & Consular Gazette* (1870 – 1941), Feb. 26, 1941.

和日本的横滨、神户等地设立分会，后扩及马尼拉和新加坡等地。该协会在成立之初的 1898 年 7 月，开始发行机关刊物《美国亚洲协会期刊》（*Journal of the American Asiatic Association*），载有美国进出口概况、会务记录、远东各国商情以及对贸易政策的评论和主张，其中中国问题尤为其所重。这一商人团体从创办开始即和美国对华政策互相推拥，是一个高度政治化的商业社群。在第一次世界大战期间，《美国亚洲协会期刊》就扮演了旗手刊物的角色，不仅呼吁美国政府将主要资金转投中国，而且还推动美国政府颁布对华贸易投资的重要政策。如前所述，大战爆发后，欧洲大国卷入大战，造就美国对华贸易的契机，在华美商深感有必要成立独立专责的美国商会。① 一战以后，"美国亚洲协会"中国分会的商业功能逐渐被"中国美国商会"所取代，因此，该协会的功能也逐渐发生转型。

《美国亚洲协会期刊》于创刊时，用纸为 B5 型，系以商人利益为重的刊物，在大战期间的 1917 年 3 月，改版为 A4 型纸，正式转型为一本关注远东所有事务的时尚文化刊物，不再仅限于商业情报领域。"美国亚洲协会"除了活跃政商活动之外，还自诩能对亚洲各国的相互了解做出贡献，因此，其旗下刊物有意关注整个亚洲的文化和人道。刊物转型中，起关键作用的是 1917 年出任"美国亚洲协会"主席的司戴德，亦即 1915 年出任广益公司（American International Corporation，简称 A. I. C.）第三副总裁（Third Vice President）的传奇人物司戴德。

司戴德跟随母亲在日本度过童年，自康乃尔大学（Cornell University）建筑系毕业后赴中国海关任职，当他抵达中国时，北京外交圈对义和团事件的阴影仍未消散，但他经常四处旅行，并以画笔描绘善良的中国老百姓。日俄战争期间，他担任报社通讯员跟随日军报道战情，此后出任美国驻汉城（今首尔）副总领事，见证朝鲜先沦为日本保护国后被日本吞并的过程，对朝鲜颇为同情。其后出任美国驻奉天总领事，代表美国银行团的摩根企业就锦瑷铁路贷款及币制实业贷款，和清政府接洽、谈判。司戴德以国际银行团的美国代表身份，强烈捍卫他所认为的美国在华的最大利益，包括辛亥革命发生时支持袁世凯政权。他认为中国尚无实行共和的条件，在袁世凯出任内阁总理的条件下，改为君主立宪政体，期待袁世凯能维系大清帝国的统治。与此同时，他主张由

---

① 关于一战以前"美国亚洲协会"的发展，详见吴翎君《欧战爆发后中美经济交往的关系网——兼论"美国亚洲协会"的主张》，《国立政治大学历史学报》第 43 期（2015 年 5 月），第 179 ~ 218 页。本文不赘。

四国银行团提供一笔贷款来协助中国进行改革。这样一来，一方面可使中国政局稳定，另一方面免去国际社会转移政府承认的纷扰，从而维护各国对华既有的条约体系。一战爆发后他离开摩根企业，广益公司则借机延揽他，希冀借重他丰富的远东经历来拓展海外市场。在广益公司任职期间，他进一步借助美国银行团的力量，就铁路和大运河整治等公共工程，参与谈判。尽管中美交涉的结果并不理想，但作为美国远东政策的执行者，他不论作为外交官还是作为金融界的代表，都始终坚持认为，一个稳定、独立的中国将有助于美国在华贸易与商业的发展，也符合美国在远东地区的长远利益。1917 年 4 月美国参战后，司戴德加入美国陆军远赴法国担任联络官，获颁"杰出服务勋章"（Distinguished Service Medal），并被拔擢为上校。次年 12 月因感染"西班牙流感"（Spanish Flu），不幸于巴黎去世，死时犹未满 40 岁。[①]

司戴德对中国的政治、社会、人民和文化有深刻的了解，对中国的水患与饥民问题尤为同情。任职海关时期即爱好旅游，他用素描画出他所见的各式中国人物，不论政府大员还是市井小民，都是他的素材。在他的笔下，贩夫、走卒、喇嘛、和尚以及中国妇女，不是穷苦或卑怜的形象。他意象中的中国，不论人物还是山水风景，都予人一种清新、朴质之感。这位才华横溢的年轻人，在大学时代即是校刊的编辑，在出任"美国亚洲协会"主席后，以他在朝鲜、日本和中国的特殊经验，有意拓展"美国亚洲协会"机关刊物的商业性质。在他主导下，1917 年 3 月刊物改名为《亚洲：美国亚洲协会期刊》（Asia: Journal of the American Asiatic Association）［简称：《亚洲》（Asia）杂志］，主要介绍中国及亚洲国家的文化，并兼及美国对远东政治和文化的看法。

改版后的《亚洲》除了持续报道美国与远东的商务和政治关系之外，还介绍亚洲地理知识和历史文化。这也是"美国亚洲协会期刊"的全称最后出现于 1916 年 12 月号封面，此后封面不再印有机关名称"美国亚洲协会"，但

---

① 司戴德过世后，该刊物从 1920 年 9 月号起连载 Louis Graves 所著《一个美国人在亚洲》（"An American in Asia"），共 9 期。文章记述了司戴德的生平、赴华渊源和在华见闻，以及对中国各种阶级的观察；此外另也记载他在朝鲜和日本的见闻。该文主要选用司戴德的日记，并配有他亲笔所绘的插图和照片，由此可看出他对中国人民的友善。内容止于 1912 年司戴德回到纽约。这 9 篇文章后来辑为专书，更名为《司戴德在东方：兼及他速写薄上的插图》（Willard Straight in the Orient: With Illustrations from His Sketch-Books），于 1922 年由纽约亚洲出版公司（New York: Asia Publishing Company, 1922）出版，和连载内容差异不大，但图片更丰富。司戴德毕生文件收藏于康乃尔大学。笔者曾撰有司戴德专文，参见吴翎君《司戴德与清末民初中国》（未正式出版论文集），辛亥革命暨临时政府成立国际学术讨论会，南京大学，2011 年 10 月 16～17 日。

改版后刊物仍由"美国亚洲协会"赞助的原因。① 大战结束后，《亚洲》编辑部再次省视该刊物的走向和编辑方针，意图转型为一本以分享东西文化交流成果为主的期刊，并渴望成为欧美国家认识亚洲的一个媒介。1919 年 11 月，编辑部宣布代表商人利益的"美国亚洲协会"组织正式退出该刊的管理和运作，其编辑方针更加独立，不受该协会掌控。1919 年 12 月，《亚洲》再度改版并更名为《亚洲：关于东方的美国杂志》（Asia：The American Magazine on the Orient），封面已不再出现"美国亚洲协会"的名称，其报道的内容扩大，包括远东和中东的消息，但有关中国议题的报道始终占有最大的篇幅。转型后的《亚洲》视司戴德为该刊的创始人。然而，不知为何，直到 1925 年"美国亚洲协会"的官方记录中才宣告与《亚洲》杂志自 1917 年来的行政隶属关系正式终止，刊物独立运作。② 从行政上彻底转型为独立的文化期刊后，《亚洲》杂志对近东和亚洲地区的艺术、文学、旅游和风土特色的介绍更加不遗余力，《亚洲》杂志对中国人的精神思想、文化特质、乡村社会，以及中国人如何看待世界等议题相当热衷。③ 当时尚未成名的赛珍珠（Pearl S. Buck）曾于该刊上发表生动描绘中国女性的故事。④ 1930 年 3 月，该刊邀请中国著名京剧表演艺术家梅兰芳到纽约演出，在美国引起轰动。⑤ 在 1937 年回顾在华 40 年的特刊中，"美国亚洲协会"提到它的会员遍布整个亚洲地区，并强调菲律宾、印度、中国以及整个亚洲是世界动荡局势中的重要区块，自诩该协会完成了维护

① "The American Asiatic Association and History," *The American Asiatic Association*, Printed for the Annual Meeting, Oct. 21, 1937, New York, 1937, pp. 28 – 29. 改版之初，该协会会员颇不知悉 *Asia* 与该组织的关联，编辑部于 1918 年 8 月 15 日起，又冠上" Bulletin of the American Asiatic Association"的小字。

② "Some of the Activities of the American Asiatic Association Since Its Organization," *The American Asiatic Association*, Printed for the Annual Meeting, Oct. 21, 1937, New York, 1937, p. 11.

③ Edward II. Hume, "Science and the Chinese Mind," *Asia：Journal of the American Asiatic Association*, 1927, Vol. XXVII, No. 7, July, 1927, pp. 562 – 567. John McCook Roots, "Chinese Head and Chinese Heart," *Asia：Journal of the American Asiatic Association*, 1927, Vol. XXVII, No. 2, February, 1927, pp. 91 – 97. Owen Lattimore, "The Chinese as a Dominant Race," *Asia：Journal of the American Asiatic Association*, 1928, Vol. XXVIII, No. 6, June, 1928, pp. 450 – 457. John Earl Baker, "Chinese Views of Truth and Justice," *Asia：Journal of the American Asiatic Association*, 1928, Vol. XXVIII, No. 7, July, 1928, pp. 532 – 539.

④ Pearl S. Buck, "A Chinese Woman Speaks：A Story," *Asia：Journal of the American Asiatic Association*, 1926, Vol. XXVI, No. 4, April, 1926, pp. 304 – 310. Pearl S. Buck, "Chinese Woman Speaks-II：A Story," *Asia：Journal of the American Asiatic Association*, 1926, Vol. XXVI, No. 5, May, 1926, pp. 413 – 419.

⑤ "The American Asiatic Association and History," *The American Asiatic Association*, p. 31.

美国人在东方利益的任务。①

"美国亚洲协会"在中国的会务虽未停止，但影响力确不如早期商人团体时期。1922年4月，该协会创始人富尔德病逝于华府，这似乎也宣告了该协会辉煌时代的结束，以及新时代文化转型的开始。自1920年起，"美国亚洲协会"和纽约自然历史博物馆（American Museum of Natural History）合作，赞助博物学家和探险家安得思（Roy Chapman Andrews）率团远赴中亚和蒙古考察；这支考察队伍有重大发现，如历史上首次发现恐龙蛋，这为安得思本人和"美国亚洲协会"获得很高的声望。②1923年日本发生7.9级关东大地震，该协会大力支持美国红十字会所发起的救灾捐款工作。对于一战以后菲律宾的自治独立运动，该协会颇为同情，并组成研究小组向美国参议院领土与岛屿事务委员会（Committee on Territories and Insular Affairs）陈述菲律宾之情况。③

1926年，"美国亚洲协会"中国分会与"中国美国商会"合并之后，在纽约的"美国亚洲协会"仍持续运作。④南京政府成立之初，政权尚不稳定，美国驻北平大使馆迟迟仍未搬迁，一直到1935年才迁到南京，但早在1931年该协会就积极主张大使馆迁到南京，显现"美国亚洲协会"对南京政府所保持的良好互动善意。1928年该协会曾资助John Earl Baker担任中国交通部顾问；1929年曾赞助晏阳初的平民教育会。1929年该协会派出代表O. K. Davis参加在阿姆斯特丹举办的第五届全球"国际商会"联合大会，并发表对中国事务的看法。1931年中国黄河发生大水患，该会在美国积极募款赈灾。鉴于九一八事变后日本在东北的经济垄断和"满洲国"的成立对美国商业利益造成不利影响，该会重提美国所主张的"门户开放"政策。⑤

为了维持会务的永久运作和稳定经营，1929年"美国亚洲协会"制定终身会员制，共计会员25名，终身会费100美元。同年，该协会加入"美国联邦商会"（The Chamber of Commerce）和"国际商会"，成为两会的会员，希望与这两个组织的结合能发挥更大的影响力。从会务报告看来，自1926年该

① "The American Asiatic Association and History," *The American Asiatic Association*, Printed for the Fortieth Annual Meeting, Oct. 21, 1937, New York, 1937, p. 32.
② "The American Asiatic Association and History," *The American Asiatic Association*, p. 29.
③ "The American Asiatic Association and History," *The American Asiatic Association*, p. 31.
④ "Some Of The Activities of the American Asiatic Association Since Its Organization," *The American Asiatic Association*, pp. 12 – 13.
⑤ "Some Of The Activities of the American Asiatic Association Since Its Organization," *The American Asiatic Association*, pp. 13 – 14.

会之中国分会与"中国美国商会"合并后，对华事务的发言权已远不如"中国美国商会"，最后一次成果应属 1935 年该会参与"美国远东经济访问团"（American Economic Mission to the Far East），"美国亚洲协会"将此事列为年度重大成就。访问团中有 12 名该协会的活跃人士，他们与"全国对外贸易协会"（National Foreign Trade Council, NFTC，成立于 1914 年）组成声势浩大的远东实业访问团，团长为福布斯（W. Cameron Forbs），系前任驻日公使（1930 ~ 1932）和菲律宾总督（1909 ~ 1913）。他们于 1935 年 3 月 22 日自旧金山出发，搭乘大来航运公司（Robert Dollar）的"柯立芝总统号"（S. S. President Coolidge）首先抵达日本，4 月 22 日自日本抵达上海。访问团在中国造访了上海、南京、北平、天津、汉口、广州等城市。此行他们与中国工业家和银行家密切交流，了解美商在中国投资的条件和困境。美国在中国各口岸的商会和领事借此一盛事，推动与中国商人的相互理解、合作。① 这一浩大的商人团体在中国乘坐火车和飞机，而且它可能是第一个搭乘"中国国航"（China National Aviation Corporation）考察中国各城市的外籍实业团体。在上海，市长吴铁城邀集中美商人齐聚于"美国人俱乐部"（American Club）餐叙。之后抵南京国民政府首都南京，由政府实业部资源委员会和财政部要员热情接待（并安排赴中山陵谒灵），美国驻华公使约翰逊亦亲自接待访问团，这显现美国政府的重视。访问团一行于 6 月 18 日搭机飞往菲律宾。②

　　1937 年，在中国对日抗战前夕，当时刚取得哈佛大学硕士学位、在中国和日本进行考察研究的赖世和（Robert Karl Reischauer）在《亚洲》杂志发表《日本的战争之路》（"Japan's Road to War"）一文，他已意识到日本将迈向战争之路，对远东危机深感忧虑。③ 不久，日军对上海发动战略性轰炸，40 万难民一夕之间涌向上海市区，9 月，"美国亚洲协会"纽约总部致电其会员上海

---

① "American Economic Mission Arrives in Shanghai," *The China Weekly Review* (1923 – 1950), Apr. 27, 1935, p. 295. "The American Asiatic Association and History," *The American Asiatic Association*, p. 32.

② "American Economic Mission Arrives in Shanghai," *The China Weekly Review* (1923 – 1950), Apr. 27, 1935. *Report of the American Economic Mission to the Far East: American Trade Prospects in the Orient*, Published: New York, National Foreign Trade Council, 1935. 《申报》1935 年 4 月 24 日，第 3 版。

③ Robert Karl Reischauer, "Japan's Road To War," *Asia: Journal of the American Asiatic Association*, 1937, Vol. XXXVII, No. 2, February, 1937, pp. 80 – 82。赖世和（1910 ~ 1990）于 1939 年获哈佛大学博士学位，并在哈佛任教。1961 ~ 1966 年出任美国驻日大使。他与知名汉学家费正清在哈佛大学合开东亚文明课程，可说是美国研究东亚文明的奠基者，1973 年创办哈佛大学日本研究所。

"中国美国商会"主席普兰特（W. H. Plant）和时任上海国际救济委员会主席（Chairman of the International Committee for the Aid of Chinese Refugees），要求协助筹款和抢救难民工作。[①] 中国抗战爆发后，宋美龄、林语堂曾在该刊发表文章，向国际社会宣传国民政府抗战之决心，并争取美国人民支持中国政府。"珍珠港事件"发生后，该刊显然受到战争影响，无法定期发刊。1942 年 11 月，其封面大字为"Asia"，小字加上"and the Americas"，有意成为联结亚洲与美洲的一本文化期刊。这份刊物在 1946 年国共内战之时停刊，在华发行近 50 年。1946 年 1 月，该刊物还在目录上印着"由司戴德创立于 1917 年"（Founded in 1917 by Willard Straight）。

小　结

从"美国亚洲协会"中国分会在上海的最早成立，到一战期间单独成立"中国美国商会"，此后从两商会组织中再精拣出更为精干的"中美贸易委员会"，美国商人团体在中国不断演进，这一过程中，中国加入"国际商会"组织，并积极参与国际各种商业活动。到 1930 年代后期，中国愈来愈深入地参与以美国为首的世界经济市场体系，对美的经济活动更是与外交策略密不可分。"美国亚洲协会"在创立后的 15 年中，主要以在美国本土的大资本家为主，它在中国市场主要仰赖中国买办，在对华事务上主要联合美国纽约和波士顿的美国本土资本家向美国政府施压。到一战时期，美国在华商人团体则是由总部设在美国本土、分部设在中国条约口岸的跨国大企业自己发声，它们在中国市场的传统经营者买办已完全由自己培育的专业经理人取代了，这些大企业所主张的通过专业经理人在华建立独立商人组织和创办机关报刊的意见，受到美国政府的重视，特别是在 1920 年代后期中国民族主义排外运动风起云涌之际。"中国美国商会"和"美国亚洲协会"中国分会彼此合作、互相推进，到 1926 年两会终于合并。此后，"美国亚洲协会"中国分会在中美政治和经济关系上的意义已不再重要，取而代之的是文化活动的交往。"美国亚洲协会"中国分会在中国的演变，历经商人团体到文化组织的转变，展现了中美关系网络中的多元触角和活络关系。

"美国亚洲协会"在大战之后的转型，也印证了华盛顿国际秩序下，美国

---

① "The American Asiatic Association and History," The American Asiatic Association, p. 18.

民间力量对远东和平秩序的维护和美国政府相互推进。虽然国际竞争和冲突始终未歇，转型后的"美国亚洲协会"通过文化传播致力于促进美国对东方的理解和维护亚洲区域的和平，颇有一种"共有亚洲"（A shared Asia）的远大理念，并且也将此一理念付诸实践。促成"美国亚洲协会"转型的主要关键人物——具有丰富远东经历的司戴德当居功厥伟，他赋予《亚洲：美国亚洲协会期刊》促进亚洲和近东国家相互理解的责任，他所主张的理念影响了后继者。

中国加入"国际商会"组织和"中美贸易委员会"之成立，正值 1930 年代中国爱用国货之风潮鼎盛之际。中国加入国际多边组织或中美双边组织，熟稔欧美商会和国际金融事务的运作与合作方式，理解国际上各种新兴企业和组织的经营模式，参与双边或多边的非正式国际组织也展现了中国民族主义之旺盛。1930 年代，中国社会兴起一股爱用国货之风潮，并借以抵制外货，而同一时期，中国却积极参与"国际商会"组织，两者非但不矛盾，而且正好说明 1930 年代中国正借由跨国商会活动呈现中国的国际化和国族身份认同。

20 世纪 20 年代初期的中韩关系

——中韩互助社的成立及其活动

裴京汉[*]

摘要： 在 20 世纪 20 年代初期，在中国各地成立中韩互助社，并以这些组织为中心展开"中韩互助"活动。这些中韩互助社通过举行创立大会、茶话会、讲演等各种集会，展示殖民地韩国的悲惨境况，支援韩国的独立运动。在中韩互助社成立过程中，最为中心的人物是吴山，他主导的社会团体中华全国道路建设协会（道路协会）及其机关刊物《道路月刊》，有韩临时政府第二任总统朴殷植的参与和寄稿，他关于促进韩国独立运动的主张得到中国人的支持。恢复国家的自主和独立，是这一时期中韩双方的共同目标和连接点。

关键词： 中韩互助社　吴山　朴殷植

序　言

众多韩国志士在 1910 年 8 月韩国亡国后流亡到中国。这些韩国志士迫切需要与中国方面进行交流和合作。当时，中国方面也非常需要与韩国的独立运动人士进行积极的交流和联络，因为日本在强制合并韩国以后开始酝酿对中国东北进行大举侵略，所以对于中国人来说，在对韩国的独立运动给予同情与关

---

* 裴京汉，韩国釜山大学特聘教授。

心同时，也非常需要与之共同对应日本的侵略。众所周知，早在 1919 年即在上海成立韩国临时政府之前，韩国独立运动志士与中方的交流和联络就十分活跃。最具代表性的例子是，1912 年前后申圭植在上海和南京等地成立了以其为中心的新亚同济社，并积极开展活动。①

从同样的脉络来看，1919 年 4 月韩国临时政府在上海成立后，也积极促进与中方的外交交涉，与中方人士的交流、合作，获得中方一系列政策支持，并为实施这些政策而努力。韩国临时政府成立后不久发表的"施政方针"中有 5 项基本政策，其中之一是以"韩中亲睦会"为中心加大加强对中国的宣传。在更为具体的外交方案《与各国的外交事务》条例中，最先编写的内容就是"对中国的外交"。② 1920 年 3 月，韩国临时政府公布了《临时外交员制》，向海外各地派遣了临时宣传员。在中国是 1920 年冬天以后，向南方各省派遣临时宣传员，深入地揭露日本帝国主义的侵略罪状和广泛宣传韩国的悲惨状况，以博得中国人民对韩国独立运动的支持。

如后所述，作为韩国临时政府这种努力的延伸，从 1921 年初开始，各地出现了被称为"中韩互助社"的组织。中韩互助社以"中韩互助"为目标，即前述的为了对应日本帝国主义侵略而组成的共同组织。这可以视为 20 世纪前十年到 40 年代中韩联合反帝抗日组织的正式建立。因此可以说，以中韩互助社为中心所展开的"中韩互助"活动，具有代表 20 世纪前半期中韩关系的基本特征。

对中韩互助社的成立及其活动，之前中韩学界已有若干研究。③ 但是笔者认为对相关资料的发掘尚不充分，对其意义的阐述也不深刻。在此一问题意识下，此文将尽可能详细地阐明 1921 年到 1922 年出现的中韩互助社成立的背景及其组织过程，展示可称为 20 世纪初中韩关系象征的"中韩互助"的实况及其现实性意义。

---

① 裴京汉：《孙文与韩国》，首尔：한울（Hanul）出版社，2007，第 61～66 页；李炫熙：《1920 年代韩中联合抗日运动》，（首尔）《国史馆论丛》1989 第 1 辑，第 230～231 页。
② 金正明编《朝鲜独立运动》（Ⅱ），东京：原书房，1967，第 117～118 页。
③ 参照李炫熙《1920 年代韩中联合抗日运动》，（首尔）《国史馆论丛》1989 第 1 辑；康基柱《中韩互助社研究》，（首尔）《亚细亚文化研究》第 2 辑，暻园大学亚细亚文化研究所，1997；李永春《长沙中韩互助社成立时间和社址考》，《近代史研究》2005 年第 3 期；李永春《长沙中韩互助社述论》，《湖南师范大学社会科学学报》2007 年第 6 期；等等。

一　中韩互助社的成立过程

（一）孙中山、金昌淑的面谈与广州的“中韩互助”活动

之前有关中韩互助社成立的研究，主要是把目光集中在韩国临时政府的努力和各地部分中国人呼应的内容上。从大的框架上看，这些内容研究并没有问题，但是对组织的出发点和其活动内容应该有更广泛、更细致的考察。在此，笔者注目于之前没有被研究者所重视的韩国独立运动志士金昌淑的回忆录。他于 1919 年后以上海为中心从事过独立运动。金昌淑先生出身于岭南儒林。他参与撰写递交巴黎和会之儒林请愿信（即“巴黎长书”），此请愿信获得全韩国儒生的联合签名。为了去巴黎，他于 1919 年 3 月末到达上海。金昌淑离开故乡之前，岭南的儒林领袖郭钟锡建议他拜见云南籍的国民党要人李文治，以求帮助。郭李之间以前就有书信往来。金昌淑到达上海后，联系了当时在广州担任非常国会参议员的李文治。李文治向金昌淑引荐了当时在上海的河南籍众议院议员凌钺以求帮助，后来金昌淑通过凌钺的介绍才得以拜见孙中山。①

1919 年 7 月，金昌淑在上海法租界莫里哀路（Rue Moliere）的孙中山寓所拜见了孙中山。孙中山向金昌淑询问不久前发生的“三一运动”及之后的韩国状况，批判了日本人的残虐，并说中国与韩国既是兄弟关系也是唇齿相依的关系。孙中山还说，韩国是东方的巴尔干，日本想以韩国为桥梁对中国进行侵略，所以中国对韩国独立运动的支援就是保全中国独立之途径。之后，孙中山建议金昌淑访问革命运动（护法运动）中心广州，以便更好地促进韩国与中国的紧密协作。② 金昌淑按孙中山的建议于 8 月访问了广州。金昌淑在广州通过李文治与许多国民党方面的人士进行了接触和交流。其中交流最为密切的是李文治、凌钺、吴山三人。③

当时，广州护法军政府的司法部次长吴山提议成立后援会，以帮助上海韩国临时政府。为此他还召开了后援会发起大会，有 300 多名军界、政界、教育界、工商界人士参加了发起大会，会议由众议院副议长褚辅成主持。在会上讨

---

① 金昌淑：《躄翁七十三年回想记》，心山思想研究会编《金昌淑文存》，首尔：成均馆大学校大东文化研究院，1986，第 200～202 页。

② 金昌淑：《躄翁七十三年回想记》，心山思想研究会编《金昌淑文存》，第 203～205 页。

③ 金昌淑：《躄翁七十三年回想记》，心山思想研究会编《金昌淑文存》，第 204 页。

论了对韩国临时政府的后援金的募集问题。会后在李文治负责下，募集了为数不少的后援金。① 以后，后援会从上海邀请了 50 多位经济困难的韩国留学生来广州，安排他们管理、运营中文和英文教育机构——语学讲习所。但是数月后，后援会的募金活动和针对韩国留学生的语学讲习所不得不停办。这是因为1920 年 3 月爆发广东军（粤系）和广西军（桂系）的军事冲突，护法军政府失去了根据地，吴山、凌钺、李文治等后援会负责人也都先后离开了广州。②

虽然中途失败，但是 1919 年 8 月到 1920 年 3 月间，金昌淑访问了广州并推动了"中韩互助"活动。这一活动与后期在上海成立中韩互助社及其一系列活动，事实上是相同性质的。1920 年 10 月后，在上海，经中韩双方讨论组成中韩互助社，这一组织之成立也是由广州活动负责人吴山主导的。从这一角度来看，金昌淑访问广州及其在广州的活动，应该说是以在中国几个城市成立中韩互助社式组织并开展活动为出发点的。中韩互助社及其活动的全面拓展，实际上是从 1921 年春天才正式开始的。

（二）各地中韩互助社的成立及其活动

金昌淑回到上海数月后即 1920 年 10 月中旬，吴山由香港来到上海。他通过金昌淑与韩国临时政府的数位要员进行了会面。在会面时，讨论为了加强中韩合作组织"中韩互助会"的事宜。③当时金昌淑把李东辉、李东宁、朴殷植、李始荣、金九、申圭植、金嘉镇等韩国临时政府要人介绍给吴山。韩国临时政府还为邀请吴山和徐谦召开了盛大的宴会。韩国临时政府方面，有以国务总理李东辉为代表的 50 多位要员参会。就在这次宴会上，大家讨论了在上海设立中韩互助组织总部以及在中国全国各地建立支部等事宜。④

1920 年 10 月，韩中就创设中韩互助社达成协议，但具体的组织工作并没有马上实行，而是到了第二年即 1921 年春天才开始。韩国临时政府方面任命外务部的黄永熙担任临时宣传要员，并于 1921 年 3 月中旬派他去四川、云南、

---

① 之后关于后援金的处理出现了很多不和谐声音。最近北京大学的王元周教授对此进行了详细的考察，指出："其实后援金数额并不太多，后援金也不是李文治，而是有其女婿韩国人李俒留用。"参见王元周《李文治、李俒与韩国独立运动：私吞捐款事件探析》，《当代韩国》2017年第 3 期。
② 《蹙翁七十三年回想记》中的记录是，1920 年 3 月广东军总司令李烈钧被部下李根源策反，护法政府人士离散。
③ 金昌淑：《蹙翁七十三年回想记》，心山思想研究会编《金昌淑文存》，第 218～221 页。
④ 金昌淑：《蹙翁七十三年回想记》，心山思想研究会编《金昌淑文存》，第 219～220 页。

贵州等地活动；同时任命赵重九为临时宣传要员，于 3 月下旬派去湖北组织工作。3 月末收到了他们在两湖组织工作的消息。他们在湖南长沙、湖北汉口等地设立了中韩互助社。①

到了 5 月份，在上海成立中韩互助总社，负责联络和管理在中国各地的互助社组织。②同年 9 月，申圭植访问广州的护法军政府，并以此为契机，在广州设立了中韩协会。虽然名称有所不同，但这也是与中韩互助社性质相同的韩中合作组织。③此外，虽然成立日期无法确定，但是可以确认的是在四川重庆也成立了中韩互助社，在哈尔滨等东北（东三省）地区也成立了中韩互助社。④如此可以推断，1920 年 10 月，吴山、徐谦等中方人士与金昌淑、李东辉等韩国临时政府要员讨论的是成立互助社事宜；1921 年 3 月后，黄永熙、赵重九等韩国临时政府宣传员被派遣到中国各地进行组织活动，5 月在上海正式成立全国性的中心组织——中韩互助总社。

在这过程中，长沙、安庆、汉口的中韩互助社以及上海的中韩互助总社和广州的中韩协会等这些组织的成立日期、成员名单、组织目的等信息，或多或少有资料可供考察。比如，长沙中韩互助社就把办社目的定位为加强两国国民的情感与联系，策划并协助中韩两国国民交往。1921 年 3 月 14 日，在船山学社旧址宣布成立中韩互助社，由李愚珉、黄永熙、李基彰 3 名韩方人士和毛泽东、何叔衡等 28 名中方人士组成社员。⑤这 28 名中方人士中，有 8 名是新民

① 《朝鲜民族运动年鉴》，《大韩民国临时政府资料集》别册 2，果川：国史编纂委员会，2009，第 106～107 页。

② 根据《东亚日报》1922 年 10 月 30 日的报道，1921 年春天，在上海由中韩双方共同发起了中韩互助社。中韩互助社发起当初就决定把总社设立在上海，在全国各地主要城市设立分社。《扩张了内涵的互助社》，《东亚日报》1922 年 10 月 30 日。虽然无法确定成立中韩互助总社的确切创立日期，在《独立新闻》关于中韩互助总社第二次大会（1922 年 9 月 5 日）的报道中，有"去年 5 月在上海组织的"的文字，从而可以推断总社的成立应该是 1921 年 5 月。参见《中韩互助社大会》，《独立新闻》1922 年 9 月 11 日。

③ 参见《广东における中韩协会发会の件》，金正明编《朝鲜独立运动》（Ⅱ），第 474 页。当时在上海发行的《四民报》介绍过广州地区的若干个团体，其中把中韩协会作为第七个组织进行介绍，并提到"刚成立两个星期"。《广州社会之里面观（续）》，《四民报》1921 年 10 月 15 日。

④ 在 1922 年 10 月中旬，《独立新闻》在报道"中韩互助社重庆支社发行了数次社报"的同时还提到，"为了在韩人居住较多的东三省设立中韩互助社，委托中方人士汪剑农（中韩互助总社中方成员）负责工作"。《中韩互助社信息》，《独立新闻》1922 年 10 月 22 日。

⑤ 《朝鲜民族运动年鉴》，《大韩民国临时政府资料集》别册 2，第 123 页；李永春：《长沙中韩互助社成立时间和社址考》，《近代史研究》2005 年第 3 期。

学会会员，12 名是文化书社会员。同为这两个组织的领导人何叔衡、毛泽东、贺民范 3 人担任中韩互助社的干部。由此可以看出，发起人中的大部分中方人士当时都是在长沙从事革命活动的青年人。①

长沙中韩互助社成立后不久，即在 3 月 17 日，安庆中韩互助社也成立了。虽然没有具体的中方参与人士名单，但是有报道称，韩国独立党秘书长赵铁和另外一人李松根邀请了安庆的商界和学界 20 多人一起参加了成立大会。②由此看来，安庆中韩互助社应该是在韩国临时政府所派遣的宣传员的主导下，在安庆组织进步人士共同成立的。

汉口中韩互助社是 1921 年 4 月成立的。1920 年冬天，李愚珉、赵重九、李基彰等人从上海被派遣到武汉，与汉口律师公会副会长、平民教育家施洋（字伯高）合作，在 4 月份成立了中韩互助社。施洋与李基彰起草成立宣言，拟订章程及活动计划。③因此可以看出，汉口中韩互助社是韩国临时政府的宣传员李愚珉、赵重九、李基彰等人在长沙成立中韩互助社以后转到汉口，借助施洋等进步人士的帮助而成立的。④

各地的中韩互助社所确立的活动目标是，通过联合中韩两国国民追求共同利益，但实际上，中韩互助社的首要目标是获得中国人对在华韩国人的支援。⑤例如，中韩互助总社为了募集资金给韩国留学生开设语学讲习所，还组织过规模不小的艺术公演活动。⑥当时的这些活动中，最为重点的是共同对应日本的侵略，并根据情况变化或出现的机遇，采取了具体的应对之策。各地的

① 《朝鲜民族运动年鉴》，《大韩民国临时政府资料集》别册 2，第 123 页。其中可以确认新民学会会员有罗宗翰、张超（泉山）、萧旭东、何叔衡、谢觉哉（焕南）、毛泽东、易礼容、陶毅；文化书社的会员有毛泽东、何叔衡（瞻岵）、易培基、贺民范、仇鳌、陶毅、任慕尧、熊梦非、匡日休、方维夏、刘驭皆、易礼容等。《年鉴》中记录的仇数鱼、任慕克、罗宗输、能梦非、刘驭背等，据考察应该是仇鳌、任慕尧、罗宗翰、熊梦非、刘驭皆等人名字之误字。对于以上的新民学会和文化书社的会员名单，参见张允侯等编《五四时期的社团》（一），三联书店，1979，第 7～8、47 页；参见曹文奇《青年毛泽东与朝鲜革命》，《党史纵横》1991 年第 1 期。
② （北京）《益世报》1921 年 3 月 24 日刊。陈英：《复国运动的重要场所 抗战斗争的特别贡献——韩国独立运动在安庆》，《滁州学院学报》2005 年第 2 期，第 7～8 页。
③ 林育南：《施伯高传》，《施洋先生纪录集》，武汉，1924。康基柱在《韩互助社研究》中再引，参见（首尔）《亚细亚文化研究》2 辑，第 310 页。
④ 1921 年在广州成立的中韩协会的相关组织活动，参见裴京汉《孙文与韩国》，第 79～83 页。
⑤ 中韩互助社第二次大会更加明确地强调，将对日益增多的韩国留学生进行指导和促进中韩两国的贸易两项作为新活动之内容。《扩张内容的互助社》，《东亚日报》1922 年 10 月 30 日。
⑥ 《中韩互助社语学讲习所经过情况纪略》，《中韩语学讲习所游艺大会特刊》1923 年 3 月 2 日，第 4 页。

中韩互助社的成立大会，本身就具备揭露日本侵略和殖民统治罪恶行径的性质，具有中韩联合抵抗日本侵略的特征。与之相呼应，召开的一些讲演会或茶话会，也是揭露日本侵略、支持韩国独立运动的活动。

当然，在具体的特殊情况下，也有专门开展具有针对性的联合活动的情况。例如，1921 年后半年，在太平洋会议（华盛顿会议）即将召开的消息传开以后，共同对应太平洋会议就成为中韩互助社最为重要的任务。1921 年 8 月 15 日，以中韩互助社的名义发表了致太平洋会议的宣言。①到了 9 月中旬，中韩互助社召开茶话会，就太平洋会议讨论了对应方案，②并于 12 月 2 日通过电报把致太平洋会议的宣言发送了出去。③

二　上海中韩互助总社与吴山、朴殷植

（一）吴山与中韩互助总社

1921 年 5 月，在上海成立中韩互助总社，可惜的是当时的会员资料至今尚未找到。但是通过 1922 年 9 月召开的第二次大会新选出的干部名单，可以大致推测出第一次大会的会员情况。第二次大会的理事会由韩方和中方人士各 8 人组成。其中韩方人士是金奎植、金弘叙、申翊熙、崔濬、李裕弼、李铎、赵尚燮、吕运亨；而中方人士为吴山、周剑秋、黄宗汉、邓嘉缙、汪剑农、黄警顽、严伯威、郝兆先。④另外，1922 年当时中韩互助总社会员总数为 156 人。其中韩方人士 104 人，中方为 52 人，由中方的吴山任理事长，由韩方的金奎植担任副理事长。⑤

韩方人士金奎植、李铎、旅运亨、金弘叙、李裕弼、赵尚燮、申翊熙等或是韩临时议政院的议员，或是韩临时政府的领导层人士，或是上海韩人社会的指导者。其中金奎植、吕运亨、李裕弼、赵尚燮等人是基督教信徒或是基督教

① 《中韩国民互助社宣言》，（上海）《民国日报》1921 年 8 月 29 日。
② 《中韩互助社之茶话会》，（上海）《民国日报》1921 年 9 月 18 日。
③ 《中韩互助社致太会电》，（上海）《民国日报》1921 年 12 月 4 日。
④ 这第二次大会中，周剑秋对过去一年的活动做过介绍，由黄宗汉担任临时主席。从中可大体推断，此次大会的理事会成员与第一次大会不会差别太大。《中韩互助社大会》，《独立新闻》1922 年 9 月 11 日。
⑤ 《互助社任员配定》，《独立新闻》1922 年 9 月 30 日。

牧师，是基督教系统里具有代表性的独立志士 。①后来于 1921 年 5 月成立中韩互助总社时，韩国临时政府内部已经出现了分裂局面。因此中韩互助总社中也可能出现一些不和谐音。②但是从整体上看，应该说是在韩国临时政府的主导下成立了中韩互助总社。

在中韩互助总社的中方人士中，可以考察身份的有黄宗汉和吴山二人。黄宗汉是著名的革命派领导人黄兴的夫人徐宗汉。她曾经与黄兴一起作为同盟会（后为国民党）的主要成员进行过革命活动。③吴山（1876～1936）出身于四川江津。在辛亥革命后成立南京临时政府时期，他在乡里从事宣传工作。后来袁世凯复辟，吴山参与过讨袁运动，失败后避难于日本，在日本的明治大学学习法律。回国后参与过蔡元培等人领导的勤工俭学运动，也从事过出版业。④1917 年 7 月后，吴山去广州参加了孙中山领导的护法运动，自同年 10 月开始，他历任大元帅府秘书⑤和司法部司长、代理次长等职务。1918 年 4 月，与桂系军阀的对立中，孙中山辞去大元帅之职去了上海。吴山在广州为了与诸方政治领导人谈判，代表孙中山出席了政务会议。如前所述，在其广州活动期间，吴山与韩国独立运动有过密切的联系。

在中韩互助总社成立及运营过程中，吴山是非常重要领导者，具有重要影响力。1923 年 3 月 2 日（正月十五日），在上海四川路的 YMCA（青年会馆），中韩互助总社为中韩语学讲习所筹办经费举办艺术公演。为韩国留学生学习中文设立语学讲习所是从新亚同济社时就开始举办的活动，是中韩互助的老项目。如前所述，这是吴山在广州通过金昌淑试运行的活动。但是在 1922 年 10 月，中韩互助总社的主要活动是在上海法租界人杰里的韩人学校仁成学校，设立中韩语学讲习所。这与以往单纯给来上海的韩国留学生提供语言教育不同，

---

① 中韩互助社中方的中心人物吴山、徐谦等都是基督教信徒。尤其是徐谦，在当时国民党领导层内部，是唯一公开基督徒身份的人物。中韩双方人物与基督教应该多少有些关联。关于徐谦以基督徒的身份参与政治活动的内容，参见闵斗基《徐谦（1871－1940）：政客与革命家之间》，（首尔）《东洋史学研究》第 33 期，1990。

② 长沙中韩互助社成立 5 个多月后，大概在 8 月中旬，韩临时政府外务部外交司司长朴赞翊罢免了在湖南活动的赵重九（临时议政院议员）之职务以及黄英熙、李愚珉等人宣传员的资格，同时还写信给湖南各团体，声明他们以后的活动与韩临时政府没有关系。以此来看，这些宣传员与上海韩临时政府之间产生过种种摩擦。参见《韩国外务部致湘省各团体函》，（长沙）《大公报》1921 年 8 月 19 日（《大韩民国临时政府资料集》别册 39，第 137 页）。

③ 徐友春主编《民国人物大辞典》，河北人民出版社，1991，第 713 页。

④ 关于吴山的一生，参见徐友春主编《民国人物大辞典》，第 334 页。

⑤ 陈锡祺主编《孙中山年谱长编》上册，中华书局，1991，第 1074 页。

他们同时给中国和韩国学生提供语言教育。不仅如此，中韩语学讲习所还称平民讲习所，为在上海工厂里的韩国劳工或电车售票员等工人提供教育服务。①平民讲习所类似于夜校，是五四运动后广泛展开群众运动的一部分，也曾经是开展城市劳工运动的一种类型。②另外，为了系统性地运营讲习所，他们举办艺术公演等活动以补充经费。与以往的语学讲习所相比，这一点体现出更为积极的发展形态。吴山担任游艺大会的大会长（主任）直接主管大会。他曾经说这次举办的讲习所是对他几年前在广州开办讲习所活动的延续，由此可以看出，他是在强调讲习所是由他亲自领导的。③

上海的中韩互助总社维持运转到何时，吴山的领导作用持续到何时，这些都无法精确取证。1923 年 9 月初，吴山主持召开了中韩互助社第三次年会；同年 10 月末召开了中韩互助社理事会，就 9 月发生关东大地震时，日本对韩国人和中国人所实施的残暴罪行发表抗议宣言。同年 11 月，他们以中韩互助社的名义正式发表了抗议宣言。由此看来，至少到 1923 年底，中韩互助社仍然在进行活动，吴山的领导作用也在继续。但是 1924 年以后就没有发现中韩互助社的活动记录。在 1923 年 1 月国民代表大会召开前后，韩国临时政府因内部分裂、财政困难，活动能力大大萎缩，中韩互助社活动的停止可能与这一系列事务有关。④

（二）朴殷植的参与《道路月刊》及其"中韩互助"

在考察吴山与中韩互助活动关系的时候，值得注意的一个问题是，当时担任韩国临时政府第二任总统的朴殷植与吴山的关系。如前所述，1920 年 10 月，吴山来到上海，在中韩互助总社的创立和运营中起过关键性作用。这段时

① 周霁光：《平民语学讲习所之希望》，《中韩语学讲习所游艺大会特刊》1923 年 3 月 2 日，第 1 页。
② 中韩语学讲习所之所以采取平民讲习所的形式，可能与在开所仪式上祝贺讲演的人士中有领导组建汉口中韩互助社的施洋有关。在汉口担任律师的施洋是有名的平民教育家，在参与 20 世纪 20 年代初期具有代表性的劳工运动京汉铁路大罢工中牺牲。《中韩语学讲习所游艺大会特刊》中记载了有关京汉铁路大罢工的事宜（《京汉路工潮感言》），也应该跟施洋有关。关于施洋的履历，可参见网页 http://www.81.cn/yljnt/2013 - 10/15/content_ 5592645.htm。周霁光《中韩互助社语学讲习所经过情况纪略》，《中韩语学讲习所游艺大会特刊》1923 年 3 月 2 日，第 4 页。
③ 吴山：《中韩语学讲习所游艺大会宣言》，《中韩语学讲习所游艺大会特刊》1923 年 3 月 2 日，第 1 页。
④ 金喜坤：《大韩民国临时政府研究》，首尔：知识产业社，2004，第 67～71 页。

间，他同时还担任 1921 年冬天成立的社会团体中华全国道路建设协会（下称"道路协会"）的总干事，负责实质性的组织、运行工作。道路协会是在联太平洋协会的影响下成立的具有代表性的民间社会团体。联太平洋协会是在美国作家亚历山大·福特（Alexander Hume Ford）的提倡下，以促进太平洋沿岸国家民间合作为目标而成立的国际性亲善团体。道路协会是在 1920 年冬天，在联太平洋协会的重要会员、著名的外交家王正廷的主张下讨论创立的，①后于1921 年 9 月得到南北政府的承认，成为全国性的社会团体。道路协会的目标是"振兴全国的道路建设，从而图谋社会和经济的发展"。道路协会推选王正廷为第一任会长，推选著名企业家、政治家张謇为副会长；此外，还邀请大量的著名人士和建筑方面的专家（工程师）参加。道路协会在全国各处设立支部，对地方的道路建设和城市规划有很大的影响力。该协会还动员大量的海外华侨参与并向他们募集会费，发展成为具有全国性影响力的社会团体。②道路协会在 1922 年 2 月开始发行了机关刊物《道路月刊》。吴山原来就从事过新闻舆论事业，有丰富的经验，因此担任了刊物的主笔，负责编辑的工作。王正廷会长当时是民国北京政府的外交部部长，因此他主要在北京活动。③因此可以看出，道路协会在初期时（20 世纪 20 年代）主要是由吴山负责运营的。

在相同时间内，吴山也为中韩互助总社的创立和运行积极活动。因此可以认为，作为吴山主要活动舞台的道路协会乃至《道路月刊》，和中韩互助总社应该有一定的联系。我们可以通过朴殷植与《道路月刊》关系来确认这一点。朴殷植何时认识吴山，无法明确考察到。但是吴山是于 1920 年 10 月离开广州来到上海的，当时由金昌淑介绍他参加了韩国临时政府要人举行的宴会。朴殷

① 王正廷（1882~1961），原来是清末的海关职员，后留学美国，归国后担任中华基督教青年会总务，历任民国初期国会参议员、中华民国外交部部长等职务，是职业外交官，也是中国第一代奥林匹克委员会委员。他还先后担任过全国体育协会会长、中华图书馆学会会长、中国红十字会会长等职务，以及多个学校的理事长。他在社会服务和社会公益活动方面也是留下很多业绩。参见王利娟《王正廷主要社会公益活动探析》，硕士学位论文，宁波大学，2011。
② 直到 1937 年中日战争全面爆发，道路协会历经了 17 年的发展。此期间历任会长除王正廷之外，还有孔祥熙。历任副会长有郭秉文、史量才、孔祥熙、张之江、徐谦等政界与社会之著名人士。另外，还有冯玉祥、卢永祥、阎锡山、齐燮元、张学良、唐生智、唐继尧等军界人士，于右任、蔡元培等国民党内的领导者也以名誉会长、理事、顾问等身份积极参与协会活动。关于道路协会的创立和组织、运营过程，参见方秋梅《中华全国道路建设协会的市政参与及其对近代中国城市化的影响——一个以〈道路月刊〉为中心的考察》，《江汉大学学报》（社会科学版）2014 年第 6 期；汤建康：《中华全国道路建设协会研究》，硕士学位论文，华中师范大学，2014，第 7~9 页。
③ 徐友春主编《民国人物大辞典》，第 43 页。

植与吴山很有可能是在那次宴会上认识的。

朴殷植第一次在《道路月刊》发表文章，是在 1923 年 3 月 15 日刊行的第 5 卷第 1 号上。大约一年之前，即 1922 年 1 月初，他在自己担任撰述委员的《四民报》上连续 4 次发表过有关道路协会的论说。因此可见，朴殷植对 1921 年后半期才创立的道路协会的经历是非常了解的，因此对主导道路协会组织工作的吴山也应该很熟悉。不仅如此，如前所述，1923 年 3 月初召开的为中韩互助社主办的中韩语学讲习所募集资金的游艺大会，也是由吴山负责组织的。可以确认，朴殷植也参加了这次游艺大会。① 由此可以推知，朴殷植在寄稿《道路月刊》之前，就与吴山有交往。

朴殷植在《四民报》上发表支持道路协会成立的论说中提到 "道路协会的发起宣言已经出台"，并主张 "道路建设及其带来的交通的发展是社会文明的标尺……中国地大物博，但是国家和国民都贫穷多难，各种利权都被其他列强国家剥夺，其原因之一就是因为路政不修"。之后，朴殷植列举了 13 种路政不修的弊端，大体内容可以概括为：比起铁路，道路建设和汽车交通更为节省劳动力，功效更高，是政治、经济、文化、生活的发展，以及为守护国家权利，实现自主民生所必需的，因此要积极支持促进这一事业发展的道路协会的创设。②

道路协会的机关刊物《道路月刊》是朴殷植在《四民报》发表社论之后的 1922 年 3 月创刊的。如前所述，朴殷植在《道路月刊》首次发稿是创刊一年后的 1923 年 3 月。在《道路月刊》第 5 卷第 1 号上，③ 朴殷植论文是《路政之兴废关系国之治乱民之文野》。以后又有 5 篇文章篇载于《道路月刊》上：他在第 9 卷第 3 号（1924 年 5 月 15 日）上发表的是《世界之三大交通事业》，在第 10 卷第 2 号（1924 年 7 月 15 日）上发表的是《中俄新约后之交通事业》，在第 10 卷第 3 号（1924 年 8 月 15 日）上发表的是《庚款（义和团赔偿金）筑路之主张》，在 11 卷第 1 号（1924 年 9 月 15 日）上发表的是《庚款筑路之释疑》，在 12 卷第 2 号（1925 年 1 月 15 日）上发表的是《开辟神州山河之新纪元》。

比起刊登的文章更为值得瞩目的是，从 1925 年 1 月（第 12 卷第 2 号）到

① 白岩：《互助社之游艺大会》，《中韩语学讲习所游艺大会特刊》1923 年 3 月 2 日，第 2 页。
② 白岩：《社论：敦促全国道路建设会之进行（续）》，《四民报》1922 年 1 月 7、8、9、10 日。
③ 《道路月刊》的卷号编制很独特，每 3 个月为一卷，每年出 4 卷，每卷有 1～3 号。

208 近代中外关系史研究（第 11 辑）

5 月（第 13 卷第 2、3 号），朴殷植进入了该刊名誉撰述委员名单中，[①] 但 1925 年 6 月以后，他的名字不再见于委员名单。这可能是因为他患咽喉炎、气管炎、消化不良等疾病，健康急剧恶化。[②]所谓名誉撰述委员，如其名，有可能仅仅是名誉性质的职务。由此可以推测，朴殷植除了在《道路月刊》上发表论说之外，应该没有参与多少编辑工作。

　　1925 年 11 月 1 日，朴殷植去世了。《道路月刊》为此登载了特别追悼文，可见《道路月刊》与朴殷植之间关系密切，同时也可以看到《道路月刊》对朴殷植有怎样的评价。追悼文中，吴山撰写了《本社前名誉撰述》，介绍朴殷植参与独立运动的经历及其代表性著作如《韩国痛史》《安重根传》等；详述其健康恶化与去世后举办葬礼的过程；介绍他对汉文的精通，评价其所发表文章的"独到之处"。此外，悼文还提到，"失去这样的'哲人'对韩国来说是失去基石，对本社来说也是失去了重要的臂助"。在悼文末尾，附上了《道路月刊》在其葬礼中送献的挽联："浩气长存独立史，强权难压自由神。"[③]通过吴山的悼文，可以看到《道路月刊》对朴殷植的评价之高。

　　通过上海韩国临时政府第二任总统朴殷植与吴山的交往及其在《道路月刊》发表的文章，我们可以看出中韩互助社的实际领导人吴山与韩国独立运动群体间实质性的良好合作关系。在这个层面上看，吴山与朴殷植物的关系是在实践中韩互助总社的宗旨，也是"中韩互助"的象征。

结　语

　　在 20 世纪 20 年代初期，中国各地成立中韩互助社及其以这些组织为中心展开"中韩互助"活动。具体经过如下。首先，由儒林代表金昌淑在 1919 年 7 月会见孙中山后，受其介绍去广州，同年 8 月到次年 4 月期间，国民党人士开展一系列对韩国临时政府的后援活动，从而形成了中韩互助社的组织计划。当时任护法军政府司法部次长的吴山等国民党人士，通过组织、运营后援韩国

---

① 《道路月刊》第 12 卷第 2 号（1925 年 1 月 15 日）和第 13 卷第 2、3 号（1925 年 5 月 15 日）的背面。

② 一般认为，1925 年 7 月以后，朴殷植的健康才严重恶化。参见《白岩先生的患忧》，《独立新闻》1925 年 11 月 1 日；《白岩先生略历》，《独立新闻》1925 年 11 月 11 日。但是从他辞去《道路月刊》的名誉撰述委员的情况来看，可以推测他的健康状况在 5～6 月就已经恶化了。

③ 《悼本刊名誉撰述朴君白岩》，《道路月刊》第 15 卷 2 号（1925 年 11 月 15 日）。

临时政府的募金活动和为韩国留学生举办语学讲习所，积极支援了韩国的独立运动。

然后，吴山因广东的政治局势发生变化来到上海。1920 年 10 月，他与李东辉、李东宁、朴殷植、申圭植等韩国临时政府要人会谈，提议在中国创立全国性的中韩互助社组织。韩国临时政府通过向各地派遣宣传员，从 1921 年 3 月开始，先后在长沙、汉口、安庆、上海、广州、重庆、哈尔滨等地设立了中韩互助社或中韩协会。这些中韩互助社通过举办创立大会、茶话会、讲演会等各种集会活动，展示殖民地韩国的悲惨状况，支援韩国独立运动，并通过举办中韩语学讲习所等实践"中韩互助"，为流亡中国的韩人志士提供了实质性的帮助。

在中韩互助社成立过程中，最为中心的人物是吴山。在中韩互助社活动期间，他还主导社会团体中华全国道路建设协会（道路协会）及其机关刊物《道路月刊》。韩国临时政府第二任总统朴殷植参与了道路协会，并寄稿《道路月刊》。这一事实应该作为"中韩互助"的实例而得到关注。当代韩国最有影响的舆论家、历史学者朴殷植成为《道路月刊》的名誉撰述委员会成员，在杂志上发表了数篇文章。他的关于促进韩国独立运动的主张得到中国人的支持。此外，在强调近代化初期道路建设的重要性的同时，他也提出要恢复被帝国主义列强剥夺的铁路等经济交通主权，道路建设是其最重要的主张，朴殷植的这些论述与反帝思想连接在一起。恢复国家的自主和独立，是这一时期中韩双方共同目标和连接点。

"不寻常的经历"：外人对淞沪会战中城市战的评论（1937年8～11月）

摘要： 1937年8月至11月，淞沪会战引起了全球的广泛关注，也吸引了外国军事专家们的目光，他们希望能借此中国战场检验欧战后二十年来的战术和技术之进步。本文考察了外国人在四个主要领域的观察，即空中战术支援、炮兵、坦克和防御工事，以及他们试图从中总结的战争经验和教训。本研究表明，外国观察家们从上海的战事中得出的结论，不仅各不相同，而且往往相互矛盾。在某些方面如步兵和装甲兵之合作，观察家也误解了他们所看到的内容，因而未能理解这场战争对即将到来的世界大战的真正影响。

关键词： 淞沪会战　城市战　军事观察

导　言

1937年8月至11月的淞沪会战引起了全球公众的极大关注，来自前线的新闻经常成为世界各大报纸的头条新闻。与此同时，军事专业人员也密切关注这场战争，他们将这场战争当作一个战争新趋势的实验室而对其密切关注。当

---

* 何铭生（Peter Harmsen），丹麦哥本哈根大学跨文化与宗教研究系研究员。本中文稿由陈欣翻译。

时国际竞争与对抗日趋加剧，大国之间的冲突迫在眉睫，这种预期促使人们加紧努力开发新的战争制胜技术和战术。美国太平洋舰队总司令、海军上将哈里·亚内尔（Harry Yarnell）在其黄浦江上的战舰上观察了这场战争中大部分的进程。在一封写给友人的信中，他写道："我多么希望你能来这里见证过去三个月的种种行动。那段时间是一次不寻常的经历：我们停泊在江上，而在距我们不到一英里远的地方，正持续进行着一场大战。"①

中国战争及西班牙战争的参战者，都可能成为日后世界任何冲突的参与者，因而西方军事专家正以旁观者的身份对此密切关注，希望能够了解即将到来的战争将如何进行。作为现代战争的一个方面，两栖作战在淞沪会战中被付诸实践，这突出表现在 8 月下旬上海北部及 11 月初杭州湾的日军登陆作战中。两栖作战不是新生事物，它在第一次世界大战期间就已产生，并成为 1915～1916 年加里波利战役的重要组成部分，但那时的两栖作战所涉及的战术和后勤仍处于起步阶段。外国军事观察家正在密切关注日军在这方面的技术进步，或许他们已感觉到两栖部队将在未来任何大国间的战争中发挥重要作用。② 当然，那时的外国军事专家都是在黑暗中摸索，有时会得出错误的结论。美国海军陆战队退役少将约翰·H. 拉塞尔（John H. Russell）就从中国和西班牙战争中缺乏空降作战这一点判断，这种战争类型在未来不会发挥重大作用。③

本文考察目睹这场战役的西方军官所撰写的文献，试图从中挖掘这些外国观察家特别感兴趣的信息。如下文所示，就城市战而言，观察家们对空中力量、炮火和装甲等的使用尤其感兴趣；尽管关注程度不似前三项内容，他们亦对城市环境中防御工事的价值感兴趣。一个明显的缺失，是对于被困在城市战中的平民命运的关注。上海的人口是一个不容忽视的存在，并且经常出现在当时的战争新闻报道中，尽管如此，在外国军事专家提交的报告中，却没有任何关于人道主义考量或保护平民免受现代战争之苦的深入讨论。

---

① Harry Yarnell, Letter to Alfred Jesse Bowley, November 28, 1937, Yarnell Papers, University of Southern California.

② 值得注意的是，各支外国军队对两栖作战的关注度与其各自的战略形势严重度成正比。德国本质上是一个期望打一场陆地战的大陆强国，其军官便很少关注日本在上海地区两栖部署中错综复杂的细节。相比之下，荷兰和瑞典这两个海岸线较长且历史上有不得不抵御海上战略威胁的国家，其军官就非常重视日本两栖部队在上海地区所采取的战术和技术，详见下文。

③ John H. Russell, "Mass Parachuting in War Discounted," *New York Times*, July 17, 1938.

一　资料来源

这些外国观察家是谁？本文中纳入研究的外国观察家大多数是西方国家驻华外交机构的武官，因此他们的活动多半是公开的。事实上，中国和日本的军队都曾邀请这些外国军官视察前线，期望让他们对己方的说法留下深刻的印象。一些外国观察家则是中国聘请的军事顾问，他们在未经中国军方事先同意的情况下，在战斗期间或之后与各自的政府分享其获得的信息。这些活动是秘密的，在某些情况下实质与间谍活动无异。事实上，在从中国的战争现场发回的一系列报道中，让淞沪会战引起了最大关注的一部作品，恰恰被命名为《荷兰间谍在中国》。

本文所使用的三份主要资料来自两名中国军队的军事顾问，即德国人博尔夏特（Robert Borchardt）和荷兰人德·弗雷尼（Henri Johan Diederick de Fremery），以及一名供职于南京某国驻华使馆的不知姓名的军事专家。博尔夏特是德国军事顾问团的低层级成员。在整个淞沪会战中，无论在作战部署还是人员配备上，都有德国军事顾问团的影子。1938 年回到德国后，博尔夏特作为主要作者撰写了《上海战役》（*Die Schlacht bei Shanghai*）[①]，这是一份提交给德军最高司令部的战情总结报告（after-action report）。该报告为机密文件，仅在德军最高层军官圈子中流传。除了提供有关这场最近发生的战争的历史记述之外，它还具有将从上海及周边地区的战事中所获得的新见解提供给德国军事精英的明确意图。[②]

德·弗雷尼亦是中国军队的顾问，但与此同时，他也秘密地为荷属东印度群岛的军事机关提供与战争相关的信息。虽然一些信息直接取自诸如上海报纸等公开渠道，但德·弗雷尼的报告中的其他情报却是实实在在地来自实地考察。他利用其特权进入战场，对防御工事和军事装备等进行了侦查。与博尔夏特相似，他的报告同样着眼于军事专业人员的实用性；作为一名专业炮兵军官，德·弗雷尼特别关注战斗中所使用的大炮的效用。[③]

最后的一份材料来自瑞典。1937 年 10 月初，瑞典总参谋部情报部门负责

[①]　书名译为英文是 *The Battle at Shanghai*。

[②]　*Die Schlacht bei Shanghai*（Berlin：Oberkommando der Wehrmacht, 1939）.

[③]　Ger Teitler and Kurt Radtke, *A Dutch Spy in China*：*Reports on the First Phase of the Sino-Japanese War*（Leiden, Brill, 1999）.

人卡洛斯·阿德勒克鲁兹（Carlos Adlercreutz）中校，通过斯德哥尔摩的外交部向瑞典驻华外交代表提交了一份问题清单。清单中的所有问题均具有军事战术和技术的性质，大多数问题都与日本军队在上海地区使用的两栖战术有关，这反映了当时瑞典高度关注的安全问题，即苏联或德国军队从海上入侵的战争设想。然而，清单中还有一些与城市作战更直接相关的问题，包括装甲部队的运用等。①在拖延了相当长的一段时间后，瑞典驻华外交官于 1938 年 2 月给出了一份相当详细的答复。②

二　作为城市战的上海战役

虽然淞沪会战经常被视为城市战的一个明确示例，但我们有必要对此进行评估。实际上，淞沪会战中只有部分战斗是城市性的。第一阶段长达十天的激烈战斗，的确是在上海北部人口密集的城市地区展开，但 8 月下旬日军第三和第十一师团在上海以北登陆之后，战斗的性质突然改变，战斗重心转移到了农村，并呈现出过去许多世纪以来的战争特征。即便如此，在整个战争期间，上海市中心地区的战斗行动仍以不同的激烈程度持续着，在上海市中心发生的战斗是迄今为止波及最广和代价最高的；而其他的城市战则发生在上海北部，特别是罗店镇和大场镇。

至少有一些外国观察家清楚地认识到，上海发生了一场新型战争。③ 城市战自古希腊罗马时代以来就已存在，但它们相对罕见，并且大多发生在长时间围城的最后阶段，也是战争中最疯狂的阶段。半神话性质的特洛伊屠城，便是其中最著名的例子。城市战的这种形势一直持续到中世纪时期。④在中国，城市战也是战争中众所周知的一个方面，但与西方的情况相似，它们的发生频率相当低。其原因十分复杂，一个明显的原因是前现代社会的城市化水平较低，另一个就是代价问题。正像《孙子兵法》中所说的那样："故上兵伐谋，其次

---

① Questions Attached to Letter from Swedish Foreign Ministry to Johan Beck-Friis, October 2, 1937, HP 37 A II, Swedish National Archives.

② Replies Attached to Letter from Johan Beck-Friis to Swedish Foreign Ministry, February 7, 1938, HP 37 A VII. Swedish National Archives.

③ 外国观察家当然知道 1932 年席卷上海的"一·二八事变"，但 1937 年的淞沪战役中参战士兵人数和最终伤亡人数清楚地表明，该战役在动员兵力甚至在性质上都有所不同。

④ Peter Purton, *A History of the Early Medieval Siege*, c. 450–1200 and *A History of the Late Medieval Siege*, 1200–1500（Woodbridge：The Boydell Press, 2010）.

伐交，其次伐兵，其下攻城。"①

随着 19 世纪城市化的不断发展，城市战变得越来越普遍，但与非城市环境下的战争行为相比，仍属少见。例如，在 1846 年的蒙特雷战役之前，美国陆军并没有经历过城市战。②美国内战中的战役绝大多数也发生在农村地区，仅有 1862 年 12 月的弗雷德里克斯堡战役勉强可以作为内战中唯一直接城市战的示例。③值得注意的是，19 世纪的城市战中很大一部分发生在国家内战中，这反映了当时工业化社会中阶级冲突的加剧。巴黎公社可能是其中人们最为熟悉的例子。

毫无疑问，20 世纪上半叶，城市战的重要性急剧提升。第一次世界大战与第二次世界大战中的一个比较很能说明问题。一战中，占主导地位是凡尔登战役、马恩河战役和索姆河战役，而后者则是斯大林格勒战役、布达佩斯战役和柏林战役。在过去的一个世纪中，城市战的重要性日益增强，究其原因，极有可能或者至少部分是由于城市化的发展。然而，仅凭这一点仍无法解释为何二战比一战的城市战程度要高。此外，我们还必须考虑其他因素，例如，两次世界大战期间发生的意识形态激进化，这意味着政治领导人甘愿在敌军深入其领土很长时间后还继续战斗，即使使得他们要在自己国家的主要城市进行长时间且代价高昂的战斗。

三　个案研究

美国海军上将亚内尔在其黄浦江上的战舰上观察了淞沪会战中的城市战部分。在一封写给友人的信中，他写到关于军事行动中部署军用物资的重要性，并指出中方在物质上的不足可能已经决定了日方将在战争中占据优势："中国人缺少飞机、重型火炮或坦克，但仍旧打了一场精彩的战斗。如果他们有与日本人一样的装备，后者将被赶出上海地区。从士兵个体来看，受过训练的中国

---

① 《孙子兵法·谋攻篇》，英文译文见 Sun Tzu, *The Art of War*（Boulder：Basic Books, 1994），p. 129。

② Christopher Dishman, *A Perfect Gibraltar：The Battle for Monterrey, Mexico, 1846*（Norman OK：University of Oklahoma Press, 2010）.

③ Francis Augustín O'Reilly, *The Fredericksburg Campaign：Winter War on the Rappahannock*（Baton Rouge：Louisiana State University Press, 2006）.

军人是更好的士兵，因为他们更聪明，也更有主动性。"①下文中，笔者将逐一描述亚内尔信中提及的三个方面即飞机、火炮和坦克在外国观察家记录中的情况；此外，还将描述第四个相关方面，即防御工事及其抵御现代武器的能力。

案例 1：战术空中支援

虽然中日双方的空中力量在战役开始时尚可称得上势均力敌，但随着战斗在上海的推进，观察家们都发现日军拥有的空中优势越来越明显。德国观察家称，在战役的早期阶段，当日本驻军被逼入黄浦江沿岸的狭窄边缘地带时，日本步兵与海军飞行员有过非常成功的联合行动。② 事实上，即使是在战役的最初阶段，且能在上海的天空中明显看到中国军机的身影时，日本军机也能够极大地限制中方的地面行动。德国观察家声称："由于日本海军的飞行员存在，中方的行动和部队的移动只能限制在夜间，这使得中国军队的行动近乎瘫痪。"③战役后期，随着日本海军的空中力量在上海地区逐步完成了雄心勃勃的资源建设，它拥有了此前任何空中战术武器都难以匹敌的火力。德国人的报告记录了一次日本方面攻击中国阵地的情况，日军将其空中力量集中部署在方圆仅几公里的地区："目击者声称，炸弹的威力类似于一战期间西线激战日的炮火。"④

德·弗雷尼在他其中的一篇报告中描述了战役期间日军空中战术在上海市中心的变化。在战役打响的第一天，日本军机在闸北区近乎无差别地狂轰滥炸，但后来它们采取了更为系统的战术。这位荷兰官员描述了他在商务印书馆大楼周围观察到的情况："每日，从早上 7 点开始到下午晚些时候，日本军机以三架编为一组，轰炸建筑物周围、上海北站，以及在闸北的其他中国军方阵地。这些军机编队有规律地在空中盘旋，在每一轮袭击中投下三枚炸弹，均瞄准同一地点。甚至在第一队机组投放出炸弹之前，已另有三架军机在空中待命，准备继续执行轰炸任务。"⑤

在中国是否有对日本的空中威胁作出充分反应的能力方面，西方观察家持

---

① Yarnell, Letter to Charles Belknap, October 27, 1937, Harry Yarnell Papers, University of Southern California.

② *Die Schlacht bei Shanghai*, p. 13.

③ *Die Schlacht bei Shanghai*, p. 14.

④ *Die Schlacht bei Shanghai*, p. 41.

⑤ Teitler and Radtke, *A Dutch Spy*, p. 136.

不同意见。德·弗雷尼指出，在闸北和杨树浦地区的中国军队最初配备的有效装备仅为 8 毫米机关枪，这意味着日本飞机在 500 ~ 700 米的高度飞行仍然能保持安全距离。然而，一些中国军队随后装备了数对瑞士制造的 20 毫米欧瑞康防空炮（2 cm Oerlikon heavy guns）。"一旦启用［欧瑞康炮］，日本军机就会大幅攀升高度，或转向其他没有 20 毫米防空炮的区域。这种情况一直持续到中国军队从闸北撤出。"①

德国观察家对中国抵御日本空中力量能力的批评得更多，声称："中国防空炮或战机未能对日军形成有效抵抗，导致日本战机在中方阵地上空丝毫不受限制。"②德国人的战情总结报告认为，中国当时应该采取"积极的防御"来保护中国步兵免遭日本军机的日常袭击，并指责中国空军不像空中防御力量，而更像是陆上的防空力量："中国空军本来应该努力在战场上发挥空中优势，或者至少尽力阻止日本空军获得空中优势。他们本该派遣战机对抗日本军机，不断袭击日本在长江三角洲的航空母舰以及在江中岛屿建立的机场……在战役初期，上海地区的日军空中力量仍然处于弱势时，中国空军是有能力扮演这样的角色的。"该报告认为，除了作战行动外，中国空军还需要在长江三角洲和杭州湾进行每日侦察飞行，以便及时发现敌军的登陆行动。然而，根据报告所述，阻碍实施这种积极防御的其中一个关键问题是，中国空军司令部与上海地面军队指挥官之间缺乏密切合作。空军官员应该与上海的指挥官一起成立一个联络小组。③

虽然德国人将日本空袭的效用描述为偶尔可以与第一次世界大战中密集炮火相媲美，但其他观察家却有着不同的看法。德·弗雷尼说，他很难看出日军在上海北部相对有限的区域内投下数千枚炸弹是想要达到何种目的，因为这些区域已经被军事行动损毁，并且在许多情况下失去了战术价值："北站及其所在地区早已没有了战斗力，中国军队也没有冒险将火车开到那里，事实上这也没有任何必要，构成中国阵地的大部分建筑物早已被炮火或炸弹摧毁……日军飞行员最喜欢的轰炸目标就是北站以及附近的铁路局大楼，而这二者都没有在战役中扮演重要角色；八字桥从来没有发生任何激烈的战斗，商务印书馆大楼在这场战役中亦没有重要意义。"④

---

① Teitler and Radtke, *A Dutch Spy*, p. 136.
② *Die Schlacht bei Shanghai*, p. 41.
③ *Die Schlacht bei Shanghai*, p. 47.
④ Teitler and Radtke, *A Dutch Spy*, pp. 136 – 137.

日军轰炸另一个可能的目的是它不仅要挫败军队的士气，还要造成平民的恐慌。在这个意义上，外国观察家认为其影响力仍然是有限的。根据德·弗雷尼的说法，从空中投下的炸弹只造成了有限的局部破坏，因此，"最后中国士兵已经对轰炸不屑一顾，泰然自若地做着自己的事"。此外，德·弗雷尼还指出，人们有可能看到炸弹从天而降，如果估计到它们有在自己附近爆炸的危险时，总能在 10 秒之内找到各种各样的掩蔽物藏身，或是在废墟中的石砾堆后面找到藏身之所。"如果日本人计划通过轰炸行动摧毁那些笃信宿命论的中国士兵的士气——这是采取轰炸的唯一原因——那么他们犯了一个非常严重的错误。"①在黄浦江上观战的亚内尔认为，平民的士气也未曾严重受挫："日本飞机的无差别轰炸已经杀死了许多非战斗人员，但在军事上没有造成太多的破坏。我认为日军是想要恐吓平民，希望他们能早日屈服。到目前为止，从各方面来看，轰炸产生了相反的效果。"②

案例 2：炮兵

德国顾问显然对日本炮兵在上海战场的效率和重要性存在分歧。其中一名德国官员观察了 8 月间日本军舰从黄浦江上发射的炮火，并认为其能力一般。他于 8 月下旬对日军炮兵做出了以下评判："日本人夸大了其海军炮火的作用，它对攻击的失败没有决定性的影响。他们没有成功集中火力，其扰乱性的炮火也大多非常不精确，因此影响力有限。"③ 然而，同一份报告中却提出了完全相反的结论，该报告中这一部分可能由另一位军官完成，他写道："从 8 月 13 日到 23 日的第一阶段战役，其性质主要是城市战。［日军在虹口的防御］之所以能获得成功，得益于海军炮舰提供的非常有效的支持和海军飞行员的坚定行动。"④

同样，本身即有炮兵服役背景的德·弗雷尼也在自己的报告中认为，日本炮兵对战役有一定影响，特别是在日本获得空中优势，使得空军可以为地面炮火进行侦查之后。11 月初，当中日双方在南市地区进行这场淞沪会战的最后一次战斗时，德·弗雷尼描述了飞机和大炮之间的紧密协调："这一带遭到三方攻击，包括炮击和空中轰炸，以及［日本］步兵同时从西面发起的袭击……

① Teitler and Radtke, *A Dutch Spy*, pp. 136 – 137.
② Yarnell, Letter to Alfred W. Johnson, September 29, 1937, Yarnell papers, USC.
③ *Die Schlacht bei Shanghai*, pp. 13 – 14.
④ *Die Schlacht bei Shanghai*, p. 52.

日军的数排大炮就像参加和平时期的军事演习一样连续开炮。对他们而言，战场上没有任何危险。炮火攻击的目标显然是由一架沿着火线来回飞行的军机传递给它们的。"①

关于中国炮兵，德国顾问们则为中国军方浪费了机会而感到沮丧，特别是那些战役初期出现的机会。他们批评浦东的中方炮兵过于被动，并指出由于在数量上占优，战争的前景最初本是对中方有利的。"对虹口公园和杨树浦的进攻应该有计划地通过重型步兵和炮兵从最有效的射击距离进行支援，也应该得到浦东炮兵的支持。当时，日本军舰正停泊在杨树浦和浦东之间仅 700 米宽的黄浦江上，它们是日本海军陆战队最强大的支援力量。如果中国军队同时进攻日本军舰，那么这场袭击将可能以最有效的方式进行。"他们特别强调了在浦东部署的两排瑞典制造的 75 毫米博福斯山炮（7.5 cm，Bofors mountain guns）应该起到的关键作用。这些火炮本该与部署在黄浦江西岸的重型榴弹炮相配合，联合攻击黄浦江上的日本战舰。日本战舰大多属于轻型舰，并且在机动性方面受到严重阻碍。德国顾问认为，中方的炮火攻击本来有可能迫使日本军舰离开其在上海的锚地，进入黄浦江下游的新位置。②

案例 3：坦克战

坦克在 1916 年秋季首次投入实战，在第一次世界大战的最后两年，坦克常常在战场上起到决定性作用。自 1918 年 11 月一战结束之后的近二十年，世界上所有主要的军事力量都参与了发展与装甲战有关的技术和战术，但在实际使用上仍然受到限制，人们也还不清楚坦克在现代战争中进行大规模部署后会有何种表现。在这种背景下，军事观察家会对淞沪会战中的坦克战给予极大关注也就不足为奇了。例如 10 月初，瑞典军队的高级官员向瑞典驻华代表发送了一份问题清单，其中一个问题即是专门针对坦克在战役中所扮演的角色："双方作战是否动用了装甲部队（坦克和装甲车）？如果是，该如何评估它们的价值？"③

这些问题似乎很难得到答案，因此长达四个月后，瑞典驻华使馆才向斯德哥尔摩发去了详细的答复，该答复引用了来自某大国的一位不愿透露姓名的军

---

① Teitler and Radtke, *A Dutch Spy*, p. 126.

② *Die Schlacht bei Shanghai*, pp. 46 – 47.

③ Questions Attached to Letter from Swedish Foreign Ministry to Johan Beck-Friis, October 2, 1937, HP 37 A II, Swedish National Archives.

事专家的意见。该答复中完全忽略了中方也在有限地区部署了坦克，而将重点全部放在日军如何使用装甲。该回复指出，在战役的最初阶段，装甲车仅仅被日本海军特种登陆部队用于巷战。它们具有一定的价值，但整体上能够提供的援助有限。在战役的后期，在步兵行进之前，日本陆军和海军特种登陆部队会使用坦克配合炮兵粉碎所有障碍。如果可以使用坦克进攻，日本人似乎通常会避免使用步兵。为此，作者写道，坦克很有价值。该回复还指出，中方相对缺乏反坦克炮，这为日本坦克战术的实施提供了便利。[①]

该回复中接下来的内容可能是瑞典军方最感兴趣的部分，它描述了淞沪会战中的坦克战是否有任何创新之处。在这方面，该回复的作者显得缺乏热情："我对日本的坦克战术能有多好感到怀疑。我认为他们使用坦克与步兵密切合作的原因之一是坦克部队的战术技能有限……就我得到的信息而言，日军的战术与欧洲国家相比没有任何新的进步或发展，而我个人的印象是，除了有关人员获得的个人经验能在实际战斗中自然赋予他们一定优势，日本陆军的坦克部队在战术效率或机械发展方面都达不到欧洲标准。"[②]

德国观察家也对中国军队使用坦克的情况进行了分析，他们同样认为淞沪会战中的坦克战没有取得任何战术突破，同时也质疑了装甲和步兵之间协同作战的有效性："一方面，当他们在一条街上派出坦克时，中国人没能用配备反坦克武器的部队封锁住街道和交叉路口。另一方面，日本人则没有准备足够可用于拔掉中国反坦克阵地的重型步兵武器。结果，双方的装甲部队都遭受了严重损失，因为中国的坦克大部分被日本坦克摧毁，而日本的坦克和装甲车大部分被中国的反坦克炮摧毁。"[③]

德·弗雷尼仅部分同意瑞典人和德国人的评估，他对淞沪会战中装甲的效用评估是所有外国观察家中最负面的，称坦克没有改变闸北或虹口的前线战事。他在后文中继续追问："造成这一结果的原因是坦克在狭窄且充满路障的街道上效用降低了吗？抑或是战事双方都没有认真地试图在坦克战中寻求突破？在我看来，这两个假设都是正确的。所有的证据都似乎表明，日本人从未计划对闸北进行严重的攻击；他们是对的。街头战斗对部队人员的消耗巨大，

---

① Replies Attached to Letter from Johan Beck-Friis to Swedish Foreign Ministry, February 7, 1938. HP 37 A VII, Swedish National Archives.

② Replies Attached to Letter from Johan Beck-Friis to Swedish Foreign Ministry, February 7, 1938. HP 37 A VII, Swedish National Archives.

③ Die Schlacht bei Shanghai, p. 13.

而日本人必须节省他们的兵力。"①

与瑞典观察家不同，德·弗雷尼对中国抵御日本装甲攻击的能力给予了高度评价。在他的报告中，有一份这样写道："关于日军攻击最显著的事实是，尽管有坦克作为掩护，但每次中国人都能成功地将他们击退。"他描述了 10 月 6 日的一个例子：当日下午，有 300 名由坦克支援的日本步兵在东宝兴路和宝源路向中方发动攻击。尽管日本炮兵将中国人背后的房屋炸成废墟，日本人也成功突破了中国防线，但中国士兵只是撤退到一条小巷以躲避炮火。当日本人轻率地向前推进时，中国人用机枪扫射了他们的侧翼。日方不得不撤退，最终战死 70 人，损失了大量武器装备。②

案例 4：防御工事

在 1937 年淞沪会战的高潮时期，澳大利亚记者罗兹·法默（Rhodes Farmer）参观了闸北一带中国军队的防御工事，并对他所看到的一切印象深刻："每条街道都是一道防线，每座房子都是一个小型堡垒。墙上开了成千上万的洞，将迷宫般的小巷连接成一个巨大而深入的防御系统。每个十字路口都被做成了钢筋混凝土的微型要塞。即使是被炸弹袭击过的残垣断壁也被用来架设机枪和步枪。这使得炮兵只能以一米一米的速度推进：日本的炮兵和轰炸机尚不足以拿下这个大的区域。"③然而，相比之下，其他观察家对这些工事则是颇有微词。

荷兰军官德·弗雷尼对上海地区的中国防御工事不屑一顾，他认为这些防御工事建造得过于明显，而且无法为工事内的士兵提供足够的打击正在逼近敌人的手段："就我自己所见的［掩体］……我只能这么评论，它们建在非常显眼的位置，并不总能为最需要的方向提供火力。中国人在工事的外形上花费的心思太多，而在火力方面则远远不够。机枪眼数量太少而且形状总是很差，通常都太大了。"④瑞典的报告同样批评了中国军方的阵地："我见过的他们唯一的'永久'防御工事是在闸北，混凝土有将近 1 米厚。虽然击穿这些堡垒需要重型穿甲弹（heavy armour-piercing bombs），但小型炸弹产生的震荡可能会

---

① Teitler and Radtke, *A Dutch Spy*, pp. 150 – 151.
② Teitler and Radtke, *A Dutch Spy*, pp. 143 – 144.
③ Rhodes Farmer, *Shanghai Harvest* (London: Museum Press, 1945), p. 81.
④ Teitler and Radtke, *A Dutch Spy*, p. 109.

炸死或炸伤其中的士兵。"①

德国人的报告则回避了中国的防御问题，相反，它详细介绍了中国对日本设防地带的攻击："在争夺街巷和建筑物的激烈对战中，中国军队面对的是在加固壕沟中的日军。事实证明，即使是来自南京的部队，他们的训练仍是不够的。中国军队没有系统地推进，一个接一个地拿下街区和十字路口。在攻击成功的情况下，他们大多无法肃清被征服的区域并拿下剩余的敌方阵地。储备物资大部分都留在后方，距离太远；当它们被运到前线时，又通常都被部署在最容易向前推进的区域。因此，中方并不攻击那些严密防守的日军阵地，即使它们对于接下来的战斗至关重要。"②

该报告继续写道，巷战中最好的武器是手榴弹和 81 毫米迫击炮（the 81mm mortar）。事实证明，37 毫米的反坦克炮（3.7cm anti-tank gun）在步兵中也很有用，尽管与装甲手榴弹相比，其炮弹的破坏力相对有限。重型榴弹炮通常存放在远离火线的后方，且使用效果较差，这可能是由于训练不足和观察不良。否则，它应该可以消灭掉黄浦江上一些较小的日本军舰和日军的一些据点。③

结　论

本文检视了外国观察家为淞沪会战撰写的报告，结论之一是外国人对这场战役得出的结论存在显著差异。有些人认为，战术空中支援对日军来说至关重要，但其他人则认为并没有那么重要。对于炮兵作战的观察也是如此。同样，装甲的作用也有不同的结论，甚至可能出现了误解。答复瑞典总参谋部的报告称，步兵和坦克之间的密切合作是坦克操作人员战术技能不够的结果，而事实上，它更可能是在二战期间所有主力部队主要战术步坦协同战术的预演。

观察报告中一个显著的遗漏即是对战区内的平民状况缺乏兴趣，只有零星几处提及，例如，有人注意到针对平民居住区域的恐吓性轰炸未起作用。也许有人会说，这在当时无关紧要，但这种说法是站不住脚的，事实上，有些报告

---

① Replies Attached to Letter from Johan Beck-Friis to Swedish Foreign Ministry, February 7, 1938, HP 37 A VII, Swedish National Archives.

② *Die Schlacht bei Shanghai*, p. 13；此处的 "来自南京的部队" 是指国军第八十七、八十八师，原为南京的卫戍部队，是经德国顾问训练、配德械装备的样板师——译者注。

③ *Die Schlacht bei Shanghai*, p. 13.

中确实表达了对平民的关注，例如，一份出自美国海军的战争实况记述，其中就有这样的描述："在日本军队与中国军队的战斗中逐步取得优势，并迫使中方离其原本毗连上海租界边缘的阵地越来越远时，日本人似乎对公共租界和法租界的中立地位变得漠然，且开始不顾及其中居民的安全。10 月份，由于日军几乎每天都进行的无差别炮火攻击，公共租界中的伤亡情况变得非常惨重。"①

尽管存在各种遗漏和误解，但当时的西方观察家目睹到的是军事史上的一个具有分水岭性质的战事，它标志着世界上的战争从主要在农村地区转变为主要在城市地区发生。西方观察家们能在多大程度上认识到他们眼前发生的新生事物？这些新的战争形式不仅将在二战中，还将在之后若干年的如顺化战役（1968）、格罗兹尼战役（1994 ~ 1995）和费卢杰战役（2016）等二战后时代的军事史上的里程碑战事中出现，他们在多大程度上体会到了这一点？总的来看，当时的观察家们似乎没有意识到这一点。

最能说明问题的例子可能是那些南京政府聘请的德国顾问们为德国高级指挥部撰写的报告。虽然他们是军事专业人员，但似乎并没有完全把握在他们眼前发生的这场城市战的重要性。或许，现在已经无法追踪报告在当时的德国军事机构中的实际影响。然而，以德国的战情总结报告《上海之战》为例，尽管其结论是城市战与他们当时正要打响的战争息息相关，但它似乎对德国方面发动战争的方式没有起到实际作用。从目前可以掌握的材料来看，没有证据表明该报告曾在 1939 年至 1945 年期间德国军队发动的任何城市战中使用过。该报告被遗忘的其中一个原因，可能是它的出版时间相当不合时宜：它是在 1939 年 8 月德军入侵波兰前夕印行分发的，而当时德国军方领袖的关注点都集中到了更为紧迫的问题上。

① W. A. Angwin, "Some Phases of the Sino-Japanese Conflict (July to December, 1937), Compiled from the Records of the Commander in Chief, Asiatic Fleet," (Shanghai, 1938), USC Libraries, Pedro Loureiro Collection, p. 58.

华北之变局："何梅协定"与1935年中日外交关系的转折

左春梅[*]

摘要： 1935年5~6月，在华日军制造"河北事件"后，围绕着华北政局，中日关系出现了重大转折。首先，在交涉过程中，日军不仅要求解决事端，还剑指南京。其次，处于交涉中的何应钦一面艰难地应对日方，一面督促南京拿出对日政策的根本方针，并建议用外交方式求得解决。事态虽以中方全面答应日方要求的形式平息，但其连锁反应不仅波及华北政局，也影响着两国的外交关系。主要表现为：其一，华北政局中不受中央管控，在人事、职位频繁更迭的情况下，日本、华北地方长官、中央派员之间的相互角力和互动加剧了地方"外交"的不确定性。其二，中日外交政策的调整，日本谋求与蒋介石的直接交涉。

关键词： "河北事件" "何梅协定" 何应钦 矶谷廉介

1935年5月2日到3日，天津日租界内两名亲日的新闻社社长胡恩溥、白逾桓先后被暗杀。7日上午，日本驻华公使馆①武官高桥坦向河北省政府参议陈东升发出照会，提醒冀省主席于学忠注意此两次暗杀事件，并表示：胡白二人为亲日亲"满"者，将其残暴杀害实属刺激日人神经，如系个人犯罪行为

---

* 左春梅，日本关西大学大学院法学研究科博士后期课程兼法学部非常勤讲师。
① 日本阁议同意提升驻华公使馆级别是在1935年5月11日。

尚有可说，倘若与中国政府或军事机关有关系，则实属遗憾之至，不能不照重大事件处理以示警告。同日下午，山海关特务机关机关长仪我诚也照会于学忠，明确提及暗杀行为与宪兵队、国民党省党部有关。①与此同时，孙永勤义勇军在罗文裕一带进行抗日活动，遭日方击破后进入关内的遵化和迁安一带，此区域是《塘沽协定》所划分的非武装地带。关东军认为南京政府对孙部有资金等方面的援助，5 月 20 日指示高桥坦向北平军分会提出抗议。②以上两起地方事件是为“河北事件”，以此，日方向中国方面提出了强硬要求，并最终达成“何梅协定”。

“何梅协定”在中日关系史和抗日战争史研究上都有重要意义，学界也有了许多精深研究。③其中，邵云瑞和李文荣力证此协定的存在，并说明这是国民党投降卖国的证据之一。熊宗仁将《塘沽协定》和此协定联系在一起进行考证，并在称谓上给出了建议。谢国兴研究 1930 年代国民政府的外交政策之主轴“安内攘外”与此协定的关系，得出此协定达成之日正是“安内攘外”政策极致之时，可以说此协定是“安内攘外”政策中的一环，并呼吁两岸学界不必过于苛责，亦不必为其洗刷。臧运祜从日本对华政策的大局出发，探讨了在交涉过程中军部和外交部的相互配合。内田孝尚认为，此协定的背后主导者不是天津军而是关东军。他从交涉双方认知的差异性考察了此协定的特异性，并从东京中央的视角探讨了在地军人对中方提要求的法律依据，强调此协定在中日全面战争爆发前的重要性。肖如平着重探讨了何应钦与蒋介石、汪精

① 《于学忠致蒋介石电》（1935 年 5 月 17 日），秦孝仪主编《中华民国重要史料初编——对日抗战时期·绪编》（一），台北：中国国民党中央委员会党史委员会，1981，第 665～667 页。
② 「支那時局報第 25 号　北支停戦区域を根拠とする匪賊の満洲国内の擾乱と関東軍一部の之か掃蕩の為の停戦区域内への出動　昭和 10 年 5 月 22 日」、『支那事局報綴　昭和 10 年 4 月 8 日～10 年 12 月 5 日』、アジア歴史資料センター、レファレンスコード：C11110579700。
③ 代表性的有：邵云瑞、李文荣《关于“何梅协定”的几个问题》，《近代史研究》1982 年第 3 期，第 114～124 页；熊宗仁《“何梅协定”之辨析》，《抗日战争研究》1992 年第 3 期，第 205～216 页；谢国兴《所谓“何梅协定”——兼论“安内攘外”》，《抗日战争研究》1993 年第 3 期，第 57～74 页；刘维开《国难期间应变图存问题之研究——从九一八到七七》，台北：“国史馆”，1995；臧运祜《七七事变前的日本对华政策》，社会科学文献出版社，2000；内田孝尚「「梅津何应钦协定」再考一日中関係史の視点から」、『アジア研究』2004 年第 50 号第 3 期，第 21～41 页；内田孝尚『華北事変の研究 - 塘沽停戦協定と華北危機下の日中関係 1932 - 1935 年』、汲古書院、2006；李君山《全面抗战前的中日关系（1931—1936）》，台北：文津出版社，2010；黄自进《蒋介石与日本——一部近代中日关系史的缩影》，台北：中研院近代史研究所，2012；肖如平《蒋介石、汪精卫与“何梅协定”》，《晋阳学刊》2018 年第 6 期，第 36～47 页。

卫三人对事件的处理，并说明了蒋汪二人才是幕后的决策者。

然而，在华陆军特别是天津军和驻华武官对交涉所施加的作用，以及此后华北局势所呈现的态势与该年秋天日方策划"华北五省自治运动"间的关系未能有所深入。有鉴于此，本文以华北政局之剧变与中日关系的转折为视角，借助日本防卫省防卫研究所所藏的《岛田史料》和台北"国史馆"所藏资料，同时辅以蒋介石、徐永昌等人物的个人日记，对这一重要历史事件进行深入探讨。本文分为四个部分，前两个部分，主要围绕"河北事件"的解决以及在华陆军的对华政策取向和何应钦的应对进行论述；后两个部分，主要分析"何梅协定"后的华北政局的纷争乱象和中日外交政策的调整。

一　在华陆军的双重交涉目标

1931 年的九一八事变，中国戛然丢失东三省；1932 年底，关东军又开始策划如何实际上占领热河。围绕九一八事变的解决，日本陆军中央制定了对华方案，即"不论张学良还是南京政府抑或是广东政权，日方都不与其交涉满蒙问题"，其中"对于支那本部（南京政府——笔者注），只需要其默认或承认满蒙的新局面即可"。[①]南京政府方面，随着汪精卫和蒋介石合作政权的成立，分别确立了汪氏的"一面交涉一面抵抗"和蒋氏的"不绝交，不宣战，不讲和，不订约"对日方针。[②]其实质都是避免与日本发生直接冲突。在这种情况下，1933 年 5 月以黄郛为委员长的行政院驻北平政务整理委员会（以下简称"政整会"），作为中方对日协调机构而应运而生。被双方都视为"缓冲政权"的黄郛及政整会，与关东军签订《塘沽协定》以平息日军的进一步南侵。[③]黄郛于 1933 年 11 月在冈村宁次等人的逼迫下，承认了《申合事项》，将长城沿线的中国防卫权让与关东军。[④] 在之后的善后交涉中，黄郛力争在关东军和国民政府之间进行协调，华北虽然潜伏着危机但也可算处于平静的状态。[⑤]然而，这种微弱的平衡以"河北事件"而打破。

---

① 「満洲事変解決ニ関スル方針」（1931 年 9 月 30 日）、『満洲事変作戦指導関係綴 別冊其の2 昭和 6 年 9 月 15 日 ~ 6 年 12 月 10 日』、アジ歴：C12120034100。
② 刘维开：《国难期间应变图存问题之研究——从九一八到七七》，第 48 页。
③ 黄自進「全面戦争前夜における日中関係」、黄自進、劉建輝、戸部良一編『〈日中戦争〉とは何だったのか　複眼的視点』、ミネルヴァ書房、2017、33 – 41 頁。
④ 臧运祜：《七七事变前的日本对华政策》，第 116 ~ 118 页。
⑤ 拙著「黄郛と華北問題の展開（1933 – 1934）」、『法学論集』第 68 巻第 4 号、27 – 84 頁。

关于此次事件的原因,有两个说法。一是根据黄郛5月24日和30日与大使馆副武官矶谷廉介的谈话,可概括为远近原因:(1)远因为"1.冀省府迁延不移;2.联航迁延不办";近因为"1.地方有庇护孙永勤之嫌;2.日租界暗杀案内容复杂;3.孝侯忽迎忽拒,卑亢皆不合度;4.对使馆升格之反动"。①(2)"远因系《塘沽协定》有东北军须离开河北,近因为亲日两报社编辑之被狙击及平东某团队等事件处理不得要领"。②

5月11日,高桥单访何应钦,以个人意见表示华北地区中日关系日趋恶化的原因为:一为蒋氏之二重外交政策(即表面称中日亲善,暗中却使宪兵、蓝衣社、青帮等团体进行抗日);二为张学良暗中对华北省府的操纵,比如漠视南京政府命令冀省府迁保定事。何应钦虽然一一进行了解释,但日方并未信服。③此后到20日高桥向北平军分会抗议,中日双方没有进行大的交涉。另外,何应钦在19日至24日期间,率员检阅平汉沿线的驻军情况,25日晨始回平。

5月22日,为缓和局势,又考虑到于学忠本人不愿意迁保,汪精卫致电蒋介石,建议"倘冀府迁保不能实现,不如改派于孝侯为河北绥靖主任,驻扎保定","取消迁保并易津市长"。④5月23日于学忠致电蒋介石:"白胡案发,日方迁怒于我,留言四布悍态横生,仪我迭经来府交涉,情势之日益迫切,请中央指示对应方针。"⑤见此情势,蒋介石计划一面致电张学良通知情形,并请其促于氏迁保;一面又致电汪精卫和黄郛筹商办法。⑥

5月26日,事态急剧恶化。刚回北平的何应钦就在当日收到高桥的通知书,说遵化县县长有庇护孙部之嫌,关东军将自行派兵入遵化进行"剿灭"。5月25日仪我曾以口头方式告诉于学忠,要求将《塘沽协定》的范围扩展到天津和北平,于学忠将此情况报给了南京中央。唐有壬接到情况后,立即于

---

① 《黄郛致蒋介石电》(1935年5月31日),台北:"国史馆"藏,蒋中正总统文物档案,002 - 080200 - 00451 - 161。
② 《徐永昌日记》第3册,1935年6月7日,台北:中研院近代史研究所,1991,第267~268页。
③ 《何应钦致蒋介石汪精卫黄郛电》(1935年5月11日),台北:"国史馆"藏,蒋中正总统文物档案,002 - 090200 - 00016 - 390。
④ 《汪精卫致蒋介石电》(1935年5月22日),台北:"国史馆"藏,蒋中正总统文物档案,002 - 090200 - 00016 - 352。
⑤ 《于学忠致蒋介石电》(1935年5月23日),台北:"国史馆"藏,蒋中正总统文物档案,002 - 080103 - 00021 - 010。
⑥ 《于学忠致蒋介石电》(1935年5月23日),台北:"国史馆"藏,蒋中正总统文物档案,002 - 080103 - 00021 - 010。

26 日访问海军武官佐藤脩。①唐有壬表示："一方面，日方的要求是干涉中国内政；另一方面，中央也有中央的面子问题，但想要解决此次问题，就是将东北军迁往河北省以外，以及处理省党部和蓝衣社的问题。第一个问题属于局部问题，不难解决，但第二个问题波及全国，实难解决，特别是蒋委员长不在京中。"②其中有驻华北人员报告南京："平津连日呈不安状态，但不致有大问题。"③

日本方面，天津军司令官梅津美治郎应陆相林铣十郎（5 月 21 日至 6 月 16 日，与军务局局长永田铁山一起视察满洲）的诏令前往长春，并报告华北局势。梅津临行前，参谋长酒井隆曾向其表示对于"河北事件"，"用友好的稳健的警告方式处理"；梅津认为"很好"。④5 月 25 日，酒井将与高桥和仪我商议后的意见用长函形式报告给参谋本部次长。他指责租界暗杀事件违反《辛丑条约》，孙部事件违反《塘沽协定》，且皆是"对我军部的挑战和侮辱行为"，拟在王克敏和何应钦双双回平后，与高桥一起向中方提出下列最低要求："裁撤与中央宪兵第三团类似的机关，罢免团长蒋孝先、团副丁昌及河北省主席于学忠，并禁止国民党省党部、蓝衣社、军委分会、政治训练处等中的一切抗日团体工作"，且"在交涉过程中，无论中方以何种方式应对，我方都应表达相当坚决之意见。恳请南京和上海方面进行协助"。⑤此处的"南京"和"上海"指的是南京武官雨宫巽、矶谷和上海武官影佐祯昭。另外，根据驻北平海军武官冲野亦男的报告，5 月 28 日高桥和仪我又在天津举行了会商，其内容如下："1. 省府迁保（7 月 1 日前实行）；2. 天津市长更迭（王克敏、殷同、黄伯樵、汤尔和、程克等候补）；3. 撤去华北的中央宪兵队及蓝衣社；4. 彻底驱逐省党部及其他反日分子；5. 撤销北平军分会。以上诸点如未即刻实行，则以搅乱北平和天津的治安为由，将其纳入停战区域内；6. 免去于冀省主席（以商震、万福麟为继任，使其成为日本的傀儡）。上述各项执行时，如中方

---

① 「上海佐藤脩武官発海軍次官・軍令部次長、他宛」（1935 年 5 月 26 日）、『島田史料 25　昭和 10 年華北に於ける日支軍交渉（一）（北支事件）海軍外務電　一分冊』、防衛省防衛研究所所蔵、請求番号：戦争指導・重要国策文書 445。

② 「上海佐藤脩武官発海軍次官・軍令部次長、他宛」（1935 年 5 月 26 日）、『島田史料 25　昭和 10 年華北に於ける日支軍交渉（一）（北支事件）海軍外務電　一分冊』。

③ 《何应钦等致蒋介石电》（1935 年 5 月 24 日），台北："国史馆"藏，蒋中正总统文物档案，002 - 080200 - 00451 - 124。

④ 上法快男編『最後の参謀総長　梅津美治郎』、芙蓉書房、1976、172 - 74 頁。

⑤ 「天津軍参謀長発参謀次長宛」（1935 年 5 月 25 日）、『島田史料 21　昭和 10 年華北に於ける日支軍交渉（二）（北支事件）陸軍．外務電　一分冊』、防衛省防衛研究所所蔵、請求番号：戦争指導・重要国策文書 441。

没有诚意的话，我军则采取自由行动，其责由中方承担"。①

5 月 29 日，酒井和高桥正式向何应钦与政整会秘书长俞家骥提出要求。酒井和高桥二人强调，"为了根绝华北的抗日行动，日军认为有必要使蒋介石放弃对日二重政策"；除了上述诸项要求外，此二人还提出希望要项，即"撤出作为排日机关后备力量的第二师、第二十五师等中央军"②。俞家骥答以将向黄郛报告，何应钦则表示罢免有关责任人属于自己权限之内，当可办到，其他事项则需要经过调查才能以期达到中日关系的改善。然而，酒井等表示"今日并非与君商议，而是来告知我军的决意"，并向东京请训，要求上海和南京武官共同促进此事的处理。③

矶谷在 5 月 24 日接待黄郛时就明言，"中日关系的根本调整就是要求国民政府根本改变过去和现在的内外政策"；并告诉黄"关东军和天津军都有利用机会扫荡祸根，实现中日关系正常化的决意"。④ 上述条件，与其说是关东军和天津军的主张，不如说是矶谷自己的想法。矶谷早在 5 月 11 日外务省将驻华公使馆升格为驻华大使馆时，就表示强烈反对。他认为，蒋介石转为亲日不过是维持自己权势而采取的暂时性动作而并非真的亲日，汪精卫一类所谓的亲日派也不过是国民政府对日缓冲机关的一个傀儡。⑤ 5 月 30 日，黄郛接到俞家骥的报告后再度访问矶谷并询问各项要求，矶谷表示自己接到的消息与俞秘书的报告不符，因为蓝衣社和中央军是包含在了希望项目里的，是俞故意省略了，并且"所谓'希望'是指基于单独立场去处理，我军所指的'希望'不是单指由中方处理，我方只是等结果"⑥。6 月 1 日，矶谷进而对朝日新闻社记者表示，"只要中央不改变其态度，地方上的改善也就无从说起"。影佐也表

---

① 「北平沖野補佐官発海軍次官・軍令部次長、他宛」（1935 年 5 月 29 日）、『島田史料 25　昭和 10 年華北に於ける日支交渉（一）（北支事件）海軍外務電　一分冊』。

② 「北平補佐官発参謀次長宛」（1935 年 5 月 30 日）、『島田史料 21　昭和 10 年華北に於ける日支軍交渉（二）（北支事件）陸軍．外務電　一分冊』。

③ 「北平補佐官発参謀次長宛」（1935 年 5 月 30 日）、『島田史料 21　昭和 10 年華北に於ける日支軍交渉（二）（北支事件）陸軍．外務電　一分冊』。

④ 「上海大使館附武官発参謀次長宛」（1935 年 5 月 27 日）、『島田史料 21　昭和 10 年華北に於ける日支軍交渉（二）（北支事件）陸軍．外務電　一分冊』。

⑤ 波多野澄雄「1935 年の華北問題と上海武官」、岩倉規夫、大久保利謙編『近代文書学への展開』、柏書房株式会社、1982、360–97 頁。

⑥ 「上海大使館附武官発参謀次長宛」（1935 年 5 月 27 日）、稲葉正夫、島田俊彦編『現代史資料 8』、みすず書房、1964、83 頁。

示"单单是罢免于则无法满足日方要求"。①

　　另外，不管是 5 月 25 日的电报，还是 5 月 29 日对何应钦提出的正式要求，在华陆军都没有提前与日陆军中央进行充分的沟通，但日陆军中央仍然基本同意在华日军的做法。②日陆军中央认为，"依海军的军备状况来看，要在 1936 年底与英美对抗是绝对办不到的，而且今年年底的军缩会议上，英美极有可能会用中国问题来为难日本"，因此制定了"有鉴于国际情势，需快速地收拾北支事件"和"不使用兵力"的两大原则。③6 月 5 日，日陆军中央根据酒井等人 25 日的报告，将对华要求进行了分类。将撤离宪兵第三团、北平军分会政治训练处、与事件相关的国民党党部、排日机关和团体，以及罢免于学忠主席及其他责任人之职务作为"期限内的要求事项"；将第五十一军和中央军退至保定以南、禁止天津地区的国民党党部和蓝衣社及其他秘密团体的反"满"抗日策动及其今后如有上述之策动、承认日军有权适时适宜采取处置方式作为"希望事项"。日陆军中央企图借助此次机会为外务省创造与中方交涉的良机，解散全中国的排日团体，促进中方转向实质性的亲日立场，并解决中日悬案。④

　　对于此次向中方提出的要求，日本自己也知道其性质之严重，特别是罢免代表东北军势力的于学忠和撤退中央军，这是左右蒋介石和汪精卫的关键。前者极有可能会引发东北军发起反蒋运动；后者则会削减中央在华北的军事势力，削弱中央政令在华北的执行力。这两者都将使蒋介石政权无法保有华北。然后，此时的南京国民政府，必须面对西南军事势力和西北共产党政权的反对、北方日本重兵之压力、对欧美依存的失败、对外贸易之不景气，已经是举步维艰。在这种情况下，如果拒绝日方的要求，那日军就会举兵进攻占领华北，最少也是将平津纳入停战区域，因此中方除了接受日方要求之外，别无他法。⑤根据高桥向冲野透露的消息，对于事件的解决和中央军的撤退，应先"督促解决事件"，关于中央军之撤离南下则"根据将来情势的加剧再作为条

---

① 「堀内大使館一等書記官発広田外務大臣宛」（1935 年 5 月 27 日）、外務省編『日本外交文書昭和 II 第一部第四巻上』（昭和十年対中国関係）、外務省、2006、324－25 頁。

② 「北平沖野補佐官発海軍次官・軍令部次長宛」（1935 年 6 月 2 日）、『島田史料 27　昭和十年華北問題、新生事件経緯　其一』、防衛省防衛研究所所蔵、請求番号：戦争指導・重要国策文書 447。

③ 「北支交渉問題処理要綱経緯」『島田史料 27　昭和十年華北問題、新生事件経緯　其一』。

④ 外務省編『日本外交年表並主要文書』、原書房、1966、293 頁。

⑤ 「我北支工作ニ対スル支那側態度ノ予察」、『島田史料 25　昭和 10 年華北に於ける日支軍交渉（一）（北支事件）海軍外務電　一分冊』、防衛省防衛研究所所蔵、請求番号：戦争指導・重要国策文書 445。

件"。①酒井则表示："本次交涉中，对地方官的处分等都属于旁枝末节，关键是在于以蒋介石为对手的中央军问题"。②

由上可知，日本种种要求皆表明，天津军和在华武官不仅企图排除张学良和国民政府在华北的势力，而且还企图以消除蒋氏的对日二重政策为借口进一步侵略华北。

二　何应钦的应变和日军的得寸进尺

5月27日，何应钦报告蒋介石，日方近来对于氏和津市长张廷谔"均表不满，大有非去不可之势，已不仅省府迁保与否之问题"；并告之，日军随时有发动暴动之可能，如"河北省府问题不能有一妥善办法，则华北之隐忧亦终无已"。③5月28日，何应钦获得一份日本方面的情报，即日驻平武官和特务机关机关长等召开一秘密会议，其结果将以书面的形式建议东京中央对"河北事件"采积极态度，其要点为："（一）推除蒋张在华北之势力第一步，必去于和张（廷谔），于、张之后的继任者须为亲日分子；第二步使驻军减少代以警察，并使（党）部和宪兵撤退，其他不详。（二）二十年来对中国交涉，如无军部压力则无一事成功，此次蒋、汪之转向并非有吉外交之力，乃军部高压之功，今后亦须采取此手段，军部压力与外交并用等语。"鉴于此，何向蒋介石建议："中日外交问题凡于可能范围内，可以由外交常轨求解决者，均宜亟谋解（决）一二件，使彼外交派稍得抬头，以免少壮军人盛气凌人随便主张益感无法应付也。"④将以上的电报与28日晚高桥和仪我的会面情况进行对比，可知中方所获的信息即使不完整也探知了其轮廓。但是，蒋介石回复何应钦："此事已非省府迁保而能了事，连日已迭电汉卿商筹根本消弭之办法，得复再当奉告，总盼兄苦心支持尽力缓和为幸。"⑤

---

① 「北平沖野補佐官発海軍次官・軍令部次長宛」（1935年6月1日）、『島田史料25　昭和10年華北に於ける日支軍交渉（一）（北支事件）海軍外務電　一分冊』。

② 「若杉大使館参事官発広田外務大臣宛」（1935年6月7日）、『日本外交文書昭和Ⅱ第一部第四巻上』、344 - 346頁。

③ 《何应钦致蒋介石电》（1935年5月27日），台北："国史馆"藏，蒋中正总统文物档案，002 - 090200 - 00016 - 355。

④ 《何应钦致蒋介石电》（1935年5月28日），台北："国史馆"藏，蒋中正总统文物档案，002 - 090200 - 00016 - 351。

⑤ 《蒋介石致何应钦电》（1935年5月29日），台北："国史馆"藏，蒋中正总统文物档案，002 - 080103 - 00021 - 030。

正当南京方面计划以张群、黄绍竑、陈仪三人中的一人或者何应钦暂代的方式继任冀省主席之时，日方认为中方并未明白事态的严重性，其主要的原因在于何应钦、黄郛、唐有壬等人并未将事态的全部情况报告给蒋介石。① 然而，细看何应钦的"酉行密电"，就可知何应钦确实将日方的要求全数告知蒋介石。② 5 月 31 日，何应钦认为"日方提出各点势在必行，我若不于可能范围内决然自动办理数件，则时日迁延必致引起意外严重之事态"，并决定先办理"（一）于孝侯、张廷鄂他调，津市公安局李俊襄免职；（二）分会政训处长曾广情，宪兵第三团长蒋孝先、团附丁昌即行他调；（三）河北省市党部专做内部工作，停止其外部活动及宣传工作"③，以求日方缓和其行动。

6 月 1 日，蒋介石回复何应钦，其所拟办三项均可照办，对于学忠则"令其迁保并限令三五日内实行，所有津市文武人员一律由中央改派，警备司令或以启予（商震）任之"。之所以新设警备司令，主要是因为"冀省之处置应一面防外一面且须防内，另天津逼近租界，于之军警虽维持不足但扰乱有余，不能不有万一之防"④。6 月 2 日，蒋介石再度指示何应钦，租界暗杀事件和孙部都应"作为地方临时发生事件"处理，如果"孝侯不迁或迁保而仍不能缓和，当再下令他调"⑤。此外，综合黄郛和矾谷之间的谈话以及何应钦的报告，蒋认为"日人真意并非去于所能了事，直欲中央军他移而迫中央放弃华北，使平津构成中立区"，"纵依其要求一一办到，恐仍将节外生枝不肯罢手"，因此考虑到对内对外的关系，"故对其要求各项，自动发表以前应向日方切实说明，宜留好转之余地"⑥。

得到蒋介石的同意之后，何应钦一面于 5 月 31 日将于学忠召至北平，劝

---

① 「堀内書記官発広田外務大臣宛」（1935 年 5 月 31 日）、『満洲事変（支那兵ノ満鉄柳条溝爆破ニ因ル日、支軍衝突関係）/華北問題（日、支停戦協定及満、支国境諸懸案解決交渉ヲ含ム）松本記録 第五巻』、アジ歴：B02030478100。

② 《何应钦致蒋介石汪精卫黄郛电》（1935 年 5 月 29 日），台北："国史馆"藏，蒋中正总统文物档案，002 - 090200 - 00016 - 345。

③ 《何应钦致蒋介石电》（1935 年 5 月 31 日），台北："国史馆"藏，蒋中正总统文物档案，002 - 080103 - 00021 - 004。

④ 《何应钦致蒋介石电》（1935 年 5 月 31 日），台北："国史馆"藏，蒋中正总统文物档案，002 - 080103 - 00021 - 004；《蒋介石致汪精卫电》（1935 年 5 月 31 日），高素兰编《蒋中正总统档案·事略稿本》第 31 册，台北："国史馆"，2008，第 176 ~ 179 页。

⑤ 《蒋介石致何应钦电》（1935 年 6 月 2 日），台北："国史馆"藏，蒋中正总统文物档案，002 - 080103 - 00024 - 001。

⑥ 《蒋介石致何应钦电》（1935 年 6 月 2 日），台北："国史馆"藏，蒋中正总统文物档案，002 - 080103 - 00024 - 001。

慰其辞职；一面派人向酒井等传达。酒井表示"中央能照此办到，彼亦认为中方极有诚意"①。

然而，就在何应钦会见于学忠的当日，于氏在平召集王树常、万福麟、鲍文樾等东北将领进行商讨，其结果为：虽然不能以于一人之牺牲来换取局势转变，但为了避开日本的锋芒，此时应该迁保。于学忠回冀省后，公言辞职一事是黄郛特别是殷同的阴谋，辞职劝告亦非中央或者张学良的命令，如果中央或者张学良没有强制其辞职，则坚不辞职。②

如此一来，事态更加恶化。6月2日傍晚，唐有壬访问矶谷，向其传达"何应钦、王克敏、黄郛、汪兆铭对于此次日方的要求所达成的一致意见，并决定可以接受，先以汪的行政院院长权限勒令于学忠辞职，但因其背后有张学良、宋子文、端纳一派的关系，如果于氏不肯辞职的话，日军将采取何种举措"。矶谷答以"如果于氏及其部队要抗令不行的话，何应钦可调中央军进行镇压，日军的行动只为自卫"，同时督促中方尽速办理。③

何应钦所求的以外交之道减轻事件性质的目的，也被广田外相所拒绝。不仅如此，广田还告诫驻日大使蒋作宾，中方应在相当程度上容纳驻华日军的要求才不致事态扩大。④回国述职的驻华大使有吉明也密告蒋作宾，此次事件之动机固然为于主席不迁保所致，但根本原因仍系日本免怀疑南京中央聘用的军事顾问数人的目的。汪精卫亦感驻华日军的主要目标乃针对南京，在此种情况下"日外部虽未能代表其军部，但意向不大差远，且日外部欲与我方协谋以限制事件之扩大甚为明显"，认为外交途径还有余望。⑤

5月29日以来，天津军一直以演习为借口，威胁河北和京津安全。5月31日，河北省府开始迁保；6月3日晚，于学忠本人也离开天津前往保定。对于氏的罢免也取得了张学良的谅解，其继任者为何应钦，津市长为王克敏，国民党党

① 《何应钦致蒋介石电》(1935年6月2日)、《蒋介石致汪精卫黄郛何应钦电》(1935年6月2日)，台北："国史馆"藏，蒋中正总统文物档案，002-080103-00024-001。
② 「川越総領事発広田外務大臣宛」(1935年6月1日)、『満洲事変（支那兵ノ満鉄柳条溝爆破ニ因ル日、支軍衝突関係）/華北問題（日、支停戦協定及満、支国境諸懸案解決交渉ヲ含ム）松本記録 第六巻』、アジ歴：B02030478900。
③ 「上海佐藤脩武官発海軍次官・軍令部次長、他宛」(1935年6月2日)、『島田史料25 昭和10年華北に於ける日支軍交渉（一）（北支事件）海軍外務電 一分冊』。
④ 「広田外務大臣発堀内大使館一等書記官、須磨総領事、若杉大使館参事官他宛」(1935年6月1日)、『日本外交文書昭和IIⅠ第一部第四巻上』、344頁。
⑤ 《汪精卫致蒋介石电》(1935年6月3日)，台北："国史馆"藏，蒋中正总统文物档案，002-080103-00024-001。

部将不再进行策动反日事件，人事方面亦将安排日本方面有好感的人。①

　　然而，日方并不满意。6 月 2 日，政整会顾问程克受何应钦的请求，在中方和日方之间进行斡旋。高桥认为何应钦并未提到"第二、第二十五师的撤退和宪兵第三团、政治训练处的撤销，多半是因为蒋介石没有指示"。②酒井也托人来告诉何应钦，"中央军最好能稍稍向后移动"。③

　　6 月 4 日，酒井和高桥访问何应钦，转达日方的真实意见并催促落实。酒井和高桥坚持认为"中方现执行的几项并非意味着蒋介石已放弃其抗日政策，因此有必要撤退其执行机关"。④因又发生第五十一军切断天津军的军用电线一事，酒井等再次要求第五十一军他调，何应钦答之以蒋氏一直有致力于中日亲善，并对此次事件表示遗憾，但是"有关具体的解决办法还没收到训示"。此外，他认为"中央第三团、政治训练处及党部的撤退非我权限内，虽颇感困难，但可是努力一试""中央军的撤退实属最为困难，实在是没办法"。⑤酒井答以"中央军他调与否视蒋委员长之对日方针如何而定"，并且"中日问题之关键全在蒋委员长是否真心与日亲善，抑系阳作亲善暗中仍准备抗日，华北近日问题不过其枝节耳"。⑥会见后，高桥认为，"我方最为重视的对日政策的变更和华北诸抗日机关及部队的撤退等问题，还没看到解决的曙光，因此，今后我军应在可能范围内对蒋介石和南京政府进行督促"。⑦

　　面对日方一个接一个的要求，何应钦也倍感无力，特别是非其权限内的要求则更难应付。因此，6 月 7 日，何应钦特向蒋介石请示："此间形势仍极其严重，中央对日根本方针如何，务乞秘示以便应付，免误事机，并乞派一外交大员来平随时商酌协同处理，以免遇事往返电商贻误机宜"。对此，蒋介石指

① 「上海北浦武官発海軍次官・軍令部次長、他宛」（1935 年 6 月 3 日）、『島田史料 25　昭和 10 年華北に於ける日支軍交渉（一）（北支事件）海軍外務電　一分冊』。

② 「北平補佐官発参謀次長宛」（1935 年 6 月 4 日）、『島田史料 21　昭和 10 年華北に於ける日支軍交渉（二）（北支事件）陸軍.外務電　一分冊』。

③ 《何应钦致蒋介石电》（1935 年 6 月 2 日），台北："国史馆"藏，蒋中正总统文物档案，002 - 090200 - 00016 - 383。

④ 「北平補佐官発参謀次長宛」（1935 年 6 月 5 日）、『島田史料 21　昭和 10 年華北に於ける日支軍交渉（二）（北支事件）陸軍.外務電　一分冊』。

⑤ 「北平補佐官発参謀次長宛」（1935 年 6 月 5 日）、『島田史料 21　昭和 10 年華北に於ける日支軍交渉（二）（北支事件）陸軍.外務電　一分冊』。

⑥ 《何应钦致蒋介石电》（1935 年 6 月 5 日），台北："国史馆"藏，蒋中正总统文物档案，002 - 080103 - 00024 - 001。

⑦ 「北平補佐官発参謀次長宛」（1935 年 6 月 5 日）、『島田史料 21　昭和 10 年華北に於ける日支軍交渉（二）（北支事件）陸軍.外務電　一分冊』。

示："对日方针中央在一月间早已决定并未改变，对于派外交大员驻平协商以便遇事得以解决免电商误机此为必要，已电汪先生照办，总之华北对日交涉关于军事者当由兄全权处理，亦不必事事请示，请兄察酌当地情形如何方能运用得宜"。① 对于派遣外交大员北上一事，汪精卫回电蒋介石和何应钦，"膺白兄不允返平，弟在南京有职守亦难赴平"，因此只有令何应钦"相机处理"，共负责任。② 至于蒋介石所提之一月间所决定的对日方针，就是指王宠惠赴日与广田会见时所提出的三原则。

6 月 6 日，陆军中央向天津军和驻华武官发出《北支交涉问题处理要纲》。矶谷也从上海北上，于 7 日抵达天津，并参加天津军参谋部召开的军事会议。出席者有梅津、酒井、仪我、高桥以及永田的代表永津佐比重。此次会议主要达成以下意见："一、关东军动员二个旅团、一个骑兵团、二个飞机中队，并向古北口和锦州集结；二、为了使天津军有两倍的兵力，应延长现有部队的返回时间；三、不必区分中央训令里的要求事项和希望事项，一并按要求事项提出，加上时间期限，预计可以不使用武力就可达成目的，但是必须要有战斗的决意和准备；四、可以将河北省作为停战区域内的一个自治省。"③ 由此可见，如果中方再不一一照日方的要求办理，天津军将占领黄河以北，关东军则出长城线占领北平，河北省也将被作为自治省。

矶谷在北上之时，就向济南武官花谷正等表示："一、此次事件是改变蒋介石的对日满政策及将其政治团体从华北驱逐出去的好机会，但是我等的直接目的不是将蒋本人打倒，而是使其政策不能得执行，不过如果蒋氏承认我方要求的话，蒋氏也就自然而然遭招致下野；二、此次要求的贯彻是使之承认满洲国的第一步；三、我等须将此次事件作为中央的问题而非地方问题，也就是以蒋及南京政府政策的更改为目的；四、要实现我方的要求，就必须要下定使用

---

① 《胡白案中日交涉经过》，台北："国史馆"藏，蒋中正总统文物档案，002 - 080103 - 00024 - 001。

② 《汪精卫致蒋介石电》（1935 年 6 月 8 日），台北："国史馆"藏，蒋中正总统文物档案，002 - 080103 - 00024 - 001。

③ 「北平冲野補佐官発海軍次官・軍令部次長宛」（1935 年 6 月 9 日）、『島田史料 27　華北問題・新生事件経緯其一』、防衛省防衛研究所蔵、請求番号：戦争指導・重要国策文書 447。中方所获得的情报如下：华北排日问题绝非更换一二官吏即可解决，尤以于学忠免一省职务而任三省职务，实无诚意。显然易见其准备万一之计划，以华北驻屯军为立即占领津浦线黄河北岸及天津。关东军出榆关来维持战区治安，监视灰色军之战区。保安队刘、何、周诸部热河驻军急速出北口占领北平同时下张家口及察东，压迫驻北平之中央军。《何应钦致蒋介石汪精卫电》（1935 年 6 月 8 日），台北："国史馆"藏，蒋中正总统文物档案，002 - 090200 - 00016 - 328。

武力的决心。"①

将上述内容进行比较就可知，何应钦所获得的情报，在一定程度上反映了6月7日晚的天津会议内容，此次会议凸显了矶谷的主张。其实，剑指南京也不仅仅是矶谷一人的主张，因为6月5日雨宫与唐有壬会见之时就说："不使蒋介石、汪精卫回避责任，要让他二人负起责任以便打开局面。"②酒井也同样持有这种观点。因此，迫使蒋汪二人直面当时局，俨然已成了天津军和驻华武官的共同认识。在此基础之上，6月4日，永田向陆军次官桥本虎之助报告："情势已经箭在弦上，中央应该给予支持，并且无论如何，关东军都应支持天津军，帮助其达成所提诸项要求。"③

在这种情况下，6月8日，何应钦向蒋介石报告，如果矶谷和酒井来见时，"彼等仍以严重态度提出中央军撤退问题，可否由职斟酌情形自动将北平附近中央军调往保定或长辛店以南，暂以缓和形势"；并请示"今后对日方针为友为敌，如何答复"。④6月9日，蒋介石电复何应钦："对方会议内容无论真伪如何，而我方不能不相当布置，以防万一。部队南移此时切不可行，否则非特不能缓和形势，且适中其计，徒促党国之崩溃。即欲移动，亦须待相当之时期，确定整个计划，自动迁移"；又指示他"矶谷来见时，可先告其，中甚想望其晤面时详谈一切"。⑤不难看出，蒋介石反对中央军南移，试图通过与矶谷的直接会面来缓解形势。汪精卫与何应钦持相似意见，认为"为顾全着想，只有即日由军分会以寻常调动军队之形式，令平津附近之军队稍为南移，使彼无所借口"，"此事似宜交由敬之兄相机处理，弟当共同负责也"。⑥

酒井得到了关东军和各武官的支持后，进行了如下判断：根据何应钦的应对情况，中方不仅已经承认了日陆军中央训令里的第一和第二项的要求，我方

---

① 「若杉大使館参事官発広田外務大臣宛」（1935 年 6 月 7 日）、稲葉正夫、島田俊彦編『現代史資料 8』、90 頁。

② 「南京雨宮巽発参謀次長宛」（1935 年 6 月 6 日）『島田史料 21 昭和 10 年華北に於ける日支軍交渉（二）（北支事件）陸軍．外務電 一分冊』。

③ 「南大使発広田外務大臣宛」（1935 年 6 月 4 日）、『日本外交文書昭和 II 第一部第四卷上』、338 頁。

④ 《何应钦致蒋介石汪精卫电》（1935 年 6 月 8 日）、《何应钦致蒋介石电》（1935 年 6 月 8 日），台北："国史馆"藏，蒋中正总统文物档案，002 - 090200 - 00016 - 328、002 - 080103 - 00024 - 001。

⑤ 吕芳上主编《蒋中正先生年谱长编》第四册，台北："国史馆"，2014，第 627 页。

⑥ 《汪精卫致蒋介石电》（1935 年 6 月 8 日），《中华民国重要史料初编——对日抗战时期·绪编》（一），第 679 页。

还有望达成第三项的希望，此时，应当一口气将其全部解决，督促南京政府以
最快速度解决全中国的排日问题；并且，此次事件的解决应当为今后的外交交
涉带来便利，所以有必要书面化。①随后，酒井、高桥、矶谷于6月9日一同访
问何应钦，并提出新的要求，亦为第三次要求，限12日上午答复。其要求为：
（1）河北省内一切党部完全取消（包括铁路党部在内）；（2）第五十一军撤退
并将全部离开河北日期告知日方；（3）中央军必须离开河北省境；（4）禁止
全国排外排日行为。②何应钦反问酒井，为何要如此强硬地要求中央军撤退。
酒井说："热河作战时，向关东军挑战的原动力来自中央军，此次事件的背后
势力主要也是中央军，蓝衣社、励志社的母体也是中央军，还有证据证明，中
央军管控政治训练处和其他排日策源机关。"③会面之后，酒井又派人逼迫何应
钦，"河北省内党部取消及中央军撤离冀境两事，必须办到"，"若将今日所提
各项办到，前河北问题即可告一段落"，"此事完全由驻屯军负责办理"，如中
方再向外交界接洽，或有其他策动，则恐事态益致扩大。④

6月9日，蒋介石向何应钦和汪精卫表示，"撤退问题，实最重要之关键，
应决定拒绝，不能接受"。对此，何应钦于同日再请示蒋介石：一切均无准
备，不如按汪精卫之主张撤退中央军，以图持久抗战。⑤6月10日，汪精卫一
面致电蒋介石："（一）对方明白表示如今日所提各项办到，则河北问题即可
告一段落；（二）除中央军及五十一军外，日方并未要求将其他军队撤退，亦
未要求将平津划作停战区域等语，故昨夜约集中央负责同志协议，结果复电敬
之兄允其相机办理，共同负责任"，望蒋介石"作最后之决定"；一面组织召
开紧急会议，决定全面答应酒井提出的四项新要求。⑥

6月10日，陆军省军事课课长桥本群向天津军发出指示："考虑到万一恶
化的情况，准备移动如下的军队：从天津军中调二个中队前往北平，关东军的

---

① 「天津軍参謀長発参謀次長宛」（1935年6月12日）、『島田史料22 昭和10年華北に於ける
日支軍交渉（二）（北支事件）陸軍．外務電 二分册』。
② 李云汉编《抗战前华北政局史料》，台北：中正书局，1982，第431～432页。
③ 「天津軍参謀長発参謀次長宛」（1935年6月11日）『島田史料22 昭和10年華北に於ける
日支軍交渉（二）（北支事件）陸軍．外務電 二分册』。
④ 《何应钦致蒋介石汪精卫电》（1935年6月9日），台北："国史馆"藏，蒋中正总统文物档
案，002-080103-00024-001。
⑤ 《蒋介石致汪精卫电》（1935年6月9日）、《何应钦致蒋介石电》（1935年6月9日），《中华
民国重要史料初编——对日抗战时期·绪编》（一），第679～681页。
⑥ 《汪精卫致蒋介石电》（1935年6月10日），台北："国史馆"藏，蒋中正总统文物档案，002-
080103-00024-001；刘维开：《国难期间应变图存问题之研究——从九一八到七七》，第290页。

一部从山海关前往长城附近。但是，使用兵力只能基于大义明文和不得已下的自卫行动，军队的移动也需与中央保持充分的联络。"①同日下午 3 点，参谋本部通知天津军："虽然在华军人认为不必将要求事项和希望事项分开，现正在压迫中方进行交涉，但是中央认为，有必要听取并斟酌中方的实情，进行适当的调整。"②

6 月 10 日下午 6 时左右，何应钦访问高桥，对日方所提出的要求表示全部答应，对于排日问题，南京将于两三日之内发布命令。

从上述可知，酒井等人企图为外务省打好中日外交交涉时对日方有利的基础。因此，6 月 11 日晚，高桥再次访问何应钦，以日本军部的名义提出下列要求："（一）关东军将派出两名人员监视中央军的撤退，并且今后不允许中央军再次归来；（二）将来河北的人事和行政首先需要征得日方的同意。"并将此次事件的各项要求列为文书，要求何应钦签字。③何应钦在 6 月 13 日凌晨匆忙回南京，并未签字，只在 7 月 6 日以普通信件方式，回答了日方。然而，日方却紧紧抓住"今后不允许中央军再次归来"一条，日后成了卢沟桥事变时牵制中央军迟迟不能北上的重要原因。

中方以全面答应日在华陆军的要求来应付时局。通过以上交涉过程中日在华陆军的主张可以知道，中方实际答应的条件比东京中央的指示要苛刻得多，比如：（1）要求裁撤北平军分会（东京并无指示）；（2）第五十一军和中央军等撤出河北省（东京指示为撤至保定以南）；（3）河北省内各党部的裁撤（东京的指示为与事件有关的党部撤出平津）；（4）撤退后禁止重建，对于将来也不允许致使中日关系恶化的机关和人员的存在，新官吏的命令要选用与日本关系良好的人物（比中央的指示更加强硬）。④

从 5 月 29 日到 6 月 10 日的短短十日间，日方强加给中方的"何梅协定"就已形成。随着何应钦的南下，华北政局呈现出极其不稳的局面。

---

① 「北支問題ニ関シ陸軍省軍事課長ヨリ連絡」（1935 年 6 月 10 日）、『島田史料 24　昭和 10 年　華北に於ける日支軍交渉（二）（北支事件）陸軍電　四分冊』。

② 「北支交渉状況（川本少佐電話ニヨル）」（1935 年 6 月 10 日）、『島田史料 24　昭和 10 年　華北に於ける日支軍交渉（二）（北支事件）陸軍電　四分冊』。

③ 「特種情報第一八五号」（1935 年 6 月 12 日）、『島田史料 22　昭和 10 年華北に於ける日支軍交渉（二）（北支事件）陸軍 . 外務電　二分冊」、防衛省防衛研究所所蔵、請求番号：戦争指導・重要国策文書 442。

④ 「北支問題ニ関スル聴取事項」（1935 年 6 月 11 日）、『島田史料 24　昭和 10 年　華北に於ける日支軍交渉（二）（北支事件）陸軍電　四分冊』。

三　"何梅协定"后华北政局的严重空虚

6 月 10 日，关东军举行军事会议。其内容大致为"中央军撤退后，对平津局势变化的政策、撤销政整会、更迭何应钦及其后任者等"；并且根据来自天津方面的消息，土肥原贤二认为，"此次北支事件得以圆满的解决，完全可以看出掌权者没有能力，因此，应当乘此机会在北支做出一个新局面"。①6 月 11 日，何应钦致电蒋介石和汪精卫，请示"中央对于今后外交大计速定方针，对于华北施政之机关尤须从新组织，务求适切目前环境之需要，以免汉奸日人勾结利用制我机先，另请钧座催促膺白先生早日北来主持一切"。②此前，"张北事件"的突发，国民政府为了息事宁人，竟早早地将省主席宋哲元于 6 月 19 日公开罢免，然而这一应对措施，未能阻止日在华陆军的侵略步伐，日本最终将《秦土协定》强加诸中方。6 月 21 日，蒋介石在日记写道："党部取消，军队南移，华北实已等于灭亡。"③"河北事件"之后，中日双方都意识到对华北的新政局需要有新的对策。所谓的新局面也就是指人事职务的空缺和新增。其中空缺的有河北省省主席、天津市市长、天津市公安局局长、察哈尔省省主席，新增的有天津警备司令（后改为津沽保安司令）；再加上政整会委员长黄郛不在职，北平军分会委员长何应钦又刚南下，华北的政局可谓异常空虚。为了填补空虚，日方、国民政府、华北将领都力争抢得先机。

首先，看看黄郛政权的复活问题。5 月 28 日，政整会顾问陈觉生访问冲野亦男，认为："于学忠反对黄郛的感情由来已久，彼认为这次日军的要求后面有黄氏的阴谋，如此一来会使得黄氏的处境更加艰难。值此之际，应当迎回黄郛，使其为傀儡，表面上服从南京，则可以使华北以自己的方式，实现中日提携。"④5 月 29 日，正当"河北事件"第一次交涉之时，北平市市长袁良向冲野表述："（一）这次陆军所提出的各项要求，我个人是表示感谢，因为这有助于市政的实施；（二）但是其严峻性又会使得不易实现，反而会促进反对

---

①　「特種情報第一八五号」（1935 年 6 月 12 日）、『島田史料 22　昭和 10 年華北に於ける日支軍交渉（二）（北支事件）陸軍．外務電　二分冊』。

②　《何应钦致蒋介石汪精卫电》（1935 年 6 月 11 日），台北："国史馆"藏，蒋中正总统文物档案，002 - 090200 - 00016 - 315。

③　吕芳上主编《蒋中正先生年谱长编》第四册，第 627 页。

④　「北平冲野補佐官発海軍次官・軍令部次長宛」（1935 年 5 月 29 日）、『島田史料 25　昭和 10 年華北に於ける日支軍交渉（一）（北支事件）海軍外務電　一分冊』。

中央的各派的盲动；（三）军分会的存在犹如眼上的肿瘤，何应钦和黄郛的关系亦非良好，希望将其撤销。"① 只是时值此时，不仅黄郛本人不愿再次北上，就连矶谷也表示黄郛北上与否于事无补。②

在人事的甄选上，有殷同、何应钦或其他中央派遣人物备选。酒井认为："当下的华北时局相当的复杂，殷同之辈能不能有此种能力是值得怀疑的，何应钦虽有资格但也略感其力量不足，其他南京或者蒋介石一派人员的北来则绝对反对。"③6 月 17 日，参谋本部表示"陆军中央和在华陆军都不信任殷同，特别是访日期间，殷的对日认识是极其错误的，陆军今后恐怕不会将其视为交涉对手"，并且对殷同回到上海后"大肆放言日本国内陆军和外务政策的不一致，今后陆军还会阻挠外务"的行为大为不满。④

其次，看看河北省省主席之职位和王克敏主政华北。早在 5 月 31 日，汪精卫就曾计划将于学忠和湖北省省主席张群进行互调，后又欲以黄绍竑、陈仪、何应钦暂代。6 月 3 日，何应钦致电蒋介石，"万不可行，盖如此则内部将益起纠纷，于公于私均属无益有损，其更增职应付之困难"。⑤6 月 6 日，唐有壬告诉雨宫，张群已拒绝，陈仪也因继任困难不能北上，商震代行一事也因商已经被任命为天津警备司令，还未最后决定。6 月 14 日，商震向蒋介石建议，力请何应钦北上坐镇并兼河北省省主席一职："第一，河北情况复杂，非若何部长之德高望重必不足以震慑；第二，日人方面无论军人或外交界，对何部长极表崇仰，又因此次交涉系何部长负责办理，咸盼其重回华北兼辖军政以便促条件之履行；第三，华北局面经此次事变后恐非昔比，何部长如不速回则中央将来再欲派员北来坐镇，亦恐不免发生障碍，且何部长如不北来，人将疑中央有意放弃华北，如此则不唯人心动摇，日人势将更加生心矣。"⑥在 6 月 18日的行政会议上，决定：由于黄郛生病，决定任命王克敏代行政整会委员长职

---

① 「北平沖野補佐官発海軍次官・軍令部次長宛」（1935 年 5 月 30 日）、『島田史料 27　昭和十年華北問題、新生事件経緯　其一』。

② 贺江枫：《无以为继：黄郛与 1935 年华北危局》，《近代史研究》2018 年第 3 期，第 46～50 页。

③ 「天津軍参謀長発参謀次長宛」（1935 年 6 月 6 日）、『島田史料 21　昭和 10 年華北に於ける日支軍交渉（二）（北支事件）陸軍．外務電　一分冊』。

④ 「六月十七日〇八二〇参謀本部今井少佐ト電話ニテ情報交換」（1935 年 6 月 17 日）、『島田史料 22 昭和 10 年華北に於ける日支軍交渉（二）（北支事件）陸軍．外務電　二分冊』。

⑤ 《何应钦致蒋介石电》（1935 年 6 月 3 日），台北："国史馆"藏，蒋中正总统文物档案，002 - 090200 - 00016 - 326。

⑥ 《商震致蒋介石电》（1935 年 6 月 14 日），台北："国史馆"藏，蒋中正总统文物档案，002 - 080103 - 00021 - 088。

权。如此，算是作为过渡办法，暂时维持华北局势。

6月20日，王克敏从上海出发北上；22日达到天津，并探访酒井。会面一开始，酒井便指出，"如果南京在华北政治、军事、外交等方面不委以广泛的权限的话，说到底是不会有任何实效的"。王克敏对此表示，"南京方面包括汪精卫等人都有同感，但现今政府以外还隐藏着一些势力，因此有多种困难，再者，如果华北完全不驻军，以保安队代之的话，《塘沽协定》的战区保安队和租界里军队的处理又成问题"。酒井转而强调，"此次事件的对华要求不单单是日本军部的要求，而是日本政府为了纠正中国的对日政策所实行的对华督促，军部不过是起了先驱作用而已"，并明言"至少要使河北一省独立"。对此，王克敏答道，"中央有意将军分会、政整会等相继撤除，首先除去河北省党部的力量和军队的干涉，构筑起中日和平的根据地"。会谈过后，酒井向东京报告："王氏对华北和对日本的认识以及在内政改革方面还不够有决心，我方有必要对其进行鞭笞。"①

6月24日，即王克敏回到北平后的第二日，就去访问高桥。王克敏向高桥传达：（1）南京方面有意将来废除两会，当下仍保有其组织；（2）冀省府依然在保定，任商震为主席；（3）平津二市仍为直辖市，袁良为津市长，自己为北平市长。王克敏表示，上述方案跟自己的意见有所出入，且如果无视日方意向的话，就算自己可以暂代委员长，也只可维持一个月。王氏的主张为：（1）两会宜在一个月内撤去；（2）为了方便对日交涉，冀省府应由保迁平，并且应赋予省府较大的权限，不受南京的束缚；（3）由自己任冀省主席，以河北省为先导，从根本上改善中日关系。对于王克敏的建议，高桥表示"大致同意，华北机构的单一化，不受南京的拘束，促进华北地区的日满支经济、交通，以及转变日支对立是眼下的急务。为了实现此等目标，华北地区的人事安排就必须要重视与日本之关系，并且应起用华北人，也就是所谓的华北人来治理华北"。通过此次会面，虽然高桥对王克敏的主张尽表赞同，但高桥也认为"王克敏在意见尚未被中央所采用，又没有被赋予大的权限时就回北平，极有可能是专门来探听我方意向的，进而向南京方面提出改善方案

---

① 「天津軍参謀長発参謀次長宛」（1935年6月24日）、『島田史料23 昭和10年華北に於ける日支軍交渉（二）（北支事件）陸軍電 三分冊』、防衛省防衛研究所所蔵、請求番号：戦争指導・重要国策文書443。

的"。①由此可见，虽然王克敏一味地想获得日在华陆军的支持和谅解，而后者也并非全然信任王氏。

最后，看看日方与华北将领之间的互动关系。6 月 13 日，即在何应钦南下的当天，北平当地的报纸就传出："以此次北支事件为契机，将河北、山东、山西、察哈尔四省组成一个整体，构筑成反对南京国民政府和国民党的政治集团。此集团就是消灭蒋介石统一支那政策的有生力量，新的华北政权不能有像国民党似的排外色彩，应实行亲日政策，并根据形势的发展结成反蒋新国家。"②6 月 16 日，何应钦获得日方一份秘密文件，谓"北支工作"之第一阶段为："最小限度是将河北省完全变为反蒋之根源，达此目的后方可认为第一阶段终了"，"第二阶段工作为诱发其内乱，然后最低限度是以黄河以北事实上之独立为目的"。③6 月 17 日，鲍文樾、王树常、万福麟等派遣密使去天津向酒井传达，"何应钦南下之后就不再北上，若我等 7 位委员组织河北独立，能否获得日本的援助"。酒井当即答以"日本不允许任何引发华北治安的行动"，并向东京报告"彼等皆为张学良一派，此时不能不怀疑彼等有在华北保存张学良的势力的企图"。④

日在华陆军虽然对张学良派极其反感，但对其他派系则不然。就在"河北事件"尚在交涉之时，即 6 月 7 日，日方就已经与商震有了联系，"决拟做成华北之半独立状态，正与某方面商议实现之步骤"。高桥的前任武官柴山兼四郎在华北的时候，就曾方言"助启予维持华北"。⑤6 月 19 日，驻日大使蒋作宾电告外交部，日方"以中国将趋统一认为不利，欲在北方组织一反中央势力，先以冀晋察绥鲁为范围，俾与中央脱离以便为所欲为，现正积极进行并于利用阎主任为傀儡云云，查此计若成无异第二伪国，望速密防"。⑥果不其

① 「北平補佐官発参謀次長宛」（1935 年 6 月 26 日）、『島田史料 24　昭和 10 年華北に於ける日支軍交渉（二）（北支事件）陸軍電　四分冊』防衛省防衛研究所所蔵、請求番号：戦争指導・重要国策文書 444。
② 「北支ノ反蒋政治ブロックノ成形ヲ報ス」（1935 年 6 月 14 日）、『島田史料 23　昭和 10 年華北に於ける日支軍交渉（二）（北支事件）陸軍電　三分冊』。
③ 《何应钦致蒋介石电》（1935 年 6 月 16 日），台北："国史馆"藏，蒋中正总统文物档案，002 - 090200 - 00020 - 160。
④ 「天津軍参謀長発参謀次長宛」（1935 年 6 月 17 日）、稲葉正夫、島田俊彦編『現代史資料 8』、95 頁。
⑤ 《徐永昌日记》第 3 册，1935 年 6 月 7，10 日，第 267～269 页。
⑥ 《蒋作宾致外交部电》（1935 年 6 月 19 日），台北：中研院近代史研究所档案馆藏，外交部档案，11 - 29 - 01 - 02 - 252。

然，几日后，陆军省军事课"满蒙班"班长大城户三治到山西访问阎锡山，并谓："系代表日陆相与主任直接谈判，问能否与日本提携合作？"阎锡山则"颇难遂答，只好婉词敷衍"，"约谈三小时，大城户不得要领，稍形不快"。[①]

6 月 21 日，山西省省主席徐永昌亦准备致电中央，"冀察政治及王克敏代黄等之命令，似今日中央对华北政治取次层的或推诿性的政策，结果是不负责的，即地方对外固然不负责，而中央对内亦不负责"。[②]与徐永昌的举措形成鲜明对比的是山东省省主席韩复榘。7 月 31 日，韩派人来晤徐永昌，"中央已无力问华北事，吾人若不早自为计，恐山东、山西祸患已到不远，即咱们自己不有组织，等到日本对咱失望后，他随便拥个任何无赖到北平，那时人家假日本力以临咱，恐山东、山西也只好低头输服"，因此"纯为华北自己打算以为，请阎先生出任华北艰巨，为今日自救唯一决策"。[③]随后，8 月 3 日、4 日，宋哲元和阎锡山的代表开始接头，并商议团结五省，召开五省主席会议。[④]这两日，高桥也出访山西。高桥有意促使徐永昌加入五省集团，徐永昌的亲信告诉高桥："阎出来也办不了什么事，因为韩等纵拥阎出，有利他们接受，有害他们不听，徒毁阎与日，希望毫不能达到，最好你们向我们中央要求阎先生出来负责"。酒井认为"有理，当本此进行"。[⑤]

此时，又正值南京免去宋哲元主席一职。6 月 18 日，天津市秘书长刘遂昌向酒井探寻"是否非免宋哲元职"，高桥答以"宋哲元免职与否都只是枝叶问题"，即暗示并非一定要去宋哲元。[⑥]6 月 27 日晚，丰台发生事变，宋哲元旗下军队入驻北平镇压。即便如此，南京方面也未授予宋哲元新职。何应钦认为，河北问题还未解决，特别是其"觉书"的附件里明确写有人事任命需考虑与日方的关系，"若我方于此时发表明轩兄之名义，日本若有异议，于我中央威信、国家体面均大有损，彼时明轩兄等进退亦将极感困难"，再者，"酒井、高桥之言，不尽能完全代表日方"，因此"中央多数同志之意，对明轩兄名义拟俟河北事件之觉书问题解决，确知关东军及东京军部均无异议后，再为斟

①《徐永昌日记》第 3 册，1935 年 6 月 25 日，第 277 页。
②《徐永昌日记》第 3 册，1935 年 6 月 21 日，第 273 ~ 274 页。
③《徐永昌日记》第 3 册，1935 年 7 月 31 日，第 294 ~ 295 页。
④ 蒋永敬：《多难兴邦：胡汉民、汪精卫、蒋介石及国共的分合兴衰 1925—1936》，台北：新锐文创出版社，2018，第 108 页。
⑤《徐永昌日记》第 3 册，1935 年 8 月 4 日，第 297 页。
⑥「天津軍参謀長発参謀次長宛」（1935 年 6 月 18 日）、稲葉正夫、島田俊彦編『現代史資料8』、95 頁。

酌时机决定发表方觉稳妥"。①如此一来，宋哲元的何去何从问题又悬而未决。

四　四个政策调整

"河北事件"和"张北事件"之后，中日双方都在调整各自的政策。

首先看南京方面。其一，从根本上努力推进中日关系的调整，此为最显著者。6 月 6 日，汪精卫致电蒋介石："此次酒井、高桥等蛮横无礼，日外务省虽不能抑制，但确无助长之意，且其不欲事件扩大之心亦昭然若揭，有吉不日来华，弟拟应付方针如下：（一）坦白告以两国间事态依外交途径进行交涉，我方无所谓二重外交，为彼方所为乃真二重外交耳；（二）一切在可能范围内爽快解决，不取延宕，如不能允许，则斩截拒绝，为此或可将所谓地方事件逐渐减少，此次事件固不能专怪孝候，然果能以明白中央所定方针，及具有应付手腕之人任之，弟敢信必不为此之糟也。"蒋介石对汪精卫的对日方针表示"不胜赞佩"。②6 月 12 日，有吉返回上海。14 日，汪精卫与有吉会谈。汪精卫表示，以共存共荣的趣旨，中日间紧密提携、东亚和平繁荣是两国的共同理想，并且这也应该是两国关系的根本意义所在。③ 17 日，唐有壬继而拜访有吉，指出："此次河北事件，日本军部做的稍微过分了，为了防止事件的再发，两国间的协调是必要的。"关于提携的方法，唐有壬提议："可以从华北和全中国两个方面着手，华北方面可容纳日方的希望和要求，全中国方面则可以经济提携（比如关税问题、债务整理等）作为基础，政治方面（比如防止共产、取缔不法朝鲜人等）则以协调为基础，作为双方共同的努力目标。"④

---

① 《何应钦致蒋介石电》（1935 年 6 月 30 日），台北："国史馆"藏，蒋中正总统文物档案，002 - 090200 - 00020 - 131。

② 《汪精卫致蒋介石电》（1935 年 6 月 6 日），台北："国史馆"藏，蒋中正总统文物档案，002 - 080103 - 00024 - 001。

③ 「「対支政策ノ運用ニ付差当リ執ルヘキ措置ニ関スル件」（6 月 24 日）、『帝国ノ対支外交政策関係一件　第四巻』、アジ歴：B02030148600。

④ 「有吉大使発広田外務大臣宛」（6 月 18 日）、『満洲事変（支那兵ノ満鉄柳条溝爆破ニ因ル日、支軍衝突関係）/華北問題（日、支停戦協定及満、支国境諸懸案解決交渉ヲ含ム）松本記録　第六巻』、アジ歴：B02030478800。『満洲事変・華北問題　松本記録第六巻』。据内田尚孝的分析，此封电报与唐有壬给蒋作宾的电报是有出入的，因为唐有壬的电报里提到的要尊重中国领土并未在有吉的电报里；另外，唐有壬提议的由经济提携开始交涉中日关系也被有吉扩大到政治领域。内田孝尚『華北事変の研究 - 塘沽停戦協定と華北危機下の日中関係 1932 - 1935 年』、209 - 13 頁。

其二, 将外交视野转向欧美。九一八事变时, 国民政府将其诉诸国联以求国际势力的介入, 但欧美各国的冷淡对应, 使得南京认识到不得不提升自己的对日交涉能力, 并专注于 1933 年到 1935 年初的善后交涉。[①]然而, 在 "河北事件" 和 "张北事件" 的交涉中, 日本的得寸进尺使得 6 月 19 日召开的中央政治会议上出现争执, 即南京政府内部出现了激烈地纠弹汪精卫和黄郛等人下野, 主张联苏制日的意见。[②] 6 月 14 日, 唐有壬告诉美国驻华公使詹森 (Nelson Johnson), 酒井等要求签署 "觉书", 并明显提到附件的第二项。[③]英国方面也同样得到了消息, 6 月 15 日, 英国驻美大使林德赛 (Ronald Lindsay) 访问美国副国务卿菲利普斯 (William Phillips), 表示华北的情况已经十分严重, 日本的行为明显已违反了尊重中国主权完整的《九国公约》。[④]虽然美国务卿赫尔 (Cordell Hull) 向南京方面表示, 美国目前不考虑采取任何具体的行动,[⑤] 但仍可以看出国民政府内部亲英美势力已经有了抬头之势。7 月 4 日, 行政院副院长孔祥熙受蒋介石之托, 在毫无预约的情况下, 突然造访苏联驻华大使鲍格莫洛夫, 并提议结成中苏互助条约。

其次看日本方面。其一, 天津军和驻北平、南京、上海的武官都有与蒋介石、汪精卫直接交涉的趋向。这一点在本稿第一节里已有触及, 这里再进行详细的论述。6 月 5 日, 雨宫与唐有壬会见后, 即向中央报告 "要解决日中根本问题, 就要与蒋介石直接交涉, 根据北支事件的交涉情况, 这一点应该并非不可能"。[⑥] "张北事件" 交涉时, 酒井亦表示 "只要南京中央在日支合作上没有醒悟的话, 罢免一两个地方官是根本解决不了问题的"[⑦]。

要求与蒋介石直接交涉这一点, 矶谷表现得最为强烈。矶谷在转任上海武

---

① 刘杰:《中日战争前的关系改善与 "中国通" 外交官」》, 黄自进、潘光哲编《近代中日关系史新论》, 台北: 稻香出版社, 2017, 第 269 页。

② 《中央政治会议第 462 次会议速记录》(6 月 19 日), 中国国民党文化传播委员会党史馆藏, 请求番号: 00.1 - 144。

③ The Minister in China (Johnson) to the Secretary of State, (June 14), *Foreign Relations of the United States* (1935), Volume Ⅲ, Washington D. C.: Government Printing Office, p. 34. Hereafter cited as *FRUS* (1935 Ⅲ).

④ Memorandum by the Under Secretary of State (Phillips), (June 15), *FRUS* (1935 Ⅲ), P. 250.

⑤ The Secretary of State to the Second Secretary of Legation in China at Nanking, (June 20), *FRUS* (1935 *III*), p. 267.

⑥ 「南京雨宮巽発参謀次長宛」(6 月 6 日)、『島田史料 21 昭和 10 年華北に於ける日支軍交渉 (二) (北支事件) 陸軍. 外務電 一分冊』。

⑦ 「天津軍参謀長発参謀次長宛」(6 月 18 日)、『島田史料 23 昭和 10 年華北に於ける日支軍交渉 (二) (北支事件) 陸軍電 三分冊』。

官前是参谋本部的次长。1935 年 3 月 29 日，他曾在外交协会的演讲会上声言，"在日苏开战之际，支那对我采取好意的中立则是很好的，如果能与日本携手，一起对苏开战，那就是最好的局面。如果不能做到的话，最低限度就是不要妨碍日本"。至于"什么样的支那人来治理支那"，"南京政府的党部实行排日思想和排日运动，其政府又以如何维持自己的统治地位为主要目的，与日本之间的提携是无甚希望的"。在这种情况下，矶谷虽然不主张打倒国民政府，但也强调"要在未来一两年内，不能使南京政府的政令再行扩大"。① 在这种认识之下，5 月 24 日，矶谷面对黄郛的询问时，就直接指出"更改蒋介石的对日政策及撤销政整会"，以求与蒋氏的直接交涉。②

蒋介石为了防止华北事态恶化，虽已命何应钦向矶谷传达 7 月中旬可以会面，但是当 6 月 10 日中方全面答应了日方要求之后，蒋介石立即致电何应钦取消会见。6 月 14 日，矶谷在参谋本部喜多诚一的陪同下回到上海，并与参谋次长杨杰会面。随后，汪精卫和何应钦召集陈仪、张群、黄绍竑、熊式辉商谈对日政策。6 月 29 日，陈仪访问须磨弥吉郎并告知四省主席会议的结果："仍然采取对日亲善的方针，并且将华北机关进行简易化；何应钦不再北上，废除政整会，对各悬案也努力尽速解决。"③

7 月 3 日，陈仪、张群与矶谷进行了首次会面。矶谷当即指责国民党需要改造，如果蒋介石能回南京或者上海，日本政府方面也可派遣重要代表来与蒋面谈。④ 7 月 7 日，蒋介石指示何应钦，赞成矶谷所提的与日本要人的交涉，但在这之前应该确认日本要人能否代表日本政府，南京内部也该先协商交涉的内容和方针。⑤ 汪精卫和国民政府高层也认识到，如果蒋不归京，则事事难成，因此此时就出现了一波催蒋回京的情形。⑥

经过 7 月 18 日、20 日、23 日、25 日的 4 次谈判，陈仪拟向矶谷提出一份《中日友好条约纲要》，里面关于军事问题的，有如下条款："（一）以防俄为

---

① 磯谷廉介「国防の観点から対支政策を語る」、『日本外交協会』（1935 年 3 月 29 日）。
② 「上海大使館附武官発参謀次長宛」（5 月 27 日）、『島田史料 23　昭和 10 年華北に於ける日支軍事交渉（二）（北支事件）陸軍電　三分冊』。
③ 「須磨総領事発広田外務大臣宛」（6 月 30 日）、『満洲事変・華北問題　松本記録第六卷』。
④ 《张群陈仪致蒋介石电》（1935 年 7 月 5 日），台北："国史馆"藏，蒋中正总统文物档案，002 - 080200 - 00455 - 056。
⑤ 《何应钦致蒋介石电》（1935 年 7 月 7 日），台北："国史馆"藏，蒋中正总统文物档案，002 - 080200 - 00236 - 087。
⑥ 李君山：《全面抗战前的中日关系（1931—1936）》，第 408 页。

两国之共同目的；（二）为达成上项目的起见，器材、技术、资源应互助之；（三）上海塘沽两协定应即撤废。"① 其中，第一项防俄并非陈仪独断专行之建议，而是蒋介石的指示，蒋试图以"共同防俄"和"经济、文化合作"来换取日方的让步。② 8月10日，矶谷回应中方，陈仪提出的方案应该为交涉的第二步，而中日直接交涉的第一步应该是：国民政府放弃一国一党方针、撤销国民党的全部组织、更新中央军、解散全部秘密团体和禁止妨害中日提携的一切行为，等等；此外，还要求蒋介石亲自出面交涉。③ 蒋介石对矶谷所提条件大为震怒，视为"不堪忍受之条件"④。

何应钦、黄绍竑、熊式辉都致电蒋介石，和矶谷在上海的交涉，极有可能最终被陆军方面所完全操纵，而难以掌握日本政府的政策轮廓，要商谈中日根本问题，则应该选蒋介石的亲信并且是政府高官前往日本，与日本元老和重臣等进行接触，以求交涉，其中以陈仪、张群、蒋作宾为人选。⑤ 正对矶谷的条件愤然不已的蒋介石大为赞同上面的意见，拟派蒋作宾回日本后与广田进行交涉。蒋介石的对案为：（1）东北问题，中国暂置不问；（2）中日关系应立于平等基础之上，废除一切不平等条约；（3）以平等互惠为原则，促进中日经济提携；（4）在经济提携之基础上，缔结军事协定。⑥ 因此，矶谷在回国任军务局局长前，都未能与蒋介石就中日交涉达成任何意见。

其二，就是日外务部门明显地向军部接近。面对汪精卫和唐有壬的国交关系改善的提议，外务次官重光葵于6月27日举行了一次由桑岛主计东亚局局长、守岛伍郎东亚局第一课课长、谷正之参事官、栗山茂条约局局长、上村伸一事务官参加的"对支那政策讨议会"。重光认为："日支关系首先只能是日中两国间的关系，决不允许日支两国以外，如英、美、国联等第三方的介入。其次，中支关系必须是日满支三国关系。"守岛接着发言："对满和对中的政

① 《何应钦致蒋介石电》（1935年8月6日），台北："国史馆"藏，蒋中正总统文物档案，002 - 090200 - 00016 - 254。
② 鹿锡俊：《夹缝中的抉择：蒋介石处理对日对苏关系的曲折历程》，黄自进、潘光哲编《近代中日关系史新论》，第241~42页。
③ 《陈仪致蒋介石电》（1935年8月14日），台北："国史馆"藏，蒋中正总统文物档案，002 - 090200 - 00016 - 142。
④ 《蒋介石日记》（8月24日，本周反省录），斯坦福大学胡佛研究所档案馆藏。此日记为庆应义塾大学段瑞聪教授所抄录，特此感谢。
⑤ 《何应钦致蒋介石电》（1935年7月21日），台北："国史馆"藏，蒋中正总统文物档案，002 - 080200 - 00456 - 006。
⑥ 沈云龙编《黄膺白先生年谱》下册，台北：联经出版事业股份有限公司，1976，第890~891页。

策，就是对军部的政策，如对中政策未得到军部应允的话，其实效也不大。"
对此，重光表示同意，并主张先把外务省的根本政策定下来，以便以此与军部
探讨。①7 月 2 日，由守岛完成的对华交涉的外务省方案为：彻底取缔排日、承
认伪满、共同防苏。这就是 10 月 4 日正式出台的"广田三原则"。

陆军方面在对外务省的方案提出意见之前，就表示："先要在对支政策的
根本观念上，互相交换意见，以达意志的疏通。"② 此处的"根本观念"就是
指："基于中国大陆人文和地理上的见地，应当使其分立，并使分离出来的各
个地域，分别与日本帝国进行合作。"③ 这种分裂中国的观念，同样也体现在
驻华外交官的主张上，比如，有吉也建议南京方面，要以适合华北的政情来制
定政策。

结　语

日本制造的"河北事件"，是继九一八事变之后的又一重大事件，产生重
大影响。其影响力不仅仅局限于华北地方，而且还波及两国的外交交涉。具体
表现为以下四个方面。

首先，在华陆军以胡白案为借口，以去除蒋介石二重对日政策为幌子，不
仅将平津地区而且将河北全省作为其"自治省"构想的首要目标。这就是
1935 年秋日军策划"华北自治运动"的前奏。这点以矶谷表现得最为明显，
所以他在北上天津之后，即向酒井和高桥表示，不必完全遵守东京中央的训
令，他在此次事件交涉中扮演了推波助澜的角色。如此一来，便使黄郛及其善
后交涉下的华北政局，已然全面崩溃。

其次，何应钦的步步退却，也刺激了酒井和高桥等的狼子野心，进而要求
去除统辖华北地区政军事务的政整会和北平军分会。事态虽然得以平息，然而
"何梅协定"的达成使得中方失去了对华北地区的独立人事支配权和驻军权。在
卢沟桥事变时，中央军受制于此协定而不能迅速北上救急，蒋介石也曾在日记写

---

① 「对支那政策討議会討議要録」（1935 年 6 月 27 日）、『帝国ノ对支外交政策関係一件　第四
卷』。
② 「对支政策〔広田三原則〕決定の経緯」、稲葉正夫、島田俊彦編『現代史資料 8』、103 -
104 頁。
③ 板垣征四郎「関東軍ノ任務ニ基ク对外諸問題ニ関スル軍ノ意見」、『帝国ノ对支外交政策関
係一件　第八巻』アジ歴：B02020161100。

道："如能办到卢（沟）桥仍驻正式陆军，不受限制，则胜矣。"①

再次，华北政局在无中央控制的情况下乱象百出，给秋天"华北自治运动"埋下了伏笔。在交涉中，南京对日军步步退让，交涉后又无中央要员镇守华北，给了在华陆军机会去策动各省长官"自治"，而各省长官为了自保又呈现出与日方互动的局面。即使南京方面以王克敏代使黄郛职权，正如本文所述析的那样，王克敏也有自己的主张，并非完全按中央要求行事。

最后，"何梅协定"后，中日间呈现出直接交涉的势头。其中一个原因是在华陆军有意直接与蒋介石进行交涉，另一个原因则是南京政府外交部也向东京传递以外交方式解决中日问题的意向。这就为 1935 年底直至 1936 年 11 月的中日国交调整做了铺垫。然而，由于日本外务省从其国策执行的角度，容纳军部的意见，且对华立场逐渐与军部靠拢，使得其外交政策改变，即将华北和其他中国地区分开来对待。这也就预示着，即使蒋介石和国民政府以共同防苏为条件作出让步，中日双方在华北政局上也无法达成一致意见。

---

① 《蒋介石日记》（1937 年 7 月 14 日）。

全面抗战爆发前后香港的对外贸易

摘要： 中国局部抗战和全面抗战的爆发，对于香港及其对外贸易的发展都有非常重要的影响，应合为整体来观察。抗战至二次大战前期，国际局势云谲波诡，"中立"和"自由港"、中转港的性质及其地位，使香港在对外贸易的地缘方面发挥了多元作用，被交战各方所利用，反映了列国经济势力在东方的消长，但总体上有利于反法西斯阵线。战时对外贸易不仅是香港经济增长的发动机，为工商各业的蓬勃发展带来百年难逢之机遇，而且推动其成为东方重要的区域性转口贸易中心。香港沦陷后，正常的对外贸易基本停顿，其独特功能和作用随之丧失，在历史上再度沦为"死港"。

关键词： 抗日战争　香港　对外贸易

全面抗战爆发前后，香港在极其复杂的国际局势下，充分利用"中立"和"自由港"、中转港的性质及其地位，在对外贸易的东方地缘空间中发挥了奇特作用，这既有利推动香港社会经济的蓬勃发展，也对交战各方的利益有利，但总体上有利于反法西斯阵线。本文在学界已有研究的基础上，进行更为深入而系统地探讨。

《南京条约》签订后，香港由英国进行殖民统治，被辟为"自由港"。香港自开埠以来，华洋商贸云集，从事进出口贸易，成为远东新兴的商业中心。

---

[*] 张晓辉，暨南大学历史系教授。本文系 2016 年国家社会科学基金重大招标项目"鸦片战争后港澳对外贸易文献整理与研究"（批准号：16ZDA130）的阶段性成果。

长期以来，对外贸易被誉为香港经济发展的"生命线"，学界对此早有关注，其中专门论述香港对外贸易的著作有 Tom，J. C. F.，*The Entrepot Trade and the Monetary Standards of Hong Kong*，*1842—1941*（Hong Kong：K. Weiss，1964）以及张作乾的《现代香港对外贸易》（中山大学出版社，1988）、甘长求的《香港对外贸易》（广东人民出版社，1990）、毛艳华的《香港对外贸易发展研究》（北京大学出版社，2009）等。①

自 19 世纪 70 年代起，香港即占中国对外贸易的首要位置，直至 20 世纪 30 年代，香港地区对内地的转口贸易是内地对外贸易的重要组成部分，在进出口贸易上，香港都是内地的首要对象。对此，学界做了不少研究，著述有张晓辉的《香港与近代中国对外贸易》（中国华侨出版社，2000）、张俊义的《转口贸易的黄金期——1900～1941 年香港转口贸易研究》（《中国社会科学院近代史研究所青年学术论坛（2002 年卷）》）、毛立坤的《晚清时期香港在上海口岸外贸领域发挥的中转功能》（《安徽史学》2017 年第 1 期）、孔威的《香港对内地转口贸易实际来源与去向研究（1931—1936）》（《中国经济史研究》2017 年第 6 期）等。②

基于学界关于近代香港地区与内地贸易的成果颇多，加以抗战时期中国内地的外贸市场被分割为华北、华中、华南及所谓的"满洲国"等，情况极为复杂，且因篇幅所限，故本文不再详论。

一　全面抗战爆发前后香港商贸的概况

（一）全面抗战爆发之前

1. 20 世纪 30 年代前期商贸的复苏

由于中国内地和国际政治、经济局势动荡，1925～1936 年香港的转口贸易先后遭受省港大罢工和世界经济危机的沉重打击，起伏很大。

省港大罢工结束后，香港的贸易很快得以恢复。到 1929 年，进出口的外贸运输船只总吨位数已经超过大罢工前的 1924 年，贸易额也有了大幅度的回

---

① 这几本中文著作的侧重点均为第二次世界大战结束以后的香港现当代史研究。
② 有关香港经济史的著作一般都会涉及香港的对外贸易，如卢受采、卢冬青的《香港经济史》（香港三联书店，2002）、刘蜀永主编的《20 世纪的香港经济》（香港三联书店，2004）等。限于篇幅，兹不一一列举。

升。但好景不长，1929 年开始爆发的全球性经济危机又逐渐影响到香港。

世界经济危机对香港的冲击，于 1933 年开始在香港充分发生反应，"是年商业之冷落为欧洲大战后之最盛者"①，各业均受其累，进出口贸易更是大受影响。实际上，香港进出口贸易总额自 1931 年后，一路下滑（见表 1）。

表 1　香港对外贸易表（1931～1936）

单位：亿元（港元），%

年份	进口总值	出口总值	进出口合计	比上年增长	贸易入超额
1931	7.37	5.42	12.79	—	1.95
1932	6.24	4.72	10.96	-14.30	1.52
1933	5.00	4.00	9.00	-17.90	1.00
1934	4.16	3.25	7.41	-17.70	0.91
1935	3.65	2.71	6.36	-14.20	0.94
1936	4.52	3.51	8.03	26.30	1.01

资料来源：汇丰银行编《百年商业》。

1934 年初，南洋树胶、锡、米价稍涨，商业渐有起色，经香港赴南洋的旅客渐多，侨汇亦有增长。这年，香港加入《英联邦特惠税协定》（按：1932 年在加拿大讨论了《英联邦特惠税协定》，规定凡是采用英联邦原料或劳工至少 50% 的制成品，可以在英国及其自治领市场享受特惠税的待遇）；同时，经过交涉，荷兰政府答允取消港制货品入口的限制，荷属东印度（今印度尼西亚等地区）原为香港极重要的贸易伙伴，此后港货可无限制地输入，②这些对于香港工商业的发展有一个刺激作用。

1935 年时，香港经济情况还十分严重，据香港政府出入口署的报告，该年本港贸易以港币计算，比上年减少 14.2%，比 1933 年减少 29.3%。③ 但同时世界经济不景气的阴影开始散去，香港工商各业渐有转机。

这年下半年后，香港工业渡过严重困难时期，产品较前骤增，经营转趋活跃。自香港政府实行币制改革后，外汇统制、港汇低缩，各埠办货者源源而来，各厂家以汇水市情已渐稳定，较前有利可图，于是纷纷接纳订单，加工赶

---

① 汇丰银行编《百年商业》，香港：光明文化事业公司，1941，原书无页码。
② 《琐闻丛辑》，《香港华商月刊》第 1 卷第 10 期，1936。
③ 《本埠新闻》，《香港工商日报》1936 年 8 月 29 日，第 3 张第 4 版。

制，尤以土布、线衫、小电器、胶鞋等行业为甚，各厂均加开夜工，过去因不景气而停业者也陆续恢复旧观。据新加坡庄姓进出口商称：运销新加坡之货物较前约增加了 3 倍，"前途颇为乐观"①。

此时，自九一八事变、"一·二八事变"以来的华人反日情绪更为高涨，日货在香港市场又受汇水打击，价高数倍；意大利货因英国对该国实施经济制裁而在香港绝市；南洋华侨振兴国货，市场趋佳，港制品以汇水低而成本倍廉深受欢迎；中国内地经济复苏，销场亦有转机，对港制产品的需求较往年为巨。②这一切，都为香港经贸提供了快速进步的良机。

1936 年是自 1930 年恢复海关统计以来，香港第一次有商业好转记录的年度，出入口贸易均有增加，"尤以下半年为甚"③。这年，进出口总值较上年增长 26.3%（见表 1）。

20 世纪 20 年代，香港的对外贸易进出口值大体平衡，略有入超。20 世纪 30 年代初，香港外贸仍为入超，且数额较前增大。

2. 与南洋商务联系的加强

1935 年初，因南洋群岛商务逐兴，侨胞往者日众，购买力增强，香港华商织造总会之各厂家都派员前往南洋各埠设点，直接招徕生意，故在荷属东印度、菲律宾等地的销路均较往年为优。④

全面抗战爆发前夕，香港对南洋贸易的最主要对象依次为法属印度支那（今越南、老挝、柬埔寨等地区）、荷属东印度、暹罗（今泰国）、海峡殖民地（今新加坡、马来西亚等地区）以及菲律宾，其中对越南、荷属东印度、暹罗均严重入超，对海峡殖民地、菲律宾则有出超的优势（见表 2）。

表 2　香港与南洋五大地区贸易表（1935）

单位：千元（港元）

地区/国家	越南	荷属东印度	暹罗	海峡殖民地	菲律宾	合计
输入	32573	22575	20535	6215	1204	83102
输出	14459	6193	10441	17005	5012	53110

资料来源：《南支经济丛书》第 1 卷，东京：福大公司，昭和十五年（1940），第 501 页。

① 《琐闻丛辑》，《香港华商月刊》第 1 卷第 10 期，1936。
② 《农工商业情报》，《香港华商月刊》第 1 卷第 11 期，1936。
③ 汇丰银行编《百年商业》。
④ 《本港新闻》，《香港工商日报》1935 年 3 月 12 日，第 3 张第 2 版。

（二）全面抗战爆发之后

1937 年，日本发动全面侵华战争，中国内地对外贸易的中心南移，香港的地位日显重要。"从通商关系上看，现在香港处于英领港口的第四位，位于世界港埠的第十位。但从货物的吞吐看，可以说香港居于世界首位。"①

1. **对外贸易的繁盛**（1937.7 ~ 1940.6）

上海淞沪战役期间，香港的进出口贸易额大涨。据香港输出入局统计课发表的数据，1937 年 11 月输入由前年 11 月的 280 万英镑增至 370 万英镑，同比增加了 32.1%；输出由前年 11 月的 240 万英镑增至 280 万英镑，同比增加了 16.7%。②

香港对外贸易的繁盛，直接反映了中国内地外贸路线南移的极大刺激。如1937 年上半年进口货值中，月均为港币 4800 万元，上半年则升为 5600 万元，约增 17%。在 1937 年上半年香港出口货值中，月均为 3644 万元，上半年则升为 4245 万元，约增 16%。③ 1937 年香港进出口货值比 1934 年增加 1.5 倍，比 1935 年增加 70%，比 1936 年增加 35%。④

1938 年 3 月，香港的输入额较上月大增，内地、英国、法属印度支那对香港的输出显著增大，因香港处于中立地带，起中转贸易作用的九龙港迅速发展。如从华北输入的棉织品从 230 万港元增至 510 万港元，植物果实及种子从100 万港元增至 170 万港元。从法属印度支那输入的粮食类由 100 万港元增至300 万港元，杂品由 31.7 万港元增至 100 万港元以上。⑤

1938 年香港的对外贸易额持续增长，但受华南战事（特别是广州沦陷）的影响，1939 年进口总值较上年减少，而出口总值仍有增加。抗战局势相对稳定后，1940 年香港的贸易总值再次大增（见表 3）。

表 3　香港的对外贸易额（1937 ~ 1940）

单位：亿元（港元），%

年份	进口总值	出口总值	进出口合计	比上年增长	贸易入超额
1937	6.17	4.67	10.84	35.00	1.50

① 〔日〕秀岛达雄：《香港・海南岛の建设》，东京：松山房，昭和十七年（1942），第 29 页。
② 〔日〕田北隆美编著《东亚南方诸国と支那开港场》，东京：二里木书店，昭和十六年（1941），第 320 页。
③ 《一九三七年香港对外贸易概况》，《中行月刊》第 16 卷第 1 ~ 2 期，1938 年 1 ~ 2 月。
④ 《各地金融经济报告・香港》，《中行月刊》第 16 卷第 3 期，1938。
⑤ 〔日〕关文雄：《支那商业政策论》，东京：高山书院，昭和十五年（1940），第 307 页。

年份	进口总值	出口总值	进出口合计	比上年增长	贸易入超额
1938	6.18	5.12	11.30	4.24	1.06
1939	5.94	5.33	11.27	-0.27	0.61
1940	7.53	6.22	13.75	22.00	1.31

资料来源：汇丰银行编《百年商业》。

从表3看，在全面抗战前期，除了1939年外，香港的对外贸易总额都以较大的幅度上升。到1940年，香港进口额为7.53亿港元，与1936年相比，增加3.01亿元，增幅66.6%；同期香港的出口额为6.22亿元，与1936年相比，增加2.71亿元，增幅77.2%。其中，出口增幅尤为明显。

从当时香港对外贸易平衡度来看，入超额先是大增，但随即逐年递减，1940年时又大为增加。

2. 对外贸易的坎坷跌停（1940.7～1941.12）

1940年前半期，香港贸易超乎预料，特别良好，主要原因在于：（1）内地物产如桐油、茶叶、钨、锡及猪鬃等，尽管受日军严密封锁，仍有相当数量运往香港。（2）内地战乱、饥馑，销场散佚，南洋市场的需求品受欧洲战争影响而供应不足，故上海因纺织业复兴和法币低跌而廉价的产品如棉布及杂货类等，以香港为中转地，盛销南洋。（3）法属印度支那、暹罗及其他南洋地区以及澳大利亚生产的米、面粉等食品经由香港，对华中的输出增大。（4）港制产品如胶鞋、卷烟、电筒、服装、精面粉等，因欧洲爆发战争而输出增大。

然而，1940年后半期香港贸易不振，其主要原因在于：（1）日军进驻越南，阻断西方国家援蒋路线，对广州湾、澳门等处走私路线的封锁也逐渐从严从密，香港市场输入的锡、锑、钨、桐油、生丝等内地土产品，以及向内地输出的汽油、棉布、机械等货物均剧减。（2）大量欧洲各国船只从东方撤退，移向地中海、大西洋方面，香港陷入极度的船荒，货物运输受到严重影响。（3）香港政府因战时防卫令而强化外贸统制，削减了香港作为"自由港"的功能。（4）上海、海峡殖民地、法属印度支那及其他香港的主要贸易对象，都采取强化统制政策，使外贸交易减退。（5）受1940年7月在港英籍妇孺总撤离以及美国人劝告撤离等情况的影响，香港人心不安，资本向外逃避数量增多。[①]

---

① 〔日〕秀岛达雄：《香港·海南岛の建设》，第94～95页。

进入 1941 年，香港的外贸"日形衰落"，主要是远东及欧洲时局影响所致。据官方统计，该年香港首季贸易总值为 3.25 亿港元（上年同期达 3.51 亿元），其中进口值 1.84 亿元，出口值 1.41 亿元。[①]

1941 年底，太平洋战争爆发，随即香港沦陷。在日本的殖民统治下，香港正常的贸易基本陷于停顿。

二　全面抗战爆发前后香港对外贸易市场的变化

（一）　全面抗战爆发前的实际贸易

香港作为"自由港"，商船进出无须缴纳税款，因此缺乏进出口来源及去向方面系统数据，直到 1932 年，才有香港统计处编制的详细货物贸易国家和地区资料。[②]

清末民国初，香港主要是一个贸易转口港，故应将其在中国进出口贸易中只作为中转港的实际进出口额分离出来。不少专家、学者曾重新划分香港的实际贸易，如中国旧海关税务司马士（H. B. Morse）在 1906 年将香港贸易作了划分，认为，1899~1903 年香港贸易中 19% 属于英国，5% 属于美国，15% 属于日本。中国学者武堉干认为，1909~1922 年香港贸易中 20% 属于英国，第一次世界大战前约 6% 属于美国，第一次世界大战时约 12% 属于美国，10% 属于日本。日本学者杉原薰认为，1921~1930 年香港贸易中 23% 属于欧美，70% 属于亚洲，但未对香港贸易的具体国家和地区进行划分。孔威基于香港统计处贸易报表中有关香港对内地进出口的贸易统计，收集和整理香港地区 1931~1936 年进出口贸易数据，尝试分解香港对内地进出口的实际来源和去向，研究这一时期香港在中国转口贸易中的概况，以期深化对中国实际外贸表现和香港在近代中国贸易体系中作用的认识。他认为，在 1918~1925 年和 1931~1936 年，香港转口商品的来源和去向长期集中在少数几个国家和地区。处于首位毋庸置疑都是内地，其他则主要是英国、美国、日本和东南亚的越南、暹罗、海峡殖民地、荷属东印度等地区。香港作为华南的第一大港，传统的食物转口贸易一直是其对外贸易的重要组成部分，作为一个单纯的转口贸易中心，

---

① 《经济新闻》，（香港）《星岛日报》1941 年 5 月 5 日，第 2 张第 3 版。
② 〔美〕费正清主编《剑桥中国晚清史》下卷，中国社会科学院历史研究所编译室译，中国社会科学出版社，1993，第 64 页。

香港也开始发展自己的加工制作业和金融服务业。通过香港，内地从暹罗、越南、荷属东印度进口大量食物，并向华南转运内地的食物和纤维制品。第一次世界大战前后，内地棉纺织业得到快速发展，对外输出由传统的丝货向机制棉纱转变。20世纪30年代，内地对香港的进出口贸易逐渐完全融入国内贸易。而受世界资本主义经济危机和美国收买白银法案的影响，在实行银本位的香港，汇率大幅波动，对外贸易不景气，这促使香港更加依赖内地经济，香港由于运输条件、服务等方面的固有优势，在中国对外贸易和国内贸易中枢纽作用依然显著。因而香港的对外贸易重心进一步向内地转移，英国的贸易地位不再占主导作用，新兴的日本、美国，尤其是德国的所占比重有所上升并大体保持在一定水平，南洋地区也成为香港的重要贸易对象。[1]

从香港主要贸易对象的地位来看，除内地处于绝对优势外，其他对象之地位出现了很大变化：英国虽然仍是香港的主要贸易对象，但以往第二大贸易对象的地位已下降，在1931年香港的进口贸易对象中居第3位（次于内地和荷属东印度），1936年更是降至第6位（次于内地、日本、荷属东印度、美国、暹罗）。在香港的出口贸易对象中，1931年英国居第10位，1936年也只升至第7位；南洋地区随着华人移民的增多与经济实力的增强，成为仅次于内地的香港第二大贸易市场，贸易额增长很快；美国、日本的贸易额也有大幅增长，已成为香港的重要贸易对象。

从香港主要贸易对象在贸易额中所占的比例来看，1931年香港对内地的进口和出口分别占26.9%和54.4%，1936年分别为33.6%和42.7%；南洋地区则成为香港重要的进口市场，在1931年的进口中，仅荷属东印度即占10.9%，整个南洋相加则达26.3%，已逼近中国内地。[2]

上述情况充分反映了香港在对外贸易中地位的稳步提高。

（二）全面抗战爆发后的实际贸易

全面抗战和欧洲战争相继爆发，中国沿海逐渐被日本封锁，正常的贸易主要经过沦陷区海关进行，加以又有西方殖民统治下的港、澳及广州湾，故香港的对外贸易情况非常复杂，成为各国势力在东方博弈的重要场所。

据《香港蓝皮书》的资料分析，与1936年相比，1940年除了内地外，香

---

① 孔威：《香港对内地转口贸易实际来源与去向研究（1931—1936）》，《中国经济史研究》2017年第6期。

② 刘蜀永主编《20世纪的香港经济》，第17~19页。

港输入额增幅最为明显的国家及地区是美国、英国及英联邦、南洋群岛、澳门及广州湾，降幅最为明显的是德国和日本；香港输出额增幅最为明显的国家及地区是英国及英联邦、美国、南洋群岛、广州湾及澳门，降幅最为明显的也是德国和日本。①

全面抗战爆发前后，在香港进口贸易的国家及地区中，内地始终占据绝对优势，且地位稳定；英国本土所占比重呈下降趋势，1937 年后略有回升；美国占有较重要地位，尤其是 1938 年有大幅度增长，仅次于内地而居于第二位，1940 年下跌不少，但仍居次席；德国所占比重虽不太大，但逐年稳步上升，但至 1940 年而大跌；南洋地区以暹罗、法属印度支那、荷属东印度较为重要；日本由因发动侵华战争所占比重大跌，1940 年又稍有回升（见表 4）。

表 4　香港进口贸易中各对象所占比重（1933～1940）

单位：%

国家/地区 \ 年份	1933	1934	1935	1936	1937	1938	1940
内地	28.4	33.5	33.8	33.4	33.8	36.2	34.1
日本	4.2	8.1	10.3	12.3	12.4	2.7	4.6
荷属东印度	7.1	9.1	5.6	7.9	9.3	5.4	6.6
英国本土	12.0	8.0	7.5	6.6	6.3	7.1	6.7
美国	9.0	5.0	8.4	9.5	5.1	12.5	8.7
法属印度支那	9.3	7.3	8.6	5.1	6.0	6.0	6.8
暹罗	10.0	7.0	5.2	6.5	5.7	7.9	5.0
德国	3.7	2.7	4.1	5.3	5.0	6.7	2.2
海峡殖民地	1.1	1.1	1.9	2.0	1.7	1.4	2.2*
印度	4.8	3.2	2.4	1.1	1.3	2.0	1.7
澳大利亚	1.6	1.6	2.1	1.5	2.5	2.0	1.2
比利时	1.5	1.0	2.0	1.4	1.5	1.0	1.0
其他	7.9	9.4	8.1	7.4	9.4	9.1	15.7

注：* 仅为英属马来亚的数据。

说明：1934 年与 1940 年比例之和不够 100%，按原数据录入。

资料来源：（1）1933～1938 年的数据摘自〔日〕关文雄《支那商业政策论》，第 305～306 页。（2）1940 年的数据摘自《香港蓝皮书》。

---

① 本文所征用《香港蓝皮书》（*Hong Kong Blue Books*）1931～1940 年的统计数据，转引自刘蜀永主编的《20 世纪的香港经济》，第 18～19 页；以下不再注明。

　　同全面抗战爆发前夕相比，在1940年香港出口贸易的国家及地区中，内地虽仍位居第一，但比重已下滑。英国本土和美国的重要性俱增，尤其是美国占比仅次于内地。欧洲其他国家所占比重甚微，德国及比利时均缺了记录。南洋地区情况较为稳定，若作为一个整体来看，对香港出口的重要性不言而喻，其中以英属马来亚最为重要，其次是法属印度支那、暹罗、荷属东印度。日本在香港输出贸易中的比重更加萎缩（见表5）。

表5　香港出口贸易中各对象所占比重

单位：%

年份　国家/地区	1936	1940
内地	42.7	24.9
日本	5.1	2.2
荷属东印度	2.8	2.5
英国本土	3.8	6.3
美国	8.1	12.2
法属印度支那	5.0	4.4
暹罗	4.1	4.0
德国	0.9	—
英属马来亚	7.3	10.0
印度	1.3	1.3
澳大利亚	0.5	0.8
比利时	0.3	—
其他	18.1	31.4

资料来源：《香港蓝皮书》，1936、1940。

　　值得一提的是，全面抗战爆发后，香港的华资工业在发展史上掀起又一个高潮。因中国政府颁行国货条例，海外侨胞亦极力提倡国货，故货物在国内外的市场上均销售很畅。规模宏大的抵制日货运动，以及日本部分工业因转向军需生产而退出竞争市场，都有利于香港的工业发展。1937年中日战争和1939年欧洲战争相继爆发，中英两国政府大量的产品订货，使港制工业品有供不应求之势，从而推动了全行业的蓬勃发展。据《星岛日报》报道，香港1938年各种制品外销总价值为9500万港元，1939年为9900万港元（其中一部分系由内地运港转出口的），1940 年仍逾 9000 万港元。①

至 1940 年，港制产品的销场遍布于世界各地，出口货最大宗者为织造品、卷烟、电筒电池、胶鞋等。②

三 全面抗战爆发前后香港的国家及地区贸易

（一） 与主要列强国家贸易的变动

美国和中国内地是大正年间（1912～1926）日本最重要的贸易输出地，美国、英属印度和中国内地是日本最重要的贸易输入地。香港未被列入日本的主要输入地中，但在日货输出中却占有一定地位。③ 输往香港的日货多为棉纱及其他轻工业产品，日本对香港的贸易每年都保持极大顺差，直至 20 世纪 30 年代前期仍是如此（见表 6）。

表 6 日本对香港的贸易（1929～1935）

单位：元（日元）

年份	输出额	输入额	贸易出超额
1929	61065154	607745	60457419
1930	55646381	538201	55108180
1931	36754290	498501	36255789
1932	18041338	977070	17064268
1933	23419278	2093397	21325881
1934	33497371	1481265	32016106
1935	49731900	2835870	46896030

资料来源：〔日〕姬野德一编《对华经济资料》第 4 辑，东京："日支"问题研究会，昭和十二年（1937），第 19～20 页。

抗战对香港与日本的进出口贸易产生了极大影响。1936 年，在香港的对外贸易（不含内地）中，在进口方面，英联邦居第一位，为港币 5891 万余元，占全年香港进口总值的 12.9%；日本居第二位，为港币近 5804 万元，占

① 《经济新闻》，（香港）《星岛日报》1940 年 3 月 24 日、1941 年 4 月 12 日，第 2 张第 3 版。
② 张晓辉：《近代香港的华资工业》，《近代史研究》1996 年第 1 期。
③ 〔日〕大阪市役所产业部调查科课编《民国十六年支那贸易年报》，"附表"，大阪：进光堂，昭和三年（1928），第 24～27 页。

12.8%。1937 年上半年，香港的进口货物中，日货（多为棉纱及其他轻工业品）仍为大宗，与英联邦对香港输出的货值不相伯仲。日本对香港输出货值为 4500 万元港币，占 13%；英联邦为 4930 万元港币，占 14%。但全面抗战爆发后的 1937 年下半年，香港由日本输入之每月平均货值，突然由 640 万元港币减至 250 万元港币，计跌 61%；英联邦对香港输出之每月平均价值，则由 700 万元港币升至 1005 万元港币，计增 43.6%。综观全年，英联邦对香港之输出额，占该埠全年进口总额的 16%，日本仅占 9%。①

1937 年下半年，日本商品在香港低跌后，英美货物遂取其销场，这年最后 4 个月运港货物顿告激增，美货输入额"其数之巨为港美通商以来之新纪录"；英货输港价值"亦为 1933 年以来之最高纪录"②（见表 7）。

表 7 主要列强及其属地对香港的货物输出（1936~1938）港币

单位：万元（港元）

年份	日货输港价值	美货输港价值	英货输港价值	英联邦货输港价值
1936	5803.9	3218.1	2900.8	5891.9
1937	5804.4	5177.6	4673.2	9964.8
1938	1878.1	5470.6	5641.5	—

资料来源：《各地金融经济报告·香港》，《中行月刊》第 16 卷第 3 期，1938；〔日〕秀岛达雄《香港·海南岛の建设》，第 91 页。

1939 年，英国及其属地对香港出口货值为 8182.1 万余元港币，从香港进口货值为 10689.7 万余元港币；美国对香港出口货值为 5190 万余元港币，从香港进口货值为 7688.4 万余元港币。由香港输往英美的货物均多于从英美输入的货物。③不过，中国沦陷区日资工厂的产品在香港贱价倾销，特别是花布、火柴等日货充斥市面，使英美产品大受打击。④ 翌年，日本独霸中国航运，极力排挤英美轮船。又因华中、华南被日军封锁，输往香港的货源大减。欧美来货短缺，日货乘机大量运港倾销。⑤ 1940 年初，日货大量经香港销往菲律宾，并有 2000 余箱火柴抵港，使中国货市场面临严峻的考验。⑥ 6 月中旬，又有大

① 《一九三七年香港对外贸易概况》，《中行月刊》第 16 卷第 1~2 期，1938 年 1~2 月。
② 《各地金融经济报告·香港》，《中行月刊》第 16 卷第 3 期，1938。
③ 狄超白主编《中国经济年鉴》（中编），香港：太平洋经济研究社，1947，第 216 页。
④ 《经济新闻》，（香港）《星岛日报》1939 年 7 月 10 日，第 2 张第 3 版。
⑤ 汇丰银行编《百年商业》。
⑥ 《经济新闻》，（香港）《星岛日报》1940 年 1 月 19 日，第 2 张第 3 版。

批日本人造丝侵占香港市场。①

就全面抗战爆发前后相比较。（1）1936 年，香港输往日本的货值为 1800 万港元，从日本输入的货值为 5800 万元。1940 年，香港输往日本的货值为 1390 万港元，从日本输入的货值为 2540 万元。日本在香港进口贸易额中所占的百分比从第 2 位下降为第 7 位，在香港出口贸易额中所占的百分比从第 4 位下降为第 8 位。② 香港对日本的贸易均大幅度削减，其中输入额尤为突出。

（2）1936 年，香港输往美国的货值为 2840 万港元，从美国输入的货值为 3220 万元。1940 年，香港输往美国的货值为 7610 万港元，从美国输入的货值为 7700 万元。美国在香港进口贸易额中所占的百分比从第 4 位上升为第 2 位，在香港出口贸易额中所占的百分比保持在第 2 位。③ 香港对美国的贸易均成倍增长。

（3）1936 年，香港输往英国的货值为 1330 万港元，从英国输入的货值为 2900 万元。1940 年，香港输往英国的货值为 3910 万港元，从英国输入的货值为 4630 万元。英国在香港进口贸易额中所占的百分比从第 6 位上升到第 3 位，在香港出口贸易额中所占的百分比从第 7 位上升到第 4 位。④香港对英国的贸易的增长幅度也很大，其中尤以输出突出，增长约 3 倍。

1941 年，英美与日本的矛盾白热化。这年初，英国禁止对日输出铁屑、钨砂。7 月，宣布冻结日本资产。9 月，强制封闭日本水产株式会社香港分社。香港政府亦禁止物资和资金流入日本、越南及中国的沦陷区，从而"开始了全面的对日经济战"⑤。

（二）香港在日本主导的东亚贸易圈中的地位

太平洋战争爆发前，香港也是日本及其殖民统治地（所谓"日、满、支中核圈"）与南洋群岛贸易的较重要的中转港。在表 8、表 9 所列 10 个国家及地区的贸易圈内输出入额所占的比例大致平衡，即 1939 年香港在输出额方面居于第 8 位，其中对"日、满、支中核圈"的占比为第 7 位，对该"中核圈"外的第三国及地区占比为第 7 位；香港在输入额方面居于第 6 位，其中对

① 《经济新闻》，（香港）《星岛日报》1940 年 6 月 18 日，第 2 张第 3 版。
② 《香港蓝皮书》，1936、1940。
③ 《香港蓝皮书》，1936、1940。
④ 《香港蓝皮书》，1936、1940。
⑤ 〔日〕自秀岛达雄：《香港·海南岛の建设》，第 111～112 页。

"日、满、支中核圈"占比为第 5 位，对该"中核圈"外的第三国及地区占比为第 7 位。香港对"中核圈"的输出略多于对该圈外第三国的输出，但从"中核圈"的输入却远多于从该圈外第三国的输入，总的来讲处于贸易入超状态。

表 8　以日本及其殖民统治地为中心的东亚贸易圈内输出额（1939）

单位：千元（日元），%

国家/地区	对核心圈内 *		对圈外第三国及地区		合计	
	价值	占比	价值	占比	价值	占比
日本	2324708	41.1	1251662	24.3	3576370	33.1
"满洲国"	691051	12.2	143666	2.7	834717	7.7
关内	527895	9.5	502463	9.7	1030358	9.5
香港	299527	5.3	268101	5.1	567628	5.3
菲律宾	46882	0.8	561981	11.0	608863	5.6
法属印度支那	201408	3.5	287470	5.6	488950	4.5
暹罗	231147	4.1	92569	1.8	323743	3.0
缅甸	419907	7.4	170889	3.3	590796	5.5
马来半岛	346888	6.1	902435	17.4	1249323	11.5
荷属东印度	559992	10.0	984606	19.7	1544598	14.3
合计	5649504	100.0	5165842	100.0	10815346	100.0

注：* "核心圈"即所谓的"日、满、支中核圈"，包括指日本、"满洲国"和内地沦陷区。

资料来源：日本贸易振兴协会编《大东亚の贸易经济方策》，东京：新日本印刷有限公司，昭和十八年（1943），第 176~177 页。

表 9　以日本及其殖民统治地为中心的东亚贸易圈内输入额（1939）

单位：千元（日元），%

国家/地区	对核心圈内 *		对圈外第三国及地区		合计	
	价值	占比	价值	占比	价值	占比
日本	1245097	21.8	1672569	35.6	2917666	28.0
"满洲国"	1632964	28.6	183160	4.0	1816124	17.4
关内	705265	12.3	628388	13.4	1333653	12.8
香港	430112	7.5	203234	4.3	633346	6.1
菲律宾	81732	1.4	390901	8.3	472633	4.5
法属印度支那	101436	1.7	231905	4.8	333341	3.2

续表

国家/地区	对核心圈内*		对圈外第三国及地区		合计	
	价值	占比	价值	占比	价值	占比
暹罗	119435	2.1	85861	1.8	205296	2.0
缅甸	166785	2.9	86309	1.8	253094	2.4
马来半岛	844431	14.7	637328	13.6	1481759	14.2
荷属印尼	400230	7.0	581851	12.4	982081	9.4
合计	5727487	100.0	4701506	100.0	10428993	100.0

注：* 所谓"核心圈"即"日、满、支中核圈"，包括指日本、"满洲国"和内地沦陷区。
资料来源：日本贸易振兴协会编《大东亚の贸易经济方策》，第 176～177 页。

另在 1939 年《大东亚共荣圈输出入比较表》中，共列有日本、印度、澳大利亚、马来半岛、"满洲国"、荷属印尼、关内、新西兰、中国香港、菲律宾、缅甸、法属印度支那、锡兰、暹罗 14 个国家及地区，香港在这个圈内贸易的输出中居第 11 位（高于法属印度支那、锡兰及暹罗），在圈内贸易的输入中居第 9 位（高于菲律宾、法属印度支那、锡兰、缅甸及暹罗）。[1]

由此可见，在所谓"大东亚共荣圈"中，香港的贸易地位居下，只是被日本有限利用。

（三）与南洋群岛国家及地区的贸易

1. 对法属印度支那的贸易

越南是香港在南洋最重要的贸易伙伴之一，在战前已具有相当规模。1926～1927 年双边贸易大致较为平衡，但 1928 年后香港从越南的输入大增，在越南出口货值中所占的比重显著上升，并有较大的逆差。自世界经济危机爆发后，1930 年港越贸易额明显下降（见表 10）。

表 10　香港与越南贸易表（1926～1930）

单位：百万元（法郎），%

年份	香港输越货值	占越南进口总额	越南输港货值	占越南出口总额
1926	447	16	447	12
1927	484	18	454	15

---

[1]　《大东亚共荣圈输出入比较表》（昭和十四年），日本贸易振兴协会编《大东亚の贸易经济方策》，第 17 页。

续表

年份	香港输越货值	占越南进口总额	越南输港货值	占越南出口总额
1928	489	19	885	30
1929	406	16	839	32
1930	188	10	467	25

资料来源：〔日〕名古屋市临时东亚调查部编《南方经济事情》，昭和十七年（1942），第79～80页。

越南是香港最重要的货物输出地之一。在20世纪30年代以前，越南大米每年约有45%输往香港和内地，但1938年时比例已降至14.6%，落在法国及其属地之后。1937年，越南对香港输出货值为2.95亿法郎，占该国出口总额的11.4%；从香港输入货值为1.35亿法郎，占其进口总额的8.6%。进出口比重均仅次于法国及其属地而居第2位。①1938年，越南对香港输出2.74亿法郎，从香港输入1.43亿法郎，分别居于该地对外贸易国家或地区出口的第3位和进口的第2位。②自1938年10月广州沦陷后，法国殖民当局"迭次宣布禁止军用品经由该属地转运，甚至一切车辆胶轮，凡被指为用诸军事者，亦在禁运之列"，就连"救护车辆亦不能例外"。此时由海外运抵香港，准备转入内地的各种车辆数量极多，因扼于禁例而不能起运，于是中国政府派出专员前往越南交涉。③此外，华南事变后，香港商业遭到很大损失，以致时人有"上海失守而香港骤盛，广州失守而香港又骤衰"之虑。④为打破僵局，港商寻求新的贸易线，即"贯联港越企求合作"，其基本考虑为：密切两方之联系，将过去省港关系，移于港越之间，以后内地出口各种货品，转运输出，可由滇越铁路、公路输往海防，再用船舶转运至香港，再由香港驳载至各欧美大轮船，运往西方及南洋各地市场；而欧美各国输华物品，可运至香港，然后转轮船赴越，由陆路交通线运入内地。

南北行商中的一部分行商，已开始规划这个设想，第一步先创设分店于海防，作为货运来往之中站，各行商多已选派专员前往海防作调查和选点；各南洋办庄等，亦采取同样步骤，从中规划；而银业界更有具体行动。⑤经过种种

① 〔日〕大形太郎：《南方经济の进路》，日本：高山书院，昭和十七年（1942），第188页。
② 〔日〕名古屋市临时东亚调查部编《南方经济事情》，第300页。
③ 《港闻》，（香港）《星岛日报》1938年11月21日，第2张第6版。
④ 《港闻》，（香港）《星岛日报》1938年10月24日，第2张第6版。
⑤ 《港闻》，（香港）《星岛日报》1938年11月21日，第2张第6版。

努力，虽然失去了广州，但香港仍保持了中国战时对外贸易的中心地位。大量内地货物改由昆明经滇越铁路输往海防，再转运至香港出口；或运至广州湾，再转香港外销（当然，也有直接从海防、广州湾径直运往海外者）。[①] 1939 年首季，香港输往越南的货值近 1563 万元港币，从越南输入的货值近 955.6 万元。[②] 次年，越南局势由于日本的强烈干扰而变幻无常，使港越之间的货运大受影响。

表 11　法属印度支那的主要贸易国及地区（1937～1939）

单位：百万元（法郎）

国家/地区	输出			国家/地区	输入		
	1937	1938	1939		1937	1938	1939
法国	1196	1350	1127	法国	826	1018	1334
美国	180	249	418	香港	125	143	166
新加坡	196	277	358	英属印度	24	55	120
香港	295	274	308	内地	114	143	106
英属印度	3	5	262	荷属东印度	68	85	105
内地	140	76	171	新加坡	58	58	101
英国	35	59	131	美国	52	98	99
日本	109	88	162	日本	48	56	40

资料来源：〔日〕木村增太郎《东亚新经济论》，东京：投资经济社，昭和十六年（1941），第 209～210 页。

由表 11 可见，抗战初期香港在法属印度支那的对外贸易中占有极重要的地位，在其输出的各国及地区中，1937～1939 年分别居于第 2、3、4 位；在其输入的各国及地区中，均居于第 2 位（1938 年与内地并列第 2 位）。

太平洋战争爆发前，越南的海防港与香港保持轮船往来，岘港的贸易非常隆盛，每月都有很多轮船从香港驶入，满载货物。此外，越南的货物输出逐年跃进，香港是重要的通商贸易地之一，经营者主要是华人。[③]

就全面抗战爆发前后相比较，1936 年，香港输往法属印度支那的货值为1730 万港元，从法属印度支那输入的货值为 2560 万港元。1940 年，香港输往

---

① 《经济新闻》，（香港）《星岛日报》1939 年 2 月 6 日，第 2 张第 3 版。
② 本报记者：《贸易调查·半年来的港越贸易》，（香港）《华商报》1946 年 7 月 23 日，第 2 页。
　　注：该调查中有与战时贸易的比较数据。
③ 〔日〕田北隆美编著《东亚南方诸国と支那开港场》，第 5、13～14 页。

法属印度支那的货值为 2730 万港元，从法属印度支那输入的货值为 6640 万港元。法属印度支那在香港进口贸易额中所占的百分比从第 7 位上升到第 3 位，在香港出口贸易额中所占的百分比保持在第 5 位。[1] 香港对法属印度支那的贸易大幅度增长，其中输入尤为突出。

2. 对海峡殖民地的贸易

海峡殖民地是香港最重要的贸易伙伴之一。香港与新加坡之贸易向称大宗，华侨经营"香汕郊"商业中首屈一指者，当推广、潮两帮，两帮经营此业已有近百年的历史。在 20 世纪 30 年代末，其发展进入全盛时期，有 60 家左右（其中潮州帮 30 余家，广州帮 20 余家），这被称为"头盘商"。另还有"二盘商"约百家。如此兴旺的主要原因在于：（1）当时进出口均可自由进行，不受限制；（2）"香汕"货价廉物美，最受马来亚一般劳工大众欢迎；（3）船只充足，各港航运方便；（4）当时中、马汇率的规定，有利于商家贷款的汇寄；（5）广州、汕头各地的货产尚称丰富，向外输出甚多，且价格低廉；（6）新加坡为荷属东印度、马来半岛各地货物的集散地，故"香汕郊"的经营非常旺盛。[2]

1939 年 1～11 月，香港与新加坡的贸易额激增，比上年同期增加 850 万港元（见表 12）。

表 12 香港与新加坡贸易额（1938～1939）

单位：万元（港币）

贸易值总额	由香港运往新加坡	由新加坡运往香港	香港新加坡贸易总值
1938 年 1～11 月	3732	689	4421
1939 年 1～11 月	4089	1182	5271

资料来源：《侨讯》，香港《星岛日报》1940 年 1 月 29 日，第 2 张第 1 版。

抗战前期，香港出产品因多属"国货"（由华资工厂制造），皆能畅销于新加坡，而新加坡物品，亦多适合香港市场，故两地贸易额日增。1939 年港货运销新加坡者，占出产额之 40%，其中尤以粮食、土布、线衫、胶鞋、毛巾等最为大宗；而新加坡货物运销香港者，则以胡椒、锡、废铁等为最多。

欧洲战争爆发后，香港运销新加坡的货物数量不但未减少，而且激增不

---

① 《香港蓝皮书》，1936、1940。
② 吴柳斯：《新加坡的香汕郊》，（香港）《华商报》1946 年 5 月 25 日，第 2 页。

少。至于新加坡运往香港的货品，因多为锡砂及废铁，自战事发生后，新加坡殖民当局即严限军需出口，故数量略减。不久，英国通过战时新经济法令，将香港列为非英镑集团，继之新加坡政府又宣布限禁非英镑集团货品进口，[①] 使香港与新加坡的贸易大受影响。此后，香港货物多直接运往吉隆坡。[②]

英属马来亚是香港在南洋的重要市场，因其地域广大，华侨众多，物资需求量较大，且币值高于香港，故有利于后者的出口；同时此地又是香港货品对荷属东印度出口的转运站。

抗战初期，香港对英属马来亚的出口在其外贸占有一定地位，1937～1938年均居第 12 位，1939 年超过德国，上升为第 11 位，贸易额逐年增长（见表13）。

表 13　英属马来亚与主要国家和地区的贸易输入额（1937～1939）

单位：百万元（美元）

国家/地区 年份	1937	1938	1939	国家/地区 年份	1937	1938	1939
英国本土	106.6	102.0	90.9	荷属东印度	220.1	147.8	194.2
英属印度	17.2	16.0	18.2	暹罗	92.6	87.9	105.5
缅甸	28.9	25.1	24.9	内地	27.6	23.9	25.9
香港	8.2	8.5	11.6	德国	13.3	11.2	8.2
沙捞越	32.6	22.9	35.3	日本	40.5	12.4	12.5
澳大利亚	14.5	13.1	17.5	其他共计	679.7	546.6	628.1
美国	15.9	17.1	18.3				

注：在同一资料表格中，"输出"栏里未显示香港，表明香港在英属马来亚的出口贸易中地位不算重要。

资料来源：〔日〕木村增太郎《东亚新经济论》，第 226 页。

就全面抗战爆发前后相比较，1936 年，香港输往英属马来亚的货值为2580 万港元，从英属马来亚输入的货值为 740 万港元。1940 年，香港输往英属马来亚的货值为 6160 万港元，从英属马来亚输入的货值为 1730 万元；英属马来亚在香港进口贸易额中所占的百分比从第 10 位上升为第 8 位，在香港出口贸易额中所占的百分比保持在第 3 位。[③]香港对英属马来亚的输入和输出均

---

① 《侨讯》，（香港）《星岛日报》1940 年 1 月 29 日，第 2 张第 1 版。

② 汇丰银行编《百年商业》。

③ 《香港蓝皮书》，1936、1940。

成倍增长。

英属北婆罗洲近海盛产鱼类，被制成罐头和咸鱼大量出口，贸易以新加坡、中国香港及菲律宾诸岛最盛。太平洋战争爆发前，该地各港与香港间辟有定期航线，对香港的木材输出也很兴旺。①

就全面抗战爆发前后相比较，1936 年，香港输往北婆罗洲的货值为 100 万港元，从北婆罗洲输入的货值为 200 万港元。1940 年，香港输往北婆罗洲的货值为 230 万港元，从北婆罗洲输入的货值为 580 万港元。②香港对北婆罗洲的输入和输出均成倍增长。

3. 对荷属东印度的贸易

荷属东印度历来是香港对外贸易的重要伙伴，正如香港南洋输出入商会所云："查本港贸易，向以南洋群岛为多，南洋群岛则以荷印为最，因荷印人口七千余万，消费较大，不特本港对荷印贸易频繁，即由港运星洲（即新加坡）者，亦大部分转销荷印"，"荷印市场上之主要商品，多数为本港所制造，及中国内地出产"。③

20 世纪 30 年代后半段，香港对荷属东印度的输出有所增加。1935 年为 800 万盾，1936 年为 1200 万盾，1937 年为 1500 万盾，1938 年和 1939 年均为 1300 万盾。自全面抗战爆发后，荷属东印度蔗糖对华输出，除了经香港中转外，其余途径已完全断绝，蔗糖业因此而遭受到很大的打击。据日本情报资料：1940 ~ 1941 年间，爪哇糖输往香港共值 617.8 万盾，仅次于印度而居第 2 位。④ 香港还从荷属东印度进口煤，如 1938 年荷属东印度产煤 146 万吨，出口 37 万吨，其中 60% 输往新加坡，18% 输往香港。⑤

就全面抗战爆发前后相比较，1936 年，香港输往荷属东印度的货值为 970 万港元，从荷属东印度输入的货值为 3830 万港元。1940 年，香港输往荷属东印度的货值为 1570 万港元，从荷属东印度输入的货值为 6170 万港元。荷属东印度在香港进口贸易额中所占的百分比从第 3 位下降为第 5 位，在香港出口贸易额中所占的百分比从第 8 位上升到第 7 位。⑥ 香港对荷属东印度的输入和输

① 〔日〕田北隆美编著《东亚南方诸国と支那开港场》，第 91 ~ 92 页。
② 《香港蓝皮书》，1936、1940。
③ 《华商经济》，（香港）《华商报》1948 年 9 月 29 日，第 3 页。
④ 〔日〕大形太郎：《南方经济の进路》，第 81、127 ~ 128 页。
⑤ 〔日〕台湾南方协会编《南方读本》，东京：三省堂，昭和十七年（1942），第 181 页。
⑥ 《香港蓝皮书》，1936、1940。

出均有很大的增长。

4. 对暹罗的贸易

全面抗战爆发前后，在暹罗外贸直接输入额的国家和地区中，香港仅次于日本和英国本土，居于第 3 位（见表 14）。

1938～1939 年间，香港无论在输出和输入方面，都居于暹罗对外贸易国家或地区的第 4 位。香港进口少量的橡胶，1937 年价值 4000 铢（在暹罗橡胶出口总额中所占比例可谓微不足道），翌年停止了进口。而进口麻栗木材数量较大，1937 年进口为 8512 吨，1938 年增至 9649 吨，成为当时暹罗最大的麻栗木材贸易对象。①

表 14　暹罗的外贸直接输入（1935～1938）

单位：千元（泰铢），%

国家/地区	1935～1936		1936～1937		1937～1938	
	输入额	占比	输入额	占比	输入额	占比
日本	27 833	25.6	28 258	25.7	22 097	19.8
内地	4 064	3.7	4 448	4.0	3 586	3.2
香港	9 659	7.8	10 152	9.2	8 540	7.6
美国	3 258	2.9	4 104	3.7	5 636	5.0
德国	4 656	4.3	5 941	5.4	6 966	6.2
英国本土	12 590	11.6	11 167	10.2	13 679	12.2
其他	略（包括荷兰、瑞士、丹麦、法国、比利时、意大利）					

资料来源：〔日〕关文雄《支那商业政策论》，第 307 页。

直至太平洋战争爆发前，曼谷的重要输出货是大米，有轮船公司经营与香港的定期航线。② 大米的主要输出去向首先是新加坡，其次为香港、印度、锡兰、马来半岛及日本等。与英联邦国家和地区的贸易在暹罗输出中占 80%，在输入中占 50%。输出方面主要是新加坡、槟榔屿、香港等地，输入方面最重要的是新加坡、英国、槟榔屿、香港等。③

就全面抗战爆发前后相比较，1936 年，香港输往暹罗的货值为 1450 万港元，从暹罗输入的货值为 2980 万港元。1940 年，香港输往暹罗的货值为 2480

---

① 〔日〕大形太郎：《南方经济の进路》，第 203、206～208 页。
② 〔日〕田北隆美编著《东亚南方诸国と支那开港场》，第 28 页。
③ 〔日〕木村增太郎：《东亚新经济论》，第 214～215 页。

万港元，从暹罗输入的货值为 5830 万港元。暹罗在香港进口贸易额中所占的百分比从第 5 位下降为第 6 位，在香港出口贸易额中所占的百分比保持在第 6 位。① 香港对暹罗的输入和输出均增长了近一倍。

5. 对菲律宾的贸易

在第二次世界大战以前，香港与菲律宾贸易的重要性远不如与越南、新加坡、马来亚及暹罗。1936 年，香港输往菲律宾的货值为 1150 余万港元，从菲律宾输入的货值为 130 万港元。1940 年，香港输往菲律宾的货值为 1300 余万港元，从菲律宾输入的货值为 530 万港元。② 香港对菲律宾的输出基本稳定，而输入却增长了 4 倍。

6. 对缅甸的贸易

战时香港与缅甸的贸易额增长迅猛。1936 年，香港输往缅甸的货值为 250 万港元，从缅甸输入的货值为 60 万港元。1940 年，香港输往缅甸的货值为 2030 余万港元，从缅甸输入的货值为 200 万港元。③香港对缅甸的输出和输入分别输出增长了 8 倍和 3 倍多。

结　语

纵观 20 世纪 30 年代全面抗战爆发前后香港对外贸易的发展，可以看出如下情况。

（1）局部抗战时期，香港商业逐渐复苏，内地在香港的对外贸易中占有绝对优势，英国已不居主导地位，新兴的列强国家日本、美国及德国所占的比重上升，但日货屡受冲击，南洋地区也成为重要的贸易对象，这充分反映了香港在对外贸易中地位的稳步提高，并预示了香港在即将来临的世界大战风暴中立场的潜在取向。

（2）全面抗战前期，香港的对外贸易市场发生很大变化。香港是中国对外贸易的总枢纽，内地在香港对外贸易中的优势仍然明显；英国的地位继续下滑，然而英联邦仍十分重要；美国的地位显著上升，进出口贸易额成倍增长，仅次于内地；南洋地区更加重要，已成为香港制造品的海外主销场；与其他国家及地区的贸易大体持衡。香港与日本、德国的贸易额下降最为明显，但仍是

① 《香港蓝皮书》，1936、1940。
② 《香港蓝皮书》，1936、1940。
③ 《香港蓝皮书》，1936、1940。

日本及其殖民统治地（所谓"日、满、支中核圈"）与南洋群岛贸易的重要中转港。这表明香港在对外贸易中的地位大为提升，尤其是在第二次世界大战的东亚贸易圈中扮演了相当重要的角色，对于所有贸易对象都极具价值，尽量充分利用之，然而所达到的效果却迥然不同。

（3）全面抗战爆发前后，香港工商各业蓬勃发展，实托福于对外贸易这部"发动机"带来的百年难逢之机。战时香港的对外贸易总体上有利于反法西斯阵线，而不利于轴心国集团。利用香港进行巨额转口贸易，对于中国政府粉碎日本经济封锁，支撑持久抗战尤为重要，具有"经济生命线"之意义；东方反法西斯阵线特别是美英等国援助中国政府抗战时，香港发挥了无可取代的作用，实际上加入了国际上抵制日本侵略的"经济战"；日本有限地利用了香港"中立"和"自由港"、中转港的独特功能，德国则基本被摒除在外。太平洋战争前夕，贸易形势趋于严重。香港沦陷后，正常的贸易活动基本陷于停顿。

一战华工与全新中国的缔造

邓杜文[*]

摘要： 第一次世界大战期间，在西线服役的华工团（CLC）是有史以来涌入欧洲的最大规模的一批中国人，通过与欧洲他者的对抗，中国人意识到他们之间的共同之处。我们在华工团中看到知识分子和文盲劳动者之间"集体性"的发展，随着劳动价值的提升，华工团具有了某种形成（原型）民族主义的能力。可以说，对于 20 世纪上半叶中国社会的文化转型，一战华工以及翻译们事实上承担了隐蔽和间接的角色：他们在破除"西方是知识分子的思想明灯"的观念和改变人们对"白人"的看法方面发挥了重要作用。当华工团的成员归国时，他们不仅带回了"新的民族意识"，而且还有改变自己和国家的决心。

关键词： 第一次世界大战　华工团　平民教育

1911 年的人口普查显示，在法国居住的中国人不超过 283 人。[①] 而 1917 年到 1919 年间，约 14 万中国劳工（以下简称"华工"）被输送到西线，其中近 9.6 万人在英军后勤服役。他们不仅是为西线作战服务的最大的非欧洲劳工

---

[*] 邓杜文（Dominiek Dendooven），比利时弗兰德斯战地博物馆馆长，原文 "Making a New China in the Chinese Labour Corps" 2019 年 6 月发表于 *Critical Theory* 第 3 卷第 1 期上。本文译者杨位俭，上海大学文学院副教授。

① Live Y-S., *Chinois de France：un siècle de présences de 1900 à nos jours*［Vitry-sur-Seine］：Ed. Mémoire Collective, 1994, p. 4.

群体，而且无疑是有史以来涌入欧洲的最大规模的一批中国人。然而，令人惊讶的是，他们参与第一次世界大战的情况仍然鲜为人知。虽然法国也招募了大约 40000 名华工，但本文将主要关注在英军中服役的华工团（Chinese Labour Corps，缩写 CLC，这是英军所称呼的名字）所做的贡献——他们在沿着从英吉利海峡的港口到前线的交通线上工作。至于法国招募的华工，只在出于比较的目的或是不把二者的差异当作一个问题时才会被提到。①

从中国人的角度看，历史对第一次世界大战中的华工来说，并不友好。中国政府同意招募劳工的主要原因是在未来的和平会议中获得利益。然而，在 1919 年的巴黎，中国并没有得到所希望的（以及它所正当宣称的）权益，国家为此再次蒙羞。作为回应，中国爆发了五四运动，这是一场囊括了鲁迅等著名人物参与的民族复兴运动②，对此后的国民党和共产党均产生了重大影响。按照拉纳·米特（Rana Mitter）在其著名的《苦涩的革命》③（2005）一书中的说法，五四运动和与之密切相关但范围更广的新文化运动，是 20 世纪中国的决定性事件，也是中国从前现代社会向高科技超级大国痛苦转变的源头。换句话说，当时中国发生的一系列事件遮蔽了代表新共和国参加一战的劳苦"远征军"的作用。在体现中国立场的有关 1919 年巴黎和会和五四运动的学术著作中，华工团通常只是偶尔被提及，而且在实际数字方面还经常出现错误。④

不仅在中国，而且在西方，由于标准的战争史过于欧洲中心主义，它排除了参与冲突的非欧洲国家，因此第一次世界大战中的中国劳工，都成了"除忆魔法"（damnatio memoriae）的牺牲品。其结果是，与西方或主流社会不同，

---

① 与英招华工相比，法招华工有着完全不同的地位和经验：法招华工不是受雇于军队，而是受雇于私营公司，他们遍布于法国各地，在工厂、码头、仓库、矿山或林场工作；只有一小部分人在为军队工作，通常在前线之后方；即使他们受到军官的监督，他们也不像英国同行那样，他们既没有军事化，也不受军法的约束。虽然法招华工从 1919 年中期开始遣返，最后一艘遣返船在 1920 年 3 月离港，但政府组织的真正最后一次遣返，发生在将近两年后的 1922 年 2 月。一个不小的区别是，法招华工有机会留在法国，而英招华工则没有这个机会留在英国。大约 2000 多人留在了法国，其中最后一名幸存者 2002 年在拉罗谢尔（La Rochelle）去世，享年 105 岁。

② 此处指广义的新文化运动，不局限于 1919 年 5 月 4 日当天的学生运动。——译者注

③ Mitter R., *A Bitter Revolution: China's Struggle with the Modern World*, Oxford: Oxford University Press, 2005.

④ 如 Manela 书中第 107 页所指出的一个错误数字：中国 "为欧洲战场的协约国军队贡献了大约 20 万劳工"。Manela E., *The Wilsonian Moment: Self-Determination and the International Origins of Anticolonial Nationalism*, Oxford: Oxford University Press, 2007, p. 107.

成千上万附属者的个人经历几乎被全部从历史记忆中抹去。因为那些长时间书写历史的人认为，这些附属者所从事的战争服务根本不值一提，因此这些人在欧洲居留时的影响，从来没有受到过认真的考虑。直到 20 世纪末，华工团才成为中国和西方学术界日益关注的话题。

在本文中，读者将发现很少有关于华工团的招募、实际组织、英国军官的管理、华工战争经验的性质，以及他们与法国、比利时当地居民关系的描述，这些内容会在本人即将面世的一本著作中有所涉及，该书比较了第一次世界大战期间来自中国和印度的这两个最大的亚洲劳工团在西线的服役情况。本文将聚焦一个问题：第一次世界大战期间居于欧洲的华工的战争经历，整体上对中国产生了多大影响。

然而，将创伤和体验转化为文字或历史，是一项困难的操作。战争最初关注的是人类的苦难。如果只关注政治的元层面，比如政治（或国家），那些经历过战争的人就被物化到了政治层面。只有结合个体体验，我们才不会冒忽视战争真正意义和战争对人民的影响的风险。这是一个卢梭式的观点，即"无论研究社会还是个体，都必须考虑它们彼此的关系"，因此，个体离开了社会语境，不具有意义。同样，社会也只能通过个体来实现。① 马克思把人看作有意识的能动主体，不断地创造和改造周围的世界。对他来说，这一有意识的人类改造社会的活动过程，是特殊与普遍之间的联系，第一次世界大战期间在华工团服役的人也不例外。

社会群体依据自己的历史和身份来定义自己，以使他们区别于其他群体。在社会产品（阶级、种族、性别，等等）中存在一个等级制度，每个个体通过这个等级制度来识别自身，这个固有的等级制度也造就了一个人的个性，而战争经历则引发了个体身份层次的转变。我认为，第一次世界大战中的西线和它毗邻的后方是一个接触区，在这里通过与其他群体的互动，个体身份层次会发生某种转换。用后殖民主义研究者的理论来说，这是一种思考语言、族群和文化在不同地方之间移动时如何改变的方式，即个体或群体如何通过改变自己的社会地位而重塑自己。②

对华工来说，远渡重洋在很大程度上是一件痛苦的事情。然而，残酷与突然地直面一场现代化、全面化与工业化的战争，对这些人来说更为地痛苦，他

---

① Malik K., *The Meaning of Race*, London：Macmillan, 1996, p. 267.
② Young RJC., *Postcolonialism*：*A Very Short Introduction*, Oxford：Oxford University Press, 2003, p. 24.

们以前很少见过现代化的机器，更别提那些摧毁性的致命武器，其结果必然是一种被环境所压倒的感觉，一种对自己命运没有发言权的感觉，即"疏离感"。这种感觉在许多欧洲普通民众中并不少见，但由于中国人的从属地位，以及因此遭受的或多或少的歧视性待遇，华工的这种感觉更加强烈。最后，他们发现自己置身于一个完全陌生的环境中，常常被彻底摧毁；他们被一种全然不同的文化所包围，这种文化有着陌生的习惯，那里的人不会说他们的母语，这只能让他们感到完全的疏离。与此同时，这种异国他乡的环境，以及在陌生环境中的艰难遭遇，则令华工紧紧地团结在了一起，这种"他者性"使得他们在与欧洲人的较量中脱颖而出。

在欧洲，经过与当地居民的冲突，他们开始以一种不同的视角看待自身。在与欧洲"他者"的对峙中，华工意识到了自己群体的共同点，而且这种共同点——而不是差异点——在不断强化，我们可以看到，在劳工团中有文化的劳工和文盲劳工之间发展起某种"集体性"①，这种增强的"集体性"有着转移到某种（原型）民族主义的能力。华工团的成员，即使最初只是为了钱才加入的，但在崇尚共同劳动价值的时候，也越来越把自己看作中华民国的代表。

除了"集体性"形式的发展之外，在欧洲与欧洲人相遇，也增强了华工的自我意识。华工们意识到了个体和群体的缺点，因此希望向欧洲学习。然而，这通常并没有表现为一种不加批判地想效仿西方的愿望：除了缺点之外，他们也意识到自身个体和群体的优势，以亚洲人的眼光，他们对西方"他者"及其社会背离人性之处也有很充分的认识。一个很好的例子就是，许多华工对西方价值观和宗教持反对态度。华工孙干在夜间看到火光照亮战场时，曾说过一句重要的话，可算作华工看法的一个代表：

> 欧人能由心理而明物理，使黑暗战场变明亮白昼，复若由物理而求天理，方可谓真文明也。②

① 罗杰斯·布鲁贝克（Rogers Brubaker）的定义是："将族群、民族和种族视为代表利益和力量的实体化倾向。"Brubaker R., *Ethnicity without Groups*, Cambridge/London: Harvard University Press, 2002, p. 8. 与一个具体化的术语"身份"相反，群体具有可变和偶然的特征，这意味着存在一个非凡的凝聚力和强烈的集体团结的时刻。群体性可以被视为一种事件，一件已然发生的事情，而不是一件连续和持久的事情。对布鲁贝克来说，重要的问题是人们何时以及如何以种族或民族的方式认同自己和感知他人，这对于考察一战潮流中的附属群体尤其重要。
② 孙干：《欧战华工记》，《淄博文史资料》（第十辑），鲁淄新出准字（2009）ZBF-024 号，第72 页。

这一论断与倡导庶民研究的后殖民主义学派的学者帕沙·查特吉（Partha Chatterjee）关于非欧洲世界的民族主义的论述相符。查特吉确立了这种民族主义态度的三个阶段，即：出发、机动和到达。出发是与理性主义思想创造的知识框架的相遇，这导致对东西方文化差异的认识和接受，因为现代欧洲文化具有引导力量和进步的属性（对这些属性的缺乏，注定了东方的贫穷和屈从）。非欧洲世界的民族主义者认为，这种落后不是历史上一成不变的，可以通过采用欧洲文化的现代属性来克服。对此，查特吉特地将物质和精神领域进行了区分：

> （一方面）物质是"外在"领域，是经济、治国领域和科学、技术领域，在这个领域，西方已经证明了自己的优势，东方已经屈从。在这一领域，必须承认西方的优越性，并认真研究和复制其成就。另一方面，精神是一个"内在"的领域，承载着文化身份的"本质"标志。一个人在物质领域模仿西方技能的成功度越高，因此就越需要保持自己精神文化的鲜明特性。[1]

我在孙干的文字记载以及其他亚洲观察家的著述中，看到的正是这种现象和这种态度：一方面对西方技术及其能力感到羡慕；另一方面则对西方文化中将该技术转化为死亡和毁灭工具的部分感到憎恶。

尽管西方在精神性领域没有树立榜样，但在技术和教育领域肯定值得学习。代表华工自我意识增强的一个结果，就是通过学习西方社会中那些有用的部分，实现自我完善的雄心，这不仅有助于个人发展，也有助于所在群体和本土社会的发展。在这方面，这种自强不息、向西方学习、代表亚洲人的愿望，显然与他们愈来愈紧密的"集体性"有关。

在显示他们的力量方面同样如此。大多数学术著作确实将部署在欧洲的非欧洲团体视为"西方文明的接收器"[2]，然而，即使在西线战场的限制性框架内，华工也证明了他们的警觉和力量。群体主义情绪的增强，以及由此形成的团结一致，是赋予其能量的强大动力，这一点从华工团中爆发的罢工和其他形

---

① *Özkirimli U.*, *Theories of Nationalism: A Critical Introduction*, Basingstoke: Palgrave Macmillan, 2010, pp. 183 – 185.

② Das S., *Race, Empire and First World Writing*, Cambridge: Cambridge University Press, 2011, p. 15.

式的抗议中有充分的体现。这其中，具有重要意义的是，英国霸主对待他们的方式与法国当局及当地居民对待他们通常更为温和的态度，形成了鲜明的对比，这种对比不仅促使华工反思其被强加的从属地位，而且激励他们改善自己的命运，因为"特殊的自我理解塑造了社会和政治行动"①。

虽然我们可以很容易地证明，在欧洲的这段过往，对华工及他们后来的生活都产生了深远的影响，但派遣华工是否对中国社会产生影响却不那么容易回答。中国通过派遣华工来提高巴黎和会上议价权的战略没有实现。尽管代表了4.4 亿国民——占世界人口的四分之一——并且在欧洲有成千上万的华人，但中国仍被视为一个弱国，在会议上只享有两个席位，少于比利时或巴西的三个席位，与日本享有的五个席位形成鲜明对比。华工在西线所起的重要作用被低估，甚至被遗忘了，就在会议召开的同时，这些工人仍在离巴黎仅几十公里的地方工作着。英国外交大臣贝尔福（Balfour）说，中国对战争的贡献既没有"花费一先令，也没损失一条人命"，劳合·乔治（Lloyd George）赞扬了帮助英国打败德国潜艇的日本驱逐舰。一直以来，人们不仅忘记了中国在这件事上与德国断绝外交关系，还忘记了"阿索斯号"（Athos）被鱼雷击沉时，有 500多名中国劳工丧生。② 而当中国昔日最大的支持者伍德罗·威尔逊（Woodrow Wilson）因建立国际联盟的计划，绝对需要日本的支持而向它妥协时，中国废除不平等条约体系、恢复对山东主权的希望破灭了。当消息传入中国后，1919年 5 月 4 日，学生们开始走上街头，这场运动为一些人所认为的中国"长期革命"注入了新的动力。

在很大程度上，由于这种反对，中国成为巴黎和会上唯一一个没有签署和平条约的国家。③ 这一点出乎意料，甚至令包括伍德罗·威尔逊在内的许多人感到震惊。尽管在美国压力下，日本人终于在 1922 年华盛顿海军会议上把山东的权益还给了中国，但要扭转更广泛的后果为时已晚：许多中国人开始怀疑对西方价值的认同，西方思想对中国的吸引力大幅下降，一些知识分子开始寻找第三条道路，寻找一条介于西方思想和中国传统文化之间的道路。其中包括

① Brubaker R. and Cooper F., Beyond "Identity," *Theory and Society*, No. 29, 2000, p. 9.

② Xu G., *China and the Great War: China's Pursuit of a New National Identity and Internationalization*, Cambridge: Cambridge University Press, 2005, p146; French P., *Betrayal in Paris: How the Treaty of Versailles led to China's Long Revolution*, Melbourne: Penguin, 2014, pp. 55 – 56.

③ 除中国之外，美国总统威尔逊虽然在《凡尔赛和约》上签了字，但最终没有获得国会批准。——译者注

毛泽东在内的不少人，将希望从威尔逊式的虚伪转向列宁主义的苏俄，后者是唯一一个似乎支持他们思想的力量。[1]

人们不仅没有意识到中国国际地位的提升，而且还怀疑中国在西方的公共形象是否通过向西线派遣华工而得到加强：翻译和华工不被允许进入英国，甚至不被允许去那里学习。加拿大和美国都维持或通过了防止中国移民的立法。在比利时和法国，关于华工在前战地区域（所谓）行为的负面消息到处流传，并且掩盖了一些正面信息，比如，1919 年中国政府向比利时和法国同行提供 5 万法郎，用于在一战中具有象征意义的城市伊珀尔（Ypres）和凡尔登（Verdun）的重建教育和文化设施。[2]

当华工团的工人和翻译返回中国时，他们没有得到官方的支持，再次回归乡村生活，而他们的经验和金钱最终都没有得到有效的利用。[3] 即便如此，他们将重要的新视角带回了中国。这一点，颇受桂质廷的认可。桂质廷（1895～1961）曾在耶鲁大学和康奈尔大学求学，后担任过武汉大学校长，是中国物理学先驱之一。第一次世界大战期间，他曾在基督教青年会（YMCA）任职，该组织在充任基督教传教工具的同时，也为欧洲的华工提供了抚慰和福利服务。1919 年，桂质廷结束在法国的基督教青年会服务之后，又回到美国继续深造，他记录下了他们的服务给华工所带来的变化。他们不仅穿洋装、吃洋菜，而且还学会了区分外国人，不再把他们都看作"洋鬼子"；他们见识了"现代文明的产品"，甚至用它们来工作。"他们不想将其介绍到中国吗？"他提出了这样的问题。他们的工资很高，"他们还会对以前在家里领的微博工资感到满意吗？"桂质廷深信，当这些人返回家乡，与其乡亲们谈论过他们的经历和新思想之后，中国将不再是原来的样子。"法国的伟大在于她的教育，就连老太婆

① Mitter R. , *A Bitter Revolution：China's Struggle with the Modern World*, p. 66；Xu G. , *China and the Great War：China's Pursuit of a New National Identity and Internationalization*, pp. 267 - 277；Manela E. , *The Wilsonian moment：Self-Determination and the International Origins of Anticolonial Nationalism*, pp. 180 - 193；Xu G. , "China and Empire," Gerwarth R. and Manela E. (eds), *Empires at War 1911 - 1923*, Oxford：Oxford University Press, 2014, pp. 232 - 234.

② Bailey P. J. , "From Shandong to the Somme：Chinese Indentured Labour in France during World War I," Kershen AJ (ed), *Language, Labour and Migration*, Aldershot；Burlington：Ashgate, 2000, p. 191；Bailey P. J. , "Chinese Labour in World War I France and the Fluctuations of Historical Memory," *Studies in Ethnicity and Nationalism* 14, 2014, p. 370.

③ 张岩：《一战华工的归国境遇及其影响——基于对山东华工后裔（或知情者）口述资料的分析》，《华侨历史研究》2010 年第 2 期；转引自 James G. , *The Chinese Labour Corps (1916 - 1920)*, Hong Kong：Bayview Educational, 2013, p. 740。

也看日报"，他引用一位工人的这句话，想以此表明工人们增强了自己的决心。而且，他也注意到了华工中被他称为"新民族意识"的东西，为此他指出了其中的两个要素：来自不同省份和各行各业的人会聚一起；巴黎和会表明，他们必须团结一致成为一个民族。最后，他还强调了"劳工作为一个阶级，在决定这个国家在国际大家庭中地位上所发挥的重要作用"，新的中国为此应兼容并蓄，并且推进平民教育运动。① 这是一位清楚懂得用不同的眼光看待他的工人阶级同胞，并将其视为实现国家现代化重要力量的中国知识分子，就像毛泽东和晏阳初开始将农民看作建立全新中国的力量源泉一样，桂质廷的描绘，契合了五四新文化运动所倡导的中国需要借助"德先生、赛先生"取得进步的主张，正是在这股潮流中，中国共产党于 1921 年成立。

安妮·克里格尔（AnnieKriegel）在 1968 年时曾提出疑问：返乡的劳工是受新教伦理的影响多些，还是受法国的工团主义影响多些——前者是通过基督教青年会的传播，而后者可能通过阅读《华工杂志》以及与学生同胞、法国劳工（如法招华工）接触而熟知。② 然而，这两者似乎都没有产生直接的持久影响。与传教士们的预期相反，华工归国后，在山东，活跃的基督徒人数从 1920 年的 1 万多人减少到 1923～1924 年的 8000 多人。在 20 世纪 20 年代的劳工运动中，一些归国劳工发挥了积极的作用，上海还成立了归国华工工会，③然而，这个组织影响力如何，学术界众说不一。尼古拉斯·格里芬（Nicholas Griffin）认为，它只有 1600 名会员，算是一个失败④；巴斯蒂（Marianne Bastid-Bruguière）称其为是一个联谊组织，没有在阶级斗争中发挥作用⑤。另外，一些人还强调，归国华工工会不仅是中国历史最悠久的工会之一，而且其成员也遵守严格的道德规范（不赌博、不喝酒、不吸食鸦片、不嫖娼），归国华工似乎在新兴的劳工运动中发挥了作用，特别是在上海周边地区。为此，英

---

① Kwei C-t., "The Chinese Laborers in France," *Chinese Students's Christian Journal*, No. 6, 1919, pp. 15 – 17.

② Kriegel A., "Aux origines françaises du communisme chinois," *Preuves*, No. 18, 1968, p. 31.

③ Chen T., *Chinese Migrations, with Special Reference to Labor Conditions*, Washington：Government printing Office, 1923, p. 158；Chesnaux J., *Le mouvement ouvrier chinois de 1919 à 1927*, Paris, La Haye：Mouton, 1962, p. 731.

④ Griffin NJ., "Chinese Labor and British Christian Missionaries in France, 1917 – 1919." *Journal of Church and State*, No. 20, 1978, pp. 300 – 303.

⑤ Bastid-Bruguière M., "Conclusion, le retour en Chine des travailleurs chinois de la Grande Guerre：quel héritage?" In：Ma L（ed）：*Les travailleurs chinois en France dans la Première guerre mondiale*, Paris, CNRS Editions, 2012, p. 511.

国驻华公使朱尔典（John Newell Jordan）曾担心这些华工在中国最终会像在欧洲一样好战，也并非完全没有根据。[1] 至少有 4 名法招华工的例子就是这样，这几个人决定留在法国并加入了共产党，他们最后返回中国，其中一人于1927 年被国民党"处决"，另外 3 人于 1930 年代末在延安革命根据地加入了中共。[2]

虽然华工团的直接影响可以忽略不计，但其间接影响则要深远得多。1920年，在书写成为中国共产党的共同创建者历史的一年之前，陈独秀赞扬一战华工是中国劳动阶级勤勉勇敢的典型代表，并强调了他们作为国际性角色对中国进入世界所作出的贡献（世界进入中国亦是如此）[3]。一年后，周恩来在法国留学时，曾写道：华工"尽管被人认为无知、胸无大志，却能在相对较短的时间内开始攒钱、学习法语并开阔自己的视野。这些人归国后若能够与周围的人分享他们的知识……必将为社会的进步做出贡献"。中国历史学者李永昌认为，第一次世界大战后，中国最流行的两个口号"公理战胜强权"和"劳工神圣"——后者是蔡元培创造的——产生于中国对战争的贡献和华工在欧洲的经历。[4] 徐国琦认为，中国留学生通过参与基督教青年会的工作或通过勤工俭学运动，与华工发生了实际接触，这一点非常重要："派遣华工出洋与重塑中国的民族认同，二者之间之所以发生联系，完全是因为中国社会精英直接参与了该计划。"[5] 在正常情况下，作为精英阶层的一员，这些学生的生活轨迹不会与劳工产生交集，而战争为他们提供了一个实验场，在这里他们可以学习、发挥主观能动性以及培育领导能力。

很少有人比曾为基督教青年会会员的晏阳初受华工的影响更大。晏阳初战前从未和劳工打过交道，当认识他们时，他意识到"我们之间唯一的区别是我有教育机会，而他们没有"，缺乏教育机会是劳工的劣势，而一旦意识到劳工的潜力所在，通过平民教育来提高劳工素质就成为了晏阳初的人生目标。作

[1] The Chinese Labour Corps-Recruitment and Organization-History of the Corps, Jordan's Report on China, 31 November 1919. NA, WO 106/33.

[2] Bastid-Bruguière M, pp. 506 – 508.

[3] Bailey PJ., "Chinese Labour in World War I France and the fluctuations of historical memory," *Studies in Ethnicity and Nationalism*, 14, 2014, p. 369.

[4] Xu G., *Convergence de deux civilisations: recherche sur les travailleurs chinois en France pendant la Première Guerre mondiale*, Beijing: China Intercontinental Press, 2007, pp. 130 – 132.

[5] Xu G., *Strangers on the Western Front: Chinese Workers in the Great War*, Cambridge/London: Harvard University Press, 2011, pp. 204 – 205.

为一名基督徒，晏阳初想"以教育拯救中国"，并借助他发明的"三个 C"来实现，即：孔子（Confucius）、基督（Christ）和苦力（Coolies）。在其一生中，他不断提及在法国的经历，称他所发起的平民教育运动是"弗兰德斯战场上盛开的鲜花"①。晏阳初等人或华法教育会等组织在欧洲进行的教育实验，不仅直接惠及了参加学习的华工，而且促进了标准白话的引进，白话是所有人都能理解的语言（与之前使用的文言文不同），它显示了真正的平民教育运动的可能性。② 从长远来看，白话的推广和平民教育运动的重要性不容低估：识字的人数将成倍增长，使当局有机会通过教育和宣传与民众沟通。③ 晏阳初的平民教育观对后来的社区发展方式产生了较大影响，在 20 世纪 50 年代和 60 年代曾被广泛应用于亚洲、非洲和拉丁美洲地区。④

2009 年威海市档案馆举办过一场一战华工的大型图片展，该展览的英文名为 "The Blood Shed by Chinese Laborers in Europe Contributed to Establishment of a Better World, The Souls of the Deceased Ones Returned to the Motherland to Work for China's National Salvation（血洒欧西壮世运，魂返祖国挽神州）"。他们认为华工团是"到访西方世界的中国使者"，他们"在西方文明崩溃时抵达欧洲，在中国社会发生巨大变化时归国"。在我的中国同事看来，这些归国的华工把他们在欧洲的经验应用到实践中，建立工厂和医院，或从事社会改革运动。通过在战争中的贡献，华工团改变了中国传统的对待体力劳动者的观念，"依靠劳工来拯救中国，对蔡元培、晏阳初、毛泽东、周恩来等许多精英来说，都是一个很有吸引力的主张"。尽管这样的主张看起来是因共和国的政治性质而被夸大，但并不意味着它是不真实的。早在 1925 年，作为西方所熟悉的中国作家、新文化运动的核心人物之一鲁迅，就曾强调，虽然许多知识分子认为中国参加第一次世界大战是一项重大成就，但实际上是"文盲华工"把它变成了现实。⑤

---

① Xu G., *Convergence de deux civilisations: recherche sur les travailleurs chinois en France pendant la Première Guerre mondiale*, p. 134; Xu G., *Strangers on the Western Front: Chinese Workers in the Great War*, pp. 209 – 212.

② Démurger S, Fournier M and Au-Yeung A., "Assistance et éducation des travailleurs chinois pendant la Grande Guerre-Le rôle du Mouvement Travail-Etudes," Ma L (ed), *Les travailleurs chinois en France dans la Première guerre mondiale*, Paris: CNRS Editions, 2012, p. 337.

③ Mitter R. and Pieke F. N., *Modern China*, Amsterdam: AUP, 2014, p. 136.

④ James G., *The Chinese Labour Corps (1916 – 1920)*, pp. 25, 680.

⑤ Xu G., *Strangers on the Western Front: Chinese Workers in the Great War*, p. 213.

20 世纪初，在很短的时间内，中国人生活中许多固定的行为模式发生了永久地改变：人们怎样工作，他们如何阅读与书写，人际间包括男人和女人、政治家和民众、老人和年轻人、中国人和外国人如何相处等。[①] 正是在这种中国社会的文化转型中，第一次世界大战的华工以及他们的翻译们，发挥了某种隐匿与间接的作用。毕竟，在欧洲的停留以及对西方人、西方文化和西方社会的了解，令他们的整个人生都发生了彻底的转变。

结 论

在西线服务的华工，到底在多大程度上可被当作东西方之间的真正使者？换句话说：他们对整个本土社会的真正影响有多大？这仍然是一个难以回答的问题，特别是在政治领域。在现阶段，仍然不太可能确定华工在欧洲形成的思想和见解，对整个本土社会的渗透程度。尽管他们的数字很大，但在欧洲服役的这一群体与其祖国的人口相比，还是过少的，以至于无法产生直接的影响。中国并没有像欧洲及其自治领那样，成立类似老兵协会那样的全国性组织。此外，据我们所知，在这一时期，归国华工改善社会的努力仅限于一些地方性的倡议。不过，他们一定是充当了跨国中间人的角色，在回国后向同胞通报他们所观察到和学到的东西。即使他们的战争经验没有在实践中得到应用，但他们的见识也没有白白丧失，而是随他们在社会中到处扩散。一些非理性因素如挫折感、屈辱感或对文化自信的需求，难以用数字衡量，这一点通常被民族主义历史学家所低估。然而，恰恰是这种情感在华工中很盛行，即使战后他们决定过平静的生活，安定下来，不积极参与政治运动或社会宣传，但是这些情感一直与他们如影相随。通过他们的故事和描述，这些情感广泛地渗透入他们的本土社会。

这些从前的劳工（很少不顾及自身的利益）更多地扮演着机遇的促进者和催化剂的角色，而非全新环境的创造者。可以说，即使他们对本土社会的直接影响相当有限，但其间接影响，当然从长期来看，可能是相当大的。例如，我们知道，在中国像孙干这样的返乡华工是如何受他们在欧洲所看到的榜样的启发，为推广与提升教育而奔走呼吁的。他们开办了学校，特别是女子学校；与此同时，晏阳初所鼓动和宣传的教育改革，也受到了他在那场战争中为华工

---

① Mitter R. , *A Bitter Revolution：China's Struggle with the Modern World*, p. 69.

服务的启发，这被普遍认为具有超越中国国境的重要意义。这项针对归国华工
的教育项目投资，在政治上也意义重大。尽管有很多不同，但大多数民族主义
学者都有一个共同发现，即国家建设是由受过教育的个体主导并自上而下推行
的事情。受过教育的人撰写和朗读的民族主义课本，充满了对现实的抱怨，他
们组织运动，而教育系统和其他机构帮助他们向大众传播这些思想。因此，加
强教育是一种政治行为，特别是在民族意识觉醒的（半）殖民地社会中更是
这样。

　　这些归国华工在破除"西方是知识分子的思想明灯"的观念和改变人们
对"白人"的看法方面，发挥了重要作用。西方文明的形象，包括白人优越
的神话，受到了严重的损害，这一点在许多人看来很明显，至少在帝国主义权
威人士和传教士眼中是如此。"当然，在这些非官方的国家代表看来，白人正
在被剥夺其虚假的荣耀和所谓的基督教文明，在昏暗处看起来很是显眼，这没
有什么可说的"，美国基督教青年会派驻法国华工团的特使德怀特·W. 爱德
华兹（Dwight W. Edwards）如是说。① 第一次世界大战无疑是非欧洲民族国家
发展的重要突破点，这场战争导致了民族意识的觉醒，其结果预示着欧洲殖民
帝国权力的衰落。按照格里马尔（Grimal）和其他一些作者的说法，非殖民化
过程起源于非欧洲民族主义的发展，而非欧洲民族主义往往是在西方思想中孕
育出来的。在被称为政治道德和一般行为准则基础的自由、平等和正义观念之
间，发生了扭曲，从而催生了变革的渴望。② 除了 1914 年以前在西方学习过的
少数知识分子外，在西线服务的普通民众也遭遇了这种理论与实践的扭曲。所
有的华工都被授予盟军胜利勋章，他们可借此自豪地宣称他们曾在"为文明
而战的大战（The Great War for Civilisation）"中服务过，但与此同时，西方也
向其非欧洲（半）殖民地的隶属者暴露了其文明的本来面目。

---

① University of Minnesota, Kautz Family YMCA Archives, YMCA International Work in China, Box 88,
　Folder I: The Chinese Labourer in France in Relation to the Work of the Young Men's Christian Associ-
　ation, Report to the International Committee of Young Men's Christian Association of North America of
　Special Mission of Dwight W. Edwards in France, April 13 – May 11th [1918].
② Grimal H., *Decolonization: The British, French, Dutch and Belgian Empires* 1919 – 1963, London
　and Henley: Routledge & Kegan Paul, 1978, p. 412.

"潘兴的中国部属":另一类华工团

摘要: 第一次世界大战期间,美国陆军雇用了约 400 名中国平民,担任本国训练营中的辅助人员。尽管当时美国正施行"排华法案",这些人被特许从墨西哥入境,以表彰他们在 1916 年由约翰·潘兴指挥的、对攻袭边境城镇哥伦布的准军事部队(由墨西哥革命家潘乔·比利亚所率领)的讨伐行动中提供的协助。这些华工被称为"潘兴的中国部属",他们后来获准在美国永久居留,作为对其在战事中效力的回报。

关键词: 华工团 一战 约翰·潘兴 潘乔·比利亚

一战百年的纪念活动,使人们对那场战争的一些迄今鲜为人知或"被遗忘的"方面萌生兴趣,尤其是华工团(Chinese Labour Corps),本刊已发表了包括布莱恩(Brian Fawcett)的开拓性研究在内的数篇相关文章。① 徐国琦和

---

* 詹恪礼(Gregory James),英国埃克塞特大学博士,英国皇家历史学会会员,曾在香港及印度、伊朗和英国任教,现已退休,定居香港。英文原作"Pershing's Chinese: The Other Chinese Labour Corps"刊于《皇家亚洲学会香港分会杂志》(*Journal of the Royal Asiatic Society Hong Kong Branch*)第 58 卷(2018)中的第 189~207 页。《皇家亚洲学会香港分会杂志》编委会及詹恪礼博士特授权本刊翻译成中文发表,在此谨致谢忱。本文译者为魏兵兵,中国社会科学院近代史研究所助理研究员。

① Brian Fawcett, "The Chinese Labour Corps in France 1917 – 1921," *Journal of the Royal Asiatic Society Hong Kong Branch*, 40 (2000), pp. 33 – 111.

笔者的专著，① 以及张岩对华工后代的研究，② 极大地丰富了有关华工团的知识。近来，以华工团为主题的研讨班和学术会议、展览、电影和纪录片、原始资料翻译、小说创作、戏剧演出等陆续举办、出版或问世，由此形成的宣传效应使得数十年来乏人问津的华工日记、书信、照片、幻灯片、战壕艺术和其他手工艺品重见天日。凡此种种，皆主要关注一战期间的西线华工团，他们或由英国陆军部代理机构在山东招募，或经一家中法商业公司为法国代招。

但雇用中国平民为协约国战争活动服务的组织，并不仅限于此。有数以百计的中国人应招在向全球运送重要补给物资的商船上充任船员。在俄国，数千中国人被招募从事铁路、矿山和农林领域的建筑工作。③ 英国人还雇用中国人在坦桑尼亚（时为德属东非殖民地）协助英军对德军的军事行动，在伊朗（美索不达米亚）协助皇家工兵军团的内河航运和港口建设部队与土耳其人作战。④

然而，还有很少被提及的另一群华工——被遗忘者中的真正被遗忘者——他们效力的地方不是湿气刺骨的佛兰德斯、炙热难耐的波斯湾、热带雨频繁的赤道非洲、寒风凛冽的西伯利亚苔原或敌军潜艇侵扰的海面，而是闷热潮湿的得克萨斯，一个几乎排斥华人的地方。值得注意的是，这些华工的故事要从 19 世纪末的墨西哥开始讲起。

一　墨西哥的华人移民

虽然自 17 世纪初开始，就有中国人来到墨西哥务工，⑤ 但其人数直到 1865 年后才开始增长。是年，墨西哥皇帝马西米连诺一世（Maximilian Ⅰ）颁给葡萄牙商人曼努埃尔·赖斯（Manuel da Cunha Reis）特许权，由后者招募

① Xu Guoqi, *Strangers on the Western Front* (Cambridge, MA: Harvard University Press, 2011); Gregory James, *The Chinese Labour Corps* (1916 - 1920) (Hong Kong: Bayview Educational, 2013).

② 张岩：《一战华工的归国境遇及其影响——基于对山东华工后裔（或知情者）口述资料的分析》，《华侨华人历史研究》2010 年第 2 期，第 54～61 页。

③ 参见 Mark O'Neill, *From the Tsar's Railway to the Red Army* (Melbourne: Penguin, 2014)。

④ 参见 Leonard Hall & Robert Hughes, *The Inland Water Transport in Mesopotamia* (London: Constable, 1921)。

⑤ 参见 Homer Dubs & Robert Smith, "Chinese in Mexico City in 1635," *Far Eastern Quarterly*, 1: 4 (1942), pp. 387 - 389; 另参见 Dong Jingsheng, "Chinese Emigration to Mexico and the Sino-Mexico Relations before 1910," *Estudios Internacionales*, 38: 152 (2006), pp. 75 - 88。

东亚和埃及的移民到农业、采矿和公共工程部门充当劳工。[1] 其后，随着 1882 年美国通过"排华法案"，数以千计的华人跨越边境进入墨西哥。[2] 在中国国内，许多人也发现墨西哥是一个有吸引力的移民目的地。与此同时，墨西哥政府鼓励外来移民，以此作为促进国家发展的一种途径。吸引欧洲移民的尝试失败了，因为"欧洲人不愿接受墨西哥劳工的生活方式。而且，欧洲移民希望在人口中心区附近定居，而那些地方并不需要他们"[3]。因此，中国被视为一个很好的劳动力来源地——古巴和秘鲁的大量华人已赢得工作勤勉的口碑："当美国关上移民之门时，墨西哥政府开始采取积极的新垦殖政策，向他们敞开了门。"[4]

1884 年，墨西哥为将活动范围拓展至亚洲，开办了一家经营跨太平洋航线的航运公司——墨西哥太平洋航运公司（Compañía Mexicana de Navegación del Pacífico）。但当该公司第一艘轮船"黎巴嫩山号"（Mount Lebanon）于是年 10 月抵达香港接运一批移民劳工时，香港总督宝云（George Bowen）以墨西哥与中、英两国皆未建交为由，不允许这批劳工离境。从 19 世纪 40 年代后期开始，前往美国的契约劳工人数急剧增长，但运送船只往往因恶劣不堪的条件而广受诟病。为此，香港政府颁布了一系列"旅客法"（最早的法案于 1885 年颁布），为船只制定了食宿、设施和安全设备的最低标准。宝云不希望"黎巴嫩山号"离开香港水域后，其乘客任由一个不负责的政府摆布。[5]

---

[1]　Richard Dillon，"Maximilian's Asiatic Colonization Scheme，" *Mid-America*，34（N. S. 23）：2（1952），pp. 148 – 152；Robert Chao Romero，*The Chinese in Mexico*，1882 – 1940（Tucson：University of Arizona Press，2010），p. 26.

[2]　Mark Overmyer-Velázquez，"Good Neighbors and White Mexicans：Constructing Race and Nation on the Mexico-U. S. border，" *Journal of American Ethnic History*，33：1（2013）p. 13；另参见 Raymond Craib，"Chinese Immigrants in Porfirian Mexico"（［Albuquerque：］Latin American and Iberian Institute，University of New Mexico，Research Paper Series No. 28，1976），digitalrepository. unm. edu/laii_research/4。

[3]　Kennett Cott，"Mexican Diplomacy and the Chinese Issue，1876 – 1910，" *Hispanic American Historical Review*，67：1（1987）p. 64；Julian Lim，"Chinos and Paisanos：Chinese Mexican Relations in the Borderlands." *Pacific Historical Review*，79：1（2010），pp. 58 – 59；最需要劳工的是北部下加利福尼亚州矿产丰富但土地贫瘠的地带，以及欠发达的高山暖温带、米却肯州和格雷罗州低洼的热带地区。

[4]　Jason Chang，*Chino：Anti-Chinese Racism in Mexico* 1880 – 1940（Urbana：University of Illinois Press，2017）p. 11.

[5]　经过数月的外交争辩，此事通过一个粗率的妥协而得以解决。参见 Ruth Mandujano López，"Transpacific Mexico：Encounters with China and Japan in the Age of Steam（1867 – 1914）"（Ph. D.，University of British Columbia，2012），pp. 70 – 103。

墨西哥人意识到需要和中国建立外交关系，但起初中国并未做出回应：

> 中国对与墨西哥建立外交联系发生兴趣的原因尚不清楚。有人认为，由于美国排斥华人，墨西哥作为移民目的地引起了中国的兴趣。但数世纪以来，中国对海外移民抱敌视态度，直到 1890 年，也无意推动之……不管怎样，驻华盛顿的中国公使馆于 1891 年（与墨西哥公使）进行了接洽，寻求达成一个友好通商条约。①

具体条款的商定费时颇久，直到 1899 年 12 月，中国出使美国、西班牙和秘鲁大臣伍廷芳才与墨西哥驻美大使曼努埃尔·阿斯比罗斯（Manuel Azpíroz）代表各自政府签署友好通商和航海条约。该条约第一款规定：

> 嗣后大清国、大墨西哥国暨两国人民，永敦友谊，坚固笃诚。彼此皆可任便前往侨居。其身体、家属、财产皆全获保护，与相待最优之国人民，同获恩施权利。②

19 世纪 90 年代，华人已开始抱怨他们在墨西哥遭到的虐待和恶劣的工作环境，许多人不顾美国的排华政策，秘密越境进入美国，尽管"这一运动的规模大小难以确定"③。墨西哥抵制了美国要求执行其移民政策的压力，美方对怂恿华人的人口走私的活动提出抗议，墨方回应称，人口走私并未触犯墨西哥法律，他们的所作所为属于美国的问题。④

---

① Cott, "Mexican Diplomacy and the Chinese Issue, 1876 – 1910," p. 69.

② Godfrey Hertslet & Edward Parkes, *Treaties, &c., between Great Britain and China; and Between China and Foreign Powers ⋯ in Force on the 1st January, 1908*, Vol. I (London: HMSO, 1908), p. 399. 该条约规定两国互派使臣（第二款），建立贸易关系（第六款）和为契约劳工妥定章程（第十二款）。第一款译文引自中墨《通商条约》，王铁崖编《中外旧约章汇编》第一册，三联书店，1957，第 934 页。——译者按

③ Cott, "Mexican Diplomacy and the Chinese Issue, 1876 – 1910," p. 75；另见 Robert Chao Romero, "Transnational Chinese Immigrant Smuggling to the United States via Mexico and Cuba, 1882 – 1916," *Amerasia*, 30: 3 (2004), pp. 1 – 16; Grace Peña Delgado, *Making the Chinese Mexican* (Stanford: Stanford University Press, 2012), p. 99.

④ Cott, "Mexican Diplomacy and the Chinese Issue, 1876 – 1910," p. 75；另见 Erika Lee, "Enforcing the Borders: Chinese Exclusion along the U. S. borders with Canada and Mexico, 1882 – 1924," *Journal of American History*, 89: 1, pp. 58 – 60; Delgado, *Making the Chinese Mexican*, pp. 73 – 103.

二　群体暴力

与墨西哥人的反美情绪相伴随的，是他们对华人日益加深的仇恨。这是由于华人日益脱离体力劳动队伍——如烹饪、园艺、洗涤、采矿、建筑——开始进入商业和服务业，从事诸如蔬菜零售、餐饮、纺织生产和洗衣店等职业。这些早期华人资产阶级的成功激起"许多墨西哥人的强烈愤恨"①。由此引发了反华的骚动和暴力："截至1900年，此类事件已司空见惯，一切商家因此不愿雇用华人。"②

1910年墨西哥革命爆发，年逾八旬、已担任七届总统的波费里奥·迪亚斯（Porfirio Díaz）在四年一次的选举中受到弗朗西斯科·马德罗（Francisco Madero）的挑战。权力集中化、任人唯亲、普遍腐败、贫困和对社会正义的呼唤已引起政治动荡，而迪亚斯对选举结果的操纵更是给抗议情绪火上浇油，导致了起义和重新选举，马德罗于1911年上台，准备着手改革。与此同时，在明确反对外来移民的革命情绪的引导下——这种情绪源于一种观点，即认为外国人有损国家经济，以牺牲本国人利益为代价而攫取财富——对华人的憎恶也开始爆发③：

> 1911年前，虽已有部分墨西哥人对华人心存怨恨，但其敌视心理尚处于隐而未发的状态。这种和平关系在反迪亚斯革命期间令人震惊地突然被打破了，马德罗的部队经过惨烈战斗，【于1911年5月】占领了托雷翁……两天内，革命军毫无节制，令人难以置信地残忍屠杀了城内和周边的华人。④

① Cott, "Mexican Diplomacy and the Chinese Issue, 1876 – 1910," p. 85.

② Cott, "Mexican Diplomacy and the Chinese Issue, 1876 – 1910," p. 82.

③ 参见 Moisés González Navarro, "Xenofobia y Xenofilia en la Revolución Mexicana," *Historia Mexicana*, 18：4 (1969), pp. 568 –614；Lim, "*Chinos and Paisanos*," pp. 66 –67。

④ Charles Cumberland, "The Sonora Chinese and the Mexican Revolution," *Hispanic American Historical Review*, 40：2 (1960), p. 192. 另见 Leo Jacques, "The Chinese massacre in Torreón (Coahuila) in 1911," *Arizona and the West*, 16：3 (1974), pp. 233 –246；Larissa Schwartz, "'The Inconveniences Resulting from Race Mixture'：The Torreón Massacre of 1911," in *Chinese America：History and Perspectives* (San Francisco：Chinese Historical Association of America, 1998), pp. 57 –65；Evelyn Hu-DeHart, "Indispensable Enemy or Convenient Scapegoat? A Critical Examination of Sinophobia in Latin America and the Caribbean, 1870s to 1930s," in Walton Look Lai & Tan Chee-Beng eds., *The Chinese in Latin America and the Caribbean* (Leiden：Brill, 2010), pp. 82 –92；Chang, *Chino*, pp. 96 –110。

虽然有超过 300 名华人在此次无端的攻击中丧生,[①] 但屠杀不仅没有引发全国的道义谴责, 而且还煽起了墨西哥各地更多的反华暴力,[②] 对华人的残害继续存在。

1913 年 2 月, 经过保守派、早期革命者和被剥夺财产者对改革计划坚持不懈且富有成效的反对, 维克托里亚诺·韦尔塔 (Victoriano Huerta) 在美国商业利益集团的支持下发动政变, 马德罗随即被刺杀。然而, 韦尔塔是一个不得人心的独裁者, 他于 1914 年 7 月被一支地区革命武装推翻, 后者试图与其他政治势力达成共识, 但告失败, 墨西哥陷入内战。政治混乱导致经济动荡, 随着食物供应日趋减少, 发生了恶性通货膨胀: "货币很快成为武器; 双方都加速印币; 而且双方……都试图在下令强制流通已方货币的同时, 废止敌方发行的货币……纸币印刷的大潮泛滥全国。"[③]

统治集团经常将日用品的售价定得低于成本。但华人拒绝亏本售卖, 这使得本国人的成见益深, 持续不断地发动针对他们的攻击。与此同时, 华人还被指控从事投机、贿赂和敲诈等 "各种卑鄙的经营策略"[④]。

三　潘乔·比利亚

1915 年, 贝努斯蒂亚诺·卡兰萨 (Venustiano Carranza) 的所谓 "立宪派" 在内战中胜出, 打败了以潘乔·比利亚 (Pancho Villa) 之名为世人所知的乔斯·阿兰戈 (José Arango) 所率领的准军事革命武装。"1915 年 10 月 19 日, 美国正式承认……卡兰萨为事实上的墨西哥总统……现在只有【他】可以合法地从美国进口武器和弹药, 而其对手们将不得不通过走私途径。"[⑤]

比利亚的据点是奇瓦瓦省和位于格兰德河河边的边境城镇华雷斯, 后者是

---

① Romero, *The Chinese in Mexico*, p. 148.

② Delgado, *Making the Chinese Mexican*, p. 15.

③ Alan Knight, *The Mexican Revolution* Vol. 2 (Lincoln: University of Nebraska Press, 1986) p. 408. 有意思的是, 同一时期, 19 世纪的墨西哥银圆 (8 瑞尔币) 却在中国被作为货币使用。Warren Bailey & Bin Zhao, "Familiarity, Convenience, and Commodity Money: Spanish and Mexican Silver Dollars in Qing and Republican China" (Social Science Research Network, 2009).

④ Cumberland, "The Sonora Chinese," pp. 207 – 208.

⑤ Charles Harris & Louis Sadler, *The Plan de San Diego* (Lincoln: University of Nebraska Press, 2013) p. 84.

其从得克萨斯州埃尔帕索市进口武器的通道。美国总统伍德罗·威尔逊（Woodrow Wilson）下令禁止向比利亚出售武器，① 同时给予卡兰萨许可，墨西哥军队可经由得克萨斯州伊格尔帕斯（毗邻彼德拉斯内格拉斯）到亚利桑那州道格拉斯的铁路，前往边境城镇阿夸普利塔的要塞。11 月 2 日，在不了解该要塞已加强防御的情形下，比利亚对之发动了一次骑兵夜袭。守军打开两座探照灯，使比利亚的骑兵成了活靶子，进攻以失败告终。撤退途中，比利亚请求美国允许其利用美境内的交通设施，将伤员运往华雷斯，但遭美国务院拒绝，理由是美国已承认卡兰萨政府，不能给予反政府武装这一特权。②

比利亚相信阿夸普利塔要塞的探照灯安装于美墨边境亚利桑那州一侧的道格拉斯，或至少是由那里供电的，加之美国在交通方面给予卡兰萨增援部队便利，却拒绝其运送伤员的请求，比利亚因此认为美方背信弃义，十分愤怒。1916 年 3 月 9 日，他率领部下越境进入美国的新墨西哥州，在边境城市哥伦布的枪战中，杀死了 8 名美国士兵和 10 位平民。③

四 讨伐

为了报复，威尔逊下令立即进行讨伐，由约翰·潘兴（John Pershing）将军率军追捕比利亚，活要见人，死要见尸："立即派遣一支强劲的部队追击比利亚，其唯一目的就是抓捕他，制止其侵略活动。其间，我们将向墨西哥当局提供完全友好的援助，同时谨慎尊重该共和国的主权。"④

尽管美方有此保证，卡兰萨还是认为威尔逊的行动藐视墨西哥主权，拒绝

---

① Friedrich Katz, *The Life and Times of Pancho Villa* (Stanford: Stanford University Press, 1998), pp. 525 – 526.

② "Cannot Move Wounded to Juarez Is Decision," *Bisbee Daily Review*, 6 November 1915.

③ 关于比利亚是否出于报复的动机而发动了突袭，史学界看法不一。参见 Katz, *Life and Times*, pp. 545 – 582; Andrew Urban, "Asylum in the Midst of Chinese Exclusion: Pershing's Punitive Expedition and the Columbus Refugees from Mexico, 1916 – 1921," *Journal of Policy History*, 23: 2 (2011), p. 225, fn. 14. 另见 Haldeen Braddy, *Pancho Villa at Columbus* (El Paso: Texas Western College Press, 1965); Friedrich Katz, "Pancho Villa and the Attack on Columbus, New Mexico," *American Historical Review*, 83: 1 (1978), pp. 101 – 130。

④ 伍德罗·威尔逊新闻稿，1917 年 3 月 10 日；转引自 Katz, *Life and Times*, p. 567。威尔逊签名稿见 historical. ha. com/itm/autographs/u. s. – presidents/woodrow-wilson-autograph-draft-of-announcement-regarding-pancho-villa/a/6165 – 49148. s。

给予任何帮助。① 由于美国陆军无法为大量地面部队提供后勤支持——讨伐军大约有7000人②——因此就地公开招募劳工。有数百华人移民应招，他们参与了沿边境线清理土地和建造前沿基地的工作。战斗期间，又有生活在墨西哥的数百华人成为潘兴部队的辅助人员，因为"墨西哥人大多拒绝……合作。只有华人或许愤于在墨西哥所受待遇，愿意和美国人打交道"。③ 他们"作为洗衣工和劳力提供了非常有价值的服务，其中许多人还开设了小商店"。④ 华工出售的烟草和火柴、蛋糕、糖果和水果尤其受欢迎，肥皂亦然，是"一种只能在'中国人店铺'里找到的高价日用品"⑤。

这些华人随着美军部队穿越了奇瓦瓦，当补给路线中断时，他们从位于华雷斯西南100公里的杜布兰聚落的摩门人那里带来了给养，"甚至在一次与比利亚军队的遭遇战中充当战士，作战勇敢且获得胜利。比利亚发誓要绞死墨西哥北部所有的'中国佬'"⑥。

尽管发生了突袭，卡兰萨……试图与美国维持民事关系。同样，面对美国公众日益高涨的要求与墨西哥开战的压力，威尔逊……希望边境突袭问题可以通过谈判解决。……5月6日，发生了另一起比利亚游击队越境突袭事件……导致更多美军进入墨西哥。……追逐比利亚的美军反而与卡兰萨的部队发生了冲突，导致紧张局势加剧。……卡兰萨于7月4日致函威尔逊，建议直接协商。……一个高等联席委员会……于 1916 年 12 月 24

---

① 关于此次征讨的说明，见如 National Archives and Records Administration, Washington (NARA), RG 395. 7, Records of the Punitive Expedition to Mexico 1916 – 17; James W. Hurst, *Pancho Villa and Black Jack Pershing* (New York: Praeger, 2007); Alejandro de Quesada, *The Hunt for Pancho Villa* (Oxford: Osprey, 2012)。

② "4800 人的美国部队，另加 2500 人的墨西哥骑兵。" Delgado, *Making the Chinese Mexican*, p. 131.

③ Edward Rhoads, "The Chinese in Texas," *Southwestern Historical Quarterly*, 81: 1 (1977), p. 18.

④ Pershing to Johnson, 7 November 1919 (U. S. Congress, *Registration of Refugee Chinese*; *Hearings before the Committee on Immigration and Naturalization*; *House of Representatives, Sixty-seventh Congress, First session on S. J. Res. 33* [Washington Government Printing Office, 1921], p. 952). 军需处的补给必须用马车或卡车运输，华人则利用了墨西哥西北铁路公司自华雷斯向南至奇瓦瓦 350 公里的铁路线，卡兰萨政府此前拒绝潘兴的部队使用这一运输设施。Edward Briscoe, "Pershing's Chinese refugees in Texas," *Southwestern Historical Quarterly*, 62: 4 (1959) p. 469.

⑤ Briscoe, "Pershing's Chinese," p. 468.

⑥ William Field (Principal researcher), *The Chinese Texans* (San Antonio: University of Texas Institute of Texan Cultures, 1978), p. 14.

日发布了一则声明，称美军如有必要可留在墨境内，否则应撤离。卡兰萨意识到这将引起美军的无限期驻留，拒绝了这一协议。[①]

然而，一波未平，一波又起。

五 齐默曼电报

1917 年 1 月 16 日，德国外交大臣亚瑟·齐默曼（Arthur Zimmermann）向德驻墨西哥大使海因里希·冯·埃卡特（Heinrich von Eckardt）发出一封密电，提议若美国加入协约国参战，则建立德墨联盟：德国将提供经费并协助墨西哥夺回 1846~1848 年美墨战争期间失去的亚利桑那、新墨西哥和得克萨斯地区的领土——这是墨西哥对美国长期怨恨的原因。[②] 德国将墨西哥视为其最终胜利的关键因素，希望该国对美宣战，以期牵制美国军队，并使其放慢武器出口，预防美国援助欧洲的协约国。[③] 但德国人的计谋却事与愿违，因为电报于 1 月 17 日被英国情报机构截获并破译：

> 英国人……起初并未……将齐默曼电报的消息告知美国政府官员，因为他们不想让德国人发现英国电报破译员已经破解了德国的密码。然而，2 月德国重启无限制潜艇战后，英国人决定利用该电报说服美国官员和公众舆论参战。英方最终于 2 月 24 日将截获的电报交给了威尔逊。美国报刊在接下来的一周报道了此事。[④]

这则消息成功地使美国本就高涨的反墨舆论更趋激烈，要求美国参战的声音也益发坚决。4 月 6 日，美国国会对德宣战。

---

① U. S. Department of State archive, *Punitive Expedition in Mexico* 1916 – 1917. 2001 – 2009. state. gov/r/pa/ho/time/wwi/108653. htm.
② 参见 Barbara Tuchman, *The Zimmermann Telegram* (New York：Viking, 1958)；Joachim von zur Gathen, "Zimmermann Telegram：The Original Draft," *Cryptologia*, 31：1 (2007), pp. 2 – 37；Thomas Boghardt, *The Zimmermann Telegram* (Annapolis：Naval Institute, 2012)。
③ 德国人即将重新启动 1915 年以来间歇采取的无限制潜艇战，并认为这可能会加速美国的参战。
④ U. S. Department of State archive, *American Entry into World War I*, 1917, 2001 – 2009. state. gov/r/pa/ho/time/wwi/108653. htm.

六　潘兴返国

与此同时，由于美国卷入欧战的可能性已迫在眉睫，威尔逊担心同时与墨西哥发生冲突，于 1 月 18 日命潘兴率军回国。① 尽管已深入墨西哥 560 公里，且已经过数次小规模战斗，但远征军尚未完成使命。②

在墨西哥境内，由于比利亚将曾支持卡兰萨的华人视为攻击目标，那些曾受雇于美军的华工也担心遭到报复。为了这些华工的安全，潘兴请求允许他们随美军进入美国。尽管"排华法案"正当盛行，他的这一特殊请求却获得了批准。

起初，这些后来被称为"潘兴的中国部属"的 524③ 名或 527④ 名华人被拘禁在新墨西哥的弗隆兵营（Camp Furlong），接受军事化管理⑤：

> 政府官员在采取措施接纳华人难民临时避难时……确保美国无须承担这一人道之举的开销……若难民无法支付自己滞留的费用，劳工部……提供了墨西哥华人难民的保卫、食物和住宿的开销单据。这些单据……后来送交中国……在华盛顿的使馆报销。⑥

由于私营部门拒绝雇用这些华人，潘兴居中斡旋，使他们受雇于位于得克萨斯州圣安东尼奥市萨姆·休斯敦堡（Fort Sam Houston）的美国陆军军需处。在那里，他们为美国战争活动提供服务，从事手工艺者、铁匠、木匠、店员、厨师、非熟练工、洗衣工、餐厅服务员等工作。因此，他们中大多数人于 6 月

---

① Urban, "Asylum," p. 208.

② 参见 Eileen Welsome, *The General and the Jaguar* (Lincoln: University of Nebraska Press, 2006)。

③ Urban, "Asylum," p. 204.

④ Briscoe, "Pershing's Chinese, " p. 467.

⑤ F. B. Worley, "Five Hundred Chinese Refugees," *Overland Monthly*, 71: 4 (1918), pp. 290 – 294. 参见 Briscoe, "Pershing's Chinese" (p. 468)："在此后数周内，100 名华人离开了位于哥伦布的兵营。少数人返回了中国……另一些人作为豁免阶层中被接纳者，留在了美国……还有少数人前往墨西哥境内的不排华的上加利福尼亚和其他地区。剩余的 427 名华人按照移民法没有资格留在美国境内。"从 20 世纪初开始，上加利福尼亚华人移民的规模已相当大，他们在科罗拉多河三角洲从事灌溉农业，在墨西卡利峡谷开垦肥沃农田。许多人从那里迁移至边境城镇墨西卡利，当地华人人口的急剧增长使之成了其他地区躲避排华敌意的同胞们的避难之处。

⑥ Urban, "Asylum," p. 209.

抵达了圣安东尼奥，加入威尔逊兵营（Camp Wilson，7 月中旬更名特拉维斯兵营［Camp Travis］）和邻近的萨姆·休斯敦堡，以及艾灵顿机场（Ellington Field）和凯利机场（Kelly Field）的航空基地。① 他们仍是"被扣留的难民"②，但处于假释状态；雇主按劳付酬，且为他们提供免费的膳食和医疗设施。③

华工们并没有不尽责的行为，但其中一人，受雇于萨姆·休斯敦堡的第七野战炮兵部队的杨河（Jung Hoy 音译），曾违禁于 1917 年 8 月跟随团至法国部属，回到美国后，他因其战事服务而受到表扬。④

"潘兴的中国部属"大多系福建人和广东人，他们因勤勉、高效、牢靠和爱国而得到普遍赞赏；一些人被军官雇为家仆，例如国会荣誉奖章的获得者、来自田纳西的约瑟夫·塞西尔（Josephus Cecil）在"屈尊俯就"（且充满厚颜无耻的种族意识）地推荐其厨师兼男仆方济（Fong Kee 音译）时称：

> 我向所雇之人支付了商定的酬劳，而且……送他上学接受教育。⑤ 如果他最终被授予本国永久居留权，我会继续雇用他。我不敌视黑人——我在黑人环绕的环境中出生和成长，他们是我们的奴隶——但我实际上宁愿雇一个华人也不愿雇三个黑人。他会做更多、更好的工作，而且不会偷窃

---

① Carmina Danini, "S. A. Once Home to State's No. 1 Chinese Community," *San Antonio Express-News*, 7 June 2015. 截至 1919 年初，成队的华人也在得克萨斯、亚利桑那、佐治亚、堪萨斯、路易斯安那、新墨西哥、俄克拉荷马和弗吉尼亚的一些地方被雇用。Bouvé and Parker to Johnson, 2 January 1919（U. S. Congress, *Registration*, p. 949）; Page to Johnson, 17 December 1919（*ibid.*, p. 954）; Smith to Henning, 7 October 1921（*ibid.*, p. 970）; Urban, "Asylum," pp. 217 – 218.

② Page to Parker, 9 November 1921（U. S. Congress, *Registration*, p. 974）.

③ Worley, "Five hundred Chinese," p. 294; Briscoe, "Pershing's Chinese," p. 470.

④ Hille to Davis, 1 November 1921（U. S. Congress, *Registration*, p. 978）. 据佩奇（Page to Johnson, 17 December 1919, ibid., p. 954）称，杨何"违反了假释条件和军中各项条规"。但鉴于"他跟随雇主奔赴战场的爱国情感，而且在作战行动中负伤"（*ibid.*, p. 955），他被授予公民资格，这在"潘兴的中国部属"中是独一无二的（根据沙哈尔所说的"争取来的公民权"原则，Ayelet Shachar, "Earned citizenship: Property Lessons for Immigration Reform," *Yale Journal of Law & the Humanities*, 23: 1［2011］, pp. 110 – 158）。但杨和并未出现在第七野战炮兵团战史的负伤人员名单上；见 *History of the Seventh Field Artillery（First Division, A. E. F.）*, *World War* 1917 – 1919（New York: Privately published, 1929）, pp. 134 – 144.

⑤ 所有华人似乎多少都能说西班牙语，少数懂一点英语；为华工开设的英语培训晚间课程颇受欢迎。见 Page to Johnson, 17 December 1919（U. S. Congress, *Registration*, p. 954）; Briscoe, "Pershing's Chinese," p. 474.

东西。①

七　战后

　　战争一结束，华工即开始抱怨 "受到束缚"②，因为军队已不再需要他们的服务，他们在美国前途未卜。美国政府也意识到自身没有太多的选择余地。一方面，如果把华人送回墨西哥，"他们有可能会因为对 1916 年的讨伐行动提供了帮助而被杀害"③；另一方面，人们认为 "把他们送回肮脏污秽的中国几乎等于犯罪"④，华人在美国兵营的 "清洁环境" 中生活过以后，那样做 "将造成人道方面的负面影响"⑤。因此，1921 年 8 月，国会同意破例给予 365 个 "潘兴的中国部属" 永久居留权，以回报他们为美军提供的 "重要而特殊且在某些情况下具有危险性的"⑥ 服务；11 月通过此决议，定为法律。⑦ 1943 年 "排华法案" 撤销，这群华人最终几乎全部申请了美国国籍。

---

① Cecil to Page, 28 November 1919 (U. S. Congress, *Registration*, p. 957).

② Henning, at Congressional committee, 8 November 1921 (U. S. Congress, *Registration*, p. 966). 海宁 (Henning) 指出 (*ibid.*, p. 968)，在美国的其他华人，如商人和 "较高阶层"，声称这些难民处于 "被奴役状态"。希尔 (Hill to Davis, 1 November 1921 [*ibid.*, p. 976]) 称，华人被 "拘禁在兵营里"。罗兹 (Rhoads, "The Chinese in Texas," p. 19) 则把他们叫作 "军队的病房"。

③ Fechet to Page, 2 December 1919 (U. S. Congress, *Registration*, p. 958).

④ Burgess to Page, 5 December 1919 (*ibid.*, p. 959).

⑤ Page to Johnson, 17 December 1919 (*ibid.*, p. 954).

⑥ Senate joint resolution 33, 15 August 1921 (*ibid.*, p. 943). 潘兴称华人在新墨西哥、贝阿德堡和斯坦顿堡的肺结核疗养院里担任厨师，"特殊" 而 "危险" (Pershing to Caminetti, 6 November 1919, in U. S. Congress, *Registration*, p. 946)；另见 Bouvé and Parker to Johnson, 2 January 1919 (*ibid.*, p. 949)。"虽然仍被拒绝入籍成为真正的市民……但华人难民与美军在境内外建立的关系——在私人的和象征的两个层面上——成为他们重新定义自己与这个国家关系状态的途径。虽然这些华人在法律意义上没有获得美国国籍，但他们在很多方面已被视为事实上的美国人，因为他们曾为美国军队服务。……华人难民因此将他们在讨伐行动和一战期间提供的半军事服务转化成了进入美国的更宽泛的要求。" Julian Lim, "Immigration, Asylum, and Citizenship: A more Holistic Approach," *California Law Review*, 101: 4 (2013), pp. 1062 – 1063.

⑦ 第 29 号公共决议（第 67 届国会，第一次会议，第 148 章）(*The Statutes at Large of the United States of America from April 1921, to March 1923*, Vol. XLII, Part I, Washington: Government Printing Office, 1923, pp. 325 – 326) "有效地把哥伦布的难民困在了美国" (Andrew Urban, "An Intimate World: Race, Migration, and Chinese and Irish Domestic Servants in the United States, 1850 – 1920" [Ph. D., University of Minnesota, 2009], p. 272)，给予了他们居住权，但没有给予离境和进入其他国家的权利。

八　华工的死亡人数

1919 年 12 月 17 日，萨姆·休斯敦堡此前的华工主管特雷西·佩奇（Tracy Page）致函国会移民与国籍委员会主席阿尔伯特·约翰逊（Albert Johnson），称：

> 生病的情况异常少，在过去三年内，总共 427 人中，只有 8 人死亡，在可怕的流感蔓延期间也只有 3 人去世。相信这是类似条件下——甚至可以说任何条件下——数目大致相近的人群中最低的死亡率。①

此后又有 4 人去世，这样 1917～1921 年间一共 12 人死亡，死亡率 2.8%；这近似于同时期对欧洲 9.4 万名华工中因疾病、事故和战斗的死亡率的切实估计。

1921 年 11 月 8 日，萨姆·休斯敦堡华人兵营的指挥官西德尼·沃顿（Sidney Wharton）向美国国会汇报"潘兴的中国部属"的死亡者②如下：埃尔帕索 1 人；萨姆·休斯敦堡 6 人；凯利机场 1 人；艾灵顿机场 1 人；圣安东尼奥 2 人；斯坦利 1 人。只有 1 人在萨姆·休斯敦堡的国家公墓得到了一块墓地③；在埃尔帕索去世的那个人，就安葬于当地康卡地亚公墓的华人墓地里。④

记录的死亡原因有支气管肺炎（1918 年 2 人）、败血症（1919 年 1 人）、流感（1918 年 1 人）、肺结核（1919 年 1 人，1920 年 2 人）、⑤ 自杀（1917、

---

① Page to Johnson, 17 December 1919（*ibid.*, p. 954）.

② Wharton to U. S. Congress, 8 November 1921（*ibid.*, p. 972）.

③ 1867 年前，圣安东尼奥士兵的墓葬都被安排在城市公墓中的一个制定区域，此后，市政府将公墓所在地捐给美国政府，命名为圣安东尼奥国家公墓。1924 年，军用保留地的一部分被划出作为军用公墓；1931 年，包括公墓在内的一块地被从军用保留地转为圣安东尼奥国家公墓，1937 年重新命名为萨姆·休斯敦堡国家公墓。

④ 康卡地亚公墓所在地原名康卡地亚牧场，牧场主人在 19 世纪 40 年代"建设了一个小型农场，包括一个教堂和一块墓地……后来，康卡地亚牧场被后辈们切分，部分被出售，但墓地作为一块固定的丧葬地点不断扩宽"。见 Matt Joyce, "Western specters," *Texas Highways*（September 2014）www.texashighways.com/history/item/7569; Deen Underwood, *Concordia Cemetery*, El Paso: SunDance, 1999。1882 年，埃尔帕索市获得了一块地，将其作为穷人墓地，社区和信众又收购了其他各类公、私小块土地。但由于无人负责打理，这块地日渐荒芜。1990 年，埃尔帕索遗产协会成立，负责维护这一场所。2005 年，得克萨斯历史委员会将之命名为得克萨斯历史公墓。

⑤ 肺结核在法国和比利时的华工团（主要来自中国北部）中十分常见，见 James, *The Chinese Labour Corps*, pp. 550 – 556。

1918、1921 年各 1 人），另有 2 人原因不明（1917 年 1 人，1918 年 1 人）。鉴于佩奇提到 3 人死于"可怕的流感期间"，记录的 2 例支气管肺炎很可能其实是流感。看起来没有因意外事故而死亡者，但对于至少 3 个自杀案例，档案中似未作评论。

得克萨斯州圣安东尼奥市萨姆·休斯敦堡国家公墓

H. 11① 程默（Sing Mock［Sing Wack］② 音译）。死亡证书："劳工，美国陆军"；墓碑："平民"。†1918 年 10 月 22 日，营区医院，艾灵顿机场（得克萨斯哈里斯县），死于支气管肺炎，27 岁。③

H. 16 荣五余（Yung Ng Yu［Ng Yu Yuong］音译）。死亡证书："美国雇员"；墓碑："军需兵雇员"。†1919 年 12 月 26 日，基地医院，萨姆·休斯敦堡（得克萨斯圣安东尼奥），死于淋球菌败血症。④

H. 18 李建华（Lee GinWah［Lee Kum Wah］音译）。死亡证书："华人难民"；†1920 年 12 月 24 日，死于肺结核，约 43 岁。⑤

H. 20 洪旺（Hong Wong［Charlie Hong, Wong Hueng］音译）。死亡证书："劳工"；石碑："军需营雇员"。†1921 年 4 月 25 日，戴维斯兵营（得克萨斯圣安东尼奥），自杀，约 34 岁。⑥

H. 43 王狄（Dick Wong［Dick Wing］音译）。死亡证书："劳工"；墓碑："军需兵雇员"。†1918 年 12 月 27 日，罗伯特·B. 格林（Robert B. Green）纪念医院，圣安东尼奥，死于流感，62 岁。⑦

H. 44 王九（Gow Wong［Wong Gon］音译）。死亡证书："厨师"；墓

---

① 墓地编号。
② 方括号中的人名是笔者在不同档案中发现的不一样写法。
③ NARA, RG 92, *U. S. National Cemetery Interment Control Forms*, 1928 – 1962（在线缩微胶卷，www. ancestry. com）Simson-Sinley, frame 399; Texas, State Registrar Office, Austin, Death certificates（在线资料，FamilySearch. org），October 1918. Vol. 83, Harris County certificate 41242.
④ NARA, RG 92, Youngbauer-Yyke, frame 665; Texas, December 1919, Vol. 69, Bexar County 34139. "（华工中）只有少数几例患社会疾病的孤立个案，……这是他们品德高尚的有力证明。"Page to Johnson, 17 December 1919（U. S. Congress, *Registration*, p. 954）.
⑤ NARA, RG 92, Lee, Horace-Lee, Rangval, frame 628; Taxes, December 1920. Vol. 74, Bexar County 36757.
⑥ Texas, April 1921. Vol. 20, Bexar County 9657.
⑦ NARA, RG 92, Womth-Wood, frame 83; Texas, December 1918. Vol. 109, Bexar County 54149.

碑："军需兵雇员"。†1918 年 12 月 31 日，兵营医院，斯坦利兵营① （得克萨斯贝尔县利昂斯普林斯），死于支气管肺炎，30 岁。②

H. 45 钟鲁一 （Louie Jong ［Louis Tong］ 音译）。死亡证书："华人难民"；墓碑："军需兵雇员"。†1919 年 1 月 12 日，基地医院，萨姆·休斯敦堡，死于肺结核后衰竭。③

H. 49 冯玉 （Yu Fong ［Ye Fong］ 音译）。死亡证书："华人难民"；墓碑："美国雇员"。†1920 年 1 月 28 日，基地医院，萨姆·休斯敦堡，死于肺结核，36 岁。④

H. 58 林健 （Lin Gin ［Gin Lum］ 音译）。死亡证书："劳工"；墓碑："军需兵雇员"。†1918 年 8 月 1 日，自杀，约 41 岁。⑤

H. 181 黄宗济 （Wong Chung Kee 音译）。墓碑："军需兵雇员"。†1917 年 12 月 12 日。⑥

H. 186 梁义和 （LeongYick Ho 音译）。墓碑："军需部雇员"。†1918 年 1 月 30 日。⑦

得克萨斯州埃尔帕索市康卡地亚公墓

华人区第 12 排第 3 墓

王叶 （Yet Wong ［Zet Wong, Wong Gib］ 音译）。死亡证书："美国政府，厨师"。†1917 年 8 月 22 日，埃尔帕索，自杀，27 岁。⑧

---

① 斯坦利兵营 1917 年 10 月得名，此前原名芬斯顿兵营。Anton Erkoreka "Origins of the Spanish Influenza Pandemic （1918－1920） and its Relation to the First World War" （*Journal of Molecular and Genetic Medicine*, 3：2 ［2009］, pp. 190－194） 一文，引用了 Warren Vaughan 的研究 （*Influenza* ［Baltimore：American Journal of Hygiene, 1921］），称后者提出，1918 年的西班牙流感起源于 "芬斯顿的雷利堡军事基地雇用的华工中间"，认为 "西班牙流感与亚洲之间的关联，可以通过芬斯顿兵营的华工建立起来"。但 Vaughan 并未提及芬斯顿与华工之间的关联；Laura Spinney 在研究西班牙流感爆发的 *Pale Rider* （London：Jonathan Cape, 2017） 一书中，也没有提及。而且，我觉得有的研究可能混淆了 1918 年 3 月最早发现西班牙流感的卡萨斯雷利堡的芬斯顿兵营，和分派了一些 "潘兴的中国部属" 的得克萨斯的芬斯顿兵营 （斯坦利兵营的前身）。

② Texas, December 1918. Vol. 109, Bexar County 54094, 54397.

③ NARA, RG 92, Tonera-Torcido, frame 96；Texas, January 1919. Vol. 1, Bexar County 180.

④ Texas, January 1920. Vol. 1, Bexar County 271.

⑤ Texas, August 1918. Vol. 62, Bexar County 30508.

⑥ NARA, RG 92, Womth-Wood, frame 79.

⑦ *Ibid.*, Leonard-Leong, frame 951.

⑧ Texas, August 1917. Vol. 44, El Paso County 21858.

结　语

　　一战期间，法国政府曾从按合同雇用的 4 万华工中，"借了"大约 1 万名中国（和越南）劳工给在法国的美军。本文中直接受雇于美军的大约 400 名华工，不是在前线而是在本国兵营中担任辅助人员，他们很少被记录在中国对一战作贡献的华工之内。这些华工因为协助美军的讨伐行动而被破例允许进入美国，尽管当时"排华法案"正在施行，他们随后仍获准留在美国，作为对其作战服务的回报。在一战期间，为协约国服务的各类华工团中，他们的故事也应该被铭记。

"区域视野下的近代中外关系"

——第七届近代中外关系史国际学术研讨会综述

魏兵兵[*]

2018 年 10 月 13～14 日，由中国社会科学院近代史研究所中外关系史研究室和武汉大学历史学院联合主办、武汉大学中国传统文化研究中心协办的第七届近代中外关系史国际学术研讨会在武汉召开，此次会议的主题是"区域视野下的近代中外关系"。来自中国大陆和台湾地区以及韩国、日本、丹麦等 90余位专家学者与会，对近代中外关系相关问题进行了广泛而深入的探讨。其中既有对中国周边国际区域内中外关系演变的论析，也有对国内各区域对外关系史事的考察，同时在中国与西方大国关系、外交人物和思想、中外社会文化交往、史料文献考辨等研究领域也有进一步探索。研讨内容涵盖近代中外关系中的政治、军事、经济、社会和文化等各个方面，提出了许多新的研究视角、问题意识和观点见解。下文试对此次会议作一概要综述，以飨学界。

一 中国周边国际区域内的中外关系

中国地处东亚，与位于同一国际区域的日本、韩国以及俄国远东地区唇齿相依，关系至为密切。在此次会议上，多位学者对近代东亚区域内中外关系的研究方法和具体问题进行了探讨。日本著名历史学家滨下武志的《全球史视

---

* 魏兵兵，中国社会科学院近代史研究所助理研究员。

野下的东亚区域关系史——多层/多角性的区域关系》一文，将"区域"视为一个多样而多层次的历史空间，透过对东亚区域变动的长时段审视，并以近代中国海关史研究为例，探寻与现代世界全球化和地方化两极分化与互动相适应的分析架构、理念机构和历史研究框架，强调"网络"和"比较"等视角对于区域关系史研究的重要性。

在近代中国与东亚诸国的关系中，最受关注的自然是中日关系。臧运祜以1871 年 9 月的中日《修好条规》和 1978 年 8 月的中日《和平友好条约》为视角，对近百年中日关系的演变进行了宏观论析，指出中日《和平友好条约》所展现的"和平""友好"作为两国关系发展的永恒主题，既是近代中日关系的历史总结，也是两国关系继续发展的唯一正确选择。关于中日关系史事的具体研究主要集中于晚清和抗战两个时期。李启彰关注 1876～1879 年中日关于日本驻清公使森有礼提出的两国互免特定土产进出口税的"特约案"交涉，认为清廷拒绝该案并非因为墨守 1871 年中日《修好条规》，而是因为中方可从中获得的实际利益远小于日方，且清廷管理和保护在日华民的愿望因日方提出废除中日《修好条规》中的"领事裁判权"而无法实现。李启彰提出，"特约案"交涉反映了明治初期日本对华政策的典型面相，即标榜"双务"和"对等"，实则以自我利益为出发点，并在交涉失败后归咎于清朝的守旧和不知变通。谭皓梳理了清廷对日人游历内地的从回避交涉到明文禁止，再到实际默许并最终在甲午战争后被迫立约的因应过程，认为清廷早期表现强势主要不是维护国家主权，而是维护华夷秩序盟主的颜面，不欲日本获得与欧美列强同样的地位。任天豪比较分析了 1907 年和 1910 年日本先后接待来访的清政府皇族成员溥伦和载振的方式差异及其原因，并讨论了清末中日"皇族外交"的东亚史意义，认为日本借此笼络满族皇族亲贵，以达到稳固自身在满洲和朝鲜利益的目标，而随着清季满汉关系的演变，日方高度礼遇地位相对较低但与汉族重臣袁世凯关系密切的载振，也有在文化上竞夺东亚国际秩序领导权的考量。

关于抗战时期的中日关系，一些学者也分享了新的研究成果。鹿锡俊从多国互动的角度梳理了 1931～1941 年 10 年间中日两国的外交博弈过程，对此期间的重大节点再次进行了宏观的检讨，认为中日战争之所以逐步走向了符合中国战略意图的国际解决，除了中国本身持续努力的"自助"外，日本屡次犯下"颠覆性的错误"也为中国提供了"敌助"，后者的重要性甚至逐渐超过了前者，胡适"日本切腹，中国介错"的比喻是对这种关系的贴切形容。邓红对《日本外交文书·日中战争》中有关抗日战争开始后中日双方第一次秘密和平谈判之"船津工作"资料进行了初步解读，断言谈判失败的责任完全在日方，并将"船津工作"视为此后战时中日其他和平谈判失败的原型。陶祺谌以日方档案为主要史料，从受传者的角度考察全面抗战时期中共对日军的宣传战，包括宣传体系、传播渠道、宣传内容以及实际影响等，认为中共的宣传战广泛、灵活、持久，不仅对日军前线士兵和军官形成巨大的冲击，而且或直接或间接影响了日本军方侵华战争策略的制定和调整，其效果超过国民党政府的宣传战，尤其是进入相持阶段后，更受日方重视。

关于战后中日两国的关系，此次会议上没有展开专门研讨，但有学者对战后初期日本对外关系的相关问题进行了考察。郭阳以 1951 年旧金山和会前日本外务省的准备工作为研究对象，聚焦于准备工作中的机构组织运作与外交一线的局长、课长的工作实情，阐释了其在日本外交当局缔约论证过程中发挥的基础性作用。该研究不同于外交史学界普遍存在的关注高层政治家而忽视中层官僚的视角，有助于丰富和深化外交史研究的内容。翟新从法政角度论析了盟国审判后日本政府处理乙、丙级战犯政策的形成和落实过程，指出：《旧金山和约》生效前后，日本政府利用有利的内外环境，迅速形成了以尽早释放所有在押罪犯为目标的对乙、丙级战犯政策，其后通过司法程序和外交交涉两种手段加以落实，其意图在于利用西方法观念中的"刑尽罪灭"意识，借助释放手段，彻底消除由盟国定罪的所有战犯，使国际社会对以战犯为象征的国家战争犯罪所作的历史性结论趋于空洞。日本对乙、丙级战犯的政策不仅利用冷战背景下多数盟国对日政策之分歧，实际上也是基于对盟国审判基本认识之国家立场选择，虽成功获得多数盟国的承认和"宽容"，但也使日本付出了至今与亚洲国家关系不稳定的历史代价。

近代中国和朝鲜（韩国）的关系，往往牵涉与其他国家尤其是日、俄两国在朝鲜半岛的竞争与博弈，较一般的双边关系更显复杂。

潘晓伟论析了 19 世纪 80 年代清政府对朝政策从"防俄"到"联俄"的转变，认为这既是日本在朝鲜扩张咄咄逼人的结果，也与这一时期俄国在朝鲜的"隐忍"政策有关。郭海燕关注甲午战争前清朝对属国朝鲜电报事业的经营活动，研究表明，清政府为避免欧美列强的猜忌和干涉，阻止日本对朝电讯的扩张，采取了名为企业经营实则国家控制、名为朝鲜"商请"实则宗主国"代办""独占"的策略，通过缔结条约实现了掌控朝鲜电报通信权的目的，为甲午战争前中国掌控朝鲜局势、强固中朝宗藩关系提供了军事通信层面的保障。裴京汉挖掘相关史料，细致考察了 20 世纪 20 年代为应对日本帝国主义侵略而产生的中韩互助社的成立及其活动，指出国民党人吴山是该社成立过程中的核心人物，该社为流亡中国的韩国志士提供了实质性的帮助，并以恢复国家主权和独立这一中韩双方的共同目标为依归，其活动具有代表 20 世纪前半期中韩关系基本内容的特征。

与东亚相比，学界对近代中国与毗邻的东南亚、南亚、中亚等区域和国家关系的研究相对薄弱。此次会议上，探讨相关问题的论文也不多见。左双文对 1940 年 7～10 月滇缅路封锁前后的中英缅关系进行了考察，指出英国封锁滇缅路是受日本威胁的不得已之举，且只是"限运"而非完全"禁运"；封锁期间，英缅当局也有暗中配合与协助中国的措施，到期后立即重新开放，并尝试推进战时中英合作。该研究在一定程度上修正了前人相关论述中普遍侧重于英国对华不友好一面的倾向。朱浤源检视清末章太炎在《民报》上发表的政论文章，论析其为东方特别是中国和印度所提出的联合革命主张，认为这不仅反映了 20 世纪初期因欧洲帝国主义侵略所产生的"亚洲民族觉醒"，而且还可以从中看出中印两国命运与共的关系。黄种祥和朱浤源合撰的《章太炎与"东方革命"》一文也基本围绕章太炎关于中、印以及东方其他国家联合进行民族革命的言论展开论述，观点亦大体相近。正如著名学者章百家在此次会议开幕式上致辞时所言，学界对近代中外关系史的研究长期偏重中国与西方大国和日本的关系，当下中国与周边区域和国家的关系日显重要，但相关的史学研究却十分不足，亟待推进和深化。

二 中国内部各区域的对外关系

中国幅员辽阔，内部不同区域由于其地理位置和社会经济水平以及外国对华政策等原因，对外关系既有相同之处，也往往存在明显的差异。此次会议上，许多学者以近代历史上中国各区域对外关系的重要事件和现象为考察对象，相关成果在史料发掘、研究取径和分析立论方面常有创新和推进。兹按地理分区述介如下。

（一） 华东

在中国内部各区域中，华东地区的中外关系吸引了较多学者的关注，其中又对上海租界的相关问题最感兴趣。江泽林以 1853 年上海小刀会起义前后租界西人的政策调整为线索，探讨西人的欲望、动机和价值观念等心理因素对本地历史进程的影响，认为西人心态经历了从"做客"到"自卫"，再到"自利"，最后到"自主"的"反客为主"过程，不仅决定了小刀会起义的结局，而且对近代上海乃至整个中国的发展道路产生了重要影响。渡边千寻论述了20世纪20年代上海的日资纺织工企业"在华纺"与中、日政府和公共租界当局的关系演变：随着这一时期民族主义运动的高涨和"在华纺"本身的发展变化，"在华纺"逐渐脱离了日本政府和工部局的保护，转而日益服从中国政府的管理并寻求其保护，亦即从享受不平等条约特权的外企形式逐渐向平等相处国家的外企形式转型。魏兵兵对南京国民政府初期上海公共租界华人参与该租界市政管理的活动进行了初步考察，指出华人参政不仅维护和增进了租界华人群体的政治社会权益，而且在南京国民政府收回租界利权的进程中发挥了独特而重要的作用。刘爱广以1929年英国水兵在上海鸡奸殴毙张学亮一案为研究对象，认为在"革命外交"迫切要求收回领事裁判权的背景下，中国朝野各方相互配合、以不同的方式参与推动该案的解决，显示出近代国家、社会与个体生命在民族主义的纽带下被编织和被书写的复杂面相。何铭生（Peter Harmsen）分析比较了外国军事专家对1937年淞沪会战过程中的空中战术支援、炮兵、坦克和防御工事等的观察和评论，发现其结论不仅各不相同而且往往相互矛盾，观察家们在某些方面也误解了所见内容，因而未能理解淞沪会战对即将到来的世界大战的真正影响。

此外，肖如平以英国外交档案为中心，考察1927～1928年英国在"南京事件"交涉中的表现，认为英国起初欲推动五国联合制裁中国，但因列强内部意见分歧而被迫放弃；其后英国从汉口撤使，转而与南京国民政府交涉，并最终放弃强硬政策，与中方达成协议。这一方面是由于南京政府逐渐从"革命外交"转向"修约外交"，并同意妥协让步；另一方面则是因为蒋介石的崛起和南京国民政府的统一，美、日等国竞相对华"示好"，英国不得不随之调整其对华政策和在华利益。郭循春通过民初中日围绕凤凰山铁矿的交涉，审视中央与地方围绕地方利权的博弈，揭示了其间交涉重心的反复转移、外交部角色的缺失，以及交涉主角多样的面相，凸显中国近代外交影响因素的多重性与交涉过程的复杂性。刘本森梳理了英国对威海卫从租占到放弃的决策过程，从中透视英帝国远东战略的调整以及地区性危机与英国外交的相互作用，认为租占威海卫的决策反映出英国政府在列强竞争时代对外交行动的反应迟缓和指导思想的不一，以及在远东外交的无力；其后随着国际形势的变化，英国采取战略收缩政策，建设海军基地的计划流产，使威海卫地位尴尬；在放弃威海卫的过程中，英国政府将归还问题置于其远东外交政策之下，以谋求利益最大化。

（二）华中

关于华中地区近代对外关系的探讨，主要涉及俄、日两国。陈开科关注晚清时期俄国茶商在湖北的经营活动以及与地方官民发生的法律交涉，指出俄商通过这种地方层面的交涉初步实践了不平等条约体制所赋予的在华权益，中国政府亦借此表达了对列强高压的有限抗争，俄商的经营活动直接加速了湖北尤其是汉口地区的经济近代化进程。张笃勤概述了近代汉口以茶商为主体的俄国侨民群体的人口变迁、职业构成以及主要商业机构及其对汉口城市发展的影响等。姜迎春利用湖北档案馆档案、盛宣怀档案和台北中研院近代史研究所档案馆档案，考察了民初中国各种政治势力和日本的三井洋行、横滨正金银行、八幡制铁所对于地处湘赣边界的萍乡煤矿矿权的争夺以及汉冶萍公司的应对，认为虽然汉冶萍公司利用各方权利斗争最终保全了该矿的产权和开采权，但其过程反映出民初本土企业生存的复杂政治生态和资本对政治权力的高度依附性。日本在战时经济统制过程中，曾设立形形色色的半官半民特殊企业——国策会社。王萌利用日本相关档案资料，阐述了武汉沦陷后华中国策会社集团在日本对华货币战中所扮演的角色及其自身的应对之策，指出该集团具有大力协助日本军政当局和极力确保自身利益的双重面相；由于沦陷区内通货膨胀的"慢性化"和日本军政当局的严苛统制，该集团应对货币战的策略成效甚微，其对各种货币的态度反映出法币经济、"华兴券"经济、军票经济与"中储券"经济在华中沦陷区的张力与局限。樋口秀实系统考察了抗战时期日本军部、日军第十一军、汪伪政府、湖北省傀儡政府、国民党和共产党各方势力在湖北的利害关系，揭示了汪伪政府在湖北受到日军第十一军和当地傀儡政权的抵制，反映出汪伪政权在湖北势力扩张的局限性。

（三）华南

近代华南地区的对外关系也颇受关注，研讨的历史时段从民初延伸至新中国成立初期。应俊豪论析了一战后美国对广东政局的观察和态度，认为战后初期美国对华政策显示出新旧交替的复杂性：一方面具有鲜明的反帝国主义思维，试图在华建立新的国际秩序；另一方面仍带有传统思维，倾向于维持而非打破现状。故对一战后初期的中国而言，美国或许称得上是同情者，但绝非能够骤然改变现状的拯救者。1923～1924年"关余"交涉期间，美国驻华公使舒尔曼南下广州与孙中山等政要进行协商，张金超对此活动进行了再考察，认为舒尔曼南下协商为华盛顿会议后美国介入中国事务提供了一个契机，其结果使广州革命政府取得了阶段性胜利，但舒尔曼北返后与公使团和美国政府的沟通经过尚需进一步探究。九一八事变后，法国试图乘机侵占西沙群岛主权。彭敦文和任雯静回顾了法国提出西沙群岛主权要求的历史渊源和政策的发展变化；揭露了法方拼凑"证据"，企图利用九一八事变后中国局势混乱的时机，通过外交途径和武力手段侵占西沙群岛的经过，以及一些外国资源开发企业在其中所起的推波助澜作用；同时提示学界应该重视对九一八事变所引起的中国海疆危机和岛屿主权危机的研究。张晓辉对全面抗战爆发前后香港的对外贸易状况进行了系统考察，指出香港"中立"和"自由港"、中转港的性质和地位，使其在对外贸易的东方地缘空间内发挥了多元作用，此一性质与地位虽被交战各方所利用，但总体上有利于反法西斯阵线；战时对外贸易不仅极大地刺激了香港经济的增长，而且推动其成为东方重要的区域性转口贸易中心，但香港沦陷后正常贸易基本停顿，被再度沦为"死港"。张志云探讨了内战期间国民政府在华南地区实施贸易管制的困境和改革，认为国民政府欲延续抗战时期的贸易管制政策，对自身造成很大伤害，其在华南地区的调整和改革原本或许能缓解内战急转直下的局势，但因为金圆券的推出和贬值而前功尽弃，国民政府在华南地区的社会基础也随之丧失殆尽。孙扬利用中外档案和报刊资料，论述了1956年香港"双十暴动"的过程、损失、中外各方因应和交涉，同时分析了各方对该事件叙述的差异及其形成原因，指出："双十暴动"是香港冷战氛围浓度达到顶峰的标志，事件虽非台湾当局事先策划，但其发起者和主要参与者都是国民党分子或倾向于国民党的民众，大陆依照对香港"长期打算，充分利用"的政策表现出极大克制，台湾当局则因之陷入尴尬处境，香港政府对此的处置存在失误，其调查报告也是政治考量下的产物，有意回避了中国政府的指责和香港当时的社会问题。

（四）东北和华北

近代以来，东北地区不断遭到日、俄两国的利权攫夺和领土侵略，相关问题是该区域对外关系的主要内容。刘利民考察了民初中俄（苏）关于华轮航行黑龙江（兼及松花江）问题的交涉，肯定民国北京政府坚持条约权利，维护国家主权，使俄（苏）原则上承认了中国船只航行黑龙江的权利；但受到中俄两国政局和远东国际局势变化的影响，交涉的最终结局并不理想，华轮航行黑龙江问题终成悬案，仍依赖地方政府临时协议处理。李珊利用顾维钧档案、李顿日记及通信等材料，重新梳理九一八事变后国联调查团在华期间的活动，认为其目的并非查明中日冲突的是非曲直，进而进行某种裁决，而是寻求解决中日纠纷的方案，调查团侧重于采取调停手段也是基于对日本侵略东北已造成既成事实的认知；蒋汪合流后，国民政府在调查团调停问题上愿作较大的妥协，承认日本在九一八事变后攫取的利益，允许东北非军事化，但由于日本欲壑难填，拒不让步，导致调停设想最终落空。

华北地区中外关系集中于对日关系。李军以《东亚同文书院中国调查手稿丛刊》为中心，考察了在华办学近半个世纪之久的日本东亚同文书院对华北地区的经济调查活动和成果，指出相关调查具有持续性，体现了其对中国市场的研究，为日本企业进入中国市场提供了有价值的情报，也为日本官方对华决策提供了情报支持，通过调查活动训练和培养的学生，在日本经略大陆的国家战略中发挥了重要作用。左春梅利用日本防卫省防卫研究所藏《岛田史料》，并结合中文档案、日记等资料，考察 1935 年"河北事件"前后中日双方的交涉互动，重新探讨了"何梅协定"对华北政局和中日关系的影响，认为华北在无中央管控且人事频繁更迭的情况下，日本、地方长官和中央派员之间的互相角力加剧了地方"外交"的不稳定性；同时，中日两国外交政策皆有所调整，其中尤以日方谋求与蒋介石直接交涉的倾向最为突出。

（五）西北和西南

对于西北和西南两个地区的中外关系，此次会议上的研讨相对较少。郑月裡梳理了 20 世纪 30 年代盛世才与马仲英在新疆的权力争斗和全面抗战期间盛在新疆的施政活动，概述了期间盛、马与国民政府中央以及日、苏两国的多方互动、折冲过程。关于西南地区的对外关系，除前述左双文在探讨抗战期间英国封锁滇缅路问题时有所涉及外，并无专门考察。

（六）长江流域

值得特别注意的是，有的学者以整个长江流域为空间，探讨这一区域的对外关系。任放论述了近代长江流域外资企业的概况，认为该地区的外资企业在创建新式经济门类方面发挥了文明示范效应，但因投资多非主导型产业，故并未建立起一个较为完备的近代工业体系，其产业布局畸形、类型琐细，无法成为近代工业的支柱力量；和全国其他地区一样，长江流域的工业体系是由国人而非外人创建的。李少军详细考察了甲午战争后至一战爆发前长江流域各地的对日借款活动，并剖析其原因和性质，指出借款总体上分为新式企业与地方政府（实力派）两个方面，其动因是这一时期长江流域政治、经济状况所导致的资金枯涸，同时也与日本竭力在此区域扩展势力与影响、攫取矿物资源等动机密切相关；日方借款是受国家意志主宰，由政府充当行为主体、财阀配合的结果，其收益考量不止于高额利息，还在于借此增进国家利益。著名历史学家冯天瑜讨论了日本东亚同文书院对长江流域各省调查活动的概况和动机、视角和特点等，认为在强烈的实用主义和功利主义指引下，日本东亚同文书院对这一区域的调查历时长却无长时段的纵深研究，范围广但缺乏整体性的思考和理论概括；其调查模式和研究水平虽不及满铁对华北农村的调查，但仍是区域研究无比珍贵的一手材料。在此次会议的闭幕式上，冯天瑜先生通过视频致辞，再次阐述了东亚同文书院调查资料的重要价值，希望学界充分重视和利用。

三　中国与西方大国关系

近代中国与西方大国的关系，是近代中外关系史研究的基本内容。此次会议上，多位学者就相关问题进行了深入探讨，进一步推进了这一领域的研究。著名历史学家张海鹏依次回顾了20世纪中国与日、苏（俄）和美三国关系的演变轨迹，从中总结历史教训并提出了对当下和未来的思考，认为中国应长期坚持"一心一意谋发展"，以强大的实力保障自身作为现代国际关系中平等一员的地位；与各大国进行广泛的经济、文化交往，在全球化进程中抓住机遇、迎接挑战、克服风险、善处矛盾；以自身的国家安全和国家利益为准绳处理大国关系，尤其要关注自己的核心利益；不与大国结盟，不谋求在国际关系中的特殊利益，不将世界革命作为当前国际关系的目标。

关于中国与西方大国政治军事关系的研讨，主要集中于第二次世界大战前后。侯中军首次对1939年2月国民政府向英、法提出建立军事合作，共同应对日本侵略的计划以及相关交涉经过进行了深入论析，指出：英国自始即无意参与此类计划，法国原则上赞同中国的提议，但无力单独付诸行动，为避免因拒绝该计划而致使中国倒向日本，法国曾寄望于美国的支持。《苏德互不侵犯条约》签订后，法国积极提议调解中日战争。德国突袭波兰后，国民政府再次向英法提议发表一个军事合作宣言，但此时英法仍未能意识到联合中国抗日的重要性。姚江鸿通过考察 1943 年中国访英团的访英活动，探讨战时中国朝野对英国社会的观察与认识，认为访英团对战时英国的政治制度和社会动员，以及经济政策等做了深入观察，并介绍到国内，加深了国人对战时英国社会的认识；该团的访英活动对改善战时中英关系、解决中英矛盾、推动和促进双方了解与合作也大有裨益。陈佳奇论述了抗战后期美国派遣延安观察组的决策过程和战略考量，认为该决策起源于美国调解国共政争、维护远东战局稳定的战略需要，亦得益于美国驻华外交官的政策提议，而罗斯福总统的大力推动和华莱士副总统的访华谈判，最终促使其付诸实施；派驻延安观察组的决策酝酿标志着美国在对国共两党的政策上逐渐为自身开拓出更大的空间和机遇，且日益展现出"双边下注"与"利益平衡"维度上的战略浮动。刘萍论析了二战后中法两国依据联合国制定的近代国际社会第一份战犯引渡公约所进行的初步实践，指出其过程较为全面地诠释了该公约的主要原则和精神，开启了现代国际社会通过司法合作惩处战争犯罪的先例；这是废除治外法权后，中国政府在恢复外交主权过程中处理外交事务的一次成功案例，至今仍具启迪意义。萧道中对朝鲜战争爆发后美国向联合国提出"台湾问题案"的过程进行了考察，认为台湾问题因牵涉到中国内战和国际冷战的复杂背景，因此美国主张的"台湾地位未定论"不仅引起苏联与中国的强烈批评，同时也受到英国和台湾当局等的质疑；该案虽因朝鲜战局的变化无果而终，却至今影响着陆美两国以及台湾地区的相互关系。此外，徐高讨论了 20 世纪 20 年代前期民国北京政府和美国的"反赤化"对中美关系的影响，认为"反赤化"虽然表面上是双方共同的意识形态诉求，但由于两者的出发点和实际利益诉求存在差异，这一时期的中美关系呈现出复杂形态。

另有学者侧重探讨近代中国与西方大国商贸活动以及商业组织对中外关系的影响。吴义雄主张，应避免将鸦片战争前数十年间具有时空次序和差异性的事件扁平化为鸦片战争的条块状"背景"；他从商业权利、通商制度和意识形态的角度，对这一时期中西关系演变的内在逻辑和展开脉络进行了重新梳理与阐释：18 世纪后期，中英两方的优势和缺陷导致了双方商业权势的变迁；19 世纪初，日益占据有利地位的英人乘机寻求通商制度的变更，甚至尝试通过国家使团的途径谋求彻底改变；尽管广州贸易的利益使广东当局在具体规章上有所让步，但尚不能令其对基本制度进行改革。于是，西方商人在从事对华商贸活动的同时，开始了以推翻既有通商制度为目的的意识形态建构，包括论证自由贸易的正义性，鼓吹以武力等手段为"受侮"的英国民族尊严"昭雪"，倡导对中国社会文化的研究以理解中国的民族性等。虽然这种意识形态攻势在超越实际利益的国格或人格尊严方面有其基础，但实际上仍与具体的现实利益密切关联。吴翎君考察一战爆发后"美国中国商会"（American Chamber of Commerce of China）和"美国亚洲协会"（American Asiatic Association）中国分会在中国的活动及其对中美关系的影响，认为这两个商人团体自1926年合并后，"美国亚洲协会"中国分会在中美政治和经济关系上的意义已不重要，取而代之的是文化活动的交往；其演变过程展现了中美关系中多元触角和活络的关系网络，也印证了华盛顿条约秩序下，民间力量对远东和平秩序的发声与政府力量的相互推进；20世纪30年代，中国在提倡国货运动的浪潮中加入国际商会组织，中美贸易委员会也于此时成立，这一看似矛盾的现象正说明了中国借由跨国商会活动呈现自身国际化和国族身份认同的意义。张尔葭则关注新中国成立初期英国在华企业和商人对中英关系的影响，认为英国为了保障在华企业和商人的利益，迫切希望与新中国建交，为此曾在联合国新中国代表权问题上向中方示好；尽管朝鲜战争后中国较为严厉的举措使英国在华商业利益受到较大损失，但英国在与美国共同限制新中国的同时，仍尝试寻求权宜之计，加快与新中国建立正常关系的步伐。

此外，吴文浩考察了1926年列强在美国主导下组织调查法权委员会来华调查中国法律与司法状况的始末，认为该委员会的调查十分严格甚至近乎苛刻，尽管中国的进步情形超出了委员们的预计，但他们依据本国政府的政策，对中国的法律和司法状况做出了不符合事实和情理的评价，并以此拒绝立即放弃治外法权；《报告书》受到中国舆论的强烈批评，国民北京政府实际上也不接受，列强担心中国可能强行废除治外法权，遂开始与中方通过双边谈判的途径解决法权问题。

四　外交人物与思想

外交人物和外交思想也是中外关系史研究的重要课题，数位学者分享了最新的研究成果。李育民提示，在审视晚清政府应对新国际秩序的失败时，不应简单归咎于其软弱妥协的对外方针和策略，还应注意某些传统对外观念的影响，从而进一步把握晚清外交的内在特性。他论析了"羁縻勿绝"与"议抚求和"、"怀柔远人"与"单方施恩"、"因俗而治"与"让弃主权"、"要盟无质"与"忽视守约"等传统观念意识在晚清政府处理外交事务中的体现，认为这些观念对晚清外交虽有消极影响的一面，但也含有建构和谐人类社会的积极因素，需要从宏观的视野对其进行客观、全面的剖析。张天恩以《中俄伊犁条约》的签订为中心，考察李鸿章的活动与 1880 年中国外交的关系，指出李鸿章在伊犁问题上一贯主张对俄妥协退让，避免冲突，为曾纪泽与俄国的谈判创造有利条件；李的相关活动大多有列强公使的介入，某种程度上是借外力推行其和平政策；由于清流派的影响，他只能以极为曲折的方式影响了中央政府的决策。张志勇探讨了赫德在镇江"逗船案"、"'台湾号'假货单案"、芜湖"青麻案"和"佩奇案"等晚清中英商务案件交涉中的表现，认为赫德的言论和行动始终站在中国一边，维护中国利益，其原因是作为清朝官员，赫德唯有如此才能得到清政府度信任，长期占据总税务司职位，而这是他个人的最大利益所在。以往巴黎和会中国外交史研究，普遍对时任北京政府外交总长兼中国代表团团长陆征祥的表现评价较低。唐启华通过考察陆征祥赴会途中在美国的外交表现及其影响，提出了不同看法。他指出，和会前夕中国的对外政策正逐步从"亲日联美"逐步转向"联美制日"，身当其冲的陆征祥在八天的美国之行中，权衡形势，确定了"联美制日"的决心。陆的相机决断直接促使中国代表团在巴黎和会上改变了原定的对日方针，具有重要的历史意义。

五　社会文化视角下的中外关系

国家对外关系的演进与内部社会文化变迁之间，往往交互影响，与近代中外关系相关的社会运动、社会现象以及中外社会文化交往，都属于中外关系史研究的范畴。马建标论析了五四时期高扬的烈士精神以及烈士形象的塑造与传播对于反日民众运动的展开所发挥的情感驱动作用：各地由学生提倡和组织、公开举行的"反日烈士追悼会"营造了一种特定区域的民族主义情境氛围，由此激发的"民族情感"曾短暂促使学生群体和商人阶层实现"一致对外"的联合，但由于前者提倡的"自我牺牲"的烈士精神与后者的实际利益存在不可调和的矛盾，导致双方的联合无法持久。涂文学讨论了外力推引对近代中国城市化进程的影响，认为由于内部缺乏工业化原动力，近代中国的城市化运动是在开埠、西方资本主义经济和文化渗透等外在因素的作用下被动展开的，这导致近代中国城市经济、社会、市政、文化殖民化或半殖民化，以及城市分布格局和城市功能畸形变态等"被城市化"特征。半户文介绍了日本艺伎在中国日租界内的营业与生活状况，以及"花街"的形成过程，进而探讨了日本艺伎来华对于地域社会娱乐消费观念的多种影响。此外，河野保博从中国佛教的"东流"和日本佛教的"还流"两方面，梳理了中日两国长达数世纪的佛教文化交流史。

六　史料与文献的考论

对史料与文献的考证和解读是历史研究的基础性工作。此次会议上，除了前述冯天瑜和李军对日本东亚同文书院在华调查资料的评介外，还有学者专门对与晚清时期中外关系相关的几种史料和文献进行了考论。《新金山记》一文是晚清国人记载澳大利亚史地人文的罕见文献，也是研究中澳早期关系史的必备参考史籍。目前学界断定其作者为无名氏，写作时间或迟至 19 世纪 90 年代。左松涛通过比勘多种史料，对该文的成文经过进行了考证，确定其作者为王韬，文中内容最早在 19 世纪 50 年代就已开始刊布。左松涛还提出，王韬等人当时所具条件，本可向国人介绍更多有用、更为准确的澳大利亚史地人文信息，但文中忽略了许多重要信息，其所折射的晚清域外知识传播过程中的怪异面相值得进一步探索发覆。李传斌对 1886 年编纂而成的晚清约章集《通商约章类纂》的成书经过、版本体例及其价值影响等进行了考证和评析，指出该书的编纂和刊印是多人合作的结果，1886 年后出现的多个版本都来自天津官书局版；该书在体例和内容上皆有所创新，不仅为晚清时期办理外交提供了参考依据，而且对清末民国时期的约章集编纂和学术研究都起了重要作用。姜海龙论析了晚清直隶官方报刊《北洋官报》记述 1904 年日俄战争之专栏"日俄战纪"的文本传统和内容特色，认为其继承了王韬刊布《普法战纪》以来新式战纪的写作模式，在力求真实报道战争与启蒙民众的同时，形成了战纪、报纸和电信三者之间的密切互动关系，使得官方立场、西方视角和日本新知三者共存其中。

由中国社会科学院近代史研究所中外关系史研究室发起和主办（近年来与外地学术机构联合主办）的近代中外关系史国际学术研讨会，每两年举办一次，此前已连续成功举办六届。此次会议规模空前，与会学者专家的规格也堪称历届最高。会议议题广泛，探讨热烈深入，取得了相当良好的学术交流效果和社会效应。

此次会议以"区域视野下的近代中外关系"为主题。会议主办方之一武汉大学历史学院的李少军教授撰文指出，中国各区域对外关系有同有异，从区域视野研究中外关系有利于全面、确切把握近代中外关系的脉络，深化、细化和充实近代中外关系史研究，完善一些相关的重要观点，有助于推进各区域近代其他问题的研究。① 若将这一观点向外延伸，在近代中外关系史研究中注意引入国际区域的视野，无疑也具有重要的学术意义。目前的近代中外关系史研究通常聚焦于国家或地方层面，且多以民族国家作为叙事单元，从区域视野出发进行思考和探讨的优秀成果尚不多见。此次会议上，与会者的报告大多不同程度地涉及某个国际区域或国内区域的史事和现象，但真正有意识地将区域作为考察对象的研究却屈指可数。由此可见，区域视野下的近代中外关系亟待学界予以重视并积极探索，这也正是此次会议主题的意旨所在。

---

① 李少军：《近代中外关系史研究的区域视角》，《人文论丛》2018 年第 1 期。

法国学界关于"华工与一战"专题研究综述

任雯婧[*]

任雯婧[*]

第一次世界大战爆发后，协约国中英、法、俄三国国内劳动力被大量征召赴前线作战，战勤保障工作以及后方工厂承受巨大的人力资源压力。这一时期，中国北京政府经过权衡，最终加入协约国阵营对德宣战。中国通过"以工代兵"计划，以私募形式向英法西线战场派遣共约 14 万劳工，向俄国东线战场派出至少 16 万劳工，[①] 在 4 年纷飞战火中为协约国集团"贡献苦与力"。

在一战结束后的很长一段时间内，中国与一战相关课题并没有受到西方一战史学界的重视，同时也被中外关系史学者忽略。作为中国参与一战的纽带和主体，一战华工这个特殊群体在西方学术界的关注度更是有限。这种状况一直持续至 20 世纪 80 年代初，随着一战研究的深入以及中国国际地位的提升，西方学术界开始出现专门研究中国与一战以及一战华工的研究著作。近年来，随着第一次世界大战结束百年纪念活动的展开，一战华工专题重新受到学界的关注，特别是在西方学界，涌现出不少新的研究成果。作为雇用华工的主要国家之一，法国也陆续出版发表多部相关专著论文。本篇重点对法国学界[②]关于一战华工专题的研究状况及最新研究成果做一简要概述，以期为中国一战华工史的研究者提供一些线索和启发。

---

[*] 任雯婧，中国社会科学院近代史研究所博士后。
[①] 有关俄国招募华工具体人数分析，详见胡温旭《一战时期俄国华工的招募》，硕士学位论文，中国社会科学院大学，2020，第 65 页。
[②] 需要说明的是，法国研究者中不乏旅法华侨或华人，因其成果用法文表述并在法国出版，故在此一并列入法国学界的研究成果。另外，法国学界基本上关注的是西线战场华工，因此本文涉及的一战华工仅指一战西线华工。

　　法国早期涉及一战华工的著述主要有两部。一部是 1926 年法国巴黎大学教授贝尔唐·诺加若（Bertrand Nogaro）与法国军官卢西安·维尔（Lucien Weil）中校在卡耐基国际和平基金会经济与历史处资助下合著的《战时外国与殖民地劳工》(La main d'œuvre étrangère et coloniale pendant la guerre)①。该书以一战期间法国陆军部所招劳工为考察对象，总体上分为"殖民地劳工与中国劳工""白人劳工"两部分。其中"殖民地劳工与中国劳工"由卢西安·维尔中校撰写，该章又分为"招工来源""用工合同""行政管理"三部分。作者认为，同为异国劳工，华工和殖民地劳工（来自北非、印度支那和马达加斯加）来到欧洲，不仅要冒战争的风险，也需要跨越种族、文化、风俗的障碍。战时劳工诚然满足了战争期间法国国防事业的需要，然而这段工作经历，对于劳工自身而言也并非全然毫无意义，"至少其中一部分劳工在返回原籍国后可以实现其职业价值"。虽然该书对于华工的叙述着墨不多，但作者作为当时法国陆军部中高级军官兼任殖民地劳工组织处官员，直接参与了华工的招募和管理工作。作者对于招工过程和管理情况的介绍详细全面。整体上而言，该书述多论少，更像是陆军部对战争劳工情况的汇报和总结。维尔中校的介绍第一次让世人关注到战时法招劳工这个群体，也是首次较为全面地概述法国陆军部招收的 3.6 万余名中国劳工在法工作和生活的境遇。

　　另一部是曾留学法国的国民政府官员吴本中博士②于 1939 年出版的《华工与欧战之关系》(Les travailleurs chinois et la Grande Guerre)③。该书主体部分共 7 章，简要介绍了华工的招募、运送、人数、管理与旅法日常。作者认为，无法否定的事实是，中国向欧洲战场派遣数以万计的劳工，这些华工不顾自身安危，服从军事纪律，接受法国信仰、文化和习惯，"其实质与工兵战士并无区别，可以说，中国为胜利做出了巨大贡献和牺牲"。反观日本，其未向欧洲派驻一兵一卒，却可成为战后巴黎和会上"四大轴心国"之一，最后通过和

① Bertrand Nogaro, Lucien Weil, La main-d'œuvre étrangère et coloniale pendant la guerre, Paris, New Haven: Les Presses universitaires de France, Yale University Press, 1926.
② 吴本中（Piontchong Wou）：吉林伊通人，1932 年毕业于波尔多大学，获法学博士学位，曾任职于国际劳工局，1946 年 2 月 12 日任南京国民政府监察院监察委员。撰有博士论文《1919 年以来的中国外交史：中外条约的修改》(Histoire diplomatique de la Chine depuis 1919)，在《申报》《大公报》上发表多篇政治、外交和国际公法类文章，出版有《欧战见闻录》。参见王伟《中国近代留洋法学博士考（1905—1950）》，上海人民出版社，2012，第 287、289、297 页；Wou Piontchong, Histoire diplomatique de la Chine depuis 1919, thèse, Bordeaux, 1932；吴本中《欧战见闻录》，（重庆）时与潮社印刷所，1942。
③ P. Wou, Les Travailleurs chinois et la Grande Guerre, Paris: Éditions A. Pedone, 1939.

会占领青岛。作者认为,对一战的付出,"中国有可能得到西方公众的感激和纪念",然而另一个问题是,"对于参加欧战这段历史,中国自己的叙述与欧洲的叙述和美国的叙述又是否一致呢?"作者借此向西方社会呼吁,"中国人为协助协约国抵抗最残暴的入侵流血牺牲,此时的中国民众也在无力地为自由和独立抗争,妇女和孩童遭受悲惨的境遇",试图唤起法国人的同理心:同样经受战争的摧残,同样付出巨大的牺牲,中国理应获得和平,日本应被经济封锁和制裁。此书虽然篇幅甚短,且大多为史实的简单阐述,但是在时局限制的条件下,能将华工参与一战的方方面面梳理清楚实属难得。该书撰写于中国全面抗战初期,从任职经历来看,此时作者任职于国际劳工局,且在政治立场方面一直追随蒋介石,因而借工作之便,希望以此书为中国抗日争得欧洲支持和国际同情。在现在看来,无论在法国学界还是中国学界,该书已然都是一战华工研究的首部专著,具有里程碑式的意义。

此后 50 年间,涉及一战华工的法文成果非常有限。[①] 直到 20 世纪 80 年代,法国侨界发才起一战华工的纪念活动。1988 年 11 月为纪念一战停战 70 周年,在华裔融入法国促进会(Conseil pour l'Intégration des Communautés d'Origine Chinoise en France)的促成下,法国举办一场隆重的华工纪念仪式,法国总统派代表亲自为华工纪念铜牌揭幕,并向两位健在华工颁发了"荣誉军团骑士勋章"。法国官员和社会的重视,促使法国学界在这一时期关注到一战华工。从事法国华人移民研究的华人学者廖遇常(Live Yu-Sion)[②] 对一战留法华工群体进行了专门研究。廖认为,一战留法华工应是第一批被法国主流社会接受的华侨华人群体。其在法国社会科学高等研究院(EHESS)博士论文《旅法华人概观:移民、社会经济活动与社会文化实践》(La diaspora chinoise en France.

[①] 20 世纪 90 年代以前并非没有任何相关研究,只是这些极少数研究成果或本身带有主观偏见,或研究略显简单。如〔法〕让·德科诺《黄祸,白忧》(Jean Decornoy, *Péril jaune, Peur blanche*, Paris:Éditions Bernard Grasset, 1970);〔法〕朱蒂斯·凡·德尔·斯德根:《在法国的中国人(1915~1925 年)》,硕士学位论文,巴黎第十大学,1974(Judith Van Der Stegen, *Les Chinois en France(1915–1925)*, Université Paris X Nanterre, Mémoire de Maîtrise, 1974)。

[②] 廖遇常:祖籍广东南海,1950 年生于马达加斯加,法国社会科学高等研究院博士,华人社会学家与历史学家,现为留尼汪大学研究员。其 20 世纪 90 年代从事法国华人移民研究,出版《法国华人一百年:1900 年以来的华人生活》(*Chinois de France:un siècle de présence, de 1900 à nos jours*),在法国期刊上发表多篇涉及一战华工的文章,如《两次大战间布洛涅-比扬古的华人移民》(L'immigration chinoise à Boulogne Billancourt dans l'entre deux guerres)、《华工及其对战争的贡献》(Les travailleurs chinois et l'effort de la guerre)等。

Immigration, activités socio-économiques, pratique socio-culturelles）① 的第二章中，提及这段"共有的却被遗忘的记忆"。作者强调，法国大规模地出现华人群体不过百年光景，尤以一战赴法及后来留在法国的华人产生的影响最大，可以说该群体奠定了当代法国华侨华人社会的基础。然而，"在移民史学家或一战研究者看来，（一战旅法华工）影响仍甚为有限"。在博士论文撰写期间，作者在法国《人类与移民》（*Hommes et Migrations*）杂志上发表短文《华工及其对战争的贡献》（*Les travailleurs chinois et l'effort de guerre*）②。该文是其根据在 1990 年 12 月 13 日法国移民历史协会（Association Génériques）与《人类与移民》杂志交流会上的发言稿修订而成的。作者在简要回顾招工背景、招工过程以及华工抵法初期法国社会的仇视、华工营情况及遣返结果等内容的基础上，尝试从华人移民史的视角审视一战华工，认为一战华工是"中国第一次持续如此多年的派出移民"，同时也是"法国第一次招募如此大规模的中国人"，"战争移民就这样成为法国华人社群的基石"。作者虽然没有运用大量史料对一战华工的种种细节做过多考证，但其以社会学研究者的眼光追溯法国华人发展史的过程，认为一战华工可被视为法国华侨华人史之缘起，这为此后中国华侨华人史的研究提供了参考和借鉴。

一战华工研究正式进入法国学界视野的转折点应是法国华人学者马骊于 2010 年组织的"一战华工国际学术会"。这次研讨会，由法国滨海大学与比利时法兰德斯战地博物馆联合主办，包括法兰西学院院士巴斯蒂（Marianne Bastid-Bruguière）、法国著名一战史专家让 - 雅克·贝克（Jean-Jacques Becker）、英国杜伦大学教授保罗·贝利（Paul Bailey）、美国中央华盛顿大学副校长林如莲（Marylin Levine）、比利时法兰德斯战地博物馆副馆长邓杜文（Dominiek Dendooven）、中国台湾学者李宜涯等在内的多位中、英、法、比、美知名学者为会议撰写论文。③ 会议共收录 20 余篇论文，按内容大致分为 6

① Live Yu-Sion, La diaspora chinoise en France. Immigration, activités socio-économiques, pratiques socio-culturelles, thèse de sociologie, EHESS, 1991；中国学界又译成《法国华人移民面面观》。参见〔法〕廖遇常《法国华人经济和职业活动》，杨保筠译，《华人华侨历史研究》1990 年第 4 期，第 62 页。

② Live Yu-Sion, Les travailleurs chinois et l'effort de guerre, *Hommes et Migrations*, novembre, 1991.

③ 如〔法〕让 - 雅克·贝克《一战时期的旅法华工》（Les travailleurs chinois et la France pendant la Grande Guerre），〔英〕保罗·贝利《遵纪守法、反抗及"面子"问题——以一战时期旅法华工为例》（Discipline, Résistance et《Face》: le cas de Huagong durant la Première Guerre mondiale en France），〔美〕林如莲《一战时期的旅法"华工团"——政治和文化激进主义的滥觞》（Le Chinese Labour Corps pendant la Première Guerre mondiale: prélude à l'activisme（转下页注）

类。第一类论文涉及一战华工招募的国际背景、运送情况及日本对华工赴欧的态度，第二类涉及一战期间以及战后的华工营地管理问题，第三类讨论华工参与战后重建及其与当地居民的关系，第四类涉及华工在法国的日常生活，第五类关注华工在法国的教育问题，最后一类论文主要对比一战期间的华工与法国殖民地劳工。两年后，此次国际研讨会论文集在法国出版，定名为《一战华工在法国》（*Les travailleurs chinois en France dans la Première Guerre mondiale*）。①书中各作者集中运用了大量法、英、比、美和中国的未刊官方档案，展现了旅法华工的各个方面，并且论证深入，而不仅仅是简单的史实梳理。如本书引言所述，这本论文集的作者来自不同国家和地区，使用的材料不同、语言不同，观点难免会有分歧。在一战华工史的研究中，本书是自吴本中《华工与欧战之关系》以来，法国学界对一战华工这一"无意识的历史的推动者"的最为全面的考察。在一战史这一传统的军事史研究领域，法国学界开始关注这一批"不应遗忘的伟大'小人物'"。此后，马骊在上述研究基础上写成专著《中国与大战》（*La Chine et la Grande Guerre*）②。该书对一战华工的背景、过程及细节均有详细考证。全书有约一半篇幅对英招华工及法招华工始末进行了详细的梳理。作者认为，作为招工方，一方面英法雇用华工所得之结果并未达到协约国的期望，并且因为文化差异，英法还需面对华工赌博、酗酒、违纪、扫盲等问题；另一方面，受雇的华工也要遭受战争的残酷、生活条件的艰苦和粗暴的对待。就招募双方而言，一战华工赴法是一次失败的尝试。然而，从历史的角度看，这是一段中外文明之间的互动，甚至可以理解为"第一次体现中国外交政策的重要行为"。基于一战前后中国的种种表现，可以认为"一战是新旧中国的历史转折点"。该书以一战华工为中心，探讨中国与一战的联系，是法国学界研究中国与一战的首部专题著作。

为纪念一战结束一百年，法国学界相继出版两部法文专著。第一部是波城

（接上页注③）politique et culturel），〔比〕邓杜文《西法兰德斯"华工团"的传说与真相》（Les《Tchings》: mythe et réalité à propos du Chinese Labour Corps dans la région du front en Flandre occidentale），李宜涯、王成勉《一份海外劳工报纸的诞生——〈华工周报〉的构想、内容与意义》（Naissance d'un magazine destiné aux travailleurs chinois en Europe-analyse du concept, du contenu et du sens de la Revue hebdomadaire des travailleurs chinois）。

① Li Ma, *Les travailleurs chinois en France dans la Première Guerre mondiale*, Paris: CNRS Édition, 2012。该书中文版《一战华工在法国》于2015年出版。参见〔法〕马骊编著《一战华工在法国》，莫旭强译，吉林出版集团有限责任公司，2015。

② Li Ma, *La Chine et la Grande Guerre*, Paris: CNRS Édition, 2019.

大学副教授罗兰·多纳尔（Laurent Dornel）① 与艾克斯－马赛大学副教授席琳·何纳尔（Céline Regnard）合著《大战中的中国人：为法国服役的劳工》（*Les Chinois dans la Grande Guerre. Des bras au service de la France*）②；另一部是青年学者伊夫·曹（Yves Tsao）在其法国社会科学高等研究院硕士学位论文基础上整理出版的《大战期间的法招华工》（*Les travailleurs chinois recrutés par la France pendant la Grande Guerre*）③。

《大战中的中国人》以法国档案和英美文学作品为资料基础，将一战华工史置于战时人类流动历史的背景下叙述。全书分"招工""工作与生活条件""去程与回程""华工的适应""战时殖民地与'异国'劳工的管理"及"一战华工的历史记忆"等 9 个章节进行考察。作者尝试"丰富并补充现有认识"，"回应新的问题"，以期能"唤起被法国及法国华人后代遗忘的历史和模糊的记忆"。该书史料翔实，尤其充分利用了法国陆军部档案。值得一提的是，作者依据法国陆军部档案整理出多份重要表格，其中包括法国各省不同行业之各家公司用工的详细情况、美国从法招华工中借出并派往各地的具体人数、各个华工营地所在地，以及华工发生事故具体情况的汇总等。该书充分考证了一战华工的诸多细节问题，并且该书在重现历史的基础上，对一战华工更抱有一种关照大历史下"小人物"个人记忆的人文情怀，以及打破缄默、弥补记忆缺失的跨越国别和种族的学者理想。

同样基于西方档案史料的研究，曹还著有《法招华工》，该书主要考察对象为法国招募的华工，它对史实的考证更加具体。全书分别从"法国招募华工的动机与中法协商过程""陆军部和雇主的管理方式""华工工作和生活环境及华工的日常行为""战后华工在法国面临全新挑战之际的个人境遇和集体境遇"4 个方面进行梳理。作者认为，即使华工在当时被施行军事化管理，但

① 罗兰·多纳尔除该作品外，另有为法国移民史博物馆编撰的资料册《大战中的外国人》（*Les Étrangers dans la Grande Guerre*，参见 Laurent Dornel, *Les Étrangers dans la Grande Guerre*, Paris: La Documentation Française, 2014），以及分别发表在《人类与移民》《移民社群杂志》上的《大战期间的华工》《大战期间外籍劳工的招募：移民史的转向?》（参见 Laurent Dornel, Les travailleurs chinois en France pendant la Grande Guerre, *Hommes et Migrations*, octobre 2014; Laurent Dornel, L'appel à la main d'œuvre étrangère et coloniale pendant la Grande Guerre: un tournant dans l'histoire de l'immigration *Migrations Société*, juin 2014）。

② Laurent Dornel, Céline Regnard, *Les chinois dans la Grande Guerre. Des bras au service de la France*, Paris: Les Indes Savantes, 2018.

③ Yves Tsao, *Les travailleurs chinois recrutés par la France pendant la Grande Guerre*, Aix-en-Provence: Presses Universitaires de Provence, 2018.

实际上，因为协议和合同条款逐步改善，且参与者（雇主和劳工）在面对法规和指令时更加具有自主权，因而华工的总体情况似乎得到极大改进。从另一个方面看，因战争移民来源地的扩大以及"劳动力市场公权力的介入"，从而使得"大战成为了移民史的里程碑"。长期以来，法国移民史研究对大战劳工关注较少，劳工史领域则更加关注阿尔及利亚、摩洛哥和印度支那的劳工，一战史学者更是极少论及与中国的外交。而中国方面的研究也常常将重点放在赴法勤工俭学运动的研究上。在这种现状下，一部细节丰富、考证扎实的作品之价值不言而喻。然而，美中不足之处或在于，该书作者受语言所限，对于中法外交交涉过程这一部分的梳理，只能依据法文资料或转引文献。

此外，还有研究关注一战华工在地方层面的表现以及华工对战区所在地的作用和贡献。如卡特琳·科斯唐萨（Catherine Costanza）著《诺莱特的尘封往事：纪念 1916 年至 1921 年法国与比利时的华工》（*Les oubliés de Nolette. Hommage aux travailleurs chinois en France et en Belgique de 1916 – 1921*）①。作者不是研究中国历史的学者，此前对于中国也没有特殊的个人情感，因其在研究 1915 年"圣女贞德号"巡洋舰时无意发现一战华工的资料，自此开启了探寻中国与大战的研究历程，希望"以此段尘封的历史敬献华工及其后代"。此前还有朱利安·罗（Julien Raux）在皮卡第大学的硕士学位论文《加莱海峡省重建中的中国参与者》（L'intervention des Chinois pendant la reconstruction du Pas-de-Calais）②，现任法国社团生活协会（Vie associative）上法兰西大区③索姆省代表亚辛·查伊德（Yassine Chaïd）的《皮卡第大区诺莱特的中国墓地》（Le cimetière chinois de Nolette en Picardie）④，汤姆斯·塞尔日（Thomas Serge）的《大战期间戈埃勒地区的华工》（Des travailleurs chinois en Gohelle pendant la Grande Guerre）⑤。

---

① Catherine Costanza, *Les oubliés de Nolette. Hommage aux travailleurs chinois en France et en Belgique de 1916 – 1921*, Villeneuve Loubet, Éditions Strapontins, 2014.

② Julien Raux, L'intervention des Chinois pendant la reconstruction du Pas-de-Calais, Université de Picardie, Mémoire de Master, 2002.

③ 上法兰西大区（Hauts-de-France）是法国 2016 年大区分权改革中新设的大区，由原来的皮卡第大区（Picardie）和北加莱海峡大区（Nord Pas-de-Calais）合并组成，因此，现阶段不再出现皮卡第大区或北加莱海峡大区的提法。参见 Laurent Carroué（dir.），*La France de 13 régions*, Malakoff: Armand Colin, 2017, p. 46。

④ Yassine Chaïd, Le cimetière chinois de Nolette en Picardie, *Homme et Migrations*, No. 1276, novembre-décembre 2008.

⑤ Thomas Serge, Des travailleurs chinois en Gohelle pendant la Grande Guerre, *Gauheria, le passé de la Gohelle*, No. 52, 2003.

以上论文从华工参与法国多地的战后重建工作和定居当地的角度出发，让法国社会重新审视了一战期间被污名化和边缘化的中国劳工的历史作用与地位。

综上可见，法国学界对一战中的华工问题研究，呈现明显的"由冷而热"的趋向，即由早期简单的情况介绍到近期的学术论著，从严肃的学术考证到现实的人文关怀。尤其是在法国官方和法国华侨华人的推动下，一战华工受到学界越来越多的关注。再者，法国学界关注一战华工者，不仅仅是历史学者，还有社会学家和政府与军方官员。他们从各自的角度和专业背景出发，构建了一部多维度的一战华工史，也为中国学界了解中法关系史和中国海外移民史提供了另一种视角。而相较于法国学界，中国学界的研究起步较晚，局部研究多，整体研究少，虽有考证翔实的专著和国际史视阈下的创新之作，但仍存在诸多研究空白，尤其是对法招华工的研究明显不够充分、深入。总体而言，以上研究大多以民族国家为中心，将一战华工置于国家或战争的宏大叙事下。一战华工作为特殊历史时期的特殊群体，其研究或许可以"华工"本身为中心，中法学者如能相互借鉴、共同合作，利用中法文档案互相印证，从文化隔阂、管理问题和身份定位三方面推进，就可将这段"共有的历史"讲述得更全面、更深刻。

《近代中外关系史研究》
征稿启事

　　本刊为中国社会科学院近代史研究所近代中外关系史学科创办的学术集刊，创办伊始得到浙江大学蒋介石研究中心的大力支持，现每年出刊 1~2 期。本刊所发论文大部分选自近代中外关系史学科主办的历届近代中外关系史国际学术研讨会以及部分约稿，同时我们也接受学术界朋友的赐稿，欢迎大家投稿本刊，共同助力与推进近代中外关系史的研究。

　　本刊刊发论文的范围为近代中外关系史方向，要求所有论文均为首发，符合学术论文的规范。投稿论文一经采用，我们将寄发相应稿酬及样书。

　　投稿邮箱：zwgx－jd@cass.org.cn

《近代中外关系史研究》编委会

2020 年 12 月

图书在版编目（CIP）数据

近代中外关系史研究. 第 11 辑／张俊义，陈红民主
编. -- 北京：社会科学文献出版社，2021.2
（中国社会科学院重点学科. 近代中外关系史学科）
ISBN 978 - 7 - 5201 - 7979 - 9

Ⅰ.①近⋯　Ⅱ.①张⋯ ②陈⋯　Ⅲ.①中外关系 - 国
际关系史 - 近代 - 国际学术会议 - 文集　Ⅳ.①D829 - 53

中国版本图书馆 CIP 数据核字（2021）第 032803 号

中国社会科学院重点学科·近代中外关系史学科

近代中外关系史研究（第 11 辑）

主　　编／张俊义（执行）　陈红民
副 主 编／侯中军　肖如平

出 版 人／王利民
责任编辑／吴　超

出　　版／社会科学文献出版社·人文分社 （010）59367215
　　　　　地址：北京市北三环中路甲 29 号院华龙大厦　邮编：100029
　　　　　网址：www.ssap.com.cn
发　　行／市场营销中心 （010）59367081　59367083
印　　装／三河市龙林印务有限公司

规　　格／开　本：787mm × 1092mm　1/16
　　　　　印　张：21　字　数：373 千字
版　　次／2021 年 2 月第 1 版　2021 年 2 月第 1 次印刷
书　　号／ISBN 978 - 7 - 5201 - 7979 - 9
定　　价／99.00 元

本书如有印装质量问题，请与读者服务中心（010 - 59367028）联系

▲ 版权所有 翻印必究